"十二五"普通高等教育本科国家级规划教材
国家级一流本科专业配套教材
国家级一流本科课程配套教材

 iCourse·教材
国家级精品资源共享课配套教材
国家精品在线开放课程配套教材

 浙江省普通本科高校"十四五"重点立项建设教材

 浙江省普通高校"十三五"新形态教材

高等学校财政学、税收学专业主要课程教材

财政学（第四版）

钟晓敏　主编

中国教育出版传媒集团
高等教育出版社·北京

内容简介

本书是国家级精品资源共享课、国家精品在线开放课程和国家级一流本科专业"财政学"、国家级一流本科课程"财政学"的配套教材,"十二五"普通高等教育本科国家级规划教材,浙江省普通高校"十三五"新形态教材,浙江省普通本科高校"十四五"重点立项建设教材。

本书共有15章,内容涉及财政学的基本概念和基本分析方法、公共选择理论、公共产品理论、外部性理论、公共支出理论与主要支出项目分析、成本—收益分析、公共收入体系、税收理论与税制、政府债务、政府预算、政府间财政关系、宏观经济财政政策的运用等。

本书的编写力求规范、准确和简洁,既注重对基本知识、基本理论的阐述,也注重理论与实际的联系,吸收反映我国当代财政改革发展的最新成果。为了帮助读者系统掌握和巩固所学知识、拓展相关知识及对有关内容的深入学习,每章均有学习目标、专栏、小结、思考题,并用二维码链接思考题参考答案和在线测试题,提供进一步学习和练习的资料。

本书适合于经济管理类各专业的本科生和研究生使用,也可以作为经管类人员培训或其他人员的参考读物。

图书在版编目(C I P)数据

财政学 / 钟晓敏主编. -- 4版. -- 北京 : 高等教育出版社,2024.8(2025.7重印). -- ISBN 978-7-04-062820-3

Ⅰ. F810

中国国家版本馆CIP数据核字第202444VH71号

财政学

Caizhengxue

策划编辑	奚 玮	责任编辑 奚 玮	封面设计 马天驰	版式设计 徐艳妮
责任绘图	于 博	责任校对 刘娟娟	责任印制 高 峰	

出版发行	高等教育出版社	网　址	http://www.hep.edu.cn
社　址	北京市西城区德外大街4号		http://www.hep.com.cn
邮政编码	100120	网上订购	http://www.hepmall.com.cn
印　刷	山东新华印务有限公司		http://www.hepmall.com
开　本	787mm×1092mm　1/16		http://www.hepmall.cn
印　张	26.75	版　次	2010年3月第1版
字　数	560千字		2024年8月第4版
购书热线	010-58581118	印　次	2025年7月第2次印刷
咨询电话	400-810-0598	定　价	59.00元

第四版前言

党的二十大报告提出，以中国式现代化全面推进中华民族伟大复兴，并实行分两步走的战略安排。中国式现代化是习近平新时代中国特色社会主义思想的重要组成部分，是科学社会主义的现代成果，它既有各国现代化的共同特征，更有基于自身国情的中国特色。在建设现代化强国之路的征程上，中国式现代化的具体特征和本质要求必将对财政作为国家治理的基础和重要支柱的具体实践产生深远影响。对此，党的二十大提出"健全现代预算制度，优化税制结构，完善财政转移支付体系"财税体制改革的总体目标，党的二十届三中全会则提出了具体的改革方向、改革领域和改革重点。例如，要加强财政资源和预算统筹，把依托行政权力、政府信用、国有资源资产获取的收入全部纳入政府预算管理；要健全有利于高质量发展、社会公平、市场统一的税收制度，优化税制结构；要研究同新业态相适应的税收制度；要增加地方自主财力，拓展地方税源，适当扩大地方税收管理权限，等等。

《财政学》教材在编写之初，我们就遵循规范、准确和简洁的编写原则，既注重基本知识、基本理论的阐述，也注重理论与实际的联系，及时反映最新的理论成果和丰富的财政实践。本次修订我们把习近平新时代中国特色社会主义思想、党的二十大精神以及最新的财政改革实践的内容融入教材，力求使教材融一般财政理论、中国特色财政理论和中国财政实践于一体。具体修订内容如下：

本次修订沿用了前三版的框架，共 15 章，除了对相关数据进行更新，对教材中存在的一些过时的提法做了修改，对重要概念、思考题、进一步阅读文献和参考文献做了适当调整和补充外，其他修改的内容主要有：

第 1 章的政府财政收支结构部分做了比较大的精简，删除了部分国际比较，删除了第三版中的表 1.4、表 1.5、表 1.6 和图 1.2、图 1.3；用新的表 1.4 "我国财政一般公共预算的主要收入和支出结构表"重点分析了我国中央与地方的收支结构，以利于初涉财政学的学生有个比较简单而直观的感受；删除了原专栏 1.2《政府规模多大才算好？》第 2 章对原 "2.2　实证分析工具"的内容做了较大修改，换成了"因果关系与实证分析"，增加了因果关系识别方面的内容，重点突出因果关系识别是实证分析的灵魂，对其他部分重新调整删减，替换了专栏 2.1；原 "2.3　规范分析工具"改为"效率、公平与规范分析"，强调效率和公平是评价公共福利标准的两个维度，并对福利经济学第二定理做了更为详细的阐述。第 3 章主要把原专栏

3.4《公共政策须慎重》改为《全过程人民民主》。第 4 章修改和扩充了专栏 4.4，改为《从〈京都议定书〉到〈巴黎协定〉》。第 5 章专门增加了专栏 5.3《浙江省排污权有偿使用和交易管理办法》，主要考虑到"十四五"时期我国开启了碳达峰碳中和征程，生态文明建设进入了以降碳为重点战略方向的关键时期，排污权交易市场是运用市场化手段提升节能减排基础能力的制度性安排。第 6 章将原专栏 6.1 更新为《我国公共支出的统计及公共支出规模比较》，重点区分了公共支出的几种统计口径，以及在国际比较中如何做到可比性；在"公共支出控制"一节中精简了部分内容，也对部分提法做了修改，如把结构控制改为结构优化。第 7 章在"7.1　教育支出"中增加了教育财政投入的回报，删除了原来 7.1.3 关于中国教育支出分析的内容；在"7.2　基础设施投资支出"中，对表 7.10 做了修改调整，改为"我国基础设施投资及其在全社会固定资产投资和 GDP 中所占比重"；修改了专栏 7.3，补充了最新内容；在"7.3　社会保障支出"中，新增了社会保障的代际再分配、代内再分配的内容，增加了养老金替代率、抚养比等指标内容的介绍；结合现阶段的实际，对我国社会保障制度的进一步思考做了适当的修改。第 8 章补充完善了专栏 8.1《成本—收益分析的由来及应用》，增加了我国强化公共财政绩效管理的相关内容；修订完善了"8.2　公共支出项目的成本—收益分析"的相关内容，对影子价格在公共支出项目成本和收益度量中的应用进行了补充说明。第 9 章的前言做了比较全面的修改，新增了对公共收入体系的描述，对公共收入的不同统计口径做一个对比；新增了表 9.1"累进税率的分类"；根据《2024 年政府收支分类科目》，对一般公共预算中的非税收入、债务收入、转移性收入等，政府性基金预算收入、国有资本经营预算收入、社会保险基金预算收入做了较大调整和补充，并新增表 9.5"我国四本预算收入体系一览表"；对专栏 9.1《土地出让金》进行了完善和补充。第 10 章增加了征税前后的供求均衡需要满足的条件和一个注释，通过微积分方式，使学生以量化方式了解供给和需求弹性决定税收归宿这一结论。第 11 章根据我国各个税种的最新变化进行了相应的调整，用专栏《我国税制改革与税收治理展望》替换了原专栏 11.2。第 12 章删除了两个过时的专栏；新增了专栏 12.1《地方政府融资平台的基本运营方式》；在"公债的分类"部分，结合学术界的主流观点，增加了直接债务、或有债务、显性债务、隐性债务等相关内容；根据财政部的管理口径，对短期、中期、长期债券的年限划分依据做了规范；将衡量公债规模的指标，区分为国家总体债务规模衡量指标和地方政府债务规模衡量指标；结合财政部的管理口径，将地方政府债务率所处的不同区间所对应的颜色及风险等级做补充说明；删除了原 12.3 世界部分国家比较的内容；增加了"12.3　我国政府债券管理及其规模变化"，并从国债和地方债的制度沿革来详述。第 13 章在"13.1　政府预算概论"里新增了政府预算起源的内容，把原专栏 13.1 调整为正文，对原有专栏进行了删改，新增《预算法介绍》《我国全面推行预算绩效管理》《中期财政规划》和《预算管理一体化系统》专栏内容；在预算原则中新增了西方预算原则的内容，对政府预算的形式做了适当修改；删除了原"13.2　国家金库"和"13.3　中期财政规划"的内容，调整后的 13.2 为"政府预算管理"，把"中期财政规划"作为一个专栏进行介绍，并做了删减；把原 13.1.5"我国政府预算程序"单列成 13.3。第 14 章删减了收入再分配职能分工的部分内容，用专栏《共同财政事权划分改革》替换了原专栏 14.2《蒂伯特模型》；把原来 14.2 的标题"政府间收入划分"改为"政府间税收收入划分"，个别内容做了适当修改和删减；根据最新资料对专栏 14.3 做了修改。第 15 章将 15.3"中国宏观经济政策演变"的时间段更新为 1988—2023 年，正文内容做了相应的扩充和调整；对专栏 15.2《中央经济工作会议》的内容进行了更新。

本次修订的总体规划由钟晓敏设计，凌晨做了大量的协调工作，参与修订工作的老师主要是"财政学"课程组的成员。具体修订分工为：钟晓敏负责第 1 章，龚刚敏负责第 2 章，鲁建坤负责第 3 章，金戈和王超负责第 4 章，凌晨负责第 5 章，高琳和王春元负责第 6 章，丁建福、张子楠和鲁玮俊负责第 7 章，田磊负责第 8 章，王序坤负责第 9 章，钟晓敏和刘炯负责第 10 章，陆雪琴和刘丹负责第 11 章，童幼雏和童光辉负责第 12 章，王晟和吴超负责第 13 章，叶宁和韩一多负责第 14 章，张朝阳和金戈负责第 15 章。修订版全稿由钟晓敏完成审定。

本次修订再版得到了各方大力支持，也充分吸收了第三版使用者的意见，高等教育出版社相关编辑为出版工作倾注了心血。在本书修改完成之际，我们要衷心感谢所有帮助过我们的人，感谢在前三版编写中的所有参与者，特别要感谢高等教育出版社长期以来给予的支持、帮助和配合，但由于水平有限，修订过程中错误疏漏之处在所难免，敬请读者不吝指正，待下次再版时予以补充修订。

钟晓敏
2024 年 7 月于杭州

第一版前言

本书是浙江财经学院国家级精品课程"财政学"的主干教材,是由"财政学"课程的一线授课教师根据多年教学经验和相关教师、学生对我们所编的《财政学》讲义使用的反馈情况编写而成的。本书的编写力求规范、准确和简洁,既注重对基本知识、基本理论的阐述,也注重理论与实际的联系,并吸收反映我国当代财政改革发展的最新成果。为了帮助读者系统掌握和巩固所学知识、拓展相关理论及对有关内容进行深入学习,本书每章均设有本章学习目标、本章小结、重要概念、思考题以及进一步阅读文献和参考文献等板块。每章均设有专栏,目的有二:一是对财政学理论建设中做出开创性贡献的大师、名家进行介绍;二是将财政理论的最新研究成果和财政改革的最新动态反映到教材中,从而使本书不仅是知识载体,也是一个信息载体。

全书共 15 章:

第 1 章为导论,重点介绍政府在现代混合经济中的作用,政府活动与私人活动的区别,并从政府财政收支活动及其对社会经济的影响的角度阐述财政学研究的主题及范围。

第 2 章介绍财政学的分析工具,重点介绍实证分析与规范分析。财政学所研究的政府收支活动必将对不同的人群产生不同的影响,我们既要客观地描述具体现象,回答"是什么"和"为什么"等问题,同时也要依据一定的价值标准回答"应该是什么"或"哪一种状况更好"等涉及价值判断的主观性问题。实证分析是基础,而规范分析对评价政府政策是必不可少的。

第 3 章涉及财政活动中的公共决策问题,主要介绍公共选择理论,阐述公共决策与私人决策的区别、公共决策的基本原则以及公共决策过程中各行为主体的行为动机等。

第 4 章分析公共产品,重点介绍公共产品的性质、公共产品有效提供的条件以及公共提供与公共生产的区别等内容。

第 5 章介绍外部性问题,在描绘外部性本质的基础上,重点讲述解决外部性的私人对策和公共对策。

第 6 章介绍公共支出理论,主要内容包括公共支出的规模、公共支出增长的理论、公共支出的经济分析及控制公共支出增长的途径。

第 7 章具体分析教育、基础设施和社会保障这三种最主要的公共支出项目。按照政府介入这些领域的理由、财政支出的现状及今后的发展趋势的思路来分析这三类支出。

第 8 章是成本—收益分析，重点介绍在成本、收益、贴现率等方面公共支出项目与私人部门支出项目的不同点，并通过案例进一步介绍成本—收益分析方法。

第 9 章是公共收入概论，主要介绍以税收为主的政府财政收入体系，并重点分析税收的功能和税收的基本要素。

第 10 章以税收与公平、税收与效率为主线，重点介绍税收的相关理论和政策实践，主要内容包括税负分担的原则、税收的转嫁与归宿、税收的超额负担、对偷逃税的实证和规范分析以及最优税收和评价税制的标准。

第 11 章是税收制度，主要介绍我国税收制度的改革历程及其现状，并对增值税、营业税、消费税、企业所得税、个人所得税等我国主要的税种进行重点介绍。

第 12 章是公共债务，对公债的概念、特征及作用做了阐述，并重点介绍公债的负担理论、影响公债规模的因素及衡量公债规模的指标，最后分析中外各国公债规模发展的趋势。

第 13 章是政府预算，主要介绍我国政府预算的原则和形式、政府预算体系及我国的政府预算程序、国家金库制度和国库集中收付制度。

第 14 章分别从各级政府间的职能分工、支出和收入的划分以及政府间的转移支付制度三个方面阐述我国各级政府间的财政关系，重点介绍职能分工和支出划分的理论基础、税种划分的原则、转移支付的类型及经济效应，最后分析我国财政体制的历史演变过程。

第 15 章是财政政策，主要介绍财政政策在短期需求管理和长期经济增长中的作用、财政政策与货币政策的搭配，分析了 1988—2009 年我国宏观经济政策的演变。

本书适用于经济、管理类各专业的本科生和研究生使用，也可以作为经管类从业人员或其他人员了解财政学的参考读物。

本书的大纲由钟晓敏设计，并经全体参编人员数次集体讨论后确定。编写分工如下：李永友（第 1、3 章），龚刚敏（第 2 章），金戈（第 4、5、15 章），张雪平（第 6 章），赵海利（第 7、8 章），骆勤（第 7 章），钟晓敏（第 9、10 章），张雷宝（第 11、12 章），张守凯（第 13 章），叶宁（第 14 章）。最后由钟晓敏对全书进行修改、补充和定稿。

本书是国家精品课程建设和国家特色专业建设的一项基础性成果，虽然在大家的共同努力下几经修改终于定稿出版，但由于水平有限，存在各种错误在所难免，恳请广大同仁和读者批评指正，我们将根据反馈意见在今后的修订中不断修改、完善。

本书的编写和出版得到了各方的大力支持，特别是在作为讲义使用时，听课学生提出了许多宝贵意见；高等教育出版社相关编辑为本书的出版倾注了大量的精力，在此表示诚挚的感谢。

编者
2010 年 1 月

目　录

1

导　论

本章学习目标

- 了解政府存在逻辑及其需要承担的职能
- 领会政府活动与私人活动的异同之处
- 知晓国家治理中的政府角色和财政功能
- 掌握政府财政收支活动的基本内容
- 理解两种不同的政府观

　　在我们每个人的生活中，几乎每时每刻都与政府发生这样或那样的关系。我们也许出生在一家政府创办的公立医院，出生后还会接受政府免费为我们提供的各种疫苗接种服务；读书时，我们会在一所由政府创办的公立学校就读，直到大学毕业；为了让大学毕业生能够顺利走向社会，政府每年又进行大量投入为在校大学生创建实习岗位，为毕业大学生提供各种技能培训；当我们生病时，我们会接受政府提供的医疗保障；当我们年老退休后，政府又为我们提供养老保险，等等。这一切都说明，我们的生活已离不开政府。但正如经济学中所说的"没有免费的午餐"，政府为我们提供的各种服务是有成本的，政府首先要获取资源（通过税收等手段），然后才有可能为我们提供各种服务（通过各种支出）。财政学就是通过财政收支研究政府行为及其对经济社会等各方面的影响，通过研究，试图揭示国家治理中政府应该扮演的角色与实际扮演的角色之间差异的背后逻辑。表面上看，财政学主要是讨论政府收支，实则是研究社会经济活动中政府与民众的关系。所以，基于国家这个共同体视角，财政作用不容小觑，它实际上是国家治理的基础和重要支柱，更是透视国家治理好坏的窗口。本章作为本书的导论将首先介绍政府产生的原因，并通过对政府活动的分析来把握财政的功能及财政学的研究主题，最后部分将介绍两种不同的政府观。

1.1

为什么需要政府

环顾地球，我们不难发现这样一个事实，即世界上所有的国家都有自己的政府。不仅如此，在所有国家的经济社会事务中，政府都扮演着非常重要的角色。与此同时，有关政府的各种负面报道也不绝于耳，如韩国发生的基金诈骗、美国出现的权钱交易、各国政府中不同程度存在的腐败问题等。

为什么在人们明知政府可能存在各种各样问题的情况下，政府还是成为公众的一个共同选择呢？难道仅仅是为了和其他国家一样吗？如果我们排除政治和社会因素，公众对政府所抱有的这种矛盾的心理从经济学意义上到底说明了什么？本节我们将从经济学角度集中讨论政府存在这一普遍现象。为了能使讨论简便易懂，我们借用数学上常用的一个证明方法——反证法，即从一个无政府状态开始，通过无政府状态，推导出公众需要政府的经济原因。

1.1.1 想象一个没有政府的经济运行状态

由于缺乏先验证据，我们很难想象没有政府的经济将会是何种情景，尽管混乱可能是一个倾向性描述，但这并不适合于我们下面的分析目标。为了研究政府或公共机构产生的经济根源，我们需要想象一个有序并运行良好的无政府经济状态的存在性。为此，我们假定，在这个经济中，所有个人都能遵循社会道德规范，即他们认为他们的同伴与其有相同的自由权，并假定一个良好的产权结构。在这样一个经济中，我们考察经济是如何运转的。

在这个假想的社会中，个人发现通过市场从事经济活动将会有更大收益，因为交易的出现可以使资源使用适当地专业化。同时，在利益最大化驱动下，企业这种组织形式将会出现，企业通过组织资源进行更有效的生产以满足消费者多样化需要。为简化起见，将这个经济简化为只有两个部门，即个人或家庭与企业，个人或家庭出于消费需求而向企业出售生产要素，而企业将通过满足个人或家庭的消费需求获取利润。这个简化而又熟悉的无政府状态下的两部门经济模型可以通过图 1.1 所示的流程加以说明。

在图 1.1 描述的经济中，个人或家庭与企业之间的交易将在最终消费品市场与生产要素市场两个市场中进行。图 1.1 底部是最终消费品市场，顶部是生产要素市场。在最终消费品市场中，个人或家庭从企业那里通过交易获取商品，而在生产要

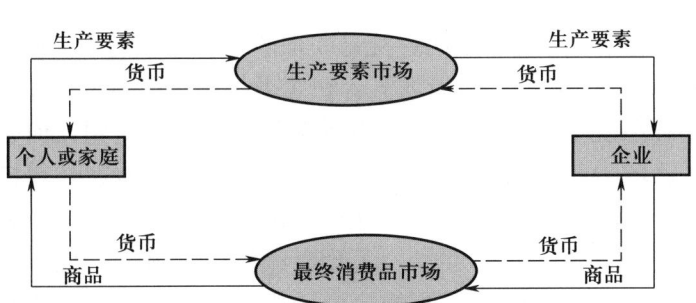

图 1.1　无政府状态下的两部门经济

素市场，供给者与需求者被颠倒过来，即个人或家庭向企业提供生产要素。从一个更广泛意义上说，人们通过交易实现各自的目的。个人或家庭通过交易实现效用最大化，企业通过交易实现利润最大化。

　　由于直接的实物交换非常无效率，所以必然出现某种特定商品被一致同意作为交换的媒介，成为所有商品交易的支付手段，这种商品即我们所说的货币。货币的出现使不同类型市场之间变得更加紧密，市场中的交易也变得更加便捷，且交易成本更低。个人或家庭向企业出售生产要素获取货币，然后再使用货币从企业购买商品，这形成了一个闭合循环流，使得经济活动成为一个连续过程。而企业的存在是为了获取利润，故企业需要做出基于消费者愿望的生产决策，所以消费者偏好和需要成了经济生产什么以及资源如何配置的基本决定因素。

　　实际上，上述关于无政府状态下的两部门经济运行的描述虽然过于简化，但这无疑是我们展开分析的一个有用起点，因为它表明一个无政府经济的根本组织原则，即经济资源将会按照个人或家庭有支付能力的需要进行配置。[①]但图 1.1 也告诉我们，个人或家庭购买商品或劳务以及指引经济生产的能力受货币能力的限制，而这种能力又是由他们向企业或其他人出售其生产要素的能力所决定的，那些不能赚得收入并积累财富的人根本不可能影响生产的组织活动。为了更好地理解这一经济运行逻辑，我们可以想象穷人和富人在社会资源配置中的影响力。穷人虽然有需要，比如有穿衣、吃饭、受教育、医疗、旅游等需要，但穷人很穷，这些需要得不到货币支持，所以对企业来说，这是一种无效需求，企业不会根据这些需求来组织生产，所以穷人的这些基本需要不可能得到满足。相反，富人需要一个高尔夫球场，并有足够的货币支付高尔夫球场的高昂费用，只要有利可图，企业必然会组织资源以满足富人对高尔夫球场的需求。

　　上述例子虽然在感情上很难接受，但它并没有违背任何社会道义，因为在这样的经济中，个人在他们的经济能力范围内是完全自由的，每个人可以自由决定购买什么、购买多少，整个市场交易过程尊重了每个人的自由意志，可以做到完

[①] 在西方经济学中，个人或家庭的需要并不是企业做出生产决策的依据，企业生产什么以及生产多少的经营决策依据的是个人或家庭需要且能购买得起的商品或劳务，后者被称为社会的有效需求。企业的生产活动就是为了满足社会的有效需求，只有如此，企业才能实现利润最大化。

全地自愿交换，交易双方都希望通过交易获取收益。所以这个无政府经济确保了个人之间自愿合作，它是一个由无数买者和卖者按照一个自发秩序组织的经济系统。在这个经济系统中，个人不需要任何安慰，也不应受到任何责备，每个人都可以做他自己的事。如果一个人选择了一个行为，那他就必须接受这一选择的所有结果。这一逻辑我们可以用"种瓜得瓜、种豆得豆"或"因果相依"加以形容。除了自由自愿这一优点外，无政府经济还有另一个优点，即它的高效率。由于兼容了个人或家庭与企业的行为动机，所以整个经济将会以一种相当有效率的方式使用稀缺资源。无论是个人或家庭还是企业，都是根据自己的意愿分散地做出消费或生产决策，所以在这个经济中，任何错误的资源配置都是个人行为。

然而上述无政府经济也有一些致命缺陷，这些缺陷甚至使无政府经济根本无法运行。

首先，个人或家庭赚取收入的能力存在差异，参与社会产品的分配能力也存在悬殊差异。赚取收入能力依赖于财产和技能在社会成员之间的初始分配。而无政府经济自身又不能补偿或纠正这种能力上的初始差异。这意味着无政府市场经济很难获得社会公众的普遍认可。因为，在经济起始阶段，所有公众并不能够知道自己面临的结果是什么，人们普遍希望，无论自己境况如何，基本需求都能得到满足。这种愿望是社会成员的共同心声，也是社会最基本的伦理标准。然而，正如在前述穷人和富人的例子中所看到的，人类伦理标准在无政府经济中经常会与观察到的经济结果发生冲突。

其次，纯粹的无政府经济的第二个缺陷在于，一些个人或者集团可能会通过在特定市场上的特殊势力阻止经济的有序运行。例如，在一个无政府经济中，垄断就可能出现，而垄断会扭曲市场交易。垄断将会通过阻止潜在供应者进入，致使资源的市场价值被人为扭曲，从而无法反映资源的真实成本，由于资源成本是通过消费者选择反映的，所以垄断的存在将会使经济效率大大下降。例如通信服务，类似例子在现实中非常普遍。

再次，在这个非常简化的无政府经济中，个人偏好是高度可变的，而资源流动和配置结果在很大程度上受个人偏好影响，这种影响在宏观上就可能使经济出现较大的波动。比如，当人们偏好持有大量货币时，本来用于交易的货币因人们持有货币偏好大量滞留于人们手中，没有进入流通领域，导致用于交易的货币较少，从而出现总需求不足，进而导致出现持久失业。反过来，当人们偏好不持有货币时，就会出现相反情况，整个经济会出现价格持续高涨。

最后，无政府经济并不能保证人们希望发生的所有交易都能发生。例如，当一个人的经济行为给其他人造成损失或带来收益时，这类外部性问题在纯市场交易中就不会自发地得到有效解决。以环境污染问题为例，在无政府经济中，火力发电厂为满足消费者电力需求组织资源进行电力生产，但在电力生产活动中，不可避免会排放二氧化硫等污染物。排放的污染物使周围空气质量严重下降，酸雨变得更加频繁，从而给周围居民健康生活和生产经营活动带来影响。但周围居民并不能通过市场交易从火力发电厂得到任何补偿，因为火力发电厂的生产经营行为并没有直接侵害到周围居民财产权益，也没有干扰他们的自由选择。

1.1.2 混合经济缘由

通过对假想的无政府经济模型的描述，我们能够感觉到，尽管无政府经济能够做到井然有序，但无政府经济的上述缺陷也使其无法正常运行。例如，无政府经济容易产生收入分配的两极分化，无法指引社会资源配置到最需要的领域，从而诱发社会混乱。要想纠正无政府经济可能出现的资源无效配置，社会需要一个机构或组织，该机构或组织通过一个不同于市场机制的方法确保公众希望发生的交易都能实现，并通过非市场机制引导资源更有效配置。在所有国家中，这一重要职责被委托给了称为政府或公共部门的组织或机构。公共部门的出现使得整个社会资源配置不再仅仅是个人、家庭或企业的事，而是由他们和公共部门共同参与的活动。为便于对照分析，我们将个人、家庭和企业称为私人部门。这样由私人部门和公共部门共同参与的经济在经济学上被称为混合经济。从前述无政府经济的分析中可以看出，混合经济的出现是社会公众基于个体福利最大化的一种共同需要。混合经济的出现说明社会资源不再单纯由私人部门通过分散决策来配置，而是由私人部门的分散决策和公共部门的集中决策共同配置。前一种配置机制被称为市场机制，后一种配置机制被称为计划机制。从世界各国资源配置机制看，各国之间的差异非常大。但这种差异不是纯粹市场机制与纯粹计划机制的区别，而是市场机制和计划机制在资源配置上发挥作用的程度不同。在我国，党的十八届三中全会明确了市场机制在资源配置中应起决定性作用。[①]

纵观世界各国，混合经济已成为一个普遍趋势。在混合经济中，人们不仅可以通过市场交易从其他私人部门获得自己想要的东西，而且还可以从公共部门免费或部分免费获得一些自己想要的商品或劳务。例如，在所有国家，公众无一例外都能从公共部门免费获得产权保护、财产和生命安全保护等。再如，在许多国家，公共部门都会免费向幼儿提供各种疫苗、向学龄儿童提供教育服务、向婚育妇女提供健康体检等。从世界经验看，每当社会经济遭遇重大冲击时，公共部门的作用总是被不自觉地得到加强。

实际上，虽然还无法想象在混合经济与无政府经济中，我们的生活情形会有什么差异，但有一点能够切身感受到，即在混合经济中，我们的生活无不与政府有

---

① 2013 年 11 月 9 日至 12 日党的十八届三中全会通过的《中共中央关于全面深化改革若干重大问题的决定》中明确提出"市场在资源配置中起决定性作用"。从党的十二大到党的十八届三中全会，可以看出市场地位在不断得到强化。

关。例如，我们所受的小学教育是由政府提供的；我们每天所消费的各种食品和饮料，都或多或少得到政府补助或各种安全检查；我们失业、生病或退休时，政府为我们提供失业保险、医疗保险和养老保险，正是政府提供这些保险，我们的生活才更加幸福。所有这些都说明，在混合经济中，我们的生活总是有意无意地受到政府影响，政府已成了我们每个人生活中不可或缺的一部分。

1.1.3 混合经济中的政府

按照前述逻辑，一个无政府经济，即使能做到井然有序，也无法做到资源最有效配置，甚至在极端情况下可能使社会陷入无序和混乱。在这种情况下，政府和公共部门的出现迎合了公众需要，公众希望政府和公共部门能够解决他们自身无法依赖市场机制有效解决的问题。西方经济学就是依据上述逻辑提出混合经济。但这并不是政府和公共部门存在的必然逻辑。实际上，虽然无政府经济存在一些缺陷，需要有一个不同于市场的其他机制及其实施机构加以解决，但这种实施机构并不必然就是政府或公共部门。从这个意义上说，政府和公共部门并不必然是解决无政府经济内在缺陷的唯一形式。例如，我们生活中的国际红十字会、慈善基金会等，类似部门的存在也是为了解决无政府经济的内在缺陷。

但在现实中，政府和公共部门似乎成了解决无政府经济内在缺陷的一个最常见的实施机构。既然如此，下面就来考察混合经济中的政府活动。众所周知，分工出效率，在混合经济中，由于资源配置不仅有市场参与，也有政府参与，这样，整个资源配置能否达到帕累托效率状态，很大程度上依赖于政府和市场在整个社会资源配置中的有效分工和协调。而政府与市场之间分工和协调的实质，就是要能划清政府与市场在社会经济中的活动边界，两者边界越清晰，整个社会资源配置就相对越有效。然而，划清两者边界并不是一件容易的事，这不仅是因为我们对两者的边界还存在模糊认识，而且还因为即使是经济学家之间，关于政府与市场的边界也还存在较大争议。

即使我们不考虑政府与市场之间边界不清造成的资源配置低效或无效，在极端假定下，政府与市场之间边界非常清晰，是否就意味着这时的混合经济就一定有效率？以2008年国际金融危机为例，美国一向被认为是市场经济较为发达的国家，市场和政府边界在美国也被认为划得相对较为清晰，但就在这样的国家，金融危机却发生了。再如，在北欧一些国家，其高福利政策成为许多国家效仿的对象，但今天看来，这种高福利也使这些国家掉入了福利陷阱。虽然我们知道社会经济需要政府和公共部门，但并不意味着，社会经济活动中有了政府和公共部门干预就一定会更好。实际上和市场一样，政府和公共部门在参与社会资源配置时也会有失误，这种失误被称为政府失灵或政府缺陷。

与市场失灵一样，政府失灵也表现在很多方面。

首先，政府决策受信息充分程度的影响。例如，私人部门在做出一个消费决策时，决策合理性取决于私人部门拥有该决策所需的各种信息，信息越充分，决策相对就越合理。但事实上，信息不可能是充分的。这意味着，私人部门决策也不可能总是合理的，最多只能说是相对合理而已。和私人决策一样，政府在做出是否需要干预经济以及如何干预经济的决策时同样需要有充分信息。在缺乏充分信息情况下，政府仓促做出某种决策可能适得其反。所以信息约束可能会导致政府失灵。

其次，政府干预的有效程度往往受政府控制经济的能力影响。以政府干预房地产租金价格为例，政府为了降低低收入阶层租房的经济负担，往往会出台一些控制住房租金的管制措施，但由于政府无法限制私人部门的投资行为，在利润驱动下，政府的这一管制措施扭曲了住房投资者原有投资项目的相对收益。为利润最大化，住房投资者将会把住房投资转向其他领域，导致住房供给量下降或者房东租房服务质量恶化。

再次，政府干预有效程度还受其决策能否得到有效执行的影响。在任何国家，各种政府决策总是由政府的某个机构执行。例如，我国通过了《中华人民共和国环境保护法》，制定该法的意图是确保企业生产活动不对环境造成污染。但如何确定不同行业污染物排放水平等这些技术细节是由环保部门具体实施的。现实中的许多案例表明，环保部门在执行环保法时并不是完全遵照环保法的意愿，甚至在一些地方，环保部门将环保法作为其创收依据。环保部门不是希望通过正确执法达到减少污染的目的，而是希望污染越多越好，因为污染越多意味着部门利益越大。所以政府干预的有效程度还依赖于政府执行的有效性。

最后，政府干预还受决策的政治过程影响。实际上，在考虑了决策的政治过程后，即使政府能够拥有充分信息，通过政治过程讨论是否需要干预经济以及采取何种措施干预也会存在各种问题。虽然我们知道政府干预会影响许多人，但其决策往往仅是其中一部分人参与的，政策能否通过取决于政策能否反映这些代表的偏好，而在不同代表偏好出现严重冲突时，决策者还需要找到协调不同偏好的方法。除此之外，为使自己的政策得到支持，决策者可能还会迎合某些利益集团的需要，这意味着，决策者制定的政策不一定符合公众利益。

上述四方面仅是政府失灵的部分表现，政府失灵使得人们对政府的干预褒贬不一。尽管如此，政府对市场的干预在大部分国家依然被认为是必要的。但是，政府失灵也表明，在公共政策上，我们需要对政府干预做充分考察，这是确保公共政策或政府干预有效的重要前提。

专栏 1.1　认识公共部门

　　财政学主要研究政府的财政收支活动及其影响。那么什么是政府？在现代国家中，政府是指国家政权机构中的行政机关，其结构、组成和职权一般通过宪法和法律予以规定。为了更好地履行职责，各国政府一般都设有公安、司法行政、国防、外交、财政、工业、教育、文体、卫生、环境保护等职能机构。在单一制国家中，中央政府代表国家，行使国家最高行政权力，统一领导国家事务。地方政府则在中央政府统一领导和监督下，负责本区域内的公共事务。有的国家由中央政府任免地方行政长官。在联邦制国家中，联邦政府代表国家，它依据联邦宪法行使国家外交、国防、财政等主要权力。地方政府则根据联邦宪法及本地宪法和法律规定行使职权，在宪法规定的范围内对联邦政府负责。

从世界各国的政府结构看，大部分发达国家都是实行三级政府体制，如美国是由联邦政府、州政府和地方政府构成。我国实行的是五级政府体制，即中央政府、省政府（包括自治区和直辖市政府）、地市级政府、县市级政府和乡镇政府。从国民经济的部门结构看，政府作为国民经济的一个部门，实际上是指和私人部门相对应的公共部门，像财政部、国家税务总局、新闻出版署，财政厅（局）、卫生局等。受雇于政府或公共部门的人员称为公务员。

如何区别公共部门和私人部门呢？比如在我国许多城市，市政府成立了一个城投公司，这些公司负责执行市政府的城市建设规划，那么这些公司能够被确定为公共部门吗？还有，在许多国家，政府可能持有一些公司相当部分的股票，我们能将这些公司称为公共部门吗？判断是否属于公共部门，需要我们了解公共部门与私人部门的差异：第一，两者行为目标不同。所有私人部门都是以私人利益最大化为目标（有时，私人部门的行为目标并不完全表现为货币收益，可能是声誉等其他追求）。相比较而言，公共部门的行为目标不是追求本部门或个人利益最大化，而是社会利益最大化，即为所有公众谋福利。第二，公共部门往往被授予某些私人部门不具有的权力。例如公共部门代表政府履行公共职能时，可以有从私人部门获取税收的权力、强制要求个人服兵役的权力、有限制触犯国家法律法规的个人人身自由的权力、强制罚款的权力等。但私人部门之间在权力上是完全对等的，私人部门之间的任何交易都是以完全自愿为基础，任何私人部门不具有凌驾于其他私人部门之上的权力。

依据上述两点差异，我们还可以对私人部门和公共部门做进一步区分。由于私人部门是以营利为目标，其生产经营活动所需资金也只能来自自身生产经营所得或按照市场等价交易原则进行市场融资，所以私人部门一般都是自负盈亏。相比较而言，公共部门在向公众提供产品和劳务时是无偿的，所以其活动经费不可能来自自身的生产经营，而主要来自凭借行政权力从私人部门无偿获取的税收收入，所以公共部门并不是自负盈亏的。

但在现实中还有一些部门我们无法对其进行准确归类。比如国际红十字会、中华慈善总会等一些公益性基金会，这些机构的行为目标并不是机构利益最大化，但因为政府对其不具有控制权，所以其活动经费并不是来自财政，而是依赖社会的无偿捐赠。像这样一类部门，我们称其为非营利性组织。除了这样一类部门，在现实生活中，还有一类部门既具有私人部门特征又具有公共部门特征。比如，我国的高等教育部门、城市中的大部分医院和自来水公司等，由于这些部门在生产经营过程中承担了一定的公共职能，所以这些部门并不是完全的自负盈亏，其活动经费除了来自自身的生产经营活动，还有一部分来自财政。在我国，我们称这些以提供某种公共服务为主的部门为事业单位，称这些以生产经营为主的部门为公共企业。事业单位又分为公益一类和公益二类，根据正常业务需要，公益一类事业单位的经费由财政保障；对公益二类事业单位，则根据财务收支状况，由财政给予经费补助，并通过政府购买服务等方式予以支持。

1.2

政府活动与财政功能

前述如此冗长的叙述无非是想告诉我们，社会需要政府，但政府参与社会经济事务的结果并不总是合乎公众意愿。这种矛盾需要我们对政府如何参与社会经济事务做全面考察。从历史和现实比较中可以看到，尽管不同历史时期、不同地域文化、不同制度结构，政府参与社会经济事务的广度、深度存在一定差异，但政府参与社会经济事务方式都是多样的。例如，所有国家政府都通过垄断货币发行权维持市场正常交易秩序；所有国家政府都会通过各种行政手段对某些社会经济活动进行管制，像交通管制、枪支管制等；所有国家政府都会制定一些引导社会经济活动的政策和措施。但不论政府有何种社会经济干预行为，都离不开财政，因为政府本身的运行就需要财政做支撑。不过财政的作用不止于此。

1.2.1 理解政府活动

前面用了大量篇幅讨论政府，从中可以看到，无论在哪个国家，对公众来说，政府的影响总是非常大的。那么，政府活动会对公众产生什么影响呢？为能够对政府活动有更深入的了解，我们采用类比法对政府活动与个人活动的异同点进行考察。

让我们考察个人的经济活动。首先，我们考察个人怎样赚取收入。以张三为例，张三也许是个工薪雇员，或者张三根本不工作只是从投资或政府福利计划中获

取收入。其次，收入又会如何被花费？张三也许是一个酷爱美酒或者美食的人，也许是一个古董爱好者等，这样他会将其大部分收入用于自己嗜好的消费。所有上述两个信息都被聚集在我们考察张三经济活动的第一个阶段。

但是我们想知道的远不止这些。我们还需要了解张三在所有可能的选项之间是如何选择的，即张三为什么会选择这项工作而不是另一项工作，为什么购买此商品而不是彼商品。这些问题将成为我们考察张三经济活动的第二阶段内容。由于我们从来未期望读懂张三的真实想法，所以这些问题的答案也就永远不可能被准确告知。但是我们可以通过研究张三的行为和询问一些直接问题尽可能了解更多。除此之外，我们还能构建行为模型以对我们的观察进行检验。

然而，当我们考察政府活动时，这种类比分析既有用也具有一定的误导性。第一阶段是非常相似的。我们需要搜集有关政府社会经济活动的事实。我们需要知道政府活动经费从何而来，它们又是如何被花费的，这些都需要我们了解政府的预算账户。当我们谈到第二阶段内容时，正像研究张三行为一样，我们想知道有关公共决策是如何做出的。比如，政府为什么会选择通过个人所得税而非流转税筹集收入？为什么政府要将大笔资金投到教育、医疗和住房？决定总支出的因素是什么？为了知道这些，我们需要考察政府决策过程，这时张三的类比就不再适用。因为政府决策是许多参与政治过程的人相互作用的结果。所以，回答上述问题，我们需要考虑政治或集体选择过程。

第三阶段考察的是决策的影响。政府的决策与个人或企业的决策对经济活动的影响是不同的。张三的决策对社会经济活动的影响几乎没有，以至于我们在考察中可以忽略不计。然而政府决策的影响完全不同，它几乎能影响社会经济活动的所有方面。政府决策效应可以分为宏观效应和微观效应。宏观效应是指政府决策通过改变个人工作、消费、投资环境对整个经济运行产生影响，进而影响国民收入规模、就业水平以及货币购买力等。微观效应是指政府决策对个人或企业行为的影响。如个人所得税会影响个人劳动和储蓄意愿，增加社会保障税和保障收益会影响长期储蓄率和个人退休决策。

对政府活动进行考察的最后一个阶段就是评价政府行为的合理性，这也不可能通过研究个人经济活动进行类比分析。因为，我们通常总是假定个人是自己福利的最好裁判，除非个人行为显著影响了周围人福利。所以我们没必要去评价个人行为是好还是坏。与之相反，由于政府活动会对社会中所有成员产生影响，有些人从中受益，有些人从中受损，它涉及社会成员的利益调整，所以对政府行为进行评价就显得特别重要。然而，就像我们所看到的，选择一个标准对政府活动进行评价不仅困难而且长期以来一直富有争议。对政府行为进行评价需要规范标准而非实证分析，这意味着关于政府活动合理性的许多富有争议的观点无法求助于事实得到验证。

1.2.2 财政功能与财政学主题

政府活动离不开财政。因为在已有的认知框架内，政府应是一个独立于市场之外的社会组织，它只是应公众需要而产生，不应有自身利益诉求，所有活动经费都源于依据公共权力从纳税人处征收到的税收。然而，财政的作用不止于为政府活动提供资金支持，在社会经济中，财政的作用要比这个大得多，也重要得多。理解财政，需要站在国家治理高度，否则财政只会被看成政府管理社会经济的工具。当然，政府产生的复杂性使得财政在很长一段时间被政府当成国家管理的手段，发挥工具性作用。随着社会进步，公众对财政的认识也在发生变化，财政作用也在不断提升。那么，财政在社会经济活动中到底有何作用？理解这一问题，需要理解国家产生的逻辑，以及在这一逻辑下政府与公众的关系。

如果抛开主权意识，国家可以视为由不同利益群体组成的一个集合体，这个集合体之所以能够维持下去，原因只有一个，就是这个集合体中不同利益群体有着共同的利益基础。但尽管如此，不同利益群体间利益诉求并非完全一致，有时甚至完全对立。所以在自然逻辑上，如何协调集合体中不同利益群体的利益关系，为不同利益群体实现共同的利益创造条件，确保不同利益群体利益分享的公正性，就是国家治理的核心内容，而促进集合体中不同利益群体的利益实现和公正分享社会发展成果，成为国家治理的目标。从这个意义上说，"国家治理"四个字背后体现的是国家中不同利益群体共同参与国家管理，而政府仅是国家治理多个参与主体中的一个。国家治理以尊重国家中不同利益群体的权益为前提，既保护不同利益群体参与国家管理的权利，又强调在国家管理中不同利益群体的责任。国家治理突出不同利益群体在参与国家管理中正当权益的平等性和利益分享上的公正性。

既然国家治理强调不同利益群体共同参与公共事务的权利平等性，那么在利益群体之间发生利益冲突时应采取何种方法予以协调，又以何种方法增进社会福利及其公正分享，成为国家治理的关键。纵观各国历史变迁，法制被认为是协调各方利益、保护各方正当权益最可靠的方式。正是因为这一点，依法治国成为现代国家治理的主要模式。而财政作为以国家为主体的再分配关系，各种财政法规自然成为法制的一个重要组成部分，也成了国家治理的基础和国家治理目标实现的重要途径，发挥协调各方利益和促进社会利益公正分享的支柱作用。从这个意义上讲，财政实质上是国家治理的一个重要机制，这个机制不仅影响着国家这个共同体内部各种权责关系，在全球化的今天，还影响着国家之间的责权关系。财政的上述作用，使财政成为观察一个国家治理水平和政府好坏，以及不同利益冲突的当然窗口。

在我国，对财政作用的认识也是逐渐深化，财政一直以来就是被当作政府管理国家的工具。党的十八届三中全会首次提出"财政是国家治理的基础和重要支柱"，这反映出国家决策者对财政认识发生重大转变。这种转变将会对我国社会经济产生深远影响。就此而论，财政学实际上就是探究国家治理中财政活动一般规律的一门学问。它既涉及政治学、伦理学、社会学，又涉及经济学、管理学以及组织行为学等多个学科知识。当然，自20世纪50年代起，财政学的主流是从狭义的经济学角度研究财政活动规律，即只是在经济学框架内，以福利经济学为规范依据，利用经济学研究范式和分析方式，研究政府财政收支活动及其影响。也正是因为这一原因，到目前为止，财政学依然在主流教材中被认为是专门研究政府财政收支活动及其影响的一门学科。政府需要生产什么？政府应通过何种方式为生产融通资金？公共决策中的交易行为如何影响财政收支安排？财政体制如何安排能够保证政府职能更好实现？这些都是财政学的重要内容。由于主流财政学将其放在经济学框架下予以研究，所以和经济学一样，财政学同样是在回答三个最基本问题，即生产什么、为谁生产以及怎么生产。不同的是，经济学考察这三个问题时考察的行为主体是私人部门，即个人、家庭和企业；而财政学考察这三个问题时考察的行为主体是政府或公共部门。

遵循主流财政学传统，本书也是将财政学放在经济学框架内，作为经济学的一个分支，研究政府财政收支活动及其影响。整个框架设计沿用主流财政学结构安排，以福利经济学作为财政收支活动评价的规范依据，从市场缺陷切入，通过分析公共品和外部性，回答政府应该做什么。在此基础上，通过包括教育、各种福利计划等在内的支出活动，以及这些支出活动需要的融资支持，回答政府应该怎么做。接着从国家治理高度分析财政预算问题，并从管理角度分析财政活动在不同层级政府间的责权配置。最后从宏观层面分析财政政策及其效应。

需要注意的是，政府财政收支活动毕竟不是政府活动的全部，正如在前述分析中所列举的情况，政府还会通过垄断货币发行权稳定社会交易秩序，但政府应如何管理货币实现社会交易正常有序，并不是财政学主题，而是货币银行学研究的范畴。再比如，政府应该制定什么样的产业政策实现社会产业转型升级和区域均衡增长，这是产业经济学需要研究的问题，也非财政学主题。还有政府应该实行什么样的地区发展政策以实现区域协调发展目标，则是区域经济学需要考虑的问题。政府如何对某些私人活动进行管制，则是管制经济学需要研究的问题，等等。通过比较可以看出，虽然货币银行学、产业经济学、区域经济学、管制经济学等都是研究政府活动的，但不同学科考察的政府活动并不相同，财政学仅是考察政府的财政收支活动，当然财政活动的确会和政府其他活动发生交叉影响。

1.3

政府财政收支概览

1.3.1 政府财政收支活动

政府通过各种途径干预社会经济生活。例如，国防开支、政府雇员的工资福利支出、乡村振兴建设发生的支出、支持落后地区发展的支出、落实九年义务教育制度的支出等，这些活动都表现为政府支出活动。而要进行这些支出活动，政府就必须占用一部分资源，即它必须能取得一定收入。例如，政府向公众所得课征的个人所得税、向公司利润课征的企业所得税、向香烟课征的烟草税等。政府的这些收支活动都被称为财政活动，其中财政支出反映政府如何花纳税人缴纳的钱，财政收入反映政府如何从纳税人身上获得钱。财政收入与财政支出是政府与其他部门发生联系的两个途径，政府正是通过财政收支活动参与社会经济事务。

就政府财政支出形式而言，政府财政支出既可能表现为一种购买行为，也可能表现为一种收入转移行为。前者是政府从市场中购买履行职责所需的商品或服务。这种购买活动和私人部门购买活动完全一样，即政府一手付出货币，另一手得到商品或服务。购买活动完全遵循市场交易中的等价交换原则。后者是政府将一部分财政资金无偿转让给他人。这种转移行为和私人部门之间的捐赠行为相似，即财政资金由政府向接受转移支付的个人、家庭或企业单向流动。在上述转移过程中，政府未得到任何对等的补偿。例如，政府每个月支付给低收入家庭的最低生活保障，政府针对价格上涨给在校大学生发放的一次性生活补贴，政府针对种粮农民按种植面积发放的粮食直补等。

政府财政支出活动总是表现为资源流出，所以政府需要取得一定的收入。从各国政府取得收入的方式看，常见的有三种：一是税收，二是价格或使用费，三是债务收入。其中税收是政府依据行政权力强制无偿取得的收入。在各国，尤其在市场经济国家，税收是政府取得收入的主要方式。价格或使用费是公共部门或是一些承担部分公共职能的部门（在我国主要是事业单位或公共企业），为降低成本压力，对向公众所提供的商品或服务实行部分或全部有偿使用，如公立学校向受教育者收取的学费、公立医院向病人收取的医药费和住院费、自来水厂向公众收取的水费等。价格或使用费作为政府获取收入的一种方式与私人部门销售商品或服务获取利润不完全相同，前者只是部分或全部补偿成本，而非获取利润，所以价格或使用费往往要低于所提供商品或服务的成本。债务收入则是政府在收不抵支的情况下，通过信用取得收入的一种方式。在性质上，政府发债和私人发债没有本质上的差异，

差异仅仅是发债主体不同。和税收的强制性不同，价格或使用费方式和发行债券方式，都遵循自愿原则。不仅如此，发行债券还需要承担还本付息的义务。

1.3.2　政府财政收支规模

政府通过财政收支活动干预社会经济，其中财政支出反映政府在整个社会财富中实际支配的水平，财政收入反映政府在整个社会财富中参与分配的程度，无论是前者还是后者，都存在一个问题，即政府的财政收支规模到底多大才合适。这一问题早在亚当·斯密时代就引起了人们的足够关注。在亚当·斯密《国民财富的性质和原因的研究》一书中，亚当·斯密就提出"有限政府"的思想。作为对这一问题深入分析的起点，接下来我们需要对政府财政收支规模有一个初步了解。

所谓政府财政收支规模，是指政府财政支出量和财政收入量。前者反映政府实际支配的社会资源数量，后者反映在社会财富中政府分得的资源数量。利用上述两种方法度量政府财政收支规模时，既可以采用绝对指标，即政府实际收了多少、实际花了多少，也可采用相对指标，即在全部社会资源中政府实际支配或参与分配的份额。前者既可以采用总量规模，也可以采用人均规模，后者一般采用政府收入或支出占国内生产总值比重表示。

我们利用上述衡量方法对我国政府财政收支规模做一个直观考察，表 1.1 和表 1.2 描述了 1995 年至 2022 年我国政府财政收支情况。[①] 可以看出，无论是绝对规模还是相对规模，财政收支都呈现上升趋势，2022 年和 1995 年相比，财政支出绝对规模实际增长到 38.2 倍，财政收入绝对规模实际增长到 32.6 倍，但如果按照不变价格来计算，财政支出和收入的增长并没有那么大，分别为 17.3 倍和 14.8 倍。1995 年财政支出相对规模为 11.12%，2022 年已上升到 21.53%，1995 年财政收入相对规模仅为 10.17%，2022 年已上升到 16.83%。事实上，最近几年由于实行减税降费政策，财政支出和财政收入占 GDP 的比重有所下降。

表 1.1　我国一般公共预算部分的政府财政支出规模（部分年份）

年份	财政总支出（亿元）	财政总支出1995 年为 100（亿元）*	人均财政支出（元）	占国内生产总值（%）
1995	6 823.72	6 823.72	563.38	11.12
2000	15 886.50	14 690.65	1 253.44	15.84
2005	33 930.28	26 776.38	2 594.93	18.11
2010	89 874.16	55 071.51	6 702.475	21.76

① 财政收支规模的口径计算还是沿用我们习惯上所说的财政收支概念，即一般公共预算部分的财政收支，也就是历史上所指的预算内财政收支。

续表

年份	财政总支出 （亿元）	财政总支出 1995 年为 100 （亿元）*	人均财政支出 （元）	占国内生产总值 （%）
2015	175 877.77	94 457.19	12 794.647	25.52
2017	203 330.03	103 219.64	14 627.22	24.58
2019	238 858.37	115 667.10	16 939.35	24.21
2022	260 552.12	117 895.60	18 455.97	21.53

注：* 用 GDP 缩减指数转换为 1995 年的实际值。表中数据根据国家统计局网站年度数据统计栏目中的数据计算得到。

表 1.2　　　我国一般公共预算部分的政府财政收入规模（部分年份）

年份	财政总收入 （亿元）	财政总收入 1995 年为 100 （亿元）*	人均财政收入 （元）	占国内生产总值 （%）
1995	6 242.20	6 242.20	515.37	10.17
2000	13 395.23	12 386.91	1 056.88	13.36
2005	31 649.29	24 976.32	2 420.48	16.90
2010	83 101.51	50 921.48	6 197.40	20.11
2015	152 269.23	81 777.95	11 077.19	22.10
2017	172 566.57	87 602.70	12 414.15	20.86
2019	190 390.08	92 196.34	13 502.08	19.30
2022	203 649.29	92 148.00	14 425.31	16.83

注：* 用 GDP 缩减指数转换为 1995 年的实际值。表中数据根据国家统计局网站年度数据统计栏目中的数据计算得到。

为客观看待我国政府财政收支规模，我们做一个国际比较，表 1.3 描述了部分国家 2022 年政府财政收入和财政支出占国内生产总值比重。数据表明，所列国家政府财政收支规模都比我国一般公共预算的财政收支占比大，尤其是法国，政府支配的社会资源超出了全社会资源的一半以上。不过需要注意的是，在财政收支统计口径上，我国与表 1.3 中这些国家有较大的差异。在表 1.1 和表 1.2 中，我国政府财政收支规模的统计范围仅限于一般公共预算。而实际的政府财政收支项目，不仅要包括一般公共预算，还应包括政府性基金预算、国有资本经营预算和社会保险基金预算。所以，如果按照国际通用口径的政府财政收支，即包括四本预算在内的全部政府财政收支占 GDP 的比重，我国 2022 年相应的比重应该在 31% 和 37% 左右。①

① 数据根据财政部网站中财政数据栏目中的 2022 年决算数据计算得到。

15

表 1.3　　　　　　　　2022 年部分国家政府财政收支占国内生产总值比重

单位：%

国家	支出占 GDP 比例	收入占 GDP 比例
法国	57.2	52.9
德国	48.9	46.4
英国	45.2	39.9
美国	36.7	33.0
加拿大	40.8	40.6
日本（2021 年）	44.0	38.6
巴西	46.3	42.9
俄罗斯（2020 年）	38.2	38.7
南非（2021 年）	38.8	35.4

资料来源：International Monetary Fund, Government Finance Statistics 2022.

需要注意的是，上述政府财政收支规模仅是表明政府财政收支活动本身的规模大小，并不能代表政府活动的全部影响。在进行政府财政收支规模跨地区比较时，并不能以此推定政府在社会经济事务中实际充当的角色和发挥的作用。实际上，政府对社会经济的干预程度或者说政府在一国社会经济事务中的重要程度有时并不体现在财政收支上。比如，政府颁布的交通法规；再比如，2007 年年底为减少猪肉等价格上升给人民生活带来的影响，政府颁布了一些临时性价格干预措施。这些措施无论对消费者还是对经销商、生产商，都产生了较大影响，但这些影响并不能通过政府财政收支变化得到完全反映。同样，日常生活中政府各种管制措施也是如此。

1.3.3　政府财政收支结构

通过财政收支规模，可以考察一国政府收了多少钱，又花了多少钱。但这些钱从哪里来的，又用到哪里去了，这些信息只能通过财政收支结构得到反映。如果说规模反映的是政府参与社会经济事务的深度，财政收支结构则是反映政府介入社会经济事务的广度。对一国财政收支的考察，规模固然是非常重要的一个方面，但结构有时比规模更为重要。因为规模只能反映数量，而政府收支的结构涉及社会成员的利益分配问题，反映"为了谁"这个更为根本的问题。接下来我们从中央政府和地方政府两个层面对 2022 年我国一般公共预算的收支结构稍加分析，以利于大家形成直观感受（见表 1.4）。

表 1.4　2022年我国财政一般公共预算的收入和支出结构表

单位：亿元

项目	全国	2022年 中央 金额	中央 占全国比重（%）	2022年 地方 金额	地方 占全国比重（%）
税收收入	166 620	89 977	54.0	76 643	46.0
流转税类	72 147	47 552	65.9	24 595	34.1
所得税类	58 618	36 821	62.8	21 797	37.2
资源税类	6 872	108	1.6	6 764	98.4
财产税类	10 456	0	0	10 456	100.0
行为和特定目的税	18 476	5 469	29.6	13 007	70.4
非税收入	37 029	4 910	13.3	32 119	86.7
专项收入	8 452	235	2.8	8 217	97.2
行政事业性收费收入	4 215	639	15.2	3 576	84.8
罚没收入	4 284	597	13.9	3 687	86.1
国有资本经营收入	2 512	1 240	49.4	1 272	50.6
国有资源（资产）有偿使用收入	14 579	2 028	13.9	12 551	86.1
其他收入	2 987	172	5.8	2 815	94.2
总计	203 649	94 887	46.6	108 762	53.4

项目	全国	2022年 中央 金额	中央 占全国比重（%）	2022年 地方 金额	地方 占全国比重（%）
维持性支出	50 541	18 532	36.7	32 010	63.3
经济性支出	81 714	6 764	8.3	74 951	91.7
社会性支出	115 419	3 545	3.1	111 872	96.9
债务付息支出及发行费用	11 418	6 568	57.5	4 850	42.5
其他支出	1 461	163	11.2	1 298	88.8
总计	260 553	35 572	13.7	224 981	86.3

注：流转税类包括增值税、消费税、关税、烟叶税；所得税类包括企业所得税、个人所得税；资源税类包括资源税、城镇土地使用税、耕地占用税；财产税类包括房产税、契税、车船税；行为和特定目的税类包括印花税、车辆购置税、土地增值税、船舶吨税、环境保护税。

维持性支出主要是一般公共服务支出、外交支出、国防支出与公共安全支出；经济性支出主要是科技支出、城乡社区支出、自然资源海洋等支出、粮油物资储备支出、灾害防治及应急管理支出、资源勘探工业信息等支出、商业服务业等支出、金融支出、援助其他地区支出、社会保障和就业支出、卫生健康支出、节能环保支出、住房保障支出；社会性支出主要是教育支出、文化旅游体育与传媒支出、社会保障和就业支出、卫生健康支出、节能环保支出、住房保障支出。

资料来源：根据财政部网站财政数据栏目中2022年的相关决算表计算。

17

表 1.4 是我国财政一般公共预算的收入和支出结构表。首先从收入来源看，主要的收入来源是税收收入，占全部一般公共预算收入的 81.8%，中央和地方分别占54% 和 46%。落实到具体的税种，中央的税收收入主要来自流转税和所得税，分别占全国流转税和所得税的比重为 65.9% 和 62.8%。其他三类税主要是地方税收入。非税收入主要来自地方收入，占全国非税收入的比重为 86.7%，中央的非税收入仅占 13.3%。在非税收入中，只有国有资本经营收入这一项，中央和地方各自的占比差不多。

再看支出，从整个支出比重看，地方支出占全国支出的比重为 86.3%，中央支出只占 13.7%。从支出结构看，我们把支出大致分成维持性支出、经济性支出、社会性支出等几大类，三大支出占全国支出的比重分别为 19.4%、31.4% 和 44.3%。但就中央和地方来看，中央的维持性支出占全国维持性支出的比重为 36.7%，但经济性支出和社会性支出中，中央的占比分别只有 8.3% 和 3.1%。中央的支出主要集中在维持性支出上，占全部中央支出的比重为 52.1%，经济性支出和社会性支出分别只占全部中央支出的 19% 和 10%；中央的债务付息支出及发行费用占全部中央支出的比重为 18.5%。地方的维持性支出、经济性支出和社会性支出占全部地方支出的比重分别为 14.2%、33.3% 和 49.7%。维持性支出和社会性支出分别是中央和地方最大的支出。

通过上述财政收支规模和结构的比较，我们不仅可以了解政府的钱从哪里来、用到哪里去，而且还可以了解政府的治国理念、治国方略和采取的措施。所以财政收支活动是我们了解一个国家政府活动的窗口，各国政府每年也会通过财政预决算报告和其他渠道向公众公布自己的财政收支活动。当然，上述仅是一个概览，更详细的讨论将会在后续内容中进一步展开。

1.4 | 评价财政收支活动：两种不同的政府观

人们对政府财政收支活动的了解并不仅限于财政收支活动本身，而在于通过这些生动的数据认识政府在社会经济活动中所扮演的角色。然而现实中，我们会经常遇到这样令人困惑的现象，即面对同样的财政收支活动，不同的人可能会提出不同甚至截然相反的看法。例如，面对国际金融危机带来的冲击，美国政府提出了一揽子财政援救计划，认为这一计划将会刺激经济走出危机阴影，但这一计划却在国会遭到了严厉指责而未获通过。为什么会出现这种情况？如果仔细分析这一现象，我们会发现，根本原因在于人们对政府在社会经济事务中应扮演的角色认识不同，不同的价值判断将会直接决定人们对政府财政收支活动的不同评价。这就如同我们对

"美"与"丑"的判断一样。

那么，在认识政府财政收支活动上我们应抱有怎样的价值观？这一问题似乎一直在困扰着人们，并成为经济学家长期争论的一个话题，伴随着争论的不断深入，人们对政府适当角色的认识也在不断发生变化。例如，早在重商主义时期，在法国经济学家中特别流行的看法是，政府在促进贸易和工业上应承担积极作用。而在《国民财富的性质和原因的研究》一书中，现代经济学奠基人亚当·斯密却提出有限政府思想。然而并不是所有的人都认同亚当·斯密的观点。因为许多人看到，自由放任经济中出现了严重的不平等、社会交易秩序被扰乱以及贫困等现象，这些活生生的现实表明政府在社会经济事务中应承担更大的责任。

对政府角色认识上的争议激发了许多经济学家、社会学家等对政府的深入研究，这些研究都是希望能对政府角色给出更精确的解释。其实，在大部分人看来，市场中交易的价格虽然可以引导资源有效配置，但众所周知，这需要一系列严格假定。所以今天越来越多的人逐渐意识到，适当的政府干预虽然不能解决这些问题，但可以减缓其严重程度。例如，政府可以通过收入分配政策减缓社会收入分配差距，可以通过向低收入阶层提供必要的生活补助缓解他们的贫困程度。不过，尽管认同政府干预非常必要，但大部分人还是认为市场在资源配置中始终应扮演中心角色和起决定性作用。

在社会资源配置上，市场和政府角色一直是人们讨论的话题，而在将众多不同价值观进行比较后，我们会发现，人们在政府角色认识上的分歧主要与人们的政府观有关，所持政府观不同，对政府在社会资源配置中的角色认识也不同。而就现有关于政府观的研究看，政府观主要有两种，即机械论观点和有机论观点。

1.4.1 机械论

关于机械论观点，我们可以通过物理学定义加以说明。一个机械是由许多功能不同的零件组成的，不同零件在整个机械中独立扮演自己的角色，无论这个零件是否存在于这个机械中，这个零件的角色都不会发生变化，而只要每个零件能充当好自己的角色，整个机械就能有序运转。机械论观点实际上就是，我们可以将整个机械分拆开来，变成一个个零件，而每个零件在分拆后依然能发挥作用，所有这些零件组成一个机械，目的在于使每个零件能更好地发挥自己的作用。和一个机械一样，一个国家也是由个人、家庭、企业等组成的，每个个人、家庭和企业也都是一个完整的个体，这些个体即使不在国家中也能正常运转。政府的机械论观点意味着，国家和政府的存在是为了使个人、家庭以及企业获得更高福利水平。机械论观点的最典型代表就是经济活动中的个人主义。

根据政府机械论观点，政府并不是社会的一个有机组成部分，而是公众为了更好实现各自价值目标共同创立的一个部门或组织，公众通过授权将自己一部分私人权利委托给政府，而作为受托人，政府行为必须有利于公众利益的实现。在这样一个经济中，处于中心角色的是个人，而非政府。依据政府机械论观点，亚当·斯密所持的政府观本质上就是机械论。当然，政府机械论观点虽然信奉个人主义价值取向，但对政府在社会经济事务中到底应承担多大责任，还存在一定分歧。这种分歧主要表现在"自由主义者"和"社会民主主义者"之间。前者更强调个人自由，认为只要个人不违反公正的法律，就可以完全自由地以自己认为的最好方式去追求自己的利益。而后者则相对更强调政府干预，认为为了个人利益，政府应进行大量干预。自由主义者的政府机械论思想和社会民主主义者的政府机械论思想在现实世界中广泛存在，如美国、加拿大等国，人们更多地信奉自由主义政府机械论思想。在这些国家中，人们更多地强调市场作用和个人自由，所以无论是政府收入还是支出，占社会总资源比重都相对较低。而在德国、法国等欧洲国家，特别是一些北欧国家，则更多信奉社会民主主义政府机械论思想。在这些国家中，虽然也强调市场自发力量和个人自由，但他们也强调社会力量和政府的作用。在这些国家中，政府参与社会经济事务的广度和深度相对更高，政府所支配的财政收支占整个社会资源比重也相对更高。

1.4.2 有机论

关于有机论观点，我们仍以物理学中的机械为例。有机论观点认为，一个机械虽然是由许多功能不同的零件组成，但每个零件之所以能发挥它的价值，完全在于它是这个机械中的一个组成部分，脱离了这个机械，任何零件都将失去其功能。有机论观点着重强调这个机械是一个有机统一体，任何个体一旦脱离了这个统一体也就失去了价值。和物理学中的机械一样，一个社会、一个国家实际上也是一个自然统一体，每个个人、家庭和企业都是这个有机体的一个部分，而政府则是这个有机体的心脏。在这样的社会中，个人、家庭和企业只有作为这个有机体的一部分才有意义，所以在这个有机体中，社会实际上是凌驾于个体之上的，个人利益必须服从整体利益。政府有机论的典型案例是德国历史上的纳粹主义和日本历史上的军国主义。

根据政府有机论观点，一个社会目标应由国家确定，并引导社会去实现。社会目标可以不同，关键问题是如何选择这些目标。有机论者认为，有些目标是自然的，如一国的领空权、领土权、领海权等就是这些自然目标的例子，再如社会正义、社会公正等。

1.4.3　两种政府观的进一步分析

通过上述两种政府观的分析可以看出，西方经济学中所渲染的经济思想实际上是沿着个人主义路线发展的，突出个人价值及其需要。而德国纳粹主义和日本军国主义等实际上是沿着国家主义和集体主义发展起来的。然而，在个人主义传统思想中，机械论观点并没有为我们提供政府应该有多大作用的思想，即机械论没有告诉我们政府应该采取哪些特定的经济干预方式。同样，这种缺陷也出现在有机论中，因为有机论虽然强调了国家主义和集体主义，但也没有就政府应如何适当干预给我们任何启示。当然，本书在介绍财政学主题时，主要任务并不在于如何认识政府财政收支活动，而在于就有关政府做了什么、怎么做以及为谁做等问题做尽可能如实的描述。

专栏 1.2　亚当·斯密的政府观

亚当·斯密（1723—1790）是经济学的主要创立者。1723年 6 月 5 日，亚当·斯密出生在苏格兰法夫郡的寇克卡迪。亚当·斯密一生与母亲相依为命，终身未娶。在亚当·斯密一生中出版过两本对后人影响深远的书，一本是 1759 年出版的《道德情操论》，另一本是 1776 年出版的《国民财富的性质和原因的研究》。亚当·斯密在其著作《国民财富的性质和原因的研究》一书中，不仅积极倡导"自由放任"和促进自由贸易政策的思想，而且提出为了实现自由放任和促进自由贸易，政府只有三项重要而且是人们都能理解的职能：第一，保护社会，使其不受其他独立社会的侵犯；第二，尽可能保护每个社会成员，使其不受其他社会成员的侵害或压迫，即设立完全公正的司法机关；第三，建设并维护某些公共事业或公共设施，因为公共事业、公共设施收益极小，私人机构对建设或维护这些事业、设施不感兴趣，只能由政府建设和维护。但亚当·斯密在表述自己的政府职能观时，认为自由放任和政府不干涉不过是个普通原则，而不是一条绝对原则。因为在他心中，政府不是无为的，同时自由也不是无条件的。他曾明白表示："若一小部分人侵犯天赋的自由权……足使社会全体有蒙受危险之虞，则可以并且应用政府法律来加以抑制。这与政府之为自由政府或专制政府无关。"

本 章 小 结

1. 无政府经济的内在缺陷为政府参与社会经济事务提供了空间，但和市场一样，政府也不能做到全知全能，这就是混合经济在全球盛行的主要原因。

2. 根据行为目标和成本补偿方式差异，国民经济部门可以分为公共部门和私人部门，而介于其间的事业单位、公共企业和各种非营利性组织，既具有私人部门的某些属性，又具有公共部门的某种属性。

3. 财政学是以政府的财政收支活动及其影响为研究对象。表面上看，财政学主要讨论政府的收支活动，但实质上是研究社会经济活动中政府与民众的关系，是国家治理的基础和重要支柱。

4. 财政收支活动是公众了解政府的一个窗口，通过这个窗口，公众既可以了解政府参与社会资源配置的程度，也可了解政府做了什么、怎么做以及为谁做等一系列信息。

5. 对政府财政收支活动的不同看法源自观察者所持的不同政府观。机械论者强调个人价值、个人判断和个人决策的重要性，认为政府行为目标应是促进个人目标的实现。有机论者则相对强调社会目标的重要性，认为个人行为应有助于社会目标的实现。

重 要 概 念

无政府经济　混合经济　公共部门　政府缺陷（失灵）　政府规模　机械论政府观　有机论政府观

思 考 题

1. 为了应对 2008 年国际金融危机，包括美国、英国、德国、日本等在内的各国政府都纷纷提出政府干预经济的财政刺激计划，其中，我国政府提出的 10 项财政刺激计划更是受到全球政府和国际组织的高度评价。试结合这一情况，谈谈你对混合经济及混合经济中政府角色的认识。

2. 我国政府明确规定个人不能持有枪支弹药，也不能携带管制刀具，而在美国，这一规定却相对较松。在美国，个人不仅可以收藏枪支，而且可以携带枪支和各类刀具，但自"9·11"事件后，美国政府对个人持有枪支重新进行了严格管理。根据机械论与有机论政府观，试分析机械论者和有机论者对这种规定将会做出何种反应。

3. 2007 年中国政府制定了劳动合同法。在这部法律中，政府对合同双方的权利义务关系做了调整，突出强调了员工的利益。然而，就在劳动合同法实施前后，广东的许多小型港澳台资企业纷纷关闭，无奈的打工者有的不得不回到家乡，有的进入了失业大军行列。根据上述现象，说明政府财政收支活动能否全面反映出政府干预经济的全部。

4. 2018 年我国中央政府颁布了《基本公共服务领域中央与地方共同财政事权和支出责任划分改革方案》，你认为这个方案会对基本公共服务产生怎样的影响，这种划分能否解决基本公共服务供给短缺问题。

参考答案

进一步阅读文献

1. 亚当·斯密. 国民财富的性质和原因的研究 ［M］. 郭大力，王亚南，译. 北京：商务印书馆，2008. 第 5 章 .

2. 蒋洪，等. 财政学教程 ［M］. 上海：上海三联书店，1996：3—26.

3. Buchanan J M. Fiscal Theory and Political Economy ［M］. University of North Carolina Press, 1960: 3—18.

4. 刘克崮，贾康. 中国财税改革三十年：亲历与回顾 ［M］. 北京：经济科学出版社，2008.

参 考 文 献

1. 亚当·斯密. 国民财富的性质和原因的研究 ［M］. 郭大力，王亚南，译. 北京：商务印书馆，1972.

2. 约瑟夫·斯蒂格里兹. 政府经济学 ［M］. 曾强，何志雄，等，译. 北京：春秋出版社，1988.

3. 哈维·S. 罗森，特德·盖亚. 财政学 ［M］. 9 版. 北京：清华大学出版社，2012.

4. 理查德·A. 马斯格雷夫，佩吉·B. 马斯格雷夫. 财政理论与实践 ［M］. 邓子基，邓力平，译. 5 版. 北京：中国财政经济出版社，2003.

附　　录

为了更多地了解各国曾经和正在进行的财政实践，以及关于这些财政活动经济社会影响的理论分析，下面的这些期刊和网站将会对我们非常有用。

《财政研究》

《税务研究》

《财贸经济》

《经济研究》

《管理世界》

《中国财政》

Journal of Public Economics

International Tax and Public Finance

Public Choice

National Tax Journal

中华人民共和国财政部网站（http://www.mof.gov.cn）

中华人民共和国国家税务总局网站（http://www.chinatax.gov.cn）

中华人民共和国国家统计局网站（http://www.stats.gov.cn）

中国社会科学院财经战略研究院网站（http://www. naes.org.cn）

中国财政科学研究院网站（http://www.chineseafs.org）

美国财政部网站（http://home.treasury.gov）

美国国会预算办公室（http://www.cbo.gov）

美国统计署（http://www.census.gov）

　　当然，上述所列仅是一些与我们所学财政学关系相对比较密切的期刊和网站，除了上述所列举的，还有一些期刊和网站对我们进一步开阔眼界是有帮助的，比如 Journal of Political Economics，American Economic Reviews，http://www.nber.org，http://www.drcnet.com.cn，等等。

即 测 即 评

学完第 1 章啦，来做个小测检验一下学习效果吧！

2

财政学的分析工具

本章学习目标
- 了解讨论与研究财政学相关问题的角度与方法
- 掌握实证分析与规范分析的原理与方法及帕累托效率标准

　　财政学的分析工具一定程度上是普遍适用于经济学与管理学的分析工具，但在运用过程中有其自身特点。对分析工具的分类方式有很多：按分析对象划分有宏观分析与微观分析，按均衡状态划分有静态分析与动态分析，按均衡变量范围划分有局部分析和一般均衡分析，按数据时间点划分有截面分析与时间序列分析，按有无价值标准划分有实证分析与规范分析，等等。

　　在一般意义上，市场由"看不见的手"指导，由理性经济人组成。基于市场的经济学更多地考虑怎样才能以一定的投入得到更多的产出或是以一定的产出消耗更少的成本，由此产生的市场分配则是以效率为导向的。财政学则不然，政府的引入使我们考虑的角度有所变化，市场不是万能的，政府需要关注市场可能无法解决的问题。如果说市场关注的是效率，政府关注的则是公平。由于政府的经济行为会对不同人群产生分配效应，因此，财政学研究的重点应该是这样三个问题：一是政府在做什么以及政府的行为产生了什么影响；二是政府应该做什么；三是如何规范政府行为使政府做它该做的事。前面两个问题以是否有价值为前提来区分，第三个问题是基于明确前两个问题后的决策程序。本章以有无价值为主线介绍前两个问题的分析工具即实证分析与规范分析，第三个问题的分析工具将在下一章讨论。

2.1 实证分析与规范分析

2.1.1 实证分析与规范分析的概念

为方便讨论，我们首先对两类分析工具做一个概括性的介绍。

实证分析超脱一切价值判断，只描述与解释实证对象的各种现象，研究其内在规律或检验有关理论，并用理论构造模型，分析和预测人们在一定条件下的行为趋势或概率。简单地说，实证分析得出的结论是描述性（Descriptive）的，其起点是客观的，回答的是"是什么"（What）、"为什么"（Why）和"怎么样"（How）一类的问题。这一分析工具对结论是否"好"或者"坏"不做评价。一般来说，实证分析的结论可以检验，大部分可以计量。

规范分析则是以一定的价值判断为基础作为分析的起点。首先提出一种标准，再论证研究对象是否符合这一标准、其变化趋势是否接近或远离所设定的标准，以及如何才能达到我们所希望的结果。简单地说，规范分析是回答什么是"好"（Good）或"坏"（Bad）、"好起来"（Better off）或"坏下去"（Worse off）以及"应该是什么"（What ought to be）一类的问题。显然，不同的人（或不同的时间、环境或其他条件下）"好"或"坏"可能会有不同的标准，所以规范分析的起点肯定是主观的，它的结论也是命令性（Prescriptive）的。一般来说，规范分析不存在检验的问题，也不可计量，结论存在多样性，不同的群体、不同的路径得出的结论会存在较大的差异。

2.1.2 一个例子

这两种分析方法在我们日常生活中很常见，并且往往会相伴出现。比如：《中共中央　国务院关于支持浙江高质量发展建设共同富裕示范区的意见》指出："当前，我国发展不平衡不充分问题仍然突出，城乡区域发展和收入分配差距较大，各地区推动共同富裕的基础和条件不尽相同。促进全体人民共同富裕是一项长期艰巨的任务，需要选取部分地区先行先试、作出示范。"这一段话中包含了实证与规范两种表述方式，要说出这一段简单的话，就必须用到实证分析工具与规范分析工具。

就前一句话来说，我们可能需要通过实证分析工具来了解以下一些数据，如：

（1）发展不平衡不充分怎么判断？目前问题突出到什么程度？

（2）城乡区域发展和收入分配差距如何衡量？目前差距有多大？

（3）推动共同富裕的基础和条件有哪些？不同地区有哪些不同？这些不同怎样影响共同富裕？

（4）前述问题会导致什么后果？

这些数据都是反映事实，描述社会现象，不涉及价值判断，它们回答的是"是什么""为什么"和"怎么样"一类的问题，这种分析就属于实证分析。

就后一句话来说，我们需要通过规范分析工具提出一些标准与应用，如：

（1）全体人民共同富裕的好坏标准是什么？为什么要促进全体人民共同富裕？共同富裕、资源共享、互惠互利、合作共赢是一种理念，这一理念与其他标准比较有何不同？

（2）为什么要选取部分地区先行先试、做出示范？对社会来说，稳定与不稳定哪个好？全面铺开是不是更加有利于社会进步？

这两个问题是回答"应该是什么"，研究者在分析中必然要提出一种或多种价值标准，这一类分析就是规范分析。

实证分析与规范分析两者有紧密的联系，实证分析可以单方得出一个统计规律或基本理论——比如相关指标与社会福利评价的关系。实证分析可以自成体系，得出某一方面的理论或规律，而规范分析则一般都需要以实证分析为基础。

2.1.3　为什么要进行实证分析与规范分析

在讨论分析工具前，我们往往会问：为什么要进行实证分析和规范分析呢？这里可以简单归纳为理论形成的需要、理论应用的需要、理论验证的需要和理论创新的需要。

2.1.3.1　理论形成的需要

自然世界有其规律，对这些规律的总结就是理论，这些理论的形成往往是对自然世界的无数次观察与分析结果的归纳。人类社会也有很多规律，经济规律是其中非常重要的规律之一。要了解经济规律，就需要观察经济现象，通过对经济现象进行分析，从而得出经济理论。

如某种农作物——比如说稻谷——当年丰收了，农民喜笑颜开，抢收抢种，不料发现市场价格跌到几乎连成本都拿不回来的程度。人们经过多年的归纳，称这一规律为"谷贱伤农"。事实上是谷物为必需品，需求弹性小，储存成本高，数量的较少增加会导致价格的更多下降，从而使收益——价格乘以数量——变得更小，这些内容可以上升到需求弹性理论。

进一步，人们又发现一个规律：如果农作物上一年供给多、价格低，往往第二年就供给少、价格高；反之亦反。通过对这些经济现象的实证分析，人们得出结论：分散决策的农业生产者是根据上年的价格决定当年产量的，这就导致了农产品生产的波动。而且，当某些农产品需求弹性小于供给弹性时，当年产量会因为上年的高价格而大幅度提高，从而使当年价格特别低，再过一年则产量特别少而价格畸高，如此振荡幅度越来越大；反之，当另外一些农产品的需求弹性大于供给弹性时，尽管也会因为上年的价格高而当年产量多，但变化不强烈，若干年后价格与产量都基本稳定。我们将这一规律归纳为"蛛网理论"（Cobweb Theorem）。前者是一个发散型的蛛网，后者则是收敛型的。

　　显然，这些理论的形成都是通过对现实经济生活的观察与实证分析得到的，无法想象没有实证分析得出的理论。

2.1.3.2　理论应用的需要

　　理论应用的需要就是解决实际问题的需要。浩瀚的经济学理论为社会经济的运行与人们对其经济环境的变化做出反应提出了丰富多彩的解释，但理论通常不能指出这种反应具体有多大，它或许只告诉我们存在几种可能性，最终会怎样还需要求助于实证分析。

　　就上面的"蛛网理论"而言，人们发现农产品的价格与产量的巨大波动会对社会经济产生重大的不利影响[①]：如会导致农产品下游产品价格与产量的巨大波动从而导致物价指数的大幅变化；同时因农民在很大程度上不能完全控制生产的自然过程，"谷贱伤农"显然也不利于农民生活的保障。于是人们想到，能否建立一种收储系统，使丰收时农民能够以可预期的相对稳定价格出售，歉收时系统能够将库存农产品供应市场以平抑价格，这样既能够减少市场的过度波动，又能够保证农民的生活水平的提高。这就是很多国家和地区政府推行的政府保护价格收购（Crops′ Minimum Purchase Prices 或 Conservation/Protection Prices）。

　　可以预见的是，这一理论告诉我们可以用政府保护价格收购来解决经济波动与农民增收问题，但保护价是多少我们还需要研究。如果价格过低就无助于解决问题，而价格过高，能解决问题但可能会导致政府负担过重，还不利于市场机制对农产品产销的适度调节。所以，这一政策是否可行还需要大量的工作，即理论应用中的实证分析。

2.1.3.3　理论验证的需要

　　正确的理论可以直接应用，但如果我们怀疑理论的正确性则需要验证。理论的验证也需要实证分析。很多人都知道这样一个有关自然科学的经典故事：

　　古希腊哲学家亚里士多德断定重物体比轻物体下落速度快，比如石头就比羽

---

　　① 后文将会看到，我们在这里引入了"有利"与"不利"的价值判断标准，这就是规范分析的起点。

毛落得快。但伽利略却认为下落速度与重量无关，所有物体下落速度都相同。挑战权威往往需要极大的勇气，当然，更需要证据。为了让人们相信，伽利略在众多看热闹的人们面前从比萨斜塔上同时扔下两个不同重量的铁球，结果两个铁球同时着地。

实际上，伽利略对亚里士多德理论的怀疑是从逻辑推理开始的。按亚里士多德的理论，一个重物（如铁球）与一个轻物（如木球）同时下落，铁球会落得快，木球会落得慢。但把铁球与木球绑在一起，按照原有理论可能会有两种结果：一是铁球和木球组成了一个比铁球更重的物体，下落的速度应该比铁球速度更快；二是分开的木球速度比铁球慢，连在一起会阻碍铁球快速下落，两球相连的速度应该在分开时的两个速度之间。这两个结论是互相矛盾的，原因很可能是理论不正确，扔铁球就是一种实证手段，是出于理论验证的需要。

归属于社会科学的经济学同样需要进行这种理论验证。凯恩斯在 1936 年出版的《就业、利息和货币通论》中提出了著名的"节约悖论"（Paradox of Thrift）。即节约对于个人来说是好事，是一种值得称赞的美德；但对于整个国家来讲，则是一件坏事，会导致国家经济的萧条衰败。与此相关，他提出有效需求（消费需求加投资需求）不足是经济失衡的主要原因，因此需要政府干预经济，通过政策特别是扩张性财政政策刺激消费与投资，从而实现充分就业。这一理论在第二次世界大战后相当长一段时间内被西方发达国家奉为圭臬。尽管在 20 世纪 70 年代该理论受到一定程度的质疑，但不可否认的是，经过不断验证的凯恩斯理论的主要思想至今仍然是走出严重经济危机的主要工具。

2.1.3.4　理论创新的需要

理论的应用与理论的验证都有可能导致理论的创新。事实上，理论的创新并非刻意的、有目的的或是有既定路径的，创新往往来自应用与验证过程中发现原有理论可能的不足。

纵观经济学发展的历史，凯恩斯主义革命是因古典经济学无法解决 20 世纪 30 年代的经济危机应运而生的；而在 20 世纪 70 年代普遍认为凯恩斯主义已经无法控制住通货膨胀时，货币主义（Monetarism）产生了广泛的影响；仅仅十年之后卢卡斯和萨金特提出的理性预期假说（Rational-Expectations Hypothesis）建立了新古典宏观经济学的基础。这些创新都是建立在实证分析与规范分析基础之上的。

2.2

因果关系与实证分析

2.2.1 因果关系

我们这里说的因果关系（Causal Relationship）指某一特定行为会导致某一特定的可度量的结果。[①]

前面谈到的价格变化导致农产品产量波动的例子使我们似乎有一个错觉——我们知道相关变量之间的因果关系。实际上除极少数问题以外，大量所谓因果关系我们是不清楚的。比如在共同富裕的话题中，"我国发展不平衡不充分问题仍然突出，城乡区域发展和收入分配差距较大，各地区推动共同富裕的基础和条件不尽相同"都是可以观察到的结果，但导致这个结果的原因我们并不是非常清楚，在还不清楚因果关系时就制定一些政策来促进共同富裕，可能就会浪费资源、事与愿违甚至南辕北辙。

在今天的社会科学研究中，因果关系已经成为社会科学家们对某种社会现象进行"科学"解释的同义词。学者们已经不满足于确认"某两个变量是否显著相关"，而是希望确认"变量 A 与变量 B 究竟是谁影响谁"，也就是说因果关系是怎样的。

因果关系识别有利于我们理解经济学分析的基本逻辑，这个问题很重要，也很复杂。由于篇幅所限，我们在下面利用两个案例介绍三个基本的概念，一是相关性（Correlation），二是反事实情况（Counterfactual），三是随机对照实验（Randomized Controlled Experiment），以帮助我们初步了解这个经济学学科思维中非常重要的思想，更加深入的内容请读者参考本章后面列出的参考书。

先来看一个与医学有关的生活案例。假设有人，比如说张三，得了感冒，服用感冒药后症状得到了缓解。此时人们很容易建立这样一种因果关系，即"服药"导致"症状缓解"。我们需要讨论下面三个问题来确定这个关系是否成立：

（1）相关性。"服药"与"症状缓解"是先后发生的，我们把先后发生的两个变量称为相关的，可以定义相关系数度量其先后同步变动的程度。进一步，要看"服药"是不是"症状缓解"的原因，首先要看"服药"是否先于"症状缓解"，因为只有原因导致（先于）结果才有可能是因果关系。同时，除了"服药"这一原

---

① 詹姆斯·H. 斯托克，马克·W. 沃森. 计量经济学［M］. 沈根祥，孙燕，译. 3 版. 上海：格致出版社·上海三联书店·上海人民出版社，2012.

因以外，我们还需要排除其他解释。

（2）反事实情况。要排除其他原因，我们考虑反事实情况。顾名思义，反事实情况就是与能够观察到的现实情况相反的一种状态，或者说事实没有发生的状态。这样就能将某种事件（结果）的发生完全归于这一事实，而非其他因素。本例中就是说我们要考察如果张三没有"服药"，是不是也会"症状缓解"。如果没有服药"症状缓解"也会发生，那说明"服药"不是原因。反之，没有服药症状就不会缓解，"服药"显然就是原因。这一点很容易理解。

当然，无论是事实还是反事实，都需要发生在同样的研究对象身上，在现实生活中，我们不可能让时光倒流要张三不服感冒药，所以无法观测到反事实状态。作为替代，我们引入一种理想化的随机对照实验。

（3）随机对照实验。既然就张三个体来说不可能有反事实情况，我们找到一些个体特征（年龄、性别、身体素质、生活环境等）与张三基本一致的感冒患者，由于感冒是一种常见病，找到足够的样本不会很难。把他们随机地分成两组，一组服药，我们称之为处理组或实验组（Treatment Group），一组服用与感冒药片形状大小与口味都一样的安慰剂（Placebo），我们称之为控制组或对照组（Control Group），患者与医生都不知道谁服的真药谁服的安慰剂，这种双盲处理消除了患者自我的心理暗示，也消除了医生有意或无意的区别对待。所有人都只知道已经服药这件事，处理却有不同，样本的选择使对照组可以成为张三的反事实情况的替代。观察记录患者的症状变化，如果实验组与对照组存在显著差别，我们就说处理（"服药"）是结果（症状缓解）的原因，反之则不是。

再来看一个与经济相关的案例。大量的研究表明，受教育水平越高的人一般收入越高。比如说一批大学毕业生，称他们为李四们，平均来说收入比没有上过大学的同龄人要高，这一现象也符合人们的直觉。无论教育社会学研究还是经济学研究，都倾向于认为"教育为因，收入为果"。西奥多·舒尔茨提出人力资本与物质资本类似，劳动者的知识、技能等能力是经济增长诸多因素中的主要因素。[①] 雅各布·明瑟将受教育年限作为衡量人力资本的指标，来估算劳动者多受一年教育而增加的收入，此即明瑟方程 [②]。我们同样讨论下面三个问题：

（1）相关性。受教育与收入提高是先后发生的，这是相关的。受教育在先，收入提高在后，受教育可能是收入提高的原因，但除了受教育这一原因以外，我们还需要排除其他原因。

（2）反事实情况。要排除其他原因，需要考虑反事实情况。本例中我们要考察李四们如果没有读大学而直接去工作，收入会不会明显低于上过大学后工作的收入

---

① 西奥多· W. 舒尔茨. 人力资本投资——教育和研究的作用 [M]. 蒋斌，张蘅，译. 北京：商务印书馆，1990:22.

② Mincer J. The Production of Human Capital and The Life Cycle of Earnings: Variations on A Theme [J]. Journal of Labor Economics, 1997（15）.

水平。如果读大学后的收入水平与不读大学存在显著差异，在反事实情况排除了其他原因后，说明读大学是收入提高的原因。当然，在现实生活中，我们不可能让时光倒流，要李四们不读大学。

（3）随机对照实验。我们同样引入一种理想化的随机对照实验，既然对李四们来说不可能有反事实情况，我们找到一些个体特征（高中成绩等）与李四们接近的同龄人，这些人没有继续升学而直接进入了劳动力市场，成为控制组或对照组，而读过大学的李四们成为处理组或实验组，这样就构成了一个反事实框架下的因果关系研究。

现在我们可以给因果关系一个相对学术化的定义：因果关系是某一给定行为或处理导致某一特定的可度量结果，这一度量与理想化随机对照组的结果度量一致，造成处理组和对照组之间结果差异的原因只能是处理本身。[①]这个思路广泛地应用于医学与社会科学研究，最为关键的是要找到那些与我们关心的个案"十分类似"的"反事实个案"（Counterfactual Case），就能够将特定的因变量的变化归因于实验中的处理本身而屏蔽掉其他混淆因素。

2.2.2 实证数据的取得

2.2.2.1 实验数据

因果关系的验证需要取得理想化的随机对照实验数据，从前面的描述中我们可以看出，这个理想化的随机对照实验在自然科学中比较常见，但在社会学中非常有难度，随机性难以保证，也很难进行可控实验。有一些政策可能可以局部推行，但在伦理上会存在问题，比如对部分人或地区的税费减免或补助。有时即使在法律上是可行的，但处理组的人知道他们是实验者，也可能影响他们的行为而使实验数据失真。此外，社会实验研究往往还伴随着巨大的成本。比如，在高校对所有姓王的同学每个月在校园卡中补助 100 元，补助时限三个月，观察被补助同学在食堂消费的变化，就会出现成本问题与实验者知道这一政策暂时性而使数据失真的问题。

尽管如此，研究者还是想办法进行了一些社会科学的实验来取得一些宝贵的数据。下面列举了四种比较典型的处理方法。

（1）有大量研究表明，使用兄弟姐妹或者孪生兄弟姐妹的数据进行因果分析，能够控制包括基因与遗传因素、家庭背景、生活环境等，再选取其中的不一致的变量设定处理组与控制组，就相当于得到了一次随机对照实验。

（2）模拟社会实验。它往往是模拟一种社会场景，由个人根据这一社会场景

---

① 詹姆斯·H. 斯托克，马克·W. 沃森. 计量经济学［M］. 沈根祥，孙燕，译. 3 版. 上海：格致出版社·上海三联书店·上海人民出版社，2012.

做出自己的决策，这种实验与真正的社会实验相比，除了计算或测算等需要一些运行成本外，不会产生真正的社会成本。例如，为每一个实验对象建立一个给定虚拟金额的账户，由实验对象根据现实的证券市场行情进行模拟投资，定期考核收益结果；再如，很多财经类高校的 ERP（Enterprise Resources Planning）实验中心，为学生提供了一个包括生产制造、财务、销售、采购、库存管理、信息管理等全过程的模拟环境，使学生能在实验环境中进行相对真实的体验。当然，所谓模拟，就是不发生真实成本的假设行为产生的假设结果，实验对象一般会意识到实验不会对自己产生真实后果的事实，更明确地说，当实验者知道这是一种"游戏"时，结果的真实性会打一定的折扣。

（3）限定区域试点再推广。在一定时期内对该区域内的企业、家庭或个人试点实行某一政策，由于地域的限制，政策的影响局限在可控范围内。此时试点区域为处理组，其他地区是控制组。观察这一对照实验的结果可以在一定程度上判断作为"处理"的政策是否是产生结果的原因，或者处理本身是否能够出现预想的结果。我国有一个"摸着石头过河"的说法，这个"石头"就是对照实验。当然，局部试点成功，不一定在更大范围内成功，有可能发生合成谬误。同时，不同地区之间存在着差异，随机性不能满足可能会对结果产生影响。

（4）完全随机对照实验。2019 年诺贝尔经济学奖获得者埃丝特·迪弗洛以发展中国家穷人的微观行为作为观察对象，采用大规模的随机田野实验（Randomized Field Experiments）方法来评估各种减贫政策。她的典型做法就是：把参与者随机分为两组或多组，一组做对照，其他组进行不同的政策干预（处理），各处理组与对照组之间的差异就是政策产生的效果。在 2016 年的一次 TED 演讲中，她用浓重法国口音的英语介绍道，世界上有很多人，大部分是 5 岁以下的儿童，死于我们已经能够完全控制的疾病，比如麻疹或疟疾。我们有技术、有基础设施、花了钱，但问题并没有得到很好的解决，困在了"最后一公里问题"（Last Mile Problem）——不知道如何高效地将这些钱用于需要帮助的对象。她的团队在印度拉贾斯坦邦的乌代浦尔区工作，针对该地区对于麻疹或疟疾等疾病的免疫率低下、疫苗接种主动性不强、感染率高、一旦感染则花费巨大、死亡率高的情况，他们把该区的 134 个村庄随机标注蓝点、红点与白点，其中蓝点村庄是告诉村民今天就去接种疫苗，不要拖延；红点村庄表示该村村民如果去接种，将会得到一千克扁豆；白点村庄为对照组，不做任何工作。结果是蓝点村庄接种率从 6% 上升到 17%，红点则达到了 38%。埃丝特·迪弗洛将完全随机对照实验方法引入了发展经济学，从而提升了此前无法准确评估的扶贫政策效果。[①]

---

① 限于篇幅，这里无法引用太多精彩的案例。除了本章的专栏 2.1 里的摘录以外，其他详细内容请参阅：阿比吉特·班纳吉，埃斯特·迪弗洛. 贫穷的本质——我们为什么摆脱不了贫穷（修订版）[M]. 景芳，译. 北京：中信出版集团，2018.

2.2.2.2　观察数据

尽管列举了上述很多取得实验数据的方法，还是有很多重要问题不可能进行实验研究，研究者取得数据更多的还是对已经发生的事件进行观察与资料搜集。之所以先讨论实验数据，是提醒读者在进行因果关系研究时要意识到随机性及屏蔽其他混淆因素的必要性。

观察数据的获取主要有两个途径，一是文献检索，二是实地调研。

（1）文献检索。这里的文献包括数据检索和已有的公开学术研究成果。数据检索可以是各类国内外官方统计数据，也可以是行业管理数据，还可以是机构调查数据；公开学术研究成果包括作者在什么时候运用什么数据与方法、得出什么结论、提出了什么观点等。一项实证研究的结论之所以可靠或有意义，是因为研究者广泛地检索了相关的数据、方法与观点、对已有的研究有恰当的了解与评价。只有这样，研究者才有可能在已有的研究成果基础上进行更加深入的研究并得出有价值的结论。

（2）实地调研。实地调研或调查是取得观察数据最直观的手段，具体形式主要有问卷调查和走访调研两类。问卷调查是研究者运用统一设计的问卷向被选取的调查对象（样本）了解情况或征询意见的调研方法。问卷调查的样本一般要强调随机性，否则调查样本相对集中可能导致选择性偏误（Selection Bias），基于样本的分析结果就会影响总体的结论。走访调研是研究者面对面地与受访者交谈，一般会有一个确定的主题。相对问卷调查而言，走访调研信息获取相对集中，调研内容更加灵活和开放，信息也更加全面，往往在调研过程中还可以根据实际情况调整调研的深入程度。但走访调研的时间较长、过程较复杂，且随机性与普遍性不够，不同的样本选择会使调研的结果有较大差异。

专栏 2.1　一个完全随机对照实验案例

2019 年诺贝尔经济学奖获得者阿比吉特·班纳吉、埃丝特·迪弗洛合著的《贫穷的本质——我们为什么摆脱不了贫穷》一书中指出，"为援助问题而争论的人基本上都同意一个前提，即我们应该在力所能及时向穷人伸出援助之手……但我们知道帮助穷人的有效方式吗？""真正有用的方式是从实际的角度去思考，这样就可以有针对性地找出解决具体问题的方法，而不是空谈外来援助"。《贫穷的本质——我们为什么摆脱不了贫穷》一书最终揭示了穷人的生活及他们相应的选择，对于我们消除全球贫穷具有一定的启发意义。

杰弗里·萨克斯是联合国顾问、纽约哥伦比亚大学地球研究所主任，同时也是一位贫穷问题专家。他的观点是：贫穷国家之所以贫穷，原因在于贫穷，这就是经济学家们所谓的"贫穷陷阱"。外来援助之所以重要是因为，它能启动一种良性循环，即辅助穷国在关键领域投资，从而提高其生产力；由此而产生的更高收入会带来更多投资，收益将呈螺旋状上升。丹比萨·莫约是一位曾在高盛投资公司及世界银行任职的经济学家，她却认为，援助的弊大于利：援助使人们停止寻找自己解决问题的方法，腐蚀地方机构并削弱其作用，导致一些援助机构形同虚设。对于贫穷国家来说，最好遵循一个简单的原则：只要有自由市场和恰当的奖励机制，人们就能自己找到解决问题的方法，避免接受外国人或自己政府的施舍。从这个意义上讲，莫约认为"贫穷陷阱"并不存在。

我们到底应该相信谁？是相信那些认为援助能解决问题的人，还是相信那些认为援助只能使问题恶化的人？这一问题无法从理论上得到解决，我们需要的是证据。

世界卫生组织称，疟疾在 2008 年造成约 100 万人丧生，其中大多数是来自非洲的儿童。研究表明，在疟疾传播严重的地区，让人们睡在经过杀虫剂处理的蚊帐中，可以将疟疾的感染病例减少一半。对此，我们认为，让人们睡在经过杀虫剂处理的蚊帐中，就可以挽救很多人的生命。那么，怎样做才能保证人们都睡在这样的蚊帐中呢？

事实上，只要拿出约 10 美元，一个家庭就能得到一个经过杀虫剂处理的蚊帐，还会有人教他们怎样使用这种蚊帐。政府或非政府组织是否应向家长们免费提供这种蚊帐？或者按优惠价卖给他们？还是让他们自己去市场上按全价购买？这些问题是可以回答的，但答案却不甚明了。很多"专家"在这些问题上的立场十分强硬，却拿不出任何有力的证据。

的确，免费发放蚊帐正是萨克斯所提倡的，但是莫约则对此持反对态度。莫约认为，如果人们不花钱就得到了蚊帐，那么他们就不会对其加以珍惜，因而也就不会去用。即使他们用了，也可能会因此对施舍习以为常，在以后需要自己花钱购买蚊帐时便会退缩，或是在需要其他物品时也不愿自己花钱，而是等着别人赠送。这种情况会摧毁运转良好的市场。据莫约讲，一位蚊帐供应商就曾因一项免费发放蚊帐计划而破产。在该项计划停止之后，再也没有人愿意以任何价格提供蚊帐了。

要想解释这一争论，我们需要回答三个问题。第一，如果人们必须以全价（或者至少是全价的一大半）购买蚊帐，他们是否会放弃购买？第二，如果蚊帐是赠送的，或是以优惠价卖给人们的，他们是否会使用这些蚊帐，还是将其浪费掉？第三，如果人们以优惠价购买了蚊帐，那么一旦以后价格不再优惠，他们是否还愿意去购买呢？

这些问题最简洁的回答方式就是模仿医学中为评估新药的效力而采用的随机对照实验（Randomized Clinical Trials, RCTs）。我们分别在肯尼亚、乌干达和马达加斯加进行了类似的实验：随机选定的几个人在购买蚊帐时享受了不同程度的价格优惠，通过对几个小组在接受不同价格时的行为进行比较，得到下面的结论：

（1）60%~70% 曾买过蚊帐的妇女确实都在使用。在另一次实验中，随着时间的推移，蚊帐的使用率上升至 90% 左右。

（2）花钱买下蚊帐的人与免费得到蚊帐的人，二者在蚊帐的使用率上没有差别。在其他一些情况中也发现了同样的结果，即可以排除补贴降低使用率的可能性。

（3）使用率高低的原因不是补贴，是观念与传统。助推可能有助于说服，并由此启动一个良性的反馈循环。

（4）较之曾以全价买下第一床蚊帐的家庭，曾免费或在大减价时获得蚊帐的家庭更有可能会再买一床蚊帐（即使他们已经有了一床蚊帐）。此外，那些免费得到蚊帐的人，他们的朋友和邻居也更有可能会为自己买一床蚊帐。

我们似乎应将这个例子看作萨克斯的应该援助的证明，而不支持莫约自力更生的观点。两位学者可视同提供了一种规范标准，而作者则进行了实证。

资料来源：阿比吉特·班纳吉，埃斯特·迪弗洛. 贫穷的本质——我们为什么摆脱不了贫穷（修订版）［M］. 景芳，译. 北京：中信出版集团，2018：6-79，第一、二、三章.

2.2.3 数据与观点的运用

取得实证数据无疑是一个非常重要的工作，但取得数据本身不是目的，我们需要对这些数据进行进一步的分析以得到合理的结论。正如前面所说，数据之间是否存在因果关系并不如想象的那样直观，需要建立计量经济模型（Econometric Model）来寻找经济数据之间的关系。

比如：宏观经济理论的共识是就业率与 GDP 增长率有关，由此建立一个就业率的模型：

$$Em = a + bGr + \varepsilon \tag{2.1}$$

式中，Em 代表就业率，是因变量；Gr 代表 GDP 增长率，是自变量；a 和 b 是参数或回归系数；ε 是一个随机误差。

一般来说，GDP 增长率提高会增加就业率（$b > 0$）。我们可以通过搜集到的数据检验上述理论是否正确或者了解 GDP 增长率的变化会在多大程度上对就业率产生影响，从而为宏观经济决策提供参考。

前面的分析方法被称为回归分析法，这是简单回归分析或一元线性回归分析。如果自变量多于一个，则称为多元回归分析。式 2.1 中的例子只有一个自变量——GDP 增长率，实际上影响就业的还有很多其他因素，技术的进步与产业升级、城乡收入的差距、国际局势的变化都会对就业产生影响，我们需要考察影响失业率的主要因素，为治理失业提供依据。按照反事实理论，如果我们能够控制影响变量的其他所有因素（即维持其他因素一样），我们就可以找到任何变量的独立因果关系。

具体研究中还可能会遇到自变量与因变量存在很多不同的函数关系，我们可以通过描绘散点图（Scatter Diagram）来做一个初始评估，通过模拟，选择拟合度最好的模型回归。下面以线性函数为例做一个散点图，如图 2.1 所示。可以看出，就业率与 GDP 增长率正相关，$b > 0$。并且，即使 GDP 增长率为零，就业率也不为零，这也与人们的直觉相符。

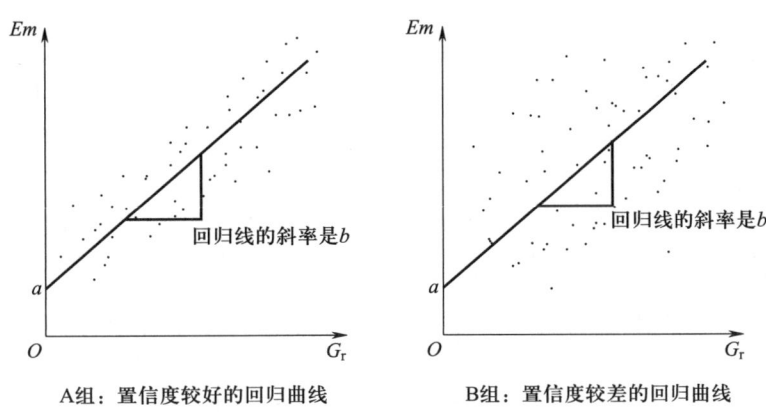

A组：置信度较好的回归曲线　　　　　B组：置信度较差的回归曲线

图 2.1　不同置信度的线性回归模型

从图 2.1 中还可以看出模型的可靠性。以 A 和 B 两组散点图的样本进行线性模型的拟合，尽管回归系数都一样，截距与斜率都分别为 a 和 b，但直观上可以看出，A 组样本更"像"分布在一条直线上，而相对 A 组来说，B 组样本更加分散，于是，A 样本的线性模型可信度更高。我们用回归系数的置信度（Reliability）来表示，如果可靠，我们说回归系数在统计上是显著的（Statistically Significant）。

计量经济学在现代经济理论与政策的研究中起着越来越重要的作用。我们不仅利用这一手段揭示了原来不能直观得出的经济规律，还可以利用其中的量化指标模拟政策出台可能的结果。

当然，我们要防止过分迷信计量模型的倾向，因为由计量模型得出的结论往往存在各种各样的局限：

首先，因果关系的颠倒会得到没有意义甚至荒唐的回归结论。如医生、医疗费用与疾病的数量三者的时间序列数据呈正相关关系，以疾病数量为因变量，医生与医疗费用为自变量进行回归，可能会得到统计学意义上很好的模型，但以此为依据得出"疾病是由医生的增加引起的，通过减少医生总量或降低医疗费用可以减少疾病的发生"的结论则是不可思议的。与此类似，两者并不存在因果关系却有同方向变化趋势的数据也可以拿来做一些很好的模型，如随着时间推移，人均寿命增加，但同时地球变暖的趋势也很明显，由此得出气候变暖有利于人均寿命增加的结论可能也是伪科学的。

其次，模型的变量本身有较大的限制性，所得出的结论即使正确也是在有限范围内有参考价值，不可以盲目推广。其中最重要的是数据取得的时间区间，在不同的时间区间内社会科学往往有较大的政策背景或环境差异，不同的时间区间得出的结论一般是不一样的；另外是数据的地域差异，不同国家的数据、不同发达程度国家或地区的数据以及不同阶层、不同年龄、不同教育背景、不同性别或不同身份的宏观或微观数据得出的结论都不可以简单推广。[①]

再次，估计结论的无偏性往往难以保证。有偏估计是一种把真正的因果影响与外部因素影响混合在一起的估计，此时估计值有可能偏离真值。我们在计量技术上有相当多的手段来纠正估计值的有偏性，但如果样本随机性不够，即使计量技术上再完美，得出的结论也有可能是有偏的，这在前面已经有所讨论。也许，随着技术手段的进步，如大数据、云计算的运用，由样本随机性引发的有偏估计的问题会得到一定的改善。

最后，变量选取还要注意其独立性与完备性。独立性是指自变量之间不能相互影响，或者尽可能影响小一些。如一个儿童成人后的预期身高一般与遗传、营养和合理锻炼相关，我们可以选择一些指标来表达上述因素，但考虑遗传因素时如果将父母身高、祖父母身高与外祖父母身高同等考虑，可能会导致自变量不独立。完备性是指主要自变量要考虑完全，否则会将贡献因素归因于其他自变量。在预测身高的例子中，现代科学表明后天合理的营养结构的确对成人后的身高起到了不可忽视的作用。如果没有考虑营养因素，可能就会将营养导致的身高的变化归于遗传或其他因素，这就会误导人们的生活观念。

2.3 效率、公平与规范分析

从上一节的介绍可见，实证分析只是描述事实，并没有评判这一事实的"好"与"坏"。但财政学是研究政府行为的科学，它的研究范围不仅仅限于描述公共收支本身，还有政府的行为可能带来的宏观或微观的影响、这些行为是通过怎样的程序如何决定的，以及如何评价这些政府行为的功效。政府在本质上是一个没有个人利益而"由人们建立的一个为了更好地实现个人目标而人为创立的机构"[②]，正是因为政府行使的是公权力，用的是公共资金，而且政府的行为会对所有人的福利产生影响，有些人可能会受益，有些人可能受损，一些人受益会大些，另一些人受益

---

① 与此相关的是经常看到有初学者在论文的论证过程中，动辄美国如何、日本怎样，于是我国应该怎样云云。事实上变量的影响是极为复杂的，不同的社会、经济、文化、历史、政治体制等背景下，其政策的传导机制是不一样的。正如计量模型中数据的应用范围的局限，无条件地以美、日推理中国的比较论证方法是没有说服力的。

② 哈维·S. 罗森，特德·盖亚. 财政学［M］. 郭庆旺，译. 10 版. 北京：中国人民大学出版社，2015.

会少些，所以政府的行为应该受到约束与评价。这就需要我们运用规范分析工具，确定一个恰当的公共福利标准来评价政府的行为导致人们的福利改变的状况。

评判好坏有两个维度：一是效率，二是公平。效率是经济学的中心概念。一般而言，效率是指在给定的投入与技术条件下，经济资源的配置带来了最大程度的产出或者有效地满足了人们的需求或愿望。在效率维度上，效率越高，也就是说在既定投入下产出越高，就越"好"，至于这些产出是用来满足什么人的效用则不是这一维度需要考虑的问题。相比效率的投入产出角度，公平则是从产出后的产品及由此带来的社会收入或社会财富的分配评价来分析经济活动。公平这一维度认为人与人之间的收入或财富分配是一个判断"好"与"坏"的重要标准，也就是说收入分配的差距不应该太大，应该在一个适度的范围内，这就是公平。[①]

当我们谈到市场时，往往是注重效率本身，也就是说效率是经济学的中心话题。但在考察政府的行为时，我们所关注的重点有所改变：那就是政府不能仅仅关注效率，公平也是政府需要考虑的方面。更进一步说，如果说市场关注的核心是效率，那么政府应该更多地关注公平。在这个意义上，研究公共经济的财政学应该以公平问题的讨论为重点。

2.3.1 帕累托标准与福利经济学第一定理

2.3.1.1 帕累托标准（Pareto Criterion）

人们对长度、高度、重量、时间、精度、亮度、温度、湿度、弧度、强度等都有一种或一套指标进行计量、汇总与比较，但对福利的计量却不是一件容易的事。不妨假设经过某个过程后，可以让一个人说出他的状态是否变得"好"起来了[②]，但如果要他如长度或重量之类一样来计量"好"了多少，比如说"好"了2个单位还是"好"了一倍，恐怕是件不可能的事。

事实上，不仅每一个人的福利无法计量，还因为每一个人的偏好不一样，无法比较与汇总不同人的福利状况，从而更无法衡量整个社会的福利。这就会使我们对政府的评价陷入困境，因为没有一个指标能够评价社会福利状况的改善情况，也无从对政府的行为的好坏进行判断。

意大利经济学家维尔弗雷多·帕累托（Vilfredo Pareto）提出了一个标准：如果

---

① 对公平本身的定义就是一个极为复杂的问题。择其要点有起点公平、规则公平和结果公平。起点公平即每一个人都有相同起点或均等的机会；规则公平则认为只要经济运行的规则是大家认可的，不管其最终分配的结果怎样都是公平的；而结果公平则不管起点与规则，只关注结果的分配状况是否符合人们对公平的理解。

② 事实上这可能是不能完全确定的，因为人感觉"好"的标准与维度很多。这里不妨假设人们能够确定自己状态的好与坏。

在一种状态下，比如说状态 A，存在某种调整，比如说调整到状态 B，会使至少一个人变得好起来（Better off），而其他人都至少没有坏下去（Worse off），我们就说从 A 到 B 的调整是帕累托改进（Pareto Improvement）。

与此相关的一个标准是：如果存在一种资源配置的状态，任何调整都不能使其中至少一个人变好，而其他人至少不变坏。换句话说，在这种状态下，使任何一个人好起来的唯一办法只能是使其他人坏下去。那么我们说，这种状态就是最好的。我们称之为帕累托最优（Pareto Optimal）或帕累托效率（Pareto Efficiency）。

现实生活中的公共项目往往很难做到严格意义上的帕累托改进，比如说修建公共设施（地铁、公园、高速公路等）可能涉及对居民的拆迁，就可能有人好起来而有人坏下去。此时我们可以在附加一个条件的情况下提出一个更加适用的标准：假设每个人的福利能够计量，也可以汇总和相互比较。如果在一种状态下，比如说状态 A，存在某种调整，比如说调整到状态 B，会使一些人的状态变得好一些，而另一些人的状态会坏下去，但好起来的人的福利改善之和大于坏下去的人的福利损失之和，在理论上可以完全补偿状态坏下去的人后还有剩余（是否补偿及如何补偿是另外一个需要讨论的问题），整个社会的福利之和就增加了，我们就说从 A 到 B 的调整是潜在的帕累托改进（Potential Pareto Improvement），或者称为卡尔多－希克斯改进（Kaldor–Hicks Improvement）。[①] 从定义上看，所有帕累托改进都是卡尔多－希克斯改进，反之则不然。如果这种补偿真实发生了，那卡尔多－希克斯改进就成为帕累托改进。

显然，现实生活中，有时会出现不可能达到至少一个人好起来而没有人坏下去的变革路径，这样我们就有可能用到卡尔多－希克斯标准。不管怎样，帕累托改进标准都是一个理论的起点，卡尔多－希克斯改进标准则具有更多的应用性。

专栏 2.2　几位对福利经济学做出过巨大贡献的经济学家

1. 维尔弗雷多·帕累托（Vilfredo Pareto）

维尔弗雷多·帕累托（1848—1923）生于巴黎，意大利经济学家、社会学家，是洛桑学派的主要代表之一。他对经济学、社会学和伦理学做出了很多重要的贡献，特别是在收入分配的研究和个人选择的分析中。最为人们熟知的是他提出了帕累托最优的概念，并用无差异曲线来帮助发展了个体经济学领域。帕累托改进、帕累托最优或帕累托效率是福利经济学中的重要概念，这些思想在本章中已经进行了详细的介绍。帕累托还提出了一个效率法则或称帕累托定律，其核心思想是：在大多数情况下，资源的投入和产出的分布是不均匀的，通常表现为少数原因导

[①] 引入这个定义时需要考虑三个问题：①政府是否有权力进行使一些人坏下去的调整？这一点将在第三章讨论；②政府是否能够无成本地进行转移，或者说以不扭曲人们行为的方式进行调整？这一点将在第十章讨论；③如果补偿真实发生，会导致消费者收入发生变化，这可能会改变均衡价格。按之前价格体系计算的补偿，在新的均衡价格下并不一定是帕累托改进。

致了大多数结果。在应用中经常简化为"二八法则"：在任何系统中，大约80%的产出是由20%的原因或投入造成的，同时，大约80%的资源被20%的人群所消耗或占用。这一法则在经济学、博弈论、工程学和社会科学中有着广泛的应用。

2. 杰里米·边沁（Jeremy Bentham）

杰里米·边沁（1748—1832）是英国的法理学家、效用主义（Utilitarianism）[①]哲学家、经济学家和社会改革者。他是一个政治上的激进分子，亦是英国法律改革运动的先驱和领袖，并以效用主义哲学的创立者、一位动物权利的宣扬者及自然权利的反对者而闻名于世。在他最著名的著作《道德与立法原理导论》中阐述了"效用主义"哲学思想。他以效用原则的价值判断为基石，认为：快乐就是好的，痛苦就是坏的。因为人的行为都趋利避害，所以任何正确的行动和政治方针都必须做到产生最多数人的最大幸福，并且将痛苦缩减到最少，甚至在必要情况下可以牺牲少部分人的利益。这就是著名的"最大的幸福原则"。效用主义主要哲学家除杰里米·边沁外，还有约翰·穆勒（John Stuart Mill，1806—1873）和亨利·西奇威克（Henry Sidgwick，1838—1900）等。

3. 约翰·罗尔斯（John Rawls）

约翰·罗尔斯（1921—2002），美国政治哲学家、伦理学家，普林斯顿大学哲学博士，哈佛大学教授，写过《正义论》《政治自由主义》《作为公平的正义：正义新论》《万民法》等名著，是20世纪最著名的政治哲学家之一，也是20世纪最伟大的哲学家之一。他的《正义论》一书于1971年正式出版发行，旋即在学术界产生巨大反响，根据后来的统计，自1971年，全球共有5 000余部论著专门对其研究讨论。有的评论家把罗尔斯与柏拉图、阿奎那和黑格尔这些思想泰斗相提并论。此前的政治哲学，往往局部强调自由、平等、幸福、效率等某一项价值。罗尔斯独排众议，认为一个社会是否公平，乃是最根本的问题所在。正因为公平是社会生活的最高价值，所以剥夺个人自由、歧视他人、以多数为名迫害少数或者坐视个人之间的命运差距，都违反了正义。

4. 弗朗西斯·伊西德罗·埃奇沃斯（Francis Ysidro Edgeworth）

弗朗西斯·伊西德罗·埃奇沃斯（1845—1926）是英国统计学家，数理统计学的先驱。同时他还是著名的古典经济学家。他的名著《数学心理学，试论数学对道德诸科学的应用》等用数学方法对经济生活进行效用主义伦理学的应用分析，影响了当时和以后的经济学家，包括马歇尔（A.Marshall，1842—1924）。埃奇沃斯继承了瓦尔拉斯（L.Walras，1834—1910）提出的一般均衡理论，并把数学运用于这一理论的研究，对古典经济理论做出了重要的贡献。在埃奇沃斯之前，新古典经济学家的边际效用理论，一般是用基数效用论（Cardinal Utility Theory）

---

① Utilitarianism 一词传统上翻译为功利主义，但由于"功利"一词在中文中带有一定贬义，因此近些年中文哲学界倾向翻译为效用主义，也因为 Utilitarianism 认为最正确的行为就是使"效用"达到最大。"效用"就是指快乐，得到最大快乐而避免痛苦就是正确的。

来解释边际效用的，认为边际效用可以用效用单位来计量，并可以加总求和进行比较。埃奇沃斯不赞成效用可以计量的观点，他认为效用是一种心理感觉，是无法计算的，效用能表示其程度，而不能计量其大小。他提出序数效用论（Ordinal Utility Theory），用满足程度的不同来解释效用。同时他提出"无差异曲线"的概念，用同一条无差异曲线表示两种不同商品的组合给消费者带来相同的满足，不同的无差异曲线则代表不同的满足程度，进而用无差异曲线来解释边际效用、边际效用递减规律和实现消费者效用最大化的消费者均衡，克服了效用如何计量的困难。以后，无差异曲线的概念经意大利经济学家帕累托（V.Pareto，1848—1923）和英国经济学家希克斯（J.R.Hicks，1904—1989）等人的发展，成为西方经济学中的重要分析工具，对福利经济学的发展有着相当大的影响。

资料来源：根据网络智库百科等整理。

2.3.1.2 埃奇沃斯盒状图

福利经济学的一个基本理论模型就是埃奇沃斯盒状图（Edgeworth Box），它考察的是一种只有两个消费者与两种商品或者两个生产者与两种投入品的非常简单的经济。下面分别讨论交换效率、生产效率与生产可能性曲线。

1. 交换效率

假定只有两个人（B，C）及两种物品（X，Y）。我们构造如图 2.2 所示的埃奇沃斯盒状图，O_c 和 O_b 分别为两人的原点，X 轴和 Y 轴的长度分别代表物品 X 和 Y 的数量，这是固定的。可以直观地看出，长方形中的任意一点（如 E 点）代表一种 B 与 C 之间的分配状态（C 分得 $O_c Y_e$ 的 Y、$O_c X_e$ 的 X，而 B 分得 $Y_e Y_o$ 的 Y、$X_e X_o$ 的 X）。假定 C_1、C_2、C_3、C_4、C_5 和 B_1、B_2、B_3 分别是 C 和 B 的无差异曲线，我们可以看出，C_1、C_2、C_3、C_4 到 C_5 的效用水平是逐步提高的，B_1、B_2 到 B_3 也是一样。

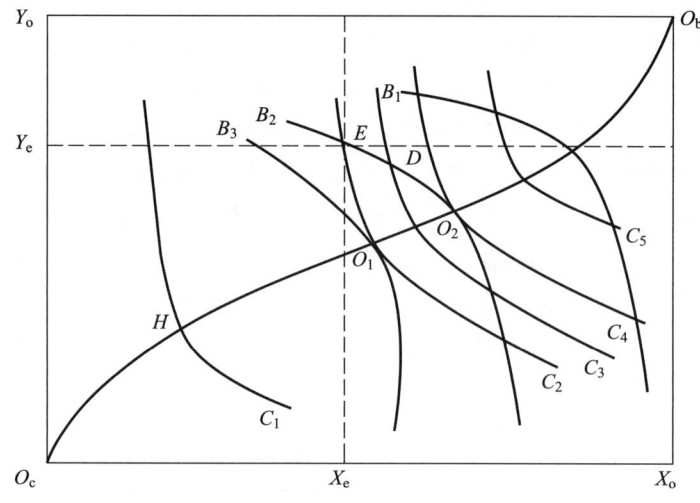

图 2.2 交换的埃奇沃斯盒状图

现在假定初始分配在 E 点，如果两人沿着一个特定的路线进行交易，比如说沿 B_2 无差异线，C 用自己的 Y 来与 B 交换 X，即减少自己的 Y 而增加 X，比如说换到 D 点，这时 B 的效用水平还是在 B_2 上，没有减少，但 C 的效用却从 C_2 增加到 C_3。这一交换调整过程中，没有人的状态变坏，但至少有一人的状态变好，这种调整就是我们前面谈到的帕累托改进。

但 D 点是不是最好的分配状态呢？不是。我们发现还可以沿 B_2 无差异曲线继续交换下去，B 的效用仍然不会降低，但 C 的效用还能增加，直到分配达到 O_2 点，此时 C 的效用增加到了 C_4。在这一点上，提高 C 的效用的唯一办法就是降低 B 的效用，这样，按我们前面的定义，这一点就是帕累托最优点。在这一点上，两条无差异曲线相切，表现为斜率相等，或者说边际替代率（Marginal Rate of Substitution，MRS）相等。

当然，这不是从 E 点开始的帕累托改进的唯一路径，比如我们可以沿 C_2 线调整到 O_1 点，这条路径的整个过程中，C 的效用水平都没有降低，但 B 的效用提高了，到 O_1 点时 B 的效用水平从 B_2 提高到了 B_3，此时 O_1 也是帕累托最优点。

实际上，我们只要不越过 $B_2C_2O_1O_2$ 包含的棱镜形区域，在其中任何一条路径都不会使任何一方效用水平降低，而可以使至少一人的效用水平提高。可以很容易就想象到，帕累托最优点也不只是 O_1 或 O_2 点，而是无穷多个，我们可以将这些点连接起来，成为图中连续的 O_1O_2。我们可以再取与 E 不同的点重复这一过程，就会得到另一段帕累托最优点组合。取遍埃奇沃斯盒状图中的点，我们将得到如图中 O_aO_b 一条连续的线，这条线叫作契约曲线（Contract Curve）。显然，契约曲线上所有的点都是帕累托最优点，在契约曲线的任何一点上，不可能有一种调整使其中任何人的状态不坏下去而使至少一人的状态好起来。换句话说，在契约曲线上，要使任何一人的状态变好的唯一办法是使另外一人的状态坏下去。

由于帕累托改进是一个互利的过程，所以在一个没有交易成本与完全信息的竞争市场中，理性的经济人会在互利的空间进行交易，尽管交易的路径可能不一样，但最后都将达到双方满意的帕累托最优点。在竞争的市场上，任意给定盒状图中的初始分配，都可以通过消费者之间的互利交换达到契约曲线上的某一点。

2. 生产效率

我们只要做一个简单的变量替换就可以得到生产效率的相关结论。

假定只有两种物品（X，Y）及两种投入品（K，L），我们可以构造如图 2.3 所示的生产的埃奇沃斯盒状图。R_x 和 R_y 分别为两种物品的原点，L 轴和 K 轴的长度分别代表投入品 L 和 K 的数量。同样，盒状图中任意一点（如 M 点）代表投入品分别投入生产产品 X 和 Y 的数量（投入生产 X 中 R_xK_m 的 K 和 R_xL_m 的 L，而余下的投入生产 Y 的过程中）。假定 X_1、X_2、X_3、X_4、X_5 和 Y_1、Y_2、Y_3 分别是 X 和 Y 的等产量线。显然，产量是随着下标的顺序逐步增加的，正如前面谈到的无差异曲线一样。

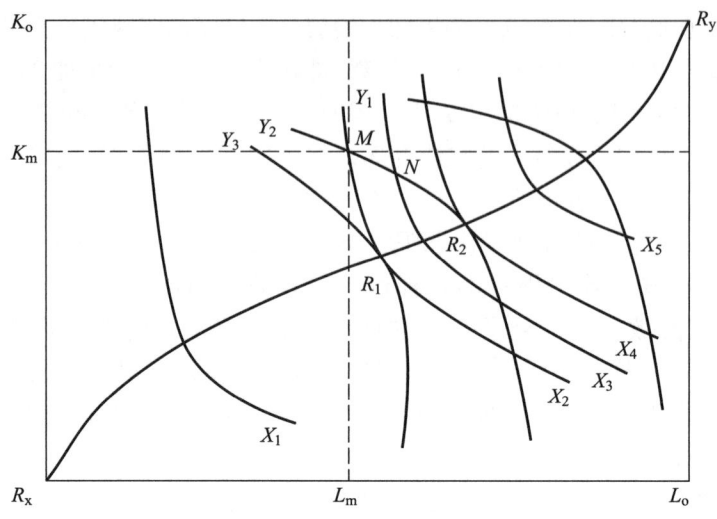

图 2.3　生产的埃奇沃斯盒状图

　　任意假设盒状图中一点，比如说还是 M 点，如果沿着一个特定的路线改变生产两物品的投入，比如说沿 Y_2 等产量线，减少投入 X 中的 K，而相应增加 L 的投入，比如说移动到 N 点，这时 Y 的产量没有减少，还是 Y_2，但 X 的产量却从 X_2 增加到 X_3。这一投入的调整过程中，没有任何物品的产量降低，但至少有一种物品的产量提高了。这种调整就是生产的帕累托改进。

　　同样，N 点也不是最有效率的投入状态，我们还可以沿 Y_2 等产量线继续调整投入量，Y 的产量仍然不会降低，但 X 的产量还在增加，这一调整可以一直持续到 R_2 点。此时，X 的产量提高到了 X_4，但再提高 X 产量的唯一办法就是降低 Y 的产量。我们可以说这一点就是生产的帕累托最优点。在这一点上，两条等产量线相切，表现为斜率相等，或者说边际技术替代率（Marginal Rate of Technical Substitution，MRTS）相等。

　　与消费经济情况类似，从 M 点开始的帕累托改进路径还可以沿 X_2 线调整到 R_1 点，X 的产量没有降低而 Y 的产量从 Y_2 增加到 Y_3，此时 R_1 也是帕累托最优点。事实上在 $Y_2X_2R_1R_2$ 包含的棱镜形区域内，我们可以找到无穷多条帕累托改进路径，并得到无穷多个帕累托最优点，成为图中连续的 R_1R_2。取遍盒状图中的点，我们将得到如图中 R_xR_y 一条连续的线，这条线叫作生产的契约曲线（Production Contract Curve）。

　　3. 生产可能性曲线

　　我们将生产的埃奇沃斯盒状图做一个变换，以生产出的物品（X，Y）为坐标，考察在固定投入（K，L）下，能够生产各种物品的最大产量是多少。因为生产的契约曲线上的每一个点都是帕累托最优点，换句话说在该曲线上的点有一个共同的特点，即：相切于这一点的两条等产量线表明了在给定一种物品的产量的前提下（比

如说 X）另一种产品（比如说 Y）的最大产量，如果要增加其中一种产品的产量，唯一的办法就是减少另一种产品产量[①]，我们将这一产量的组合形成的图形叫作生产可能性曲线（Production Possibilities Curve）或者生产可能性边线（Production Possibilities Frontier）。生产可能性曲线上的点也都是帕累托最优点。如图 2.4 所示。

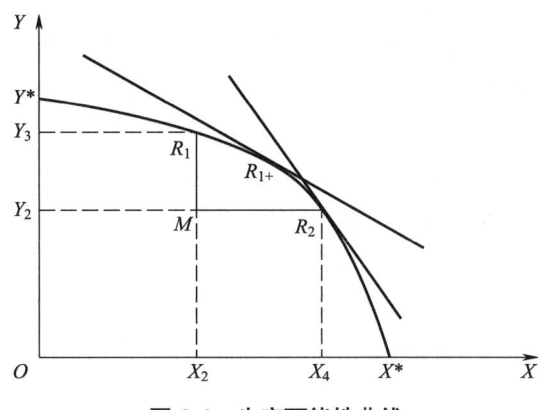

图 2.4 生产可能性曲线

图 2.4 中的 M 点就是图 2.3 中的 M 点，显然不在生产可能性曲线上，不是帕累托最优点，存在帕累托改进的余地。图 2.3 中 R_1 和 R_2 都是契约曲线上的点，在图 2.4 中则都在生产可能性曲线上，都是帕累托最优点。图 2.4 中 X_2、X_4、Y_2、Y_3 与图 2.3 中等产量线所代表的产量相同，R_1 与 R_2 在图 2.3 中在契约曲线上，按生产可能性曲线的定义，在图 2.4 中就在生产可能性曲线 X^*Y^* 上，这里的 X^*Y^* 等价于图 2.3 中的 R_YR_X，都是帕累托最优点的组合。在生产可能性曲线上的任意一点要移动到曲线上另一点，比如说从 R_1 到 R_{1+}，X 的产量增加了，Y 的产量必然降低。所以，X 与 Y 是负相关的，也就是说，生产可能性曲线的斜率为负，是向右下倾斜的。

在埃奇沃斯盒状图中，非契约曲线上的点，因为存在帕累托改进的余地，也就是说可以在既有投入资源的前提下经过调整投入的方式增加至少一种产品的产量而不减少另一种产品的产量，所以非契约曲线的点不在边界上。更明确地说，这一点在转换的生产可能性曲线图中表现为 M 点，此时从 M 到 R_2，Y 的产量没有减少，但 X 的产量从 X_2 增加到 X_4，正如图 2、3 描述的，这是一种帕累托改进。同样，从 M 到 R_1，X 的产量没有减少，但 Y 的产量从 Y_2 增加到 Y_3，也是一种帕累托改进。在 R_1MR_2 的扇形面中，我们可以找到无数条符合帕累托改进条件的路径使 M 点达到生产可能性曲线。

生产可能性曲线的斜率我们定义为边际转换率（Marginal Rate of Transformation，MRT），可以理解成为了增加 1 单位某种产品产量（如 Y）需要的投入（边际成

---

① 为了保持本书的风格而不使本书陷入烦琐的数学推导，这里用文字来说明转换的过程，有进一步兴趣的读者可以参考本章后面列出的相关文献。

本）与放弃 1 单位另一种产品（如 X）产量而减少的投入（边际成本）之比（这里只考虑绝对值），表示为：

$$MRT_{xy}=MC_x/MC_y \tag{2.2}$$

前面讨论的生产可能性曲线的斜率为负的结论很好理解，实际上我们从式 2.2 还可以得出进一步的结论，生产可能性曲线是凹向原点的。

假定我们从 X^* 点出发，此时所有的资源全部用来生产 X。记得生产函数的规律是随着产量上升边际产量是递减的，或者说边际成本是递增的。现在我们拿出很少一点资源来生产 1 个单位的 Y，此时生产 X 的边际产量相对较低而生产 Y 的边际产量相对较高，也就是说此时生产 1 个单位 Y 的边际成本要远远小于放弃生产一个单位 X 的边际成本，此时曲线相对较陡，边际转换率远大于 1；随着越来越多的资源用来生产 Y，比如在图 2.4 中，从 R_2 到 R_{1+} 再到 R_1，Y 的边际成本越来越高，而 X 的边际成本越来越低，于是边际转换率也越来越低，生产可能性曲线越来越平坦。这样，生产可能性曲线就凹向原点。

2.3.1.3　组合效率与福利经济学第一定理

我们考虑生产可能性曲线 X^*Y^* 上一个确定的点，比如说 G 点，此时生产的产品数量已经确定，X 与 Y 的产量分别为 X_n 和 Y_m，如同前面在交换的埃奇沃斯盒状图中讨论的一样，我们将这些产品在 B 与 C 两人之间分配，可以得到一条消费的契约曲线 O_cO_b，如图 2.5 所示。

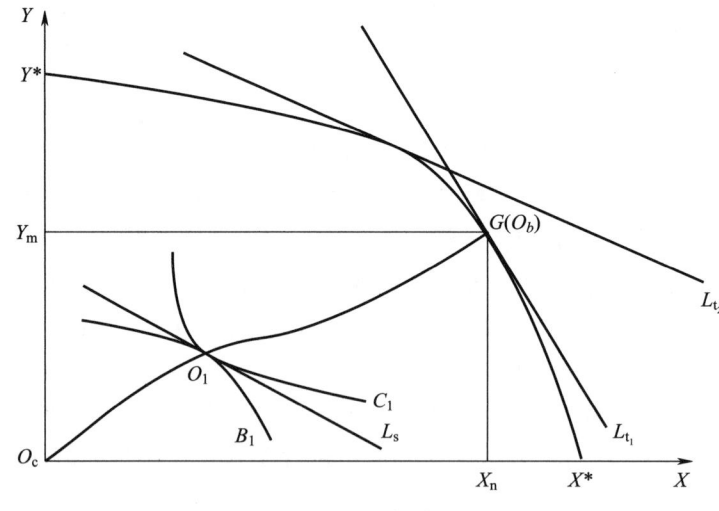

图 2.5　组合效率

在契约曲线上任取一点 O_1，根据前面的讨论，它必然是两条无差异曲线的切点，这一点的斜率就是两条无差异曲线共同的边际替代率（MRS）。对应地，在生产可能性曲线上任意取的这一点 G 也有一条切线，斜率就是边际转换率（MRT）。

现在的问题是：这两者是否相等？如果不等，市场会做出怎样的反应？

在完全竞争市场条件下，我们可以得出结论，两者不相等时不符合生产者的利益。

现在假设边际替代率小于边际转换率，比如说边际替代率为 1/2，边际转换率为 2，也就是说消费者愿意用 1 个单位 Y 替代 2 个单位 X，但在生产者看来，只需要放弃 1 个单位 X 的生产资源就可以生产 2 个单位 Y。如果生产者放弃 2 个 X 多生产 4 个单位的 Y，则消费者在减少 2 个单位 X 的同时得到 1 个单位的 Y 即达到了原来的效用水平，此时生产者还是处在原来的生产可能性曲线上，整个市场却多出了 3 个单位的 Y，这一调整显然是一种帕累托改进。

由于减少了 X 的生产而增加了 Y 的生产，原来的生产点 G 将会向左上方向移动，切线将会变得平坦一些，换句话说边际转换率会小一点；而由于市场上 Y 多了，在竞争市场下，Y 的价格将会降低，回顾一下竞争市场的边际替代率等于价格之比，Y 的价格降低，边际替代率也会变得更大一些。显然，在完全竞争市场下，这一帕累托改进不会停止，直到边际替代率等于边际转换率，此时达到了消费与生产的组合效率。这一调整没有政府的干预，是自发出现的，是市场运行必然的结果。

我们将前面描述的这一现象称为福利经济学第一定理，它告诉我们：在完全竞争的条件下，对任何初始资源配置，市场运行必然导致帕累托效率的结果。

这一定理需要比较多的数学推导，我们可以在回顾微观经济学基础知识后简单直观了解一下。[①] 完全竞争最重要的条件就是存在众多买者与卖者，所有的买者与卖者都是价格的接受者，也就是说对消费者与生产者而言，价格是不变的。预算线与无差异曲线相切时所有的消费者的边际替代率（MRS）都相等，达到了消费的帕累托效率：

$$MRS_{XY} = P_x / P_y \tag{2.3}$$

生产可能性曲线的斜率为边际转换率，在生产可能性曲线上，各种产品的投入组合都位于生产的契约曲线上，达到生产的帕累托效率，此即为式 2.2：

$$MRT_{XY} = MC_X / MC_Y \tag{2.4}$$

在完全竞争条件下，生产者面临的平均收益（AR）线、边际收益（MR）线、价格（P）线是重合的。厂商为了达到利润最大化，会把产量提高到边际成本与边际收益相等的那一点为止，因此利润最大化条件是：

$$边际成本（MC）= 边际收益（MR）= 价格（P） \tag{2.5}$$

从而：

$$MRT_{XY} = MC_X / MC_Y = P_x / P_y \tag{2.6}$$

对比式 2.3 与式 2.6 可知：

$$MRS_{XY} = MRT_{XY} \tag{2.7}$$

---

① 这里简单给予说明，需要进一步了解的请参考本章后面列出的参考书。

此时不再存在任何帕累托改进的余地，也就是消费与生产的组合效率，该组合效率在完全竞争市场下，是市场自发运行的结果，没有政府的干预。这正是福利经济学第一定理告诉我们的内容。

2.3.2 福利的衡量

如前所述，福利经济学第一定理告诉我们，一个运行良好的竞争市场能够使社会资源配置有效率，我们称之为帕累托效率。但这只是效率意义上的"好"的标准，这个"好"并不能对各种资源配置进行排序，比如我们无法对图 2.2 中的同在契约曲线上的 O_1 与 O_2 及 H 点的资源配置进行排序。事实上，财政关注更多的是公平，这样，非契约曲线上的点在公平意义上也可能有特别的意义。下面，我们讨论这个话题。

2.3.2.1 效用可能性曲线

类似前面从生产的埃奇沃斯盒状图到生产可能性曲线图的过程，我们将交换的埃奇沃斯盒状图也做一个变换，以 B 和 C 的效用为坐标，考察既定物品情况下，消费者能够达到的最高效用水平。同样地，因为交换的契约曲线上的每一个点都是帕累托最优点，任意一点都代表在给定一个人的效用情况下另外一人所能获得的最高效用。在这一点上两条无差异曲线相切，要提高任何人的效用，唯一途径是减少另外一个的效用。我们将这一组合形成的图形叫作效用可能性曲线（Utility Possibilities Curve）或效用可能性边线（Utility Possibilities Frontier），在图 2.6 中用 $U_c U_b$ 表示。

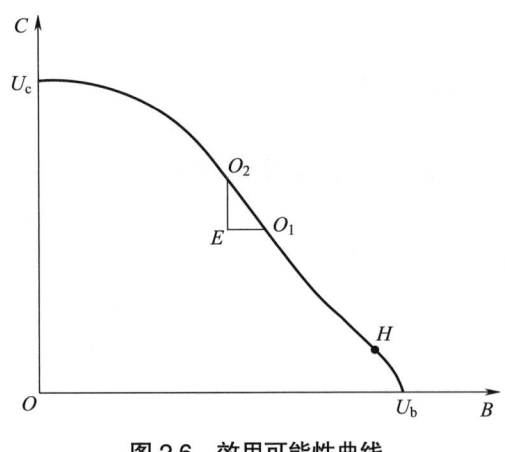

图 2.6　效用可能性曲线

按定义，在效用可能性曲线上，要增加一个人的效用，唯一的办法是减少另外一个人的效用，所以 C 的效用与 B 的效用是负相关的，效用可能性曲线也是向右下方倾斜的。当然，由于效用计量的复杂性与效用计量可行性的争议，我们不打算推导出类似生产可能性曲线的凹向原点的结论，但这并不影响我们在后面得出一系列重要而有趣的结论。

依然沿用图 2.2 中的 O_1、O_2 与 E 点，在图 2.6 中，E 点就是在效用可能性曲线内任意确定的一点。从这点开始，我们可以在不减少 C 的效用的前提下增加 B 的效用（从 E 到 O_1），这就是在图 2.2 中表述的从 E 沿 c_2 线到 O_1 的路径，显然是一种帕累托改进。同样，可以在不减少 B 的效用的前提下增加 C 的效用（从 E 到 O_2），显然也是一种帕累托改进。事实上，只要不超出 EO_1O_2 的界限，我们可以找出无数条帕累托改进的路径达到效用的可能性曲线。

2.3.2.2 社会福利函数

我们知道，效用可能性曲线上所有的点都是帕累托最优点。换句话说，这些点在效率意义上都是最"好"的点，不再有进一步评价的意义。

但从图 2.6 中可以看出，E 点与 H 点的分配意义存在较大的差异。直观上看，E 点不符合效率标准，但这一点上 B 与 C 的效用水平基本相近，显得分配较公平；H 点在效用可能性线上，符合效率标准，但这一点上 C 的效用水平远远低于 B，分配差异较大。从社会视角看哪一点更好一些呢？这取决于我们的价值标准，或者说取决于我们的社会福利函数（Social Welfare Functions）的具体表达方式。

就单个个体而言，我们一般假设效用可以从高到低排序。但如何比较社会不同成员的效用、效用是否可以计量和累加等，学术界没有统一的看法。所以，社会福利函数是否存在本身就是一个需要论证的问题。[①] 这里，为了方便讨论，不妨假定社会福利函数是存在的。

我们首先来看社会福利函数的一般形式：

假定社会福利函数取决于每个人的效用水平 U，并且社会中的每一个成员地位是相同的，在社会其他成员效用不变的情况下，任何一人效用的增加，社会福利就会增加。这样，如果社会有 n 个人，则社会福利函数（W）的一般形式可以表述为：

$$W=F(U_1, U_2, U_3, \cdots, U_n) \tag{2.8}$$

其中：$\partial W/\partial U_i>0 \quad i=1, 2, 3, \cdots, n$

如果这个社会只有两个人 B 和 C。则福利函数的一般形式简化为：

$$W=F(U_1, U_2) \tag{2.9}$$

其中：$\partial W/\partial U_1>0 \quad \partial W/\partial U_2>0$

按照前面的一般假定，在其中一个人（假定是 B）效用不变时，C 的效用增加会导致整个社会福利增加，如果要维持社会福利水平不变，唯一的办法就是减少 B

---

① 第三章中将对社会福利函数的存在性进行进一步的讨论。

的效用。所以，社会福利的无差异曲线是向右下方倾斜的，无差异曲线离原点越远，社会福利水平越高。如图 2.7 中 W_2 的福利水平比 W_1 高。

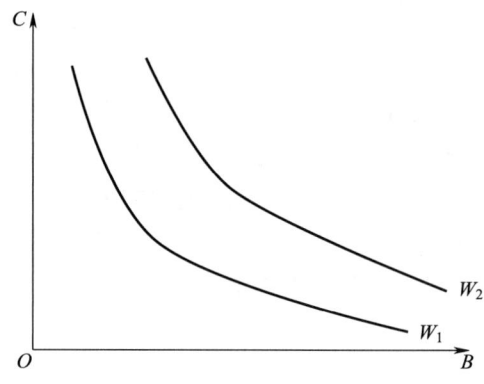

图 2.7 两人社会福利函数的一般形式

下面我们来讨论几种典型的社会福利函数：

1. 效用主义

效用主义（Utilitarianism）是英国哲学家杰里米·边沁（Jeremy Bentham）提出的。这一标准认为整个社会福利就是每个人的效用之和。

$$W = U_1 + U_2 + U_3 + \cdots + U_n \tag{2.10}$$

在只有 B、C 两人的情形中：

$$W = U_B + U_C \tag{2.11}$$

社会福利的无差异曲线就是斜率为 -1 的直线，如图 2.8 所示。

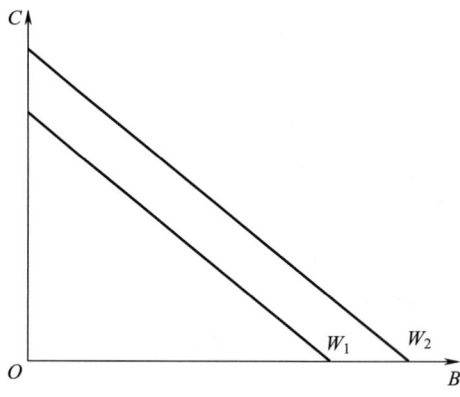

图 2.8 效用主义社会福利函数

在这一标准中，效用之和最大化即是社会福利的最大化，不管是哪一个成员的效用增加，只要能使效用之和增加，社会总福利就增加。极端地说，在一个社会中，如果剥夺穷人能够使富人的效用增加更多，在效用主义的标准之下，这就是可取的，是"好"的。

2. 罗尔斯主义

罗尔斯主义（Rawlsianism）是根据美国哲学家约翰·罗尔斯（John Rawls）命名的。罗尔斯在他 1971 年出版的《正义论》中认为，只有在摆脱自身种种偏见之后，大家一致同意的社会契约才是公平。罗尔斯假定任何人都不知道他在社会中的地位（阶级地位和社会地位）；任何人都不知道他在自然资产分配中的命运、他的能力、他的才智和力量等。罗尔斯甚至还假定，各方不知道他们的关于善的观念，也不知道他们的特殊心理倾向。于是，当所有的人都在这样一种"无知的面纱"（Veil of Ignorance）后决策时，他们所一致认同的社会契约，就是正义的。

罗尔斯主义认为，每个人都处于"无知的面纱"后的"初始状态"（Original Position）时才可能达到正义与公平。这样，正因为每个人都"无知"，都不知道自己所处的状态，所以社会福利水平并不是每个成员效用的简单加总，在社会分配存在差距时，社会福利水平应当直接由一个社会中境况最差的那个人的福利水平决定，因为那个人很可能就是自己。也就是说，只要社会中境况最差的那个人的福利水平没有提高，境况好的人的福利增加再多，社会福利水平也没有提高。在一个拥有 n 个人的社会中，我们可以将罗尔斯主义用公式表示为：

$$W = \text{Min}\,(U_1,\ U_2,\ U_3,\ \cdots,\ U_n) \tag{2.12}$$

在只有 B、C 两人的情形中：

$$W = \text{Min}\,(U_B,\ U_C) \tag{2.13}$$

社会福利的无差异曲线就是起点在 45° 线上的直角射线，射线分别与两轴平行，如图 2.9 所示。

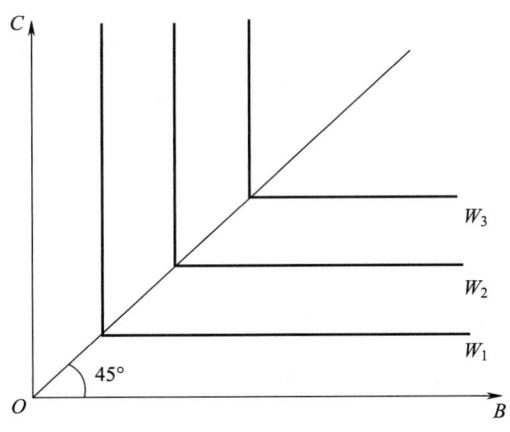

图 2.9　罗尔斯主义社会福利函数

在无差异曲线上可以看出，相对富裕的人的效用增加再多（45° 以上 C 比 B 富裕，45° 以下 B 比 C 富裕），社会福利水平始终在同一条无差异曲线上。只有境况相对差的人（直角顶点）的状况得到改善，才会使社会福利水平的无差异曲线向上移动。罗尔斯主义的社会目标是在既定的效用可能性曲线上，使得效用最小的社会成员的效用达到最大，此被称为最小者最大化原则（The Maximin Criterion），也称最大最小原则。

3. 折中主义

折中主义（Eclecticism）介于效用主义和罗尔斯主义（即最小者最大化原则）之间。折中主义认为富人增加一单位的效用对社会福利的贡献要小于穷人增加一单位的效用，但富人的效用增量只要大到一定程度，总可以等同于穷人增加一单位的效用。贫富差距越大，富人增加效用对社会福利的贡献相对穷人来说就越小，并趋向 0。

在只有 B、C 两人的情况下，引入两个权重函数 $\alpha = \alpha(U_C/U_B)$，$\beta = \beta(U_C/U_B)$，折中主义可用公式表示如下：

$$W = \alpha U_B + \beta U_C \qquad \alpha > 0，\beta > 0$$
$$其中：U_B > U_C 时，0 < \alpha/\beta < 1$$
$$U_B < U_C 时，0 < \beta/\alpha < 1 \tag{2.14}$$

其中，α 是 U_C/U_B 的单调增函数，随着 C 的效用比 B 好得越多，U_C/U_B 越大，α 越大，B 增加 1 单位效用给社会福利带来的增量越大；β 是 U_C/U_B 单调减函数，随着 C 的效用比 B 好得越多，U_C/U_B 越大，β 越小，C 增加 1 单位效用给社会福利带来的增量越小。当 $U_C = U_B$ 时，$\alpha = \beta$。如果 $U_C < U_B$，$\alpha < \beta$。U_C/U_B 的值越小，α 越趋向于零，说明效用高的 B 增加 1 单位效用给社会福利带来的增量越少；如果 $U_C > U_B$，$\alpha > \beta$。U_C/U_B 的值越大，β 单调递减直至趋于零，道理同上。

如果用权重函数统一说明，则：在效用主义中，权重函数 $\alpha \equiv \beta$，α/β 恒等于 1，即无论富人还是穷人，其效用的改善对社会福利的贡献无差异；而在罗尔斯主义中，当 $U_B > U_C$ 时，$\alpha = \alpha(U_C/U_B) = 0$，$\alpha/\beta = 0$，当 $U_C > U_B$ 时，$\beta = \beta(U_C/U_B) = 0$，$\beta/\alpha = 0$，或者说富人的效用改善对社会福利的贡献为 0；而折中主义认为，当 $U_B > U_C$ 时 $\alpha/\beta < 1$，并且 U_B 与 U_C 的差距越大时，α 越小直至趋近于 0。反之当 $U_B < U_C$ 时则 $\beta/\alpha < 1$，β 小于 α 直至趋于 0。

在只有 B、C 两人的情况下，折中主义社会福利无差异曲线的图形是关于 45° 线对称的弧线，如图 2.10 所示。

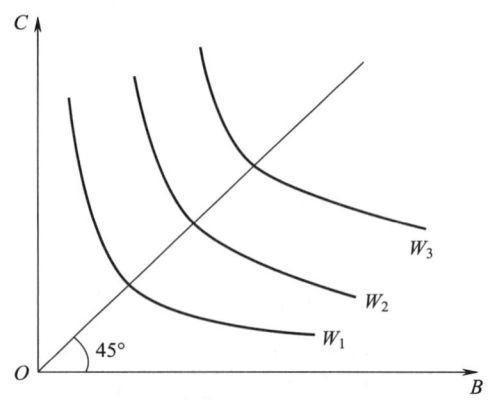

图 2.10　折中主义社会福利函数

4. 平均主义

平均主义（Equalitarianism）除了平均分享一切资源外，拒绝任何可以作为分配依据的其他尺度，它只考虑人与人之间的相对关系而不考虑效用的具体水平。在只有 B、C 两人的情况下，其社会福利的无差异曲线表现为从原点发出的关于 45°线对称的射线（只有财富为正值才可以分配，零财富不存在分配问题，因此原点为空），越接近 45°线则社会福利水平越高，反之亦然。具体见图 2.11。

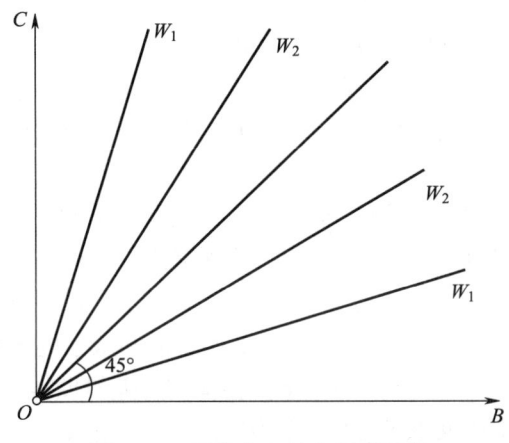

图 2.11 平均主义社会福利函数

2.3.3 标准的选择

从前面的讨论可知，不同的福利衡量标准会导致不同的政策目标，也将形成不同的措施。我们将图 2.6 到图 2.11 合并到一起形成图 2.12。

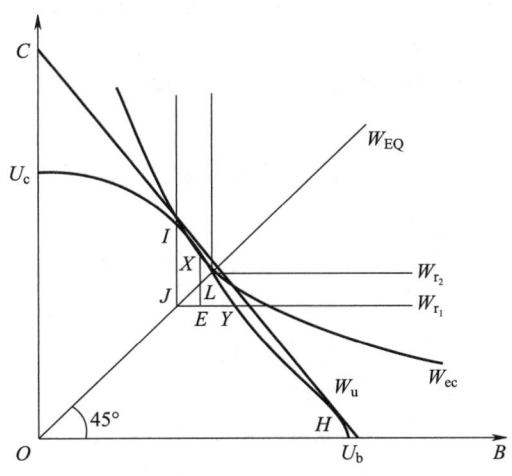

图 2.12 不同标准的选择

在图 2.12 中，U_bU_c 是两人社会的效用可能性曲线，效用主义和折中主义社会福利无差异曲线 W_u 与 W_{ec}，分别与效用可能性曲线切于 H 点和 X 点；W_{EQ} 是平均主义的最高社会福利水平线即 45° 线，与效用可能性曲线交于 L 点；W_{r_2} 与 W_{r_1} 是两条罗尔斯主义的社会福利无差异曲线，其中 W_{r_2} 的顶点是位于效用可能性曲线上的 L 点，W_{r_1} 则经过曲线内部的 E 点并与 45° 线交于 J 点，与 U_bU_c 效用可能性曲线分别交于 Y 点和 I 点。

从图中可以得出如下几个结论：

（1）不同的福利标准对"最好"的判断不一样。效用主义、罗尔斯主义、折中主义与平均主义的最优点分别为 H 点、L 点、X 点和 L 点。

（2）在罗尔斯主义、平均主义甚至折中主义看来，效用可能性曲线内部的点也有可能比曲线上的点要"好"，比如本例中罗尔斯主义者和平均主义者都认为 J 点比 H 点好。这说明在有些情况下，有可能为了达到公平的目标而放弃部分效率。

（3）与平均主义类似，罗尔斯主义比较注重公平，但一般情况下并不等于平均主义，尽管在本例中两者的最优点都是 L 点。事实上，就平均主义而言，只有 45° 对称线上的点是最好的，任何偏离都将带来社会福利水平的下降；但对罗尔斯主义来说，图中的 I、J、E、Y 点都在同一条社会福利无差异曲线上。

当然，以上讨论是高度抽象的，但它们是具体分析政府行为的理论基础。在现实生活中，我们首先需要确定评价公共支出的依据是什么，再根据这一依据来具体做出判断。

2.3.4 福利经济学第二定理

前面的讨论有两个基本的要点：一是对任何初始资源配置，良好的竞争环境会使资源配置通过市场自发达到竞争性均衡，这一均衡是帕累托效率的，这实际上是福利经济学第一定理的内容；二是这个效率点有很多，但这些点不一定是社会福利最大化的点。不同的福利标准判断不一样，取决于社会对"好"的价值标准的设定。谈到规范分析时我们提到，评判好坏有两个维度，一是效率，二是公平。一般而言，如果福利经济学第一定理评价的是效率意义上的好坏，后面讨论社会福利最大化时讨论的重点是公平意义上的好坏。

在图 2.12 中，我们发现，对大部分社会福利函数来说，H 点都不是社会所希望的配置结果，尽管这一点处于帕累托效率状态。为了增进社会福利，我们可能需要做一些工作。公共经济活动的重要目标就是使社会变得更加公平，但政府达到目标的手段有很多。比如，政府可以直接对某些必需品限价，以使穷人能够用很少的钱就买得起生活必需的衣食住行；也可以由政府购买这些生活必需品直接按一定标准配给穷人；还可以按一定规则补贴穷人一定数量的现金，由穷人自行在市场上购买所需要的任何物品……从后面的章节我们可以看到，上述各种方法都各有利弊，我们需要根据不同的情况进行取舍，但总的来说，上述手段都有可能损害效率。是否达到公平一定要以损害效率为代价吗？

这里引入福利经济学第二定理：只要进行初始禀赋的适当配置，再让人们在完全竞争市场中自由交易，社会可以得到任何有效率的分配结果。任何有效率的分配结果当然包括前面定义的各种公平的结果。福利经济学第二定理说明我们可以在不损害效率的前提下达到社会福利最大化的结果，这一结果一般来说是相对公平的。

T. 哈福德（Tim Harford）在他的《卧底经济学家》（The Undercover Economist）[①]中举了一个百米赛跑的例子：如果你想让所有的选手同时越过终点，你就得改变规则，要求跑得快的选手慢下来，所有人手拉手地冲过终点。这显然是一个浪费天赋的做法。你还可以将部分选手的起跑线往前移一点，部分往后移一点，这样每一位选手都尽全力跑，遵循通常的规则进行冲刺。跑得快的选手会多跑一段距离，而与跑得慢的选手肩并肩撞线。

如果存在不扭曲人行为的一次性总付税[②]，就类似百米冲刺例子中设置不同的起跑线那样，而所得税与销售税就类似要求跑得快的人慢下来。两者都能够达到公平的结果，但设置不同的起跑线不会让任何人慢下来。在一个竞争的市场环境中，要同时达到公平与效率，唯一需要做的是移动起点——用类似于一次性总付税或一次性总补贴，然后让所有人在市场中自由交易。问题是，上述方案的可操作性如何。

我们可以借用图 2.2 的埃奇沃斯盒状图[③]来做个简短的说明：当我们认为 H 点不符合我们所认为的公平时，我们可以通过某种方式进行初始分配到 E 点，再让人们在市场中自由交易。可以期待的是，市场最终会达到 O_1O_2 之间的某一点，这一点比 H 点更加符合我们的公平意义。这样，我们可以避免由于政府直接干预经济的运行（如限价等）而导致的效率损失，达到既满足效率又满足公平的分配结果。

党的二十大报告着重强调了要"巩固拓展脱贫攻坚成果，增强脱贫地区和脱贫群众内生发展动力"，其重要措施就是"统筹乡村基础设施和公共服务布局，建设宜居宜业和美乡村。巩固和完善农村基本经营制度，发展新型农村集体经济，发展新型农业经营主体和社会化服务，发展农业适度规模经营。深化农村土地制度改革，赋予农民更加充分的财产权益"。我们可以理解为对相对落后贫困的群体用类似一次补贴的方式，把起跑线往前移动，再为构建高水平社会主义市场经济体制提供竞争性的市场环境。福利经济学第二定理告诉我们，维护和促进社会公平正义，促进全体人民共同富裕，不一定要以牺牲效率为代价，而是可以兼顾公平与效率。

当然，无论福利经济学第一定理还是福利经济学第二定理，都是高度抽象的，是在一定的假设下成立的。现实社会中完全竞争市场的很多条件都不一定能够满

---

① Tim Harford. The Undercover Economist［M］. Great Britain: Little, Brown, 2006:82–84.

② 一次性总付税（Lump-sum Tax）将在第十章讨论。Tim Harford 在书中提到，类似向每个人征收 500 英镑、向超过 65 岁的人征收 500 英镑以及向出生证上姓名首字母为 H 的人，比如作者本人，征收 500 英镑，都是一次性总付税的例子。

③ 用图 2.6 也可以做类似讨论，有兴趣的同学可以尝试。

足，比如垄断、外部性、公共产品、逆向选择与道德风险等，都会影响福利经济学第一定理的成立；而政府在对初始禀赋的重新配置时也有可能影响效率，导致第二定理看起来不是那么完美。这些内容都会在后续的章节中进一步讨论。

本 章 小 结

1. 实证分析超脱一切价值判断，只描述与解释实证对象的各种现象，研究其内在规律或检验有关理论，并用理论构造模型，分析和预测人们在一定条件下的行为趋势或概率。

2. 规范分析则是以一定的价值判断作为分析的起点，首先提出一种标准，再论证研究对象是否符合这一标准，变化趋势是否接近或远离所设定的标准，以及如何才能达到我们所希望的结果。

3. 因果关系是某一给定行为或处理导致某一特定的可度量结果，这一度量与理想化随机对照组的结果度量一致，造成处理组和对照组之间结果差异的原因只能是处理本身。

4. 实证分析中，取得实证数据的具体方法有实验数据、文献检索、实地调研，其中实地调研有很多具体形式，主要可以分为问卷调查和走访调研两类；分析实证数据的具体方法有计量经济模型。

5. 规范分析中一个重要标准是帕累托标准：如果在一种状态下，存在某种调整，会使至少一个人变得好起来，而其他人至少没有坏下去，我们就说这个调整是帕累托改进。如果存在一种资源配置的状态，任何调整都不能使其中至少一个人的状态好起来，而其他人的状态至少不坏下去，这种状态就是最好的。我们称之为帕累托最优。

6. 埃奇沃斯盒状图是福利经济学中分析问题的重要模型，它考察的是一种只有两个消费者与两种商品或者两个生产者与两种投入品的非常简单的经济，分别讨论交换效率、生产效率与生产可能性曲线。

7. 社会福利函数是否存在本身就是一个需要论证的问题。为方便讨论，我们一般假定社会福利函数是存在的。同时假定社会福利函数取决于每个人的效用水平，并且社会中的每一个成员地位是相同的，在社会其他成员效用不变的情况下，任何一人效用的增加，社会福利就会增加。

8. 不同的福利标准对"最好"的判断不一样。与平均主义类似，罗尔斯主义比较注重公平，但一般情况下并不等于平均主义；效用主义则相对更加注重效率；折中主义则介于两者之间。

9. 福利经济学第一定理：在完全竞争的条件下，对任何初始资源配置，市场运行的结果必然导致有效率的结果。

10. 福利经济学第二定理：只要进行初始禀赋的适当的配置，再让人们在完全竞争市场中自由交易，社会可以得到任何有效率的分配结果，当然包括我们前面定义的各种公平的结果。这一定理说明我们可以在不损害效率的前提下达到社会福利最大化的结果，这一结果一般来说是相对公平的。

重 要 概 念

实证分析　规范分析　因果关系　埃奇沃斯盒状图　生产可能性曲线　效用可能性曲线　边际替代率　边际技术替代率　边际转换率　社会福利函数　平均主义　罗尔斯主义　无知的面纱　效用主义　折中主义　帕累托效率　帕累托改进　卡尔多－希克斯改进　福利经济学第一定理　福利经济学第二定理

思 考 题

1. 什么是实证分析与规范分析？

2. 什么是因果关系？

3. 实证分析有哪些具体方法？

4. 试设计一个完全随机对照实验回答一个现实问题。

5. 举例说明现实生活中的帕累托效率情形。

6. 举例说明帕累托改进与卡尔多－希克斯改进的不同。

7. 在埃奇沃斯盒状图中，为什么在契约曲线上的所有点上无差异曲线斜率都相等？

8. 社会福利函数有哪几种不同形式？它们对公平与效率的判断有什么不同？为什么？

9. 设定一个调查目标、范围与对象，拟订调查问卷，尝试做一次社会调查，并对调查数据进行统计分析。

10. 假设社会上有两个人（甲和乙），分配两种固定数量的商品（X 和 Y）。甲的效用函数是 $U_甲 = X + Y$，乙的效用函数是 $U_乙 = 2X + Y$。请问契约曲线是什么样的？

11. 假定社会上有两个人（甲和乙），如果社会福利函数为：$W = U_甲 + U_乙$，而效用可能性曲线为：$UPF = U_甲 + 2U_乙$，社会最优点如何决定？

12. 选择题：

（1）实证经济学（　　）。

A. 并不依赖于市场的相互影响

B. 仅仅关注到经济发展的好的方面

C. 考察经济怎样运行，而不是研究经济应该怎样运行

D. 是非常主观的

（2）福利经济学第一定理要求（　　　）。

A. 生产者与消费者都是价格的接受者

B. 对每一种商品来说都存在市场

C. 经济在效用可能性曲线上运行

D. 以上所有都正确

（3）在各种社会福利函数形式设定中，罗尔斯主义主张社会福利是（　　　）。

A. 每个人效用之和

B. 折中主义

C. 最小者福利最大化

D. 最大者福利最小化

参考答案

进一步阅读文献

1. 罗伯特·S. 平狄克，丹尼尔·L. 鲁宾费尔德. 微观经济学［M］. 李彬，高远，等，译. 8 版. 北京：中国人民大学出版社，2013. 第 16 章.

2. 平新乔. 微观经济学十八讲［M］. 北京：北京大学出版社，2001. 一,二,三,十六讲.

3. 杰弗里·M. 佩罗夫. 中级微观经济学［M］. 谷宏伟，译. 8 版. 北京：中国人民大学出版社，2022. 第 9，10 章.

4. 约瑟夫·E. 斯蒂格利茨. 公共部门经济学［M］. 郭庆旺，等，译. 3 版. 北京：中国人民大学出版社，2005. 第 3，5，7，16 章.

5. 理查德·W. 特里西. 公共部门经济学［M］. 薛涧坡，译. 北京：中国人民大学出版社，2014. 第 2，3，4，5 章.

6. 乔纳森·格鲁伯. 财政学（原书第 4 版）［M］. 林江，译. 北京：机械工业出版社，2015. 第 2，3 章.

7. 乔舒亚·D. 安格里斯特，约恩－斯特芬·皮施克. 基本无害的计量经济学：实证研究者指南［M］. 郎金焕，李井奎，译. 上海：格致出版社，上海人民出版社，2017. 第 1，2，3 章.

8. 詹姆斯·H. 斯托克，马克·W. 沃森. 计量经济学［M］. 沈根祥，孙燕，译. 3 版. 上海：格致出版社·上海三联书店·上海人民出版社，2012. 第 1，4，5 章.

参 考 文 献

1. 哈维·S. 罗森，特德·盖亚. 财政学［M］. 郭庆旺，译. 10 版. 北京：中国人民大学出版社，2015. 第 2，3 章.

2. 吉恩·希瑞克斯，加雷思·D. 迈尔斯. 中级公共经济学［M］. 张晏，等，译. 上海：格致出版社·上海三联书店·上海人民出版社，2011. 第 2 章.

3. 拉本德拉·贾. 现代公共经济学［M］. 杨志勇，主译. 2 版. 北京：清华大学出版社，2017. 第 2 章.

4. 刘小兵，蒋洪. 公共经济学（财政学）［M］. 3 版. 北京：高等教育出版社，2012. 第 1，2，3 章.

5. Tim Harford. The Undercover Economist［M］. Great Britain: Little, Brown，2006：82-84.

6. 阿比吉特·班纳吉，埃斯特·迪弗洛. 贫穷的本质——我们为什么摆脱不了贫穷（修订版）［M］. 景芳，译. 北京：中信出版集团，2018：6-79. 第一，二,三章.

7. 胡安宁. 社会科学因果推断的理论基础［M］. 北京：社会科学文献出版社，2015. 第 1，2 章.

即 测 即 评

学完第 2 章啦，来做个小测检验一下学习效果吧！

3

财政活动中的公共决策

本章学习目标

- 熟悉公共决策与私人决策的异同之处
- 了解公共选择理论的基本假定和研究方法
- 了解不同公共决策机制、原则及其对公共决策结果的影响
- 领会林达尔均衡和阿罗不可能定理
- 掌握不同主体参与公共决策的行为动机及其对公共决策结果的影响

  通过西方经济学的学习，我们了解到，虽然市场在资源配置中可以通过一个"看不见的手"实现资源有效配置，但市场在资源配置中也存在一些缺陷，在某些领域，要么市场不存在，要么价格不能完全反映资源的真实成本。更何况在大部分国家，市场发育还很不完善。这些市场缺陷的存在无疑会让我们对政府介入资源配置产生乐观看法，并寄予较高期望。然而事情并不是完全按照我们的意愿在发展。事实上，我们每天都能接触到大量有关公众不满政府运行的信息。良好的愿望和公众满意度为什么会如此大相径庭？政府为什么并不总是选择公众满意的活动？政府在不同项目间是如何做出决策的？是否存在一种决策机制能保证政府活动总能符合公众意愿？这些问题都将成为本章讨论的内容。

  实际上，在经济学研究的很长一段时间，我们研究的主题是私人决策及其资源配置结果，并将所有私人部门不能解决的问题交由一个全心全意为人民谋福利的政府。由于认为政府是全心全意为人民谋福利的，政府在进行资源配置时总是会按照公众意愿做出决策。在这种仁慈政府的良好愿望下，人们都认为没有必要再花费时间去研究政府决策。这样，政府决策就成了一个黑箱，从这个黑箱里出来的各种决策总是符合公众意愿的。然而，事情并不像人们想象的那么单纯。许多时候，从这个黑箱里出来的许多政策并不反映公众意愿。在理想和现实冲突面前，人们开始怀疑政府并不总是仁慈的，黑箱中产生的各种决策也并不总是好的。那么，黑箱中决策到底是如何产生的？带着这种疑问，一些学者开始对黑箱中的政府决策展开研

究，通过研究试图揭开黑箱的秘密。

对政府的公共决策活动做出系统研究的代表性人物是美国学者詹姆斯·麦吉尔·布坎南（James McGill Buchanan，1919—2013）。他通过考察政府决策与市场决策中个人的行为特征，提出个人行为的一致性假定。即他认为，政府决策也是由个人做出的，个人在政府决策过程中表现出来的行为应该和在市场交易过程中表现出来的行为是一致的，均会在约束条件下追求个人利益（或效用）最大化。既然如此，人们就完全可以将政府决策过程看成一个政治市场。不仅如此，由于参与政府决策的个人，其行为目标和在经济市场中表现出来的行为目标完全一样，所以利用经济学的研究方法研究政府决策过程是完全可行的。这样，布坎南及其合作者基于经济市场中的经济人假定对政府决策产生过程进行了研究，从而为人们揭开了黑箱的秘密。布坎南及其合作者通过研究所形成的一系列理论被称为"公共选择理论"，该理论实际上就是采用研究经济决策的一系列方法分析和研究政府政策制定的过程。该理论开创了人们对非市场决策的经济研究，将经济学研究应用到政治过程。正是因为在这一领域的开拓性工作，瑞典皇家科学院将1986年的诺贝尔经济学奖颁予了詹姆斯·布坎南。

3.1 公共决策特征与公共决策要素

3.1.1 公共决策特征

无论是政府决策还是私人决策，决策首先表现为一种选择，而选择本身又是一个成本收益比较的过程。虽然公共选择理论认为，个人行为在政府决策和私人决策时一定表现出显著一致性，但并不意味着，政府决策与私人决策完全一致。事实上，政府决策并不是某一个人做出的，因为涉及公众利益，所以政府决策在大多数国家里，都是由许多人共同做出的，从这个意义上说，政府决策也就是公共决策。既然决策是由许多人共同做出的，那么和私人决策相比，就必然存在很大不同。

那么，公共决策和私人决策除了参与决策的个人行为具有一致性目标外，还存在哪些不同？公共决策至少在以下三个方面表现出与私人决策不同的特征[1]：

（1）偏好显示中的"一人一票"原则。在参与市场交易时，私人决定买与不买以及买多少实际上是个人偏好的表达过程，这种表达是通过货币购买（即钞票）体

---

① 蒋洪，等. 财政学教程［M］. 上海：上海三联出版社，1996.

现的，这就像人们用货币进行投票，但由于个人收入不等，因而投票权大小不一，个人权力大小取决于其拥有货币或财富的多少。而在公共决策中，公众偏好往往是通过选票来表达的，个人表达自己偏好的能力取决于政治程序。在直接民主制度中，每人都有同等的投票权，在间接民主或其他政治制度中，有些人的偏好能够更大程度地影响决策结果，而另一些人则可能不能通过投票方式来显示自己的偏好，或者即使表示了也对决策结果影响很小。在这种情况下，个人没有充分动力显示自己的偏好。由于表达方式不同，前者是通过钞票，后者是通过选票，所以个人影响决策结果的能力也不同。对前者而言，个人完全可以通过钞票的多少左右决策结果，而对后者而言，每个人对决策结果的影响能力是一样的，即一人一票。

（2）公共决策中的公共产品特征。市场购买行为是取得自身利益的必要条件，而政府决策是一种公共产品。公共产品的非竞争性使得政府决策所产生的利益由所有人享受，而非排他性诱使人们采取事不关己的态度，因为政府所提供的公共产品不论自己是否参加投票都可以同样享受，而自己所承担成本只占其中微不足道的份额。在公共决策中，单一个体偏好的表露对决策结果影响很小，对于单个人而言，参不参加投票，结果可能没有什么区别。而在政府提供公共产品的成本根据个人偏好不同进行分摊的情况下，人们就会隐瞒自己的真实偏好或歪曲地显示自己的偏好，以避免或减少成本负担，同时又享受同样利益。即使成本不是按个人偏好来分摊，人们也无足够激励去显示真实偏好，因为投票本身也需要花费一定的成本。公共决策的公共产品特征使得人们在参与公共决策的过程中显示出较强的搭便车心理。

（3）公共决策结果的强制性。在经济市场中，个人做出决策是完全自由的，个人只需要根据自己的意愿做出选择。这意味着，在经济市场中，每一项决策都只取决于个人自己的偏好。但在公共决策中，决策是由公众共同做出的，而参与公共决策的个人之间，偏好不可能是完全一致的。这样公共决策结果就需要将众多不同偏好整合为一个统一的社会偏好，但这种整合的社会偏好除了在一致同意情况下能反映所有个人的偏好外，往往不可能同时满足所有个人偏好。但公共决策一旦形成某个决议，结果对所有人都是适用的，即使投了反对票，也不得不接受这个结果。相反的情况是，公共决策如果没有通过，那些希望通过的个人也不得不接受。上述事实表明，公共决策的结果具有强制性特征，即一旦公共决策结果形成，无论你赞成还是反对，都必须接受，并遵照执行。公共决策结果的强制特征实际上表明，公共决策中不可避免会出现用一部分人的利益去满足另一部分人的利益。

3.1.2 公共决策要素

与私人决策不同，公共决策是由公众共同做出的。这样，在决策过程中就必然出现决策权配置问题，即在决策过程中，决策主体、决策权、决策组织以及决策方式等决策要素的确定。所有这些决策要素及其相互作用即是所谓的决策机制。比如，关于要不要在一个小区内建造一个人工湖，显然这不是私人决策问题，因为小区建不建造人工湖与小区所有业主都有关。那么，由谁来决定小区要不要建人工湖呢？这里至少涉及三个层面的问题：一是由哪些人进行决策，二是采取什么方式决策，三是依据什么原则形成决策结果。

就第一个问题而言，哪些人进行决策实际上就是决策主体问题，即所有小区业主都来决定还是由业主委员会决定抑或由某一个人决定。如果采取所有小区业主共同表决方式，即所谓的直接民主制。如果仅由业主委员会决策，那么就称为间接民主制，在有些书中也被称为代议制民主。而如果仅由一个人说了算，则就变成了独裁制。

就第二个问题而言，即采用哪种决策方式。从某种程度上说，决策实际上就是选择，而选择又是个人偏好的一种表达。比如，你在食堂吃早餐，在多个品种之间选择哪种食物作为早餐是个人偏好问题，那么你会选择哪种方式表达你这种偏好呢？通常情况下，你是利用口袋里的钞票显示的。在公共决策时也会存在同样的问题，即公众也需要通过某种方式表达各自的偏好。通常情况下，我们可以看到形式各样的投票表决，即决策主体根据自己的偏好将手头上的选票投给自己偏好的项目。那么，采用什么表决方式呢？是像经济交易那样依据钞票多少赋予决策者不同的票数，还是平等地赋予每个决策者一人一票？抑或按照决策者老幼、尊卑赋予不同的票数？通常，公共决策过程中，每人被赋予一张选票。

就第三个问题而言，依据什么原则形成决策结果，这一点主要是针对直接民主制和间接民主制两种投票机制。因为无论是直接民主制还是间接民主制，都会存在多人表决的情况，这时就需要在投票之前确定投票结果有效的原则。比如，足球比赛总有一个比赛规则，在这个规则中有一个非常重要的内容，就是明确什么情况下进球是有效的。根据各种公共决策实践，公共决策结果有效的原则常见有三种：一致通过原则、多数票原则和独裁原则。一致通过原则是决策结果只有得到所有参与人一致同意才算有效。多数票原则是公共决策时，只要某个选项得到其中的多数人认同就被认为获得了通过。其中的多数并没有具体规定，这要取决于投票结果对所有人的重要程度，但一般认为超过一半即为多数。独裁原则是根据某个事前认定的私人决策确定公共决策结果，比如班级要不要举行集体春游，如果事前就确定班级的大小事务由辅导员说了算，则班级要不要举行集体春游就取决于辅导员的决策了。关于三种决策原则在第二节还将进一步讨论。

专栏 3.1　布坎南与公共选择

詹姆斯·麦吉尔·布坎南（James McGill Buchanan，1919—2013）生于美国田纳西州的穆尔弗里鲍尔。1948年，他在芝加哥大学获得经济学博士学位。在1956年至1968年期间，布坎南在弗吉尼亚大学任麦金太尔讲座经济学教授，他与奈纳特建立了研究政治经济学和社会哲学的托马斯·杰斐逊中心，并于1958 年至 1969 年担任该中心主任，在此期间逐步奠定了公共选择理论的基础。1962 年，他发表了公共选择理论的奠基著作——《赞同的计算》（与戈登·塔洛克合著），并与塔洛克一起创建了公共选择学会，出版了名为《公共选择》的杂志。

布坎南突出的理论贡献是创立了公共选择理论。公共选择经济学的基础是一个从根本上来说十分简单但却很有争议的思想，即担任政府公职的是有理性的、自私的人，其行为可通过分析其任期内面临的各种诱因而得到理解。这一思想的主要推论是政府不一定能纠正问题，事实上反倒可能使之恶化。尽管声名大振，公共选择理论仍受到许多学术界人士的抵制。1980 年，美国公众强烈反对政府在资源分配中占主导地位的运动达到最顶峰，而这一年对"大政府"的最大反对者罗纳德·里根当选了美国总统，布坎南就在这种背景下进入了人们的视野。1986 年，布坎南凭借其对经济决策的政治基础的研究获得了诺贝尔经济学奖。

布坎南等创立的公共选择理论反对以下倾向：把决定大众意愿的权力交给政府，政府制定政策并实施。布坎南认为，集体决策潜在的唯一道德要求就是对个人偏好进行维护。因此，布坎南的个人选择方法不允许特定的个人（如拥有信息优势的人）或是特定的社会组织来制定统治别人的法律。对于社会集体资源分配，布坎南反对社会福利最大化、净收益总计或是调和个人喜好和集体价值观的说法。他强调社会进行资源决策的过程，而不看重经济学家所强调的集体资源分配的效率。

3.2 公共决策原则

公共决策过程本质上就是个人偏好转化为社会偏好的过程。在这个转化过程中，社会偏好能否如实反映所有个人偏好，关键取决于公共决策原则。一般认为，在公共决策过程中，需要确立什么决策原则取决于决策结果对每个公众的重要程度以及问题的紧迫程度。如果所讨论的问题很重要，决策过程宜采用一致通过原则；如果所讨论问题很紧迫，决策过程宜采用独裁原则。但在大部分情况下，采用多数票原则是有益的。

3.2.1 一致通过原则

一致通过原则也被称为全票通过原则。从公共决策产生原因看，公共决策主要是公众就公共产品提供达成一致。公共产品提供不仅涉及所有公众从公共产品消费中获得收益的问题，而且还关乎所有公众对公共产品成本的分担问题。通过成本收益比较，公众通过公共决策显示自己对公共产品的偏好。那么，公众就公共产品提供数量是如何达成一致的呢？早在 20 世纪初，林达尔就对这种情况的一致通过程序进行了考察。

为了理解林达尔的研究，也为了考察一致同意过程是怎样进行的。让我们来看看有两个人张三、李四和一种公共产品 X 的情形。在这种情形下，每个人有一个给定的初始收入，公共产品种类既定，即公众就该公共产品的供给数量进行投票表决。由于公共产品种类既定，所以每个公众对该公共产品的需求曲线也就是固定的。如图 3.1 所示，图中横轴代表公共产品 X 数量，纵轴代表个人承担提供公共产品 X 的成本份额 S，其中 S^z 和 S^l 分别代表张三和李四各自承担的成本份额，$S^z + S^l = 1$。对张三和李四来说，S^z 和 S^l 实际上即是两人消费公共产品 X 的价格。这样，在其他物品价格既定、张三和李四的收入和偏好也既定的情况下，两人会根据自己的需求曲线决定不同成本份额下对公共产品 X 的消费数量。

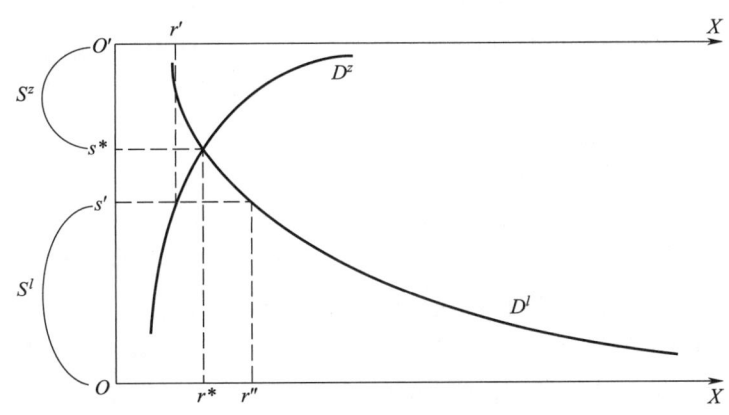

图 3.1　一致通过原则与林达尔模型

与私人消费品不同的是，张三和李四对相同数量的公共产品 X 愿意支付的价格是不同的，而该价格取决于两人实际为公共产品提供支付的纳税份额，该份额即为林达尔价格。在图 3.1 中，如果成本分担在 s'，则张三愿意消费的公共产品 X 数量为 r'，而李四愿意消费公共产品 X 的数量为 r''，这样在 s' 成本分担下，张三和李四不可能就公共产品 X 的消费数量达成一致。如果能在公共产品供给数量上达成一致，必须重新调整两人的成本分担份额。从图上看，只有两人成本分担为 s^*，两人

65

愿意消费的公共产品数量都是 r^*，这时两人才会就公共产品 X 消费数量达成一致。

从林达尔价格的存在性到林达尔均衡的出现，可以看出，在这种理想情况下，公共决策过程中个人偏好是完全可以整合为一致社会偏好的。但从上述一致同意过程看，林达尔均衡的出现需要有一系列较为苛刻的条件。首先这里必须有一个能够分配公共产品 X 供给成本的机制，通过这个机制，能够准确分配不同个人承担的税收份额，这种机制实际上就相当于拍卖过程中的拍卖者。拍卖者通过不断调整各自成本分担份额获取每个人消费公共产品的真实意愿，直到宣布一组份额时张三、李四出现一致的公共产品消费意愿。但现实中，大部分公共决策涉及公众较多，不可能只有两个人。这意味着一个拍卖者能准确地报出每个人应承担的成本份额，即使是一台最先进的计算机也很难实现，更何况人了。所以公共决策过程中并不存在所谓的拍卖者，而拍卖者又是林达尔均衡中一个非常重要的角色。除此之外，林达尔均衡的实现还有赖于公共决策过程中参与决策的每个人能真实说出自己的偏好，但这一要求也很难满足。因为公共产品消费上的非排他性和决策主体的自利性，个人在参与公共决策时，我们很难保证他们会说出真实偏好。

但尽管如此，林达尔均衡无疑让我们看到了一致通过原则的有效性。实际上，如果在投票时每个人都能真实地显示自己的偏好，那么在林达尔均衡下实现的资源配置一定具有帕累托效率。因为人们之所以在某个价格下达成一致，主要是每个人认为在这个价格下达成一致的消费品数量能提高自己的效用，即实现了所谓的帕累托改进。

从理论上说，一致通过原则是公共决策过程中最为有效的决策规则，因为一致通过原则下，决策结果能够反映所有人的偏好，从而达到资源的帕累托效率配置结果。但是，正如丹尼森·缪勒（Dennis C. Mueller）所指出的，一致通过原则存在以下三个明显缺点而不能被普遍采用。

（1）决策成本太高。因为人们偏好各异，寻找能让所有人都满意的项目也许要花费大量时间，社会成员在寻找一组符合帕累托效率特征的税收份额方面，遭遇的时间损失也许超过他们从避免付税额大于公共产品利益这一过程中获得的收益。因此，这一规则仅仅在较小范围内的集体行动中才可能被采用。

（2）这一规则会鼓励策略性行为。正如前面所分析的，如果张三知道李四将接受而不是拒绝公共产品的最大税收份额，张三就可以通过投票反对所有大于 s^* 的税收份额，来迫使李四承担更多税收，这样提供的公共产品收益自然归于张三。如果李四也采取同样策略，最终结果将取决于两个人讨价还价的能力。这往往使集体决策过程变成马拉松式的讨价还价过程，有效率的协议也无法达成。

（3）这一规则往往导致威胁和敲诈。如果个人认识到某项议案或决策可以被他否决的话，那么他就会以抗拒的形式来敲诈那些希望这项议案或决策得以通过的人，从而使他和他的支持者获得好处。

正是因为上述一系列缺点，公共决策在多数情况下均采用多数票原则。下面考察多数票原则下，能否形成一个稳定的投票均衡。

3.2.2 多数票原则

我们设想一个社会，该社会由三个选民组成——张三、李四和王五，他们要就花在国防上公共支出规模的三种方案进行投票，其中 A 方案投资 200 万元，B 方案投资 500 万元，C 方案投资 1 000 万元。每个选民在三个方案之间的偏好如表 3.1 所示。从中可以看出，张三是最偏好 A 方案，最不偏好 C 方案，李四最偏好 C 方案，最不偏好 A 方案，王五最偏好 B 方案，最不偏好 A 方案。

表 3.1   **多数票原则下的选民偏好结构**

选民		
张三	李四	王五
A	C	B
B	B	C
C	A	A

在三个选民上述偏好结构下，我们考察三人投票是否会形成稳定的投票结果。首先假定在 A 和 B 之间进行投票，张三投 A 的票，李四和王五投 B 的票，在多数票原则下，B 获胜。再对 B 和 C 进行投票，张三会投 B 的票，李四会投 C 的票，而王五会投 B 的票，最后 B 获胜。刚才投票的顺序是 A—B—C，如果改变投票顺序，结构会不会改变呢？我们可以随意调换投票顺序，发现不管怎么调换，最后都是 B 获胜。这说明，在上述偏好结构下，多数票原则会形成稳定的投票结果。

但是，我们刚才假定上述三个选民的偏好结构是表 3.1 的顺序，如果我们改变其中一个人的偏好结构，结果会不会还是 B 获胜呢？我们将表 3.1 中的李四偏好结构调整为表 3.2 的顺序。在表 3.2 中，李四在三种方案中偏好顺序为 C–A–B。现在三人就三种方案进行投票。首先在 A 和 B 之间投票，然后在获胜者与 C 之间进行投票，在多数票原则下，投票结果为 C 获胜。调整投票顺序，按照 B–C–A 顺序，经过投票，最后 A 获胜。再改变投票顺序，按照 C–A–B 顺序进行投票，结果 B 获胜。和表 3.1 投票结果不同，在表 3.2 的偏好结构下，投票结果不稳定，投票结果与投票顺序关系密切。多数票原则下，上述投票出现的循环现象被称为投票悖论。

表 3.2	多数票原则下的投票循环	
选民		
张三	李四	王五
A	C	B
B	A	C
C	B	A
投票顺序	获胜者	
A–B–C	C	
B–C–A	A	
C–A–B	B	

为什么改变李四偏好结构会出现上述投票循环呢？我们有必要考察其中的原因。为此我们将三个人的偏好结构用图 3.2 和图 3.3 加以比较。图 3.2 和图 3.3 的比较结果显示，李四的偏好结构在两个图中显示出不一样的顺序。为了说明方便，我们把一个人偏好中比所有相邻点都高的点，定义为峰。如果一个选民偏离其最中意的点，无论偏离的方向如何，他的效用都是下降的。那么他就具有了单峰偏好。在图 3.2 和图 3.3 中，张三和王五的偏好都呈现出单峰偏好，李四在图 3.2 中也呈现出单峰偏好，但在图 3.3 中却不满足单峰偏好的特征，因为在 B 点的左右出现两个峰，我们将图 3.3 中李四的偏好结构称为双峰偏好。比较结果显示，正是因为李四的偏好由单峰变为双峰，才导致投票悖论出现。图 3.2 和图 3.3 的比较告诉我们，如果投票过程中，所有选民都呈现出单峰偏好，多数票原则下的投票结果一定会产生一致和稳定的结果，即不可能出现投票悖论。但在公共决策中，如果有双峰偏好结构的个人，是否就一定出现投票悖论，那倒不一定。

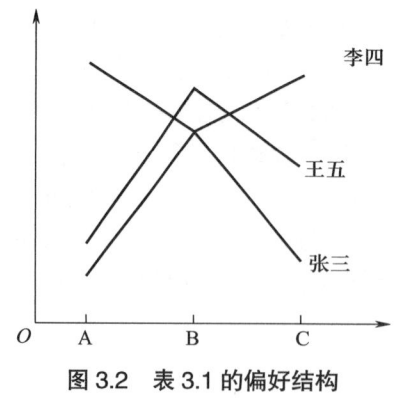

图 3.2　表 3.1 的偏好结构

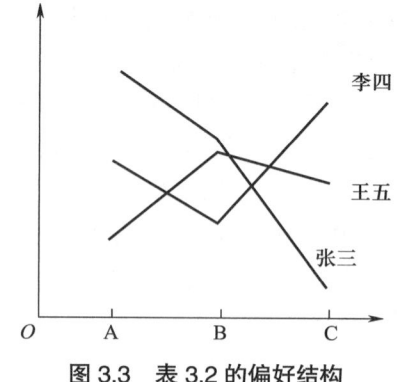

图 3.3　表 3.2 的偏好结构

投票悖论的出现带给我们两点启发：一是既然投票结果与投票顺序有关，那么在投票过程中，某些人就可以通过控制投票议程，使投票结果符合自己偏好的方案。这种情况在现实投票过程中非常普遍，即所谓的议程操纵。二是多峰偏好的存在会破坏多数票原则，而现实中保证所有投票人都是单峰偏好是非常困难的，尤其是在备选方案之间不是按照某一规定排序或备选方案无法通过定量比较时，多峰偏好的现象则更为普遍。例如，如果人们就电影院、医院和福利院进行投票时，极有可能出现多峰偏好。因为人们并不清楚三者之间到底存在哪些差异，差异有多大，而且三选一的比较按照什么顺序进行。所以多数票原则并不一定能形成稳定一致的投票结果。

专栏 3.2 林达尔简介

埃里克·罗伯特·林达尔（Erik Robert Lindahl, 1891—1960），瑞典经济学家，瑞典学派主要代表者之一。1891 年生于斯德哥尔摩市，1919 年获隆德大学博士学位，1920—1924 年任隆德大学助理教授，1924 年任乌普萨拉大学助理教授。1932 年起先后任斯德哥尔摩大学和隆德大学经济学教授，并曾兼任过瑞典中央银行顾问、国际经济学家协会主席等职务。

林达尔涉猎的研究领域甚广，包括经济动态学、经济周期理论、国民收入理论、货币理论及财政政策与货币政策等方面，他的突出贡献就是对经济动态学理论的形成与发展。在此研究领域，他与缪尔达尔一起提出的独树一帜的宏观动态均衡理论对于 20 世纪 20 年代和 30 年代整个西方经济理论的发展起着极为重要的推动作用。西方经济学界认为，林达尔的研究实质上是企图调和经济分析和公平概念，研究的结果是要引出一项能够预测均衡的威胁和通过相应的货币调整来防止威胁的经济政策。时至今日，林达尔的经济思想不仅一直是瑞典学派的一个重要理论基础，而且在学派林立的整个西方经济学界占有举足轻重的显赫地位。

1919 年产生的林达尔均衡是公共产品理论最早的成果之一，林达尔认为公共产品价格并非取决于某些政治选择机制和强制性税收，恰恰相反，每个个人都面临着根据自己意愿确定的价格，并均可按照这种价格购买公共产品总量。处于均衡状态时，这些价格使每个个人需要的公共产品量相同，并与应该提供的公共产品量保持一致。因为每个个人购买并消费了公共产品的总产量，按照这些价格的供给恰好就是每个个人支付价格的总和。林达尔均衡使人们对公共产品的供给水平问题取得了一致，即分摊的成本与边际收益成比例。

3.2.3 互投赞成票

在上述投票过程中，选民仅是根据自己的偏好对备选方案进行排序，个人并不能显示对每个项目偏好的强弱程度。现假定我们可以量化个人对每个项目的偏好程度，并且允许选民之间进行信息沟通和相互交易，多数票原则下的投票结果会怎样呢？为了说明这一问题，我们假想这样一个投票过程：三个选民就医院、图书馆和游泳池进行投票，三个项目如果获得通过给每个选民带来的收益如表 3.3 所示。如果不允许选民之间进行投票信息交流以及相互交易，单独对每个项目进行投票，结果每个项目都会因有两人反对而未获通过。但事实上，任何项目的通过都可能增加社会福利，如表 3.3 所示，所有项目净收益都为正。显然，在这种情况下，允许选民之间进行投票交易是有利的。而在允许选民之间进行投票交易的情况下，张三、李四和王五之间就可能发生投票交易。张三如果通过投李四最偏好的项目图书馆以换取李四投对自己最有利的医院项目，则两人福利都会得到增进。同样如果王五通过和李四或者张三达成协议，通过投对李四或张三最有利的图书馆或医院项目，以换取李四或张三投对自己最有利的游泳池项目，这时大家的福利同样会得到增进。

表 3.3　　　　　　　　　　　互投赞成票增加社会福利的情况

项目	选民			净收益
	张三	李四	王五	
医院	200	−50	−55	95
图书馆	−40	150	−30	80
游泳池	−120	−60	400	220

然而事情并不总是这么好。因为互投赞成票的反对者认为，互投赞成票并不一定总是会出现有效率的结果。为了说明这一情况，我们用表 3.4 加以解释。仍以上述三个选民和三个项目为例，三个选民张三、李四和王五就医院、图书馆和游泳池项目进行投票，和表 3.3 不同的是，表 3.4 显示的收益情况发生了变化。在表 3.4 的收益分配情况下，我们可以看到，任何一个项目通过，整个社会净收益都是负数，这意味着否决所有项目对社会来说是可取的。但在表 3.4 中，我们可以看到，如果允许选民之间进行交易，这时对张三来说，如果和李四达成互投赞成票协议，对每个人来说都是有利的。张三和李四互投赞成票使得在多数票原则下，医院和图书馆两个项目获得通过。这时张三获得净收益 160，李四获得净收益 100。但上述两个项目获得通过，王五却遭到了较大损失，并且损失超过了两人获得收益之和。

表 3.4   互投赞成票降低社会福利的情况

项目	选民			净收益
	张三	李四	王五	
医院	200	−50	−160	−10
图书馆	−40	150	−120	−10
游泳池	−120	−60	170	−10

从上述比较中，可以看到互投赞成票并不总是对社会有益。不仅如此，互投赞成票有可能导致一部分人损害另一部分人利益的情况出现，即出现投票联盟。由于投票结果总是与一定的收益分配结果相联系，所以在现实投票过程中，必须避免多数人剥夺少数人利益的情况出现。实际上，投票交易之所以出现，或者说在什么情况下最容易出现投票交易，主要是允许多个项目同时获得通过，而一旦只有一个项目能被通过，则投票交易出现的可能性会大大下降。

3.2.4 评判公共决策原则的两个定理

3.2.4.1 中间投票人定理

实际上，虽然在现实投票过程中，就不同类型项目进行投票非常普遍，但也有许多时候，选民们是就同一个项目的不同规模进行表决。比如政府医疗支出水平、教育投资规模等。现在我们就来讨论在所有选民都具有单峰偏好情况下，投票结果到底有什么特征。在前面单峰偏好的分析中，我们知道，当所有选民都表现出单峰偏好时，多数票原则下投票结果一定是稳定而又一致的。但并没有进一步考察投票结果的特征。为了说明方便，我们同样假想这样一个公共决策：五个选民就医疗保健支出水平进行表决，每个人偏好的最大支出水平如表 3.5 所示。A 偏好的最大支出是 1 000 万元，B 偏好的最大支出是 5 000 万元，C 偏好的最大支出是 1 亿元，D 偏好的最大支出是 2 亿元，E 偏好的最大支出是 10 亿元。

表 3.5   选民偏好的医疗保健支出水平

选民	偏好的支出水平（万元）
A	1 000
B	5 000
C	10 000

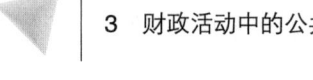

续表

选民	偏好的支出水平（万元）
D	20 000
E	100 000

　　现在五人在多数票原则下就支出水平进行表决。对所有选民来说，支出水平越接近于他偏好的最大支出水平就越好，同时所有选民都认为，支出比不支出要好。在这种情况下，当支出水平超过 1 000 万元、为 1 000 万 ~5 000 万元时，A 会投反对票，但其他四人会投赞成票，当支出水平超过 5 000 万元、为 5 000 万 ~1 亿元时，A 和 B 会投反对票，其他三人会投赞成票，但当支出水平超过 1 亿元、为 1 亿 ~2 亿元时，A、B 和 C 都会投反对票，只有 D 和 E 投赞成票。那么何时会出现投票均衡呢？实际上，在多数票原则下，只要支出水平不超过 1 亿元、为 1 亿 ~2 亿元，总会至少有三人投赞成票，最后大家会将支出水平定在 1 亿元。因为 1 亿元能获得三人同意，两人反对。在多数票原则下 1 亿元获得通过。而 1 亿元正好反映了 C 的偏好。这种投票现象被称为中间投票人定理。如果我们按照最大偏好支出水平高低对五人进行排序，C 正好处于五人中间位置。针对这种情况，中间投票人定理在有些书中也被称为中位数选民定理。

3.2.4.2　阿罗不可能定理

　　通过前述对两种投票原则的分析可以看出，无论是多数票原则还是一致通过原则，都会存在许多问题。虽然多数票原则相对于一致通过原则可能会产生某种稳定而一致的投票结果，但现实投票的复杂性以及选民偏好的多样性，许多情况下多数票原则也很难形成稳定而一致的投票结果。那么，有没有一种投票原则，在这个原则下投票一定会得到稳定一致的投票结果呢？诺贝尔经济学奖获得者，美国经济学家肯尼斯·阿罗（Kenneth J. Arrow）在其 1951 年出版的《社会选择与个人价值》（*Social Choice and Individual Values*）一书中提出，在满足下列条件情况下，投票不可能得到稳定一致的投票结果。阿罗将这些条件罗列为如下五个方面：

　　（1）无关备选方案的独立性（Indepedence of Irrelevant Alternatives）；

　　（2）非独裁决策（Non-dictatorship）：公共选择不能只体现某个人的偏好；

　　（3）必须体现个人偏好（又称帕累托原则，Pareto Criterion）；

　　（4）不限定个体偏好的范围（Unrestricted Domain）；

　　（5）传递性（Transitivity）。

　　第一个条件要求在备选方案之间的选择不会因为有新的选项加入而改变。比如，在对 A 和 B 进行选择时，如果结果为 A 优于 B，当增加一个新选项 C 时，仍然会认为 A 好于 B，而不会产生 B 好于 A 的结果。如果不施加这个条件，就意味着引入任何一个新的、无关的选项都会改变原来的公共决策结果。总有可能找到新的、无关的选项，这样一来，任何公共决策都将无法生效。

第二个条件要求所有个人的偏好都能在公共决策中得到体现，即公共决策结果要能反映出每个参与者的偏好结构，而非只受某个人的偏好结构影响。

第三个条件要求公共选择的结果应当与个体选择保持一致，如果每个人都认为A方案优于B方案，公共选择的结果必须是A方案优于B方案。换言之，公共选择应当和个人选择一致。

第四个条件要求公共选择的机制不应当对人们可能具有的偏好施加人为限制，应当适应所有的可能方案和排序情形，任何个人偏好结构都应当被允许。

第五个条件要求，在A、B、C三个项目之间，如果个人认为A好于B，B好于C，则也一定认为A好于C。如果不满足这个条件，在多数票原则下，投票会产生循环现象，步入投票悖论，无法达成结果。

阿罗所列的五个条件实际上要求（这些条件按首字母可被记为INPUT），公共决策机制应合乎逻辑，并尊重个人偏好。在这样的条件下，阿罗认为，要找到一个能满足所有这五个条件的投票规则是不可能的。这就是阿罗不可能定理。阿罗不可能定理实际上暗含着，将社会的个人偏好整合为社会统一偏好是不可能的。言外之意，不能假定社会福利函数真的存在。

专栏3.3　阿罗生平与学术影响

肯尼斯·约瑟夫·阿罗（Kenneth J. Arrow, 1921—2017），美国经济学家，因在一般均衡理论方面的突出贡献，于1972年与约翰·希克斯共同荣获诺贝尔经济学奖。阿罗在微观经济学、社会选择等方面卓有成就，被认为是第二次世界大战后新古典经济学的开创者之一。除了在一般均衡领域的成就之外，阿罗还在风险决策、组织经济学、信息经济学、福利经济学和政治民主理论方面进行了创造性的工作。阿罗是保险经济学发展的先驱，更一般意义上讲，他是不确定性经济学、信息经济学和沟通经济学的发展先驱。

在社会选择理论方面，几乎所有的问题都是由阿罗提出的，而且阿罗几乎对所有的问题都做出了创新性的解答。他于1951年出版的《社会选择与个人价值》一书是其最具影响力的代表作之一。在此书中，他提出了"不可能定理"。他用数学推理得出这样的论断：如果由两个以上偏好不同的人来进行选择，而被选择的政策也是超过两个，那么就不可能做出大多数人都感到满意的决定。因此，在每个社会成员对一切可能的社会经济结构各有其特定的偏好"序列"的情况下，找出一个在逻辑上不与个人偏好序列相矛盾的全社会的偏好序列是不可能的。他提出的"不可能定理"是对福利经济学的革新，是新福利经济学的一个重要组成部分，在西方经济学界引起了长期的辩论，而且逐渐建立了独树一帜的地位。阿罗不仅在经济学界久负盛名，而且也深得政府信任。他1962年担任总统经济顾问委员会成员，后来任肯尼迪总统的经济顾问，还担任过经济计量协会会长（1956 年）、美国经济学会会长（1967—1974 年）、管理科学研究会会长（1963 年）。

3.3 公共决策参与人动机分析

在大部分国家，公共决策并不是由所有公众共同做出的，相反，公共决策往往是由公众选出的代表做出的，这些代表都有一定的任期，这些代表要想能够获得连任，必须使公众继续投他的票。这些由公众投票选举产生的政治代表，我们称为政治家。政治家的主要任务就是代表民众进行表决。那么，政治家能够如实代表选民的意愿吗？在任何国家，政治家在做出决策后，总是由具体的职能部门执行这些决策。职能部门的工作人员会忠实执行公共决策吗？不仅如此，政治家在做出决策时所需信息大都依赖于职能部门的反馈，这意味着，虽然这些职能部门并没有参与决策制定，但对政治家做出决策影响巨大。那么，职能部门中的工作人员对公共决策会产生何种影响呢？除了职能部门的工作人员，公共决策还会受到哪些因素的影响？这些问题将在本节加以讨论。

3.3.1 政治家动机

新古典经济学一个基本假定是，厂商和消费者都是追求自身利益最大化的理性经济人。对自身利益最大化的追求，构成个人从事经济活动的内在动力。那么，政治市场上政治家活动的目的是什么？真的是使社会利益或公共利益最大化吗？实际上，在公共选择理论看来，政治家的行为动机并不如此单纯。首先，公共选择理论认为，现实中很难对社会利益下定义。更何况，社会每个成员不可能对所有事情都持有相同观点，相反的情况是，不同个人或不同集团之间的利益更多时候是相互冲突的。

那么，政治家在公共决策过程中抱有何种动机呢？早在 1957 年，安东尼·唐斯（Anthony Downs）在他的《民主的经济理论》一书中就对这一问题进行了讨论。他认为，政治家或政党也是理性经济人，他和消费者、生产者具有同样行为动机。即民主政治中的政治家或政党与经济中追求利润的企业家是类似的。为了达到个人的目标，他们制定能使其获得最多选票的政策，正如企业家生产能获得最多利润的产品一样。唐斯的观点实际上向人们说明，政治家或政党活动的动机是使政治支持最大化，这种政治支持最大化具体体现为获得选票最大化。

为了实现选票最大化，政党必须在许多方面和不确定性做斗争。一个政党不能确定特定政策选择将如何影响政治支持率。因为他事先不仅很难确定哪些集团、哪些个人从他的纲领和政策中获益，而且也很难了解在野党的纲领和政策有多大的政治支持率。基于上述认识，唐斯认为，政治家或政党在政策决策中一般遵循多数票原则，即政党会选择能给他赢得更多选票而不是失去更多选票的那些政策。不仅如此，为获得更多选票，政治家或政党会推行这些政策达到这样一点，在这一点，从这项政策获益的这些人选票的边际收益等于从这项政策遭受损害的这些人选票的边际损失。

为了进一步说明多数票原则下政治家政治决策的行为动机，我们以美国总统候选人在总统竞选过程中提出的政策主张为例。美国总统候选人最后总是来自民主党或共和党。作为两个独立政党代表，我们惊讶地发现，在多届总统竞选中，两位候选人提出的政策主张总是大同小异。为什么会出现这种情况？我们可以用图 3.4 对上述情况进行解释。现在假定有两位候选人张三和李四，进一步假定选民偏好都为单峰偏好。这样我们可以将选民偏好和选民数量描绘成图 3.4 的情形。在图中，极左和极右选民毕竟是少数，大部分选民将会保持中间立场，即既不会极左也不会极右，因为大部分人都清楚，极左或极右对社会发展都是不利的。在这种偏好结构下，两位候选人为了获取最大选票，所提出的政治立场必须能迎合持有中间派立场的选民偏好。如果假定其中的候选人张三采取图中 N 点的政治立场，候选人李四采取图中 M 点的政治立场，这样，由于选民总会支持与本人偏好较为接近的政治立场，根据选民的这种投票动机，李四将会获得 M 点左边所有选民的支持，张三将会获得 N 点右边所有选民的支持，张三和李四将会分别得到政治立场处于 M 和 N 点之间一半选民支持。这一结果意味着，李四将会获得所有选民中半数以上的支持，从而获取竞选的胜利。类似的情况是，张三选择 M 点的政治立场，而李四选择 H 点政治立场，这时张三将会获得当然的胜利。两位候选人张三和李四都深知上述情况。为了获胜，或者说为了立于不败之地，张三和李四都会尽力将自己的政治立场确定在 M 点附近（至少在拉选票时会提出与 M 点政治立场相一致的政策主张），因为只有这样，才有可能赢得至少一半选民的支持。

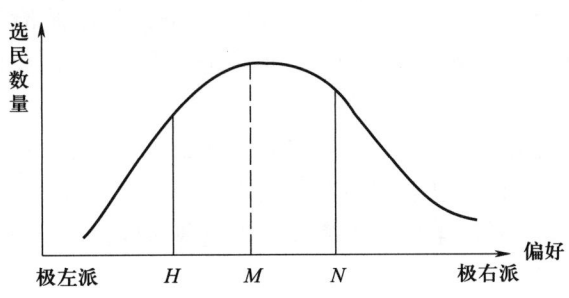

图 3.4 选民偏好与政治家的政策主张

通过上面的描述，我们可以推断，两位候选人政治立场都会尽可能地反映中间派立场选民的偏好。两位候选人的上述竞争策略意味着，无论两位候选人来自哪个政党，在竞选中持有中间派立场总是理性的。这种理性竞选策略大大提高了两党制政策的稳定性。

正是基于上述动机，在财政活动中，中间派立场竞选策略确保了政治家制定的财政支出水平既不可能不足又不可能过度。

然而上述关于中间派立场竞选策略的分析过于单纯，实际上，在公共政策上，选民们面对的不是单一公共政策，而是一揽子公共政策。比如，既有国防方面的政策又有教育方面的政策，还有医疗保健方面的政策，甚至还会更多。在这种情形下，中间派立场的竞选策略就显得非常困难，因为在国防方面持有中间派立场的选民与教育方面持中间派立场的选民有时并不一致。这时政治家的中间派立场到底是要反映国防方面的中位选民偏好还是教育方面中位选民的偏好呢？不仅如此，上述关于所有选民在任何一项公共政策上都持有单峰偏好也不完全符合现实。这些都会使现实中的公共决策变得非常复杂和难以预测。

3.3.2　选民动机

在民主国家中，政府是公众选出来的，公众赋予政府一定权力执行公共职能。既然政府是公众选出的，表明选民的行为对公共决策会产生较大影响。那么，选民行为在公共决策过程中会呈现何种特征呢？

在经济市场中，人们通过对他所需要的产品进行"货币投票"来表达他的偏好；在公共部门或政治领域里，人们进行"民主投票"来表示他对公共产品的偏好，来选举国会议员和总统。无论是经济市场还是政治市场，只要是市场，就一定充满竞争。而对个人而言，无论作为消费者还是投票者，无论是在经济市场还是在政治市场，公共选择理论认为，其行为动机和目标都是一致的，都是为了追求个人利益最大化，即都作为理性的经济人在进行经济活动或政治活动。

基于理性经济人假定，公共选择理论考察了作为选民的个人为什么要去投票，选民的投票行为受哪些因素制约，以及选民行为对政府财政收支活动有何影响。在唐斯看来，选民是理性的，他参与投票的目的是通过参与政治获得预期效用最大化。唐斯的这个观点后来被称为"理性投票人假说"。根据这个假说，决定选民是否去投票站投票的因素主要有下列几种：

（1）自己亲自投票的重要性。一般来说，既然投票结果直接关乎自己的利益和损失，所以选民为了维护自己的利益选择投票是理性的。但对单个选民来说，自己的一票到底会对投票结果产生多大影响却很难把握，也就是说投票收益存在较大的不确定性。

（2）对政策所带来的效用预期。在选举过程中，政治家总要提出自己的政策主张，选民会对政治家政策给自己带来的效用大小进行预期，他往往对能给他带来最大预期效用的政治家及其政策投赞成票。

（3）投票成本。投票成本是指选民参与投票所耗费的费用，如搜集有关候选人施政纲领和政策主张等方面信息所耗费的时间、精力和费用支出等。

（4）投票的长期收益。民主制度要靠广大选民积极参与来维持，选民通过行使民主权利，进行公共选择，享受民主以获得长期利益。

从上述四个影响因素看，选民是否参与投票的心理往往是复杂而又矛盾的，更何况在许多时候，政治家提出的政策主张是笼统而又框架性的，选民在公共决策中参与不足，导致公共决策偏离居民个体偏好。例如，为了赢得选票，政治家会宣称如果当选将会领导政府免费提供更多的产品或服务，而对于这种承诺一旦施行带来的财政支出扩大，以及直接或间接地带来居民税负增加，一般会讳莫如深。首先，选民可能会低估自己亲自投票的重要性，可能会认为自己的一票很难带来结果改变。其次，虽然说财政支出最终还是来自选民所纳税收，但由于选民纳税和财政支出在财政活动中是分割的，纳税多少与公共产品收益大小并不是一一对应的，这可能导致选民无法准确地计算财政支出给自己带来预期收益和因财政支出增加而带来的预期税负。再次，由于投票需要成本，且该政策涉及众多人的利益，选民可能产生搭便车行为，不愿意承担投票的成本，认为自己不出头投票也会有别人出头投票。最后，对于维护民主的长期利益，选民有可能没有能理性认知。在这种情况下，呈现的结果可能就是，尽管选民一方面希望政府规模越小越好，这样就可以将更多的钱留在自己的口袋里，但仍然可能又投票支持主张扩大财政支出规模的候选人。

3.3.3　特殊利益集团动机与寻租行为

虽然前面在分析单个选民投票行为时认为，选民在投票过程中往往具有搭便车心理，因为选民认为投票结果和自己利益的相关度并不是很大，自己的一票对结果影响微乎其微。但现实中，并不是所有选民都有这种心理，相反总会有一部分选民会积极参与某项公共决策。这不是因为选民具有履行自己投票权的意识，而是因为投票结果与其利益有非常大的关系。例如，在政府讨论要不要干预房地产价格时，房地产企业总会积极参与其中。这些决策活动总会与一部分人的利益息息相关。我们将这些利益与某项公共政策息息相关，并试图通过自己的投票行为影响公共决策结果的群体称为特殊利益集团。

在西方政治学中，特殊利益集团也被称为压力集团。其特征是，这些人具有某种共同的目标并试图对公共政策施加影响。那么，特殊利益集团或压力集团的存在对公共政策会产生何种影响呢？

一般来说，特殊利益集团的力量都很强大。这意味着，他们总能左右公共政策的表决,从而使对本集团有利的政策得以通过。不仅如此,他们还经常和当选决策者、官僚形成一个"铁三角",决策者批准某一既定项目,官僚实施这一项目,特殊利益集团则从中获益。这种情况在现实生活中也非常多见。特殊利益集团具有或取得这种力量的主要方式有:一是有选择地向缺乏信息的选民提供有利于自己的信息,竭力鼓动他们支持自己的项目;二是向政治家或议员们游说,有选择地向他们提供有利于自己的专业技术信息;三是给予符合自己利益取向的政治家们资助,鼓动他们批准有利于特殊利益集团的项目,并把它混杂在一揽子政策之中以防被识破;四是与其他特殊利益集团相互捧场,互投赞成票。特殊利益集团的这些做法常获成功的原因在于:一般选民掌握信息不完全,不知这些政策将会带给自己何种损失,况且这种损失很分散,即使识破了这些政策的实质,众多选民也难以联合起来予以反对。

由于政治活动与经济活动是互相联结的,政治过程中的权力因素总是有可能直接介入经济活动中去。在这种情况下,很多人会尽力通过权力因素谋取个人最大利益,这就产生了寻租行为。寻租简单地说就是指投票人尤其是其中的特殊利益集团,通过各种合法或非法努力,如游说与行贿等,促使政府帮助自己建立垄断地位,以便获取高额垄断利润的活动。

寻租在政治活动中非常普遍。如美国钢铁企业为了保护自己的利益不受欧盟和日本等外国钢铁企业竞争,极力游说政府通过钢铁进口配额制。再比如棉纺业寻求政府关税与配额的保护,拒外商竞争于国门之外,维持本行业垄断地位。这些都是寻租行为。那么,寻租为什么被认为不利于资源有效配置呢?接下来我们考察一下寻租的社会成本。图3.5描述了一个寻租行为对社会资源配置和收入分配的影响。

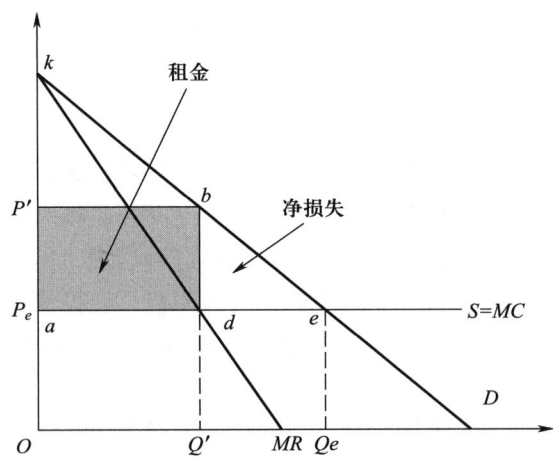

图 3.5　寻租行为及其社会成本

对钢铁企业来说,市场需求曲线为 D,假定钢铁的边际生产成本为常数 S。这样在完全竞争的市场条件下,市场均衡取决于需求曲线与供给曲线的交点,即图中的 e 点,对应的市场价格为 P_e,这时消费者剩余为三角形 kae 的面积。现在钢铁企业为了获取垄断和超额市场利润，会联合起来游说政府限制钢铁产量或减少钢铁进口，这样整个市场钢铁供给数量为 Q'，产量下降导致需求者支付价格上升为 P'，这样钢铁企业因钢材价格上升获得了四边形 $P'adb$ 面积的超额利润，消费者剩余因价格上升下降为三角形 kbP' 的面积。整个社会因钢铁数量下降遭受的净损失为三角形 bde 的面积，这一损失仅是因为人为限制产量造成而又没有被任何人获得，所以又被称为无谓损失。

从图 3.5 寻租行为分析看，寻租造成了社会福利的净损失。实际上，寻租造成的社会净损失还远不止这些，因为游说本身也会发生各种成本，这些对整个社会来说都是无谓损失。除了造成各种无谓损失，寻租也会对收入分配产生一定的影响。图 3.5 表明，钢铁企业寻租直接导致消费者利益向生产者转移。除此之外，寻租也会导致社会资源向政府转移。例如，钢铁企业仅仅通过游说可能还很难说服政府采纳钢铁限量政策，为了达到限量目的，钢铁企业可能在游说同时采取其他措施，比如行贿官员等，这时社会资源分配不再仅是消费者和生产者之间，还包括政府官员等。

3.3.4 官僚动机及行为

各国政策虽然是由政治家们做出的，但具体执行却掌握在职能部门的工作人员手里。这些受雇于政府职能部门的人被称为公务员，也被称为官僚。那么，官僚在执行公共政策时只是被动解释和执行选民及其代表们的意愿吗？如果这样认为，那就太天真了。那么，官僚们在执行公共政策时的真正目的是什么？对这一问题最早进行深入讨论的是尼斯卡宁（Niskanen）。尼斯卡宁认为，在市场导向的私人部门里，一个人要想有所作为，就必须赚取尽可能多的钱。而对官僚们来说，他们所追求的利益最大化不是体现为金钱的最大化，而是体现在诸如特权、声誉和官职等方面。而这些又与官僚们控制的预算规模正相关，因此，官僚们利益的最大化最终落脚于预算规模的最大化上。

图 3.6 对官僚的行为目标进行了描述。图 3.6 中，横轴表示公共产品的产出水平，纵轴表示公共产品给公众带来的收益或成本。根据收益成本函数的一般特征，收益曲线 VV 是边际递减的，而成本曲线 CC 是边际递增的。从整个社会资源配置的角度看，最优公共产品的供给规模是图中的 Q，Q 点代表效率产出水平，在该点，公共产品边际收益等于边际成本。但官僚知道，选民和政治家都会接受任何总收益大于总成本的支出规模。也就是说，只要公共产品的供给数量低于 Q'，选民和政治家都认为是可行的。这样官僚们就会通过各种手段，凭借信息优势诱导选民和政治家将公共产品供给规模推进到 Q'。而在 Q' 这一点，对官僚们来说，他们可以支配的预算规模也就达到了最大。官僚们的上述行为对解释各国官僚部门不断膨胀提供了一个有益尝试。

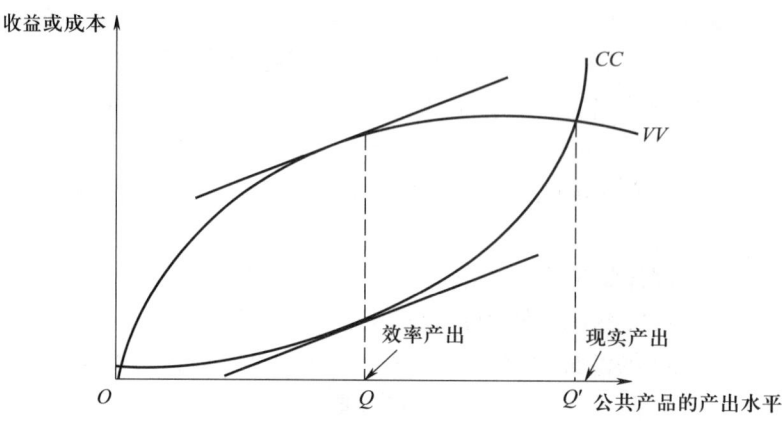

图 3.6　尼斯卡宁的官僚模型

在尼斯卡宁官僚模型中，官僚和政治家以及选民之间的关系被看作一种双边垄断。官僚把他的服务卖给政府（政治家），而政府只从官僚那里购买服务。不过，在这个市场上，发生的是官僚用某种服务交换预算。即官僚们每年从财政部获得拨款，同时允诺提供一定量的公共产品交换预算。与经济市场上发生的交易不同，政治家与官僚们之间不是按照产出单位价格进行交易的。由于官僚们的预算是由政治家确定的，这样，在政治家与官僚们之间就出现了某种博弈。而在官僚们与政治家的博弈中，最终博弈结果取决于权力分配和两方在交易中的影响。虽然政治家拥有最终决策权，但是他们的决策常常在很大程度上要依靠官僚提供的信息。由于与政治家相比，官僚对公共产品的生产函数和成本函数具有更多的专业知识和信息，因此，在对预算进行讨价还价谈判时，官僚们能够利用其专业知识和信息优势争取到更大规模的预算。

3.3.5　专家与媒体对公共决策的影响

在各国，我们经常可以看到一些决策咨询机构，像美国的国家经济研究局（NBER）、中国的国务院发展研究中心等，还有一些国际组织内设的研究机构，像国际货币基金组织和世界银行内设的研究局。中国许多职能部门也内设有研究机构，像财政部中国财政科学研究院、国家发展和改革委员会内设的发展研究院等。这些机构都在不同程度上为政府决策提供依据和咨询。在这些机构中，研究人员的研究成果或个人观点对政府决策会产生很大影响。除了专门的决策咨询机构，还有高校和各类研究机构中的专家学者。在某种程度上，他们的声音也会对政府决策产生影响。一个典型案例就是美国里根总统时期，总统经济顾问拉弗曾将自己的减税思想渗透到政府的决策中，并直接推动了里根总统在国内实现大面积的减税计划。

专家学者通过不断呼吁将自己的思想渗透进政府决策过程，从而左右政府决策。除了专家学者，对公共决策能产生较大影响或直接起决定性作用的还有各类媒体及其产生的社会舆论力量。举一个例子可以说明这一问题。2009 年 8 月，我国政府制定了严惩酒后驾车行为的相关政策。这一政策的出台直接得益于各地新闻媒体报道的令人震惊的多起酒后驾车事故，正是这些媒体的报道，才使这一问题的严重程度浮出水面，从而引起了决策者注意。类似的案例还有很多。从这些案例中，我们可以感受到媒体对公共政策的影响力。

前述详细分析让我们知道，公共决策过程是复杂的，许多问题对我们普通大众来说还不太容易理解。但尽管如此，我们对公共决策的理解随着政府黑箱的一点点开启而不断深化。通过前面的讨论，我们了解了财政收支活动的内在原因，但问题是随着我们对公共决策过程理解的不断加深，通过何种机制来确保公众利益，尤其要杜绝官僚、特殊利益集团对公众利益的侵蚀等一系列问题还有待我们进一步探讨。

另外，尽管公共决策可能存在许多不尽如人意之处，可能被某些利益集团所操作，但这并不意味着政府作为一个机构是坏的。问题的关键是，我们如何来改进公共决策机制，使政府活动尽可能反映公众的利益。

专栏 3.4 全过程人民民主

全过程人民民主是党领导人民创建的新型政治文明形态，其本质和核心是人民当家作主。2019 年 11 月，习近平在上海市长宁区虹桥街道考察古北市民中心时首次提出，"人民民主是一种全过程的民主"。2021 年 7 月，在庆祝中国共产党成立一百周年大会上，习近平强调，"践行以人民为中心的发展思想，发展全过程人民民主"。2021 年 10 月，在中央人大工作会议上，习近平对全过程人民民主进行了全面系统的阐释，明确指出"我国全过程人民民主不仅有完整的制度程序，而且有完整的参与实践"，"我国全过程人民民主实现了过程民主和成果民主、程序民主和实质民主、直接民主和间接民主、人民民主和国家意志相统一，是全链条、全方位、全覆盖的民主，是最广泛、最真实、最管用的社会主义民主"。2021 年 11 月，党的十九届六中全会将"发展全过程人民民主"列为习近平新时代中国特色社会主义思想"十个明确"的重要内容。2022 年 10 月，习近平在党的二十大报告中明确提出"发展全过程人民民主"是中国式现代化的本质要求之一，对"发展全过程人民民主，保障人民当家作主"做出全面部署。

习近平多次强调评价一个国家政治制度是不是民主的、有效的"八个能否"衡量标准，即"国家领导层能否依法有序更替，全体人民能否依法管理国家事务和社会事务、管理经济和文化事业，人民群众能否畅通表达利益要求，社会各方面能否有效参与国家政治生活，国家决策能否实现科学化、民主化，各方面人才能否通过公平竞争进入国家领导和管理体系，执政党能否依照宪法法律规定实现对国家事务的领导，权力运用能否得到有效制约和监督"；创造性提出一个国家民主不民主"一个关键、四个要看、四个更要看"的评价尺度，即"关键在于是不是真正做到了人民当家作主，要看人民有没有投票权，更要看人民有没有广泛参与权；要看人民在选举过程中得到了什么口头许诺，更要看选举后这些承诺实现了多少；要看制度和法律规定了什么样的政治程序和政治规则，更要看这些制度和法律是不是真正得到了执行；要看权力运行规则和程序是否民主，更要看权力是否真正受到人民监督和制约"；习近平还强调，"一个国家是不是民主，应该由这个国家的人民来评判，而不应该由外部少数人指手画脚来评判"。

资料来源：全国人大常委会机关党组理论学习中心组. 发展全过程人民民主 保障人民当家作主——认真学习《习近平著作选读》第一卷、第二卷. 求是，2023（12）。

本 章 小 结

1. 经济学家通过认定行为人行为方式的一致性，利用经济学研究方法研究了公共决策过程。

2. 在公共决策过程中，无论是在直接民主制下还是在间接民主制下，公共决策都会涉及决策原则问题，不同的决策原则对公共决策结果都会产生重要影响。

3. 在一致通过原则下，林达尔研究了决策者之间如何就公共产品的提供数量达成一致。在林达尔模型中，林达尔假定了每个决策者都能如实地说出自己愿意支付的真实成本。每个决策者针对既定数量的公共产品愿意支付的成本被称为林达尔价格，在这个价格下，公共决策一定能实现林达尔均衡的结果。

4. 在多数票原则下，公共决策能否达成一致而又稳定的结果，这与公共决策者的偏好结构有关。在单峰偏好下，公共决策结果具有稳定性；当存在多峰偏好时，公共决策结果就有可能出现投票悖论，在这种情况下，决策者就可以通过人为操纵投票顺序实现自己偏好的投票结果。

5. 在多数票原则下，当所有人都呈现出单峰偏好时，政治家的政治主张或官员将会采用的方案往往会反映中位投票人的意愿。

6. 理解公共决策结果，需要了解决策者的行为动机，包括政治家、选民、特殊利益集团、官僚、专家和媒体。其中在现实生活中，特殊利益集团会通过寻租活动与政治家、官僚共谋共同侵占其他选民的利益。

7. 能否将公众的偏好统一为社会偏好，即公共决策能否达成一致结果，这一结果能反映所有人的偏好结构？阿罗认为在严格的假定下，这是不可能的。这种不可能意味着，在民主制中，并不存在所谓的社会福利函数。

重 要 概 念

公共决策 公共选择理论 投票规则 多数票原则 投票悖论 单峰偏好
多峰偏好 投票交易 中间投票人定理 阿罗不可能定理 寻租 林达尔均衡
尼斯卡宁官僚模型

思　考　题

1. 有网友总结出一个有趣的生活经验: 有兰州拉面店的地方附近大概率可以找到沙县小吃店。正如国外不少地方的肯德基和麦当劳总是相邻出现, 不同的餐饮店为相同的消费群体而竞争, 在选址时总会呈现出不约而同地趋于潜在客户的中心位置。请问这种现象和中间投票人定理有何相似性?

2. 假想在一个公共决策过程中, 五个人需要通过公共决策从 A、B、C、D 四个项目中选出一个。五个人对四个项目的心理排序如下:

1	2	3	4	5
A	B	A	C	D
C	A	D	B	A
B	C	C	D	C
D	D	B	A	B

（1）请画出五个人关于这四个项目的偏好结构, 并判断属于单峰偏好还是双峰偏好。

（2）在多数票原则下, 存在双峰偏好时, 公共决策一定会出现投票悖论吗?

3. 孙中山先生领导的民主运动被看作对封建专制统治的挑战, 开创了中国民主运动的先河, 从此使中国走上了民主运动的道路。民主被认为是对专制独裁的否定, 是通过大多数人的参与来满足大多数人的意愿与保障大多数人利益的制度安排, 因此民主构成了人类现代文明的基石。然而人们尤其是经济学家却意识到, 许多情况下绝对民主是不可能的。请分析经济学家为什么会认为绝对民主并不都是可取的, 在什么情况下, 绝对民主是必要的。

4. 一些国家针对日益增多和严重的交通事故出台了相关政策, 严查酒后驾车行为。尽管政策的初衷是提高社会整体利益、减少社会悲剧和损失, 但有些地方的居民却发现当地交通管理和执法部门的财政拨款预算不断膨胀。请利用尼斯卡宁官僚模型分析这种现象。

参考答案

进一步阅读文献

1. 詹姆斯·M. 布坎南，戈登·塔洛克. 同意的计算：立宪民主的逻辑基础 [M]. 陈光金，译. 北京：中国社会科学出版社，2000.

2. 丹尼斯·C. 缪勒. 公共选择理论 [M]. 杨春学，等，译. 北京：中国社会科学出版社，1999.

3. 方福前. 公共选择理论——政治的经济学 [M]. 北京：中国人民大学出版社，2000.

4. 沈玉平，等. 公共选择理论与地方公共财政制度创新 [M]. 北京：中国财政经济出版社，2004：2-48.

5. Hindriks J, Myles G D. Intermediate Public Economics [M]. MIT Press, 2013.

6. May O K. A Set of Necessary and Sufficient Conditions for Simple Majority Decision [J]. Econometrica, 1952, 20(4): 680-684.

7. Jonathan L, Nalebuff B. An Introduction to Vote-Counting Schemes [J]. Journal of Economic Perspectives，1995(9): 3-26.

8. 蒋洪，等. 财政学教程 [M]. 上海：上海三联出版社，1996：221-249.

9. Acemoglu D, Robinson J. Economics Versus Politics: Pitfalls of Policy Advice [J]. Journal of Economic Perspectives, 2013, 27(2): 173-192.

参 考 文 献

1. 詹姆斯·M. 布坎南. 自由、市场和国家 [M]. 吴良健，桑伍，曾获，译. 北京：北京经济学院出版社，1988.

2. Arrow K J. Social Choice and Individual Values [M]. London: John Wiley & Sons, Inc., New York Chapman & Hall, Limited，1951.

3. Kelly J S. Arrow's Impossibility Theorem. In: Social Choice Theory [M]. Springer, Berlin, Heidelberg, 1988.

4. Tullock G, Brady G L, Seldon A. Government Failure: A Primer in Public Choice [M]. Cato Institute，2002.

即 测 即 评

学完第 3 章啦，来做个小测检验一下学习效果吧！

4

公 共 产 品

本章学习目标

- 知道公共产品的概念、性质与主要类型
- 掌握公共产品最优提供的条件及其推导过程
- 了解若干围绕着公共产品的提供与生产所产生的问题

当你和同学走在校园里，一边啃着面包一边听着校园广播的时候，你有没有想过，面包和校园广播有什么区别？也许你从来没有想过这个问题，或者你觉得这个问题根本无须回答，但经济学家却从中找到了两个重要的区别：

第一个区别是两个人不能同时吃同一个面包，如果你把面包全吃了，你的同学就没得吃了，或者你只吃其中一半，把另外一半留给你的同学。校园广播则恰好相反，你们两个一起享受着广播里动听的歌声，你对校园广播这种服务的消费，丝毫不会减少你的同学对同样服务的消费。

第二个区别是你完全可以阻止别人来吃你的面包——你只要不把面包给别人就行了；然而如果你想不让别人听校园广播，几乎是不可能的。

由于存在上面两点显著的差异，经济学家将类似于校园广播这样的商品称为公共产品；相应地，类似于面包这样的商品则称为私人产品。

什么是公共产品

4.1.1 公共产品的概念与性质

什么是公共产品（Public Goods）？简单地说，公共产品是一种共同消费的商品，即每多一个人对这种商品的消费不会导致其他人对这种商品消费数量的减少。这个概念最早是由萨缪尔森（Samuelson，1970年诺贝尔经济学奖得主）在其1954年的经典论文《公共支出的纯理论》中给出的。[①]

一般来说，纯粹的公共产品具有以下两个基本性质：

（1）非竞争性（Non-Rivalness）。根据公共产品的定义，每个人对公共产品的消费不会减少其他人对它的消费数量。换句话说，一定数量的公共产品一旦被提供出来，多一个人来消费它的额外资源成本为零。这一特征通常也被称作非竞争性，有时候也被称为"边际成本为零"。需要注意的是，这里所谓零边际成本是指多一个人来消费同样数量的公共产品的边际成本为零，而不是指多生产一单位公共产品的边际成本为零。事实上，后者一般是大于零的。

（2）非排他性（Non-Excludability）。非排他性是指，该公共产品一旦被提供出来，在技术上不可能排除其他人对它的消费，或者尽管在技术上可以实现排他，但排他的成本太高以至于排他没有意义。非排他性通常意味着没有办法向消费该公共产品的人进行收费。

如果一种商品同时具有以上两个性质，那么它就是纯公共产品（Pure Public Goods）。反过来，如果一种商品既是竞争性的，也是排他性的，那么它就是纯私人产品（Pure Private Goods）。

以我们上文提到的校园广播和面包为例，校园广播是非竞争性的、非排他性的，因而属于纯公共产品；而面包同时具有竞争性和排他性，属于纯私人产品。

---

① Samuelson P A. The Pure Theory of Public Expenditure [J]. Review of Economics and Statistics, 1954, 36（4）: 387-389.

4.1.2 公共产品与私人产品的数学形式

公共产品和私人产品的根本区别在于同一个公共产品能够同时被所有人共同消费，而同一个私人产品在任何时候只能被单个消费者消费。从数学形式上，上述区别可以概括为：

对于纯私人产品而言，有：

$$X = X^1 + X^2 + \cdots + X^n, \tag{4.1}$$

式 4.1 表示某种私人产品的总量（X）等于所有消费者对它的消费数量的总和。这意味着，私人产品在人与人之间是可分的。

对于纯公共产品而言，有：

$$G = G^i，其中 i = 1，2，\cdots，n \tag{4.2}$$

式 4.2 表示对于任意一个消费者而言，他所消费的公共产品的数量（G^i）就等于该公共产品的总量（G）。也就是说，公共产品在人与人之间是不可分的，所有人共同消费同样数量的公共产品。

4.1.3 混合产品

现实世界里，同时具有非竞争性和非排他性的纯公共产品并不多见，国防、法律制度、社会治安、校园广播是一些典型的例子。事实上，在纯公共产品和纯私人产品之间，还存在着一些所谓的混合产品（Mixed Goods）。[①] 其中比较典型的有排他性公共产品和拥挤性公共产品。

4.1.3.1 排他性公共产品

所谓排他性公共产品（Excludable Public Goods），是指那些尽管在消费上是非竞争性的，但是在技术上实现了排他性的混合产品。有线电视就是一个典型的例子。虽然有线电视线路铺装好以后，多一个用户收看电视不会增加额外成本（非竞争性），但是在技术上，只要该用户不付费，有线电视公司就可以停止服务，因此具有排他性。

4.1.3.2 拥挤性公共产品

某些混合产品可能存在部分竞争性，也就是它们在消费者数量较少的时候是非竞争性的，但一旦使用人数超过一定限度（即拥挤约束）后就会出现部分竞争性，即虽然大家消费的数量不变，但是消费的质量却随着使用人数的增加而下降。这种现象称

---

① 有时也称作准公共产品（Quasi-Public Goods）。

为拥挤性（Congestion）。所谓拥挤性公共产品（Congested Public Goods），就是指那些同时具有竞争性和非排他性的混合产品。城市里拥挤的道路是一个很典型的例子。

表 4.1 给出了一个简化的商品分类。

表 4.1　　　　　　　　　**商品的分类：从私人产品到公共产品**

项目	竞争性	非竞争性
排他性	私人产品（面包、水）	排他性公共产品（有线电视）
非排他性	拥挤性公共产品（拥挤的道路、公共牧场）	公共产品（国防、治安、法律、校园广播）

4.1.4 进一步的说明

关于公共产品的特征，这里还需要做进一步的说明。

4.1.4.1 消费数量相同并不意味着评价相同

一般而言，人们消费同样数量的公共产品，比如校园广播，所有经过校园的同学都能听到，但是他们对校园广播的评价可能完全不同，有的同学可能很喜欢听广播里播放的摇滚歌曲，有的人则会认为过于吵闹难以入耳。

4.1.4.2 公共产品的分类并非绝对

事实上，公共产品的分类往往取决于消费者数量和技术状态。比如，当人们在美丽的海滩散步时，如果人很少，海滩就是纯公共产品，但随着人数不断增加，游客的愉悦程度随之下降，拥挤性开始出现，这时海滩就成了一种拥挤性公共产品。又比如，正常情况下人们能够通过卫星接收器收看卫星电视，但一旦电视台采取了加密技术，那么除非你向电视台付费解密，否则你将无法收看该电视节目，这时加密电视就成了排他性公共产品。

4.1.4.3 公共产品的性质变化实际上是一种程度的变化

正如哈维·罗森所言，将公共产品的"公共性"（Publicness）看作一种程度的变化是有益的。以非竞争性为例，当公用电梯的乘客数量很少时，它是非竞争性的，多一个乘客不会减少其他人的消费；随着乘客数量增加，非竞争性就变成了拥挤性，多一个乘客都会让人感到拥挤和不舒服；随着乘客数量进一步增加，电梯满载，这时再多一个乘客进入电梯就必然要求另一个乘客离开，否则电梯无法运行，电梯就成了完全竞争性的商品。

4.1.4.4 有些通常不被认为是商品的事物具有公共产品的特征

比如，诚实、守信不是我们传统意义上的商品，但具有公共产品的特征。如果社会中的每个成员都是诚实守信的，我们在经济活动中就会因减少交易成本而获益，这种成本的减少既具有非竞争性，也具有非排他性。再比如，和谐社会也具有公共产品的特征。每个人因生活在一个和谐的社会中而身心愉悦，不会有人被排除在这种愉快生活之外。

4.2

公共产品有效提供的条件与机制

我们已经讨论了与公共产品有关的一些基本主题，诸如概念、性质、数学形式和准公共产品，现在我们讨论另一个重要的问题，即在什么条件下，公共产品的提供是帕累托有效的？以及在什么机制下能够实现这一有效率的配置？

4.2.1 垂直加总与萨缪尔森条件

我们通过一个例子来推导公共产品的有效率条件。考虑一个村庄，由 A 和 B 两家组成，两家经常受到附近马贼的骚扰，于是决定聘请镇上的巡逻队来村庄巡逻，以保安全。

假定 A 户和 B 户对于巡逻的需求曲线分别为 D^A 和 D^B，分别表示两家对于巡逻的边际支付意愿 P^A 和 P^B 的变化。假定市场上巡逻的供给曲线为 S，表示巡逻的边际成本 MC 的变化。具体如图 4.1 所示。

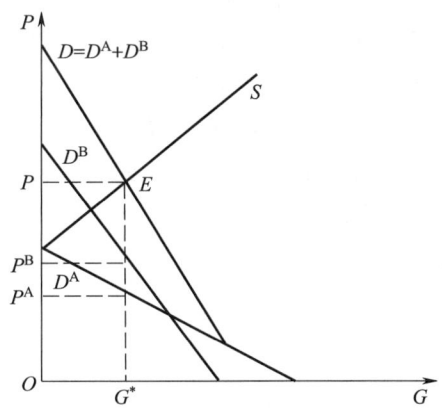

图 4.1　确定有效率的公共产品数量

这里，巡逻对于村庄的两户居民而言，是公共产品。在任意一个给定的巡逻数量上，两家都共同受到该巡逻水平的保护，也就是两家共同消费该巡逻数量，因此，两家的总需求曲线实际上是 D^A 和 D^B 的垂直加总，即图中的 D，表示两家对于巡逻的总边际支付意愿。

显然，巡逻的帕累托有效率水平 G^* 是由总需求曲线 D 和供给曲线 S 的交点（E）决定的。当 $G < G^*$ 时，边际支付意愿大于边际成本，增加巡逻能够改善两家的福利；当 $G > G^*$ 时，边际支付意愿小于边际成本，减少巡逻才符合两家的利益。

E 点实际上已经暗含了公共产品的帕累托有效条件，即对公共产品的总边际支付意愿等于生产公共产品的边际成本。由于总边际支付意愿等于两家边际支付意愿的加总，因此，公共产品的帕累托有效提供条件可以写作：

$$P^A + P^B = MC \tag{4.3}$$

我们可以赋予上面的故事以具体数值。假定 A 和 B 的（反）需求曲线分别为：

$$P^A = 100 - G^A$$
$$P^B = 300 - 4G^B$$

巡逻的市场供给曲线为：

$$MC = 100 + G$$

则村庄总的需求曲线为[①]：

$$P = P^A + P^B = 400 - 5G$$

利用条件式 4.3，可以得到巡逻的有效率数量（G^*）为 50。

进一步，根据微观经济学理论，我们知道消费者实现效用最大化时，在公共产品（G）与私人产品（X）之间的边际替代率等于其价格之比，即

$$MRS_{GX} = P_G / P_X$$

同时，生产的边际转换率必然等于两种商品的边际成本之比，即：

$$MRT_{GX} = MC_G / MC_X$$

由于对于私人产品（X）而言，有效率的时候必然满足每个人面临同样的价格，且价格等于边际成本，因此式 4.3 可以改写为：

$$MRS^A + MRS^B = MRT \tag{4.4}$$

式 4.4 是公共产品有效率条件的常见形式，它最早是由萨缪尔森在《公共支出的纯理论》（1954）和《公共支出理论的图解》（1955）两篇论文中推导出来的，因此也被称作萨缪尔森条件。

---

① 严格来讲，加总后的村庄需求函数应为分段函数，即 $G \leqslant 75$ 时为 $P = P^A + P^B = 400 - 5G$；$75 < G \leqslant 100$ 时为 $P = P^A = 100 - G$，图 4.1 也能直观说明。为着重说明垂直加总特征，避免混淆，正文中并未展开讨论分段函数形式。

专栏 4.1　萨缪尔森自传

萨缪尔森（Paul A. Samuelson）于 1915 年 5 月 15 日出生于美国印第安纳州的加里（Gary）城，是 20 世纪最伟大的经济学家之一，在经济学多个重要领域做出了卓越的贡献，是经济学界的"最后一位通才"。特别是他的博士论文《经济分析基础》从 1941 年开始改变了现代经济学的研究方法，而他的《经济学》教科书则从 1948 年开始将经济学理论普惠于世界大众。他本人则于 1970 年获得了第二届诺贝尔经济学奖。

后来，《诺贝尔之路》一书的编辑伯烈特（William Breit）先后邀请了 13 位诺贝尔经济学奖得主，在美国得克萨斯州圣安东尼奥的三一大学（Trinity University）以《我成为经济学家的演化之路》（My Evolution as an Economist）为题做主题演讲，萨缪尔森就是其中之一。以下内容节选自萨缪尔森的演讲，有意思的是，他用了第三人称来讲述自己的故事。

……

萨缪尔森老是受幸运之神眷顾，一辈子都是待遇偏高而工作量偏低。他自幼聪颖，深受父母宠爱，成绩一直名列前茅，但到了高中，学业却一落千丈。

他天生是从事学术研究的料，在芝加哥的平均成绩是 A，在哈佛是 A+，但他进入经济学的领域纯属偶然。结果证明，经济学这一行如天造地设般地适合他，仿佛是历代经商先祖的基因，找到了命定的归宿。

有人说萨缪尔森是以物理学家与数学家的身份出道，这并不正确。但他在大学时代就察觉到，数学会为现代经济学带来革命。他持续研究数学，到现在还记得第一次看到拉格朗日乘子（Lagrange Multipler）的情景，如果根据最大胆的推测，他据此独立发现了埃奇沃斯－斯塔克尔伯格（Edgeworth–Stackelberg）双头垄断的非对称解——此项见解使他得以不受纳什－库尔诺（Nash–Cournot）错误之解的蒙蔽。

他的《经济分析基础》（Foundations of Eoconomic Analysis）一书，大部分是担任初级研究员时所写，后来成为他的博士论文，并获得哈佛的大卫·威尔兹奖（David A. Wells Prize），后来在 1947 年又获美国经济学会（American Economic Association）的克拉克奖章（John Bates Clark Medal），这项奖励是以 40 岁以下具学术潜力的人士为对象。到 1970 年，《经济分析基础》的水准得到三度肯定，协助他赢得诺贝尔奖，这是经济学奖项开始颁发的第二年，也是美国学者首次获奖。

对于万事不缺的人，神仙还能赐给他什么呢？施蒂格勒在提到萨缪尔森的《经济分析基础》与当时刚出版不久的畅销教科书《经济学》时，用了以下的文字介绍："萨缪尔森功成名就，如今要追求财富了。"不止于此，盖伯瑞斯在《财富》（Fourtune）的一篇书评中曾预言，新生代的经济学将来自《经济学》一书，结果此预言也真的应验了。曾有人听到萨缪尔森志得意满地自语："只要这个国家的教科书是由我写的，就让其他人去拟订法律条文吧！"这本教科书在耶鲁被巴克利（William Buckley）抨击为诋毁上帝与人，结果反而为它营造

了全新的声势, 世界各地的销售也直线上升。

四分之一世纪前, 对某位写了一本畅销书的学者乍得的声名,《经济学》的作者曾恳切地做了一番评述:"撰写教科书是项困难的工作, 但报酬十分可观——我指的不单是金钱的报酬。与整个时代成千上万的心灵接触, 是学者一生难逢的际遇。把我们经济学者所知的经济学化为文字, 实在是令人兴奋的事。我但愿能与读者分享这份兴奋之情。"

资料来源: 伯烈特, 史宾斯. 诺贝尔之路: 十三位经济学奖得主的故事 [M]. 黄进发, 译. 成都: 西南财经大学出版社, 1999. 略有改动。

4.2.2 与私人产品有效率提供条件的比较

回忆一下微观经济学, 私人产品的有效率提供条件为:

$$MRS^A = MRS^B = MRT \qquad (4.5)$$

比较式 4.4 和式 4.5, 不难发现, 私人产品的有效率条件要求所有人的边际替代率都相等并且等于生产的边际转换率; 而公共产品的有效率条件则要求所有人的边际替代率加总后等于边际转换率。为什么公共产品与私人产品的有效率条件会有上述差异? 归根到底还是在于它们不同的商品性质。

私人产品是竞争性的, 也就是私人消费的, 每个人的消费数量不同, 该产品的总量就等于每个人消费数量的加总, 因而社会需求曲线是私人需求曲线的水平加总, 当社会需求曲线与市场供给曲线相交时, 私人产品的配置达到了帕累托最优, 这时每个人对私人产品的评价 (即边际替代率) 都相等且等于生产的边际转换率。

而公共产品是非竞争性的, 也就是共同消费的, 每个人对公共产品的评价各不相同, 社会需求曲线是私人需求曲线的垂直加总, 当社会需求曲线与市场供给曲线相交时, 公共产品实现了帕累托最优配置, 这时每个人对公共产品的评价 (即边际替代率) 之和等于生产的边际转换率。

4.2.3 关于公共产品有效率提供的进一步讨论

由式 4.3 可知, 公共产品有效提供条件 (即萨缪尔森条件) 要求最优时, 每个人对公共产品的支付意愿之和等于生产公共产品的边际成本。那么, 能否通过竞争性市场机制来实现有效率的公共产品提供水平呢? 这个问题的答案一般而言是否定的。

这是因为, 在竞争性市场上, 每个人都为同一种商品支付同样的价格, 然而对于给定数量的公共产品，每个人都有不同的边际评价，从而公共产品的存在将导致竞争性市场的均衡是无效率的。

既然如此，我们是不是可以构造一种替代机制，允许每个人可以根据自己的意愿为公共产品支付不同的价格，并且实现公共产品的有效率提供？对于这个问题，理论上是可以实现的。

林达尔在其经典论文《公平税收：一个积极的解决方案》（Lindahl，1919）中提出了这样一种机制。[①] 在林达尔模型中，每个人为公共产品支付个性化的纳税份额（林达尔价格），并且我们可以证明，林达尔机制的均衡都满足公共产品有效率提供的要求。[②]

然而，林达尔模型的价值主要还是体现在理论上，在实践中却很难奏效。这是因为，林达尔模型有一个重要前提，就是假定所有人都是诚实的。但问题在于公共产品往往具有非排他性，一旦一定数量的公共产品被提供出来，所有人都消费同样数量的公共产品而不用付钱。这就产生了所谓"搭便车"（Free Riding）问题：不购买也同样能消费公共产品，那何必自己掏钱购买呢？从而 A 就有动机隐藏自己对公共产品的真实偏好，而寄希望于 B 来为公共产品买单。反过来，B 也会有同样的动机。由于消费者具有隐藏自己真实偏好的动机，结果会阻止他们达到一个帕累托有效的结果。

为进一步说明这一问题，我们回到前面村庄的例子。假定 A 户决定采取搭便车的行为，那么 B 户的需求曲线就变成市场需求曲线，即：

$$P = 300 - 4G$$

与巡逻的市场供给曲线联立：

$$MC = 100 + G$$

可得，由 B 户私人提供的巡逻数量为 40，小于最优的数量 50。

进一步，如果 B 和 A 一样试图"搭便车"，那么最终的结果很可能是，不会有巡逻这样的公共产品，这就是所谓的"三个和尚没水喝"。

我们上面的例子可能会有点极端，现实世界中，私人提供公共产品的例子还是有的，比如我们经常可以看到，由私人提供的公共图书馆、花园等。1991 年诺贝尔经济学奖得主科斯（Coase）在其一篇重要论文《经济学中的灯塔》（1974）中还专门给出了由私人提供灯塔这种典型公共产品的案例。

虽然存在私人提供公共产品的例子，但是有一点可以肯定，就是由私人提供公共产品将会导致公共产品的数量不足。所以，人们通常把公共产品看作一种典型的市场失灵。

[①] 我们在第三章讨论一致通过原则时就已经对林达尔模型进行了介绍。

[②] 详细的证明参见：迈尔斯. 公共经济学 [M]. 匡小平，译. 北京：中国人民大学出版社，2001.

4.3

公共提供与公共生产

私人部门不能有效提供公共产品的现实为公共部门的介入提供了依据。事实上，提供公共产品是政府部门的主要职能，政府部门通过税收筹集资金，进而向社会提供诸如国防、治安、法律制度、环境保护等各种各样的公共产品。

这里首先需要对生产和提供的概念做出明确界定。所谓生产（Production），其实是一个投入—产出的过程，因此公共生产就是指由公共部门组织人力、物力、财力生产商品的过程。而所谓提供（Provision），则是一个谁在为消费某种商品付钱的问题，因此公共提供的意思就是指公共部门通过税收等形式筹集资金购买商品并免费提供给社会公众消费的行为。

4.3.1 关于公共提供与公共生产的几点说明

关于公共提供与公共生产，有几个方面需要重点加以说明。

（1）我们在这里讨论公共产品由公共部门提供的问题，并不意味着由公共部门提供的商品就一定是公共产品。比如，医疗服务是一种典型的私人产品，却在很大程度上由公共部门来提供。

（2）某种商品（不论是公共产品还是私人产品）由公共部门提供，并不意味着它一定由公共部门生产。事实上存在着大量公共提供的商品由私人部门来生产的例子。比如，某个地方政府出资但委托私人企业来建设一座桥梁，在国外还有一些政府部门将监狱承包给私人经营，这些都是公共提供、私人生产的典型例子。又比如，政府向企业购买服务，也属于公共提供、私人生产。

> **专栏 4.2 政府购买服务**
>
> 政府购买服务是指政府向各类提供公共服务的社会机构直接拨款资助或公开招标购买社会服务，是一种"政府出资、定向购买、契约管理、评估兑现"的政府公共服务的供给方式。通常，政府购买服务被视为治理公共服务体系供给严重不足、政事不分、服务水平和效率低下问题的一剂良药。这些作用使得政府购买服务被许多国家吸纳接受。
>
> 美国是较早实施政府购买服务的国家，其起源于20世纪60年代末70年代初。当时，在大社会思想指导下，联邦政府致力于减少贫困和灾难，政府

动用了大量公共资金来支持非营利组织提供各种社会服务。1979 年，大约有
55% 的服务是州政府通过契约的形式向非营利组织购买的。美国政府购买社
区服务的运作方式是由政府提供资金，社区非营利组织承包服务，社区委员会
监督服务。

与此同时，美国政府也与私营组织进行合同外包。例如，美国大多数州在
心理健康方面实行了政府购买服务制度，这样避免了政府的官僚制，可以让心
理健康服务更适应当地社区居民的需要。在美国合同外包的领域还包括高速公
路、供电、通信、有线电视、城市供暖、垃圾处理、污水处理、停车场、监狱
等设施的建设和经营。

我国从 20 世纪 90 年代开始试点政府购买服务，但相当长一段时期中，这
项制度并没有被有效建立。我国公共服务存在着服务效率低下、质量不高、机
构臃肿、人员膨胀、财政负担沉重等种种弊端。

为了消除以上弊端、推动政府职能转变和改善公共服务，2013 年，党的
十八届三中全会明确推广政府购买服务，要求凡属事务性管理服务，原则上都
要引入竞争机制，通过合同、委托等方式向社会购买。同年，《国务院办公厅关
于政府向社会力量购买服务的指导意见》出台，其中制定了"十二五"时期初
步形成统一有效的购买服务平台和机制、2020 年在全国基本建立比较完善的政
府向社会力量购买服务制度的建设目标。在此基础上，2019 年 11 月，财政部
通过了《政府购买服务管理办法》，对政府购买服务中的购买主体和承接主体、
购买内容和目录、购买活动的实施、合同及履行、监督管理和法律责任等内容
做出了较为详细的规定。该办法已于 2020 年 3 月 1 日起正式施行。

资料来源：陆春萍. 我国政府购买公共服务的制度化进程分析［J］. 华东理工大学学报（社会科
学版），2010（4）；百度百科词条"政府购买服务管理办法"。

（3）由公共部门生产的商品也不见得一定是由公共部门提供的。比如，我们日
常使用的水和电，实际上都是我们自己付账的（也就是由私人提供），但它们都是
由公共部门的企业生产的。表 4.2 给出了不同类型的提供与生产的组合。

表 4.2 不同类型的提供与生产

项目	公共生产	私人生产
公共提供	法律	城市道路
私人提供	水、电	面包

（4）经济中还存在着混合提供的情形。所谓混合提供，是指对某种商品的消费
由公共部门和私人部门共同出资的现象。现实中，混合提供的现象比较普遍，比如
高等教育由私人的学费和政府的财政拨款共同支持，地铁等公共交通同时由车票收

入和政府补贴维持运营。

（5）虽然私人部门不能有效提供公共产品为公共部门的干预提供了理由，但公共产品的有效提供仍然不容易实现。这是因为，公共产品对每个人的收益属于私人信息，公共部门由于难以准确掌握这一信息，仍旧无法决定公共产品的有效提供水平。鉴于此，公共部门需要通过观察个人选择或设计偏好显示机制以获得每个人对公共产品的真实偏好。①

> **专栏 4.3　英国的灯塔**
>
> 著名经济学家、1991年诺贝尔经济学奖得主科斯（Ronald H. Coase）曾经给出了一个经典的案例，说明即使像灯塔这样典型的公共产品，在历史上也曾经采取过私人生产、私人提供的方式。
>
> 英国建造和维修灯塔的机构是领港公会（在英格兰和威尔士）、北方灯塔委员会（在苏格兰）和爱尔兰灯塔委员会（在爱尔兰）。这些机构的开支由通用灯塔基金拨付。这项基金的收入来源是船主缴纳的灯塔税。灯塔税的缴纳和报表管理由领港公会负责（在英格兰、威尔士、苏格兰和爱尔兰均可缴纳），而具体的征税由港口的税务局完成。从灯塔税得来的钱属于通用灯塔基金，由商业部控制。灯塔机构向通用灯塔基金领取它们的开支。这意味着，英国灯塔采取了公共提供（灯塔税）和公共生产（领港公会）的方式。但是，在历史上英国的灯塔曾经采取了私人生产、私人提供的方式。下面我们来看一下英国灯塔制度的演变：
>
> 领港公会是一种古老的制度。亨利八世早在1514年就颁发了许可证书，证书赋予领港公会以领港管理权。我们可以把领港公会看作英国一个古老的公共部门。
>
> 17世纪初，领港公会在卡斯特和洛威斯托夫特设置了灯塔。但是直到该世纪末，它才建造了另一座灯塔。同时，私人也在建造灯塔。1610—1675年，领港公会没有建造一座灯塔，而私人至少建造了10座灯塔。
>
> 私人建造并经营灯塔的办法是从国王那里获得专营权。国王允许他们建造灯塔和向受益于灯塔的船只收取使用费。具体的做法是由船主和货运主递交一份请愿书，声称他们将从灯塔获得极大的好处并愿意支付使用费。后来，经营灯塔和征收使用费的权利由国会通过法令授予个人。
>
> 灯塔使用费由所在港口的代理者（它可能代理几座灯塔）收取，这种代理者可以是个人，但通常是海关官员。每座灯塔的使用费是不同的。船只每经过

---

① 从理论上，存在着一个名为格罗夫斯－克拉克机制的公共产品偏好直接显示机制，其基本原理是：让改变社会决策的人承担一项社会成本，从而使得所有想要谎报其个人对公共产品评价的个体都面临着一项预期成本且该预期成本必然大于谎报的预期收益，这样，每一个人都会发现如实报告其对公共产品的真实偏好才是最优的选择。详细介绍可参见：吉恩·希瑞克斯，加雷思·D. 迈尔斯. 中级公共经济学 [M]. 张晏，等，译. 上海：格致出版社·上海三联书店·上海人民出版社，2011.

一座灯塔，就根据船只的大小缴纳使用费。每个航次每吨收费比率有一个通常的标准（如1/4或1/2便士）。后来，刊载有不同航程经过灯塔相应的收费标准的名册发行了。

注意，通过专营权和收费标准，灯塔实现了私人生产和私人提供的方式。其中，经营灯塔的人是生产者，而船主则是提供者。

同时，领港公会实行了一项既能保住权利又能保住钱财（甚至可能赚钱）的政策。领港公会申请经营灯塔的专营权后向那些愿意自己出资建造灯塔的私人出租，并收取租金。私人租借的先决条件是保证进行合作而不与领港公会作对。

1820年的情况是，24座灯塔由领港公会经营，22座由私人或私人组织经营。但领港公会的许多灯塔原先不是由他们建造的，而是通过购买或租约到期而得到的。1820年24座由领港公会经营的灯塔中，12座灯塔是租约到期的结果，1座是1816年由切斯特理事会转让的。所以，1820年46座灯塔中只有11座是领港公会建造的，而34座由私人建造。

至1834年，领港公会经营着总共56座灯塔中的42座。那时，议会强烈支持领港公会购买私人灯塔的建议。不久，领港公会开始购买某些私人灯塔。1836年，议会的法令把英国所有的灯塔授予领港公会，领港公会有权购买仍留在私人手中的灯塔。这一工作到1842年完成。从那以后，除"地方性的灯塔"外，英国不再有属于私人所有的灯塔了。

1898年，英国设立了通用灯塔基金。这项基金全部由灯塔税提供，它仅用于灯塔服务的管理。当然，细节上稍有变动，但制度的基本特征自1898年以来一直保留了下来。

资料来源：改编自科斯《经济学中的灯塔》。

4.3.2 关于公共生产与公共定价的进一步讨论

根据微观经济学理论，垄断者为了追求利润最大化，会选择低于竞争性水平的产量和高于边际成本的价格，导致了社会福利下降。为了弥补垄断引起的市场失灵，政府可以采取的方式主要是价格管制，规定垄断企业只能按最高不超过边际成本的价格来出售其产品。这样从理论上可以实现帕累托效率的条件，即价格等于边际成本。

但是对于自然垄断（Natural Monopoly）的企业来说，边际成本定价法常常会导致它们亏损。因为自然垄断的特点是具有持续的规模经济，平均成本曲线向下倾斜，平均成本随着产量的提高而下降。这是由于生产这种产品的固定成本非常高，而边际成本却很小，于是，边际成本曲线总是位于平均成本曲线之下，平均成本曲

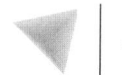

线就表现为向下倾斜。这样，如果按边际成本定价，就会导致企业因不能弥补其成本而亏损。

自然垄断往往存在于涉及公用服务或基础设施的产业中，如水、电、通信、公路、铁路、桥梁等。实践中，世界上大多数国家的政府对自然垄断采取两种干预形式：一是政府管制私营垄断企业；二是政府直接经营垄断企业。在很多国家，政府都是直接经营诸如供水、供电、铁路等公用服务。

对于自然垄断的公共企业，就存在着一个所谓公共定价问题。常见的公共定价方法有：

（1）平均成本定价，即产品按平均成本（而非边际成本）出售，这样可以保证企业收支相抵。但由于平均成本高于边际成本，因而这种定价方法并没有达到帕累托效率，但相比垄断定价的效率要高，属于次优的定价方法。

（2）两部定价法，即对于消费者收取两笔费用：一是"使用费"，根据消费者使用的数量进行收费，按照边际成本进行定价；二是"基本费"，这与消费者使用的数量无关，只要消费了就要支付，基本费用于弥补按边际成本定价给企业带来的损失。当然基本费也可以不由消费者支付，而通过政府支出的形式给亏损企业进行补贴。两部定价法在日常生活中被广泛采用，比如电话费通常包含月租费和通话费两个部分，而管道煤气用户则需要在支付高昂的初装费之后再根据实际用气数量支付用气费，这些都是典型的两部定价法。

4.4 公共产品的受益范围

公共产品是共同消费的商品，但它的受益范围可大可小。

某些公共产品，比如国防、法律制度，它们的覆盖范围是整个国家，因此可以称为全国性公共产品（National Public Goods）。

有更多公共产品，比如广场、公园、地方广播电台等，它们的作用范围可能仅限于特定地理区域，因此被称为地方性公共产品（Local Public Goods）。

还有一些公共产品，它们的受益者覆盖不同国家、群体和世代，因而被称作全球性公共产品（Global Public Goods）[①]。实际上，纯全球性公共产品并不多见，如臭氧层保护、前沿知识传播等；较常见的是准全球性公共产品，如国际援助、疫情防控、预防恐怖主义等。

---

① 根据1999年联合国开发计划署《全球公共产品：21世纪的国际合作》一书中的定义，全球性公共产品需要满足两个标准：一是具有消费上的非竞争性和非排他性，二是其受益者覆盖不同国家、群体和世代。

专栏4.4　从《京都议定书》到《巴黎协定》

　　全球变暖现象正在日益严重。早在2007年，联合国"政府间气候变化专门委员会"（IPCC）便已经发布了第四次评估报告《气候变化2007》，其中指出，全球气候变暖已经是"毋庸置疑"的事实。如果不采取行动，气候变化可能会"导致一些突变的或不可逆的影响"，如物种灭绝、南北两极冰层消融、海平面突涨数米等。而全球变暖的主要原因之一就是"自1750年以来的人类活动"，尤其是温室气体排放的增多。报告还指出，为降低气候变化的风险，需要采取广泛的适应和减缓措施，"适应和减缓能够互补并能够共同大大降低气候变化的风险"。

　　为了对抗全球变暖，世界各国所采取的最有力的联合行动就是先后签订了《京都议定书》和《巴黎协定》。1997年12月，149个国家和地区代表在日本召开《联合国气候变化框架公约》（简称《公约》）缔约方第三次会议，通过了旨在限制缔约方温室气体排放量以抑制全球变暖的《京都议定书》。

　　《京都议定书》遵循《公约》制定的"共同但有区别的责任"原则，要求作为温室气体排放大户的发达国家采取具体措施限制温室气体的排放，而发展中国家不承担有法律约束力的温室气体限控义务。《京都议定书》规定，到2012年，所有缔约方排放的二氧化碳等6种温室气体的数量，要比1990年减少5%。《京都议定书》需要在占全球温室气体排放量55%的至少55个国家和地区批准之后才具有国际法效力。

　　在世界各国的努力下，《京都议定书》最终于2005年2月16日生效。中国于1998年5月29日签署，并于2002年8月30日批准了《京都议定书》。

　　《京都议定书》是人类历史上首次以法规的形式限制温室气体排放。为了促进各国完成减排目标，议定书允许以"净排放量"计算温室气体排放量，并采取三种灵活的减排机制：

　　（1）国际排放贸易机制。即两个发达国家之间可以进行排放额度买卖的"排放权交易"，即难以完成削减任务的国家，可以花钱从超额完成任务的国家买进超出的额度。

　　（2）联合履行机制。即采用"集团方式"，欧盟内部的许多国家可视为一个整体，采取有的国家削减、有的国家增加的方法，在总体上完成减排任务。

　　（3）清洁发展机制。即允许工业化国家的投资者从其在发展中国家实施的并有利于发展中国家可持续发展的减排项目中获取"经证明的减少排放量"。

　　《京都议定书》原定于2012年到期，后经缔约方同意延长至2020年。在此之后，接替《京都议定书》的下一个具有法律效力的国际气候协议则是《巴黎协定》。2015年11—12月，近200个缔约方在《联合国气候变化框架公约》第21次缔约方会议（巴黎气候变化大会）上达成了《巴黎协定》。该协定作为《京都议定书》的接替者，为2020年后全球应对气候变化行动做出了安排。

　　2016年4月22日世界地球日，中国签署了《巴黎协定》。《巴黎协定》于

2016 年 11 月 4 日正式生效。

《巴黎协定》旨在大幅度减少全球温室气体排放，将全球气温升幅控制在工业化前水平以上 2℃以内，并寻求将气温升幅进一步限制在 1.5℃以内的措施。为了实现这一长期的温度目标，各国致力于尽快达到温室气体排放全球峰值，以在 21 世纪中叶实现全球气候中和。作为《巴黎协定》的积极参与者，中国也于 2020 年 9 月明确提出了 2030 年"碳达峰"与 2060 年"碳中和"的重要行动目标。

《京都议定书》及其接替者《巴黎协定》是世界各国为对抗全球变暖而展开的一项重要集体行动和共同事业。由于对抗全球变暖、控制气温升幅所带来的收益覆盖整个世界，可以使不同国家的所有群体和世代共同受益，具有非竞争性和非排他性，这是一项典型的全球性公共产品。

资料来源：改编自联合国气候行动、百度百科词条等网站相关资料。

本 章 小 结

1. 公共产品是一种共同消费的商品，即每多一个人对这种商品的消费不会导致其他人对这种商品消费数量的减少。

2. 纯公共产品具有非竞争性和非排他性两个基本特征。纯私人产品则是竞争性和排他性的。在纯公共产品与纯私人产品之间，还存在着大量的混合产品，或者叫准公共产品。

3. 公共产品有效率提供的条件是每个人对公共产品的边际替代率之和等于生产的边际转换率。

4. 尽管林达尔机制在理论上能够实现公共产品的帕累托有效配置，然而由于每个人都有可能说谎，从而在现实中很少被采用。

5. 由于公共产品存在难以克服的搭便车问题，为了实现公共产品的有效率配置，通常需要采取公共生产。但这并不意味着公共产品必须要由公共提供。

6. 根据受益范围不同，公共产品可以区分为地方性公共产品、全国性公共产品和全球性公共产品。

重 要 概 念

公共产品 私人产品 非竞争性 非排他性 萨缪尔森条件 搭便车 公共提供 公共生产 全球性公共产品 地方性公共产品 《京都议定书》 《巴黎协定》 两部定价法

思 考 题

1. 请分析以下商品哪些是公共产品，哪些是私人产品，哪些是混合产品。

教育　医疗　法律　监狱　警察　小区物业管理　消防　图书馆

2. 如何理解公共产品的非竞争性与非排他性？

3. 什么是搭便车？举一些生活中的例子。

4. 考虑一个经济由 A、B 两人组成。某商品的市场供给曲线为：$P=2+Q$。A、B 的个人需求曲线分别为：$P^A=5-Q$；$P^B=6-Q$。

（1）如果该商品为私人产品，求社会需求曲线和有效率的产量。

（2）如果该商品为公共产品，求社会需求曲线和有效率的产量。

（提示：要求绘出图形，注意需求曲线的分段。）

5. 假设你在私人产品上每消费 1 元可以给你带来 10 单位的效用，而在公共产品上每消费 1 元给你和你的两个同学各自带来 5 单位的效用。你和你的同学每人有 10 元钱。请问：

（1）如果只考虑公共产品对自己的效用，你会花多少钱在公共产品上？

（2）如果要实现你和你的两个同学效用水平总和最大，你们三人总共会花多少钱在公共产品上？

参考答案

进一步阅读文献

1. Samuelson P A. The Pure Theory of Public Expenditure［J］. Review of Economics and Statistics, 1954, 36（4）: 387−389.

2. Samuelson P A. Diagrammatic Exposition of A Theory of Public Expenditure［J］. Review of Economics and Statistics, 1955, 37（4）: 350−356.

3. 高培勇，杨之刚，夏杰长 . 中国财政经济理论前沿（4）［M］. 北京：社会科学文献出版社，2005：291−315.

4. 哈维·S. 罗森，特德·盖亚. 财政学［M］. 郭庆旺，译. 10 版. 北京：中国人民大学出版社，2015. 第 4 章.

5. 约瑟夫·E. 斯蒂格利茨，杰伊·K. 罗森加德. 公共部门经济学［M］. 郭庆旺，译. 4 版. 北京：中国人民大学出版社，2020. 第 5 章.

6. 吉恩·希瑞克斯，加雷思·D. 迈尔斯. 公共经济学［M］. 张晏，杨明浩，译. 2版. 上海：格致出版社·上海三联书店·上海人民出版社，2020. 第6，7章.

参 考 文 献

1. Coase R H. The Lighthouse in Economics［J］. Journal of Law and Economics, 1974, 17（2）: 357−376.

2. Lindahl E R. Just Taxation: A Positive Solution //Richard A. Musgrave, Alan T. Peacock. Classics in The Theory of Public Finance［M］. London: Macmillan, 1958: 168−176.

3. Samuelson P A. The Pure Theory of Public Expenditure［J］. Review of Economics and Statistics, 1954, 36（4）: 387−389.

4. Samuelson P A. Diagrammatic Exposition of A Theory of Public Expenditure［J］. Review of Economics and Statistics, 1955, 37（4）: 350−356.

5. 伯烈特，史宾斯. 诺贝尔之路：十三位经济学奖得主的故事［M］. 黄进发，译. 成都：西南财经大学出版社，1999.

6. 哈维·S. 罗森，特德·盖亚. 财政学［M］. 郭庆旺，译. 10版. 北京：中国人民大学出版社，2015.

7. 吉恩·希瑞克斯，加雷思·D. 迈尔斯. 中级公共经济学［M］. 张晏，等，译. 上海：格致出版社·上海三联书店·上海人民出版社，2011.

8. 罗纳德·H. 科斯. 企业、市场与法律［M］. 盛洪，陈郁，译校. 上海：格致出版社·上海三联书店·上海人民出版社，2014.

即 测 即 评

学完第4章啦，来做个小测检验一下学习效果吧！

外　部　性

本章学习目标
- 掌握外部性的概念与类型
- 了解外部性是如何引起市场失灵的
- 掌握公共部门和私人部门解决外部性问题的主要对策

　　深夜，也许你倦意已浓，正想入睡，而与你同寝室的两个同学却聊兴正浓。你希望他们赶紧停止聊天，安静睡觉，而他们却丝毫不顾你的感受，继续聊天，直到后半夜。他们的聊天吵得你睡不着觉，使你第二天精神不好，上课时候打瞌睡，还被老师批评。你觉得自己的利益受到损害，然而他们却并未因此向你支付应有的赔偿，比如请你吃一顿丰盛的早餐，或者请你看一场你一直想看的电影……

　　在经济学里，我们把这样的现象称作外部性，因为你的利益对于那些爱聊天的同学而言，是"外部的"。

5.1 外部性的本质

5.1.1　外部性的概念与分类

　　当某个经济行为人（个人、家庭或者企业）的经济活动直接影响了其他行为人的福利或生产，而这种影响没有通过市场价格反映出来，那么经济中就存在着外部性。

　　我们可以根据不同的标准，对外部性进行分类。

首先，根据行为人对他人的影响是有利的还是有害的，外部性可以分为正外部性（有利的外部性）与负外部性（有害的外部性）。

（1）正外部性。正外部性是指某个经济行为人的活动使他人受益，而受益者又无须花费代价。比如，你的歌声很好听，当你情不自禁哼唱歌曲的时候，你周围的人也会感到心情舒畅，这时，你的歌声就产生了一种正外部性。

（2）负外部性。负外部性则是指某个经济行为人的活动使他人受损，而造成他人受损的人却没有为此承担成本。比如，你虽然五音不全，但你还是喜欢大声唱歌，吵得身边的人心神不安，那么，你的歌声就产生了一种负外部性。

其次，根据外部性产生的主体，外部性可以是消费者产生的，也可以是生产者产生的。比如，你吸烟污染了室内的空气，影响了其他人呼吸新鲜空气，这是一种由消费者行为产生的负外部性，也可以叫负的消费外部性。企业生产排放的废气、污水毒害了附近的庄稼和居民，这是一种由生产者造成的负外部性。如果一家企业研发出了一种新产品，受到市场欢迎，使得其他企业竞相模仿，而这些模仿企业并未向最初研发的企业支付任何费用，那么就存在着正的生产外部性。

此外，外部性也可以是相互的。比如果园主扩大果树种植面积会使养蜂者受益，养蜂者无须向果园主付费。在果树授粉期养蜂者同样使果园主受益，果园主也无须向养蜂者付费。这是一个典型的相互造成外部性的例子。

5.1.2　外部性与公共产品的关系

我们在上一章讨论了有关公共产品的若干主题。回忆一下纯公共产品的定义。公共产品是共同消费的商品，它具有非竞争性和非排他性。由于非排他性的特征，公共产品往往存在着"搭便车"问题，也就是公共产品的提供者使得所有人能够从中受益，却不需向其支付任何费用。

我们再考虑正外部性的特征。所谓正外部性，是指某个人的行为（可以看作他提供的某种商品或服务）使得他人受益，而受益者却无须向行为人支付有关费用。

从公共产品和正外部性的定义来看，我们会发现纯公共产品和正外部性在本质上没有差异，都是提供者使他人受益却未曾得到支付。所不同的是，外部性的受益者也许只是一个人或一些人，而公共产品的受益者是所有人。

因此，我们实际上可以把公共产品看作一种极端的正外部性。具体而言，当一个人创造了一种影响经济中每个人的外部性的时候，这种外部性就成了一种公共产品。比如，你家的院子种满了花草，环境宜人，别人经过时心情舒畅。如果只有你的邻居经过，那么你的私人花园就对你的邻居产生了一种正外部性。但是如果全社区所有的人都从你的花园经过并从中受益，这时你的花园实际上就产生了一种极端的正外部性，换句话说，你的花园就成了一种全社区共同消费的公共产品。

反过来，如果某个行为人向全社区制造了一种极端的负外部性，那么他实际上就是提供了一种所谓的公共坏产品（Public Bads）。

5.2

外部性的经济分析

外部性是一种典型的市场失灵。当经济中存在着某种形式的外部性，那么市场形成的均衡配置将不再是帕累托效率的。本节我们将深入考察由外部性引起的市场失灵。

5.2.1 负外部性

我们以生产负外部性为例，来讨论外部性问题及其后果。假定小河上游的某个钢厂排放的污水损害了下游的水质，使下游渔民遭受损失。渔民遭受损失的程度与钢厂产品产量同方向变化。钢厂生产的产量越多，排放的污染物越多，渔民遭受的损失越大。渔民的损失是钢厂生产活动所造成的外部成本。我们用图5.1来分析这种外部性的结果。

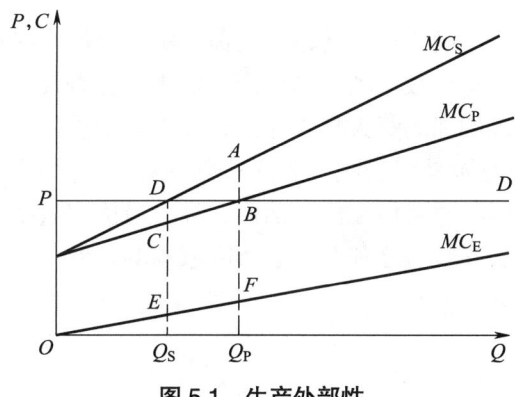

图5.1 生产外部性

如图5.1所示，横坐标表示钢产量，纵坐标表示成本与钢产品价格，D 曲线是钢厂所面临的产品需求曲线。假定钢产品市场完全竞争，因此需求曲线具有无穷大的弹性，也就是 D 曲线水平。MC_P 是钢厂生产钢产品的边际私人成本曲线。MC_E 是钢厂生产过程中所造成的边际外部成本曲线，表现为给渔民造成的损失。MC_S 是边际社会成本曲线，满足 $MC_S = MC_P + MC_E$。钢厂在进行生产决策时并不考虑它的行为给他人造成的影响，只计算自己的成本与收益，则它的最优产出水平是 Q_P，因为在这一产出水平，钢厂的边际私人成本等于出售产品的边际收益（对于竞争性

市场来说，边际收益就等于价格）。

但是 Q_P 的产出水平并非是社会最优产出水平，因为该产出水平并没有把钢厂生产所造成的外部成本考虑进去。对于社会来讲，Q_P 的产出水平太高了，造成的污染也太多了。符合社会最优的产出水平是 Q_S，因为在 Q_S 的产出水平上，边际社会成本等于生产者的边际收益。

我们还可以对图 5.1 做进一步的分析：

（1）当存在外部性的时候，市场一般不能生产具有社会效率的产量水平。特别是，当一种产品产生负的外部性时，相对于有效率的产量水平而言，这种产品的市场均衡产量太多了。如图 5.1 所示，私人决定的产出水平 Q_P 高于社会最优产出水平 Q_S。

（2）如果产量从 Q_P 移至 Q_S，社会福利将提高。一方面，渔民得利了（受到的损失减少），其受益面积为 EFQ_PQ_S，刚好等于 $ABCD$ 的面积；另一方面，企业减产利润下降了，利润减少的面积为 BCD。一增一减，社会净收益的面积为 ABD。

（3）需要指出的是，零污染也并非是社会的理想状态。要找到合适的污染量需要对社会成本和社会收益进行权衡，而权衡的结果一般是某一个正的污染水平。如图 5.1 所示，即使在社会最优产出水平 Q_S 的位置，污染还是存在的。事实上，要求零污染几乎等于禁止一切人类生产活动，这当然也是无效率的。

5.2.2　正外部性

对于正外部性而言，同样存在着市场失灵。所有分析刚好和负外部性对称。结果是，正外部性的存在将导致市场的均衡产量低于社会有效率的产量。这在直觉上非常容易理解：假定你的邻居每天整理花园，你也从中受益。她在考虑究竟花多少时间和精力用于整理花园是根据她的私人边际收益等于边际成本这一条件来决定的，而不会将你的边际收益考虑在内。然而，社会最优产量则要求满足社会边际收益（也就是你和她的边际收益之和）等于边际成本的条件。显然，社会最优产量将高于私人决定的产量。[1]

5.3

外部性的私人对策

当存在外部性时，市场结果是无效率的，那么社会怎样达到一个更有效率的结

---

[1] 读者可以参考图 5.1，画一张草图，对正外部性的情况进行恰当的分析。

果呢？在现实中，有些情形可以通过私人解决，另一些则需要政府的干预。不管是私人的还是公共的解决方案，这些方案都有一个根本的主题：外部性的内在化。当个人或企业因为一些私人或公共的激励而把他们行为的所有成本和收益都考虑进去时，经济学就说他们实现了外部性内在化。本部分首先讨论私人解决方案。

5.3.1 谈判

解决外部性问题的一种私人对策是谈判或讨价还价。科斯在其经典论文《社会成本问题》（1960）里提出了一个惊人的论断：私人之间可以通过讨价还价的方法来解决外部性问题。科斯的上述论断有时候被称作科斯定理（Coase Theorem），即在一个零交易费用的世界里，只要初始权利是明确界定的，那么无论初始权利如何界定，各方之间的谈判最终会形成一个帕累托有效的配置。

我们以钢厂污染渔场所造成的外部性为例来说明科斯定理。根据科斯定理，只有在污染的权利不明确的情况下才会偏离帕累托效率状态。只要明确界定污染的权利，不管是给予钢厂污染的权利，还是给予渔民不受污染的权利，都可以通过钢厂和渔民之间的自由交易使污染量符合帕累托效率条件，也就是使污染符合社会最优的标准。我们可以通过图 5.1 来进行说明。

首先，我们假定钢厂具有污染的权利，同时假定钢厂和渔民之间的谈判是没有成本的（即交易费用为零），我们来分析双方是如何通过谈判达成交易使产量从 Q_P 降到 Q_S 的。

一个基本的思路是，对于渔民而言，既然钢厂有污染的权利，那么他们就只有两种选择了，要么忍受它的污染；要么向它"行贿"，即向钢厂付钱来买它减少污染。如果渔民是追求利润最大化的，那么就某一既定单位产量而言，只要他们向钢厂付的钱小于该单位产量污染对他们的边际损害（MC_E），他们就愿意为钢厂不生产这一单位的产量受到的损失付钱。对于钢厂而言，只要它得到的收入（渔民的支付）大于生产该单位产量的净收益（$MR - MC_P$），它就愿意不生产这一单位的产量。在本例中，$MR = P$。

这样，只要渔民愿意支付的钱 MC_E 超过钢厂不生产的机会成本（$MR - MC_P$），双方就有谈判和讨价还价的余地。这一条件的代数式是：$MC_E > (MR - MC_P)$。如图 5.1 所示，当产量为 Q_P 时，$(MR - MC_P) = 0$，而 $MC_E > 0$，说明双方有讨价还价的余地。

同理在 Q_S 右边的任一产量水平上，渔民愿意支付的钱 MC_E 都大于（$MR - MC_P$）。在 Q_S 的位置，MC_E 刚好等于（$MR - MC_P$）。而在 Q_S 左边，MC_E 将小于（$MR - MC_P$）。这就说明渔民愿意为钢厂减少产量付钱，直到产量达到 Q_S 为止。说明双方谈判的最终结果是产量达到 Q_S 的社会最优水平。

反过来，现在我们假定渔民拥有不受污染的权利，这时钢厂就需要向渔民付钱

以换取一定数量的污染权。对于渔民而言，只要他们收到的钱大于污染对他们的边际损害（MC_E），他们就会愿意接受一定程度的污染。而钢厂只要所付的钱小于生产该单位产量的净收益（$MR - MC_P$），它就愿意付款购买污染权。最终双方将达成协议，钢厂向渔民购买污染权，直到产量达到 Q_S。

上面的分析说明科斯定理在一定前提下是奏效的，但有几点必须说明：

第一，科斯定理的一个重要假定是交易费用为零。所谓交易费用（Transaction Costs），是指围绕自由交易而发生的任何谈判或使契约强制执行的成本。交易费用也是一种机会成本，但它不同于生产中所耗费的资源成本，比如劳动力成本、资本或土地成本等。交易费用包括信息成本、谈判成本、订立或执行契约的成本、防止交易的参与者在议价时进行欺骗的成本、维持所有权的成本、监督和执行成本等。如果交易费用太大，通过市场也许无法有效地解决外部性问题，使资源达到有效的配置。比如，在我们的例子里，如果钢厂和渔民之间的讨价还价成本太高，那么有效率的结果就可能达不到了。

第二，尽管科斯定理强调不论初始权利如何分配都能达到有效率的解，但前提是权利界定要明确。如果污染权利界定不清，钢厂认为它有污染的权利，而渔民则认为他们有不受污染的权利，那么他们之间的谈判就很难达成一致了。现实世界中有很多外部性问题就是因为权利界定不明确而引起的。

第三，从解决资源配置的效率角度讲，科斯定理认为，产权初始归属于谁与效率无关。但从收入分配的角度看，产权是有价值的，产权的安排会对收入分配产生影响。如果小河的产权归渔民，那他就拥有更多的收入；如果小河的产权归钢厂，钢厂就有更多的收益。

专栏 5.1　科斯自传

科斯（Ronald H. Coase）于 1910 年 12 月 29 日生于英国伦敦近郊的威尔斯登（Willsden），是 20 世纪最伟大的经济学家之一，他凭借两篇经典论文《企业的性质》和《社会成本问题》，改变了人们对于经济组织结构的认识，提出了交易费用的概念，阐明了财产权利对于市场交易的重要性，他本人则于 1991 年获得了诺贝尔经济学奖。

与萨缪尔森一样，科斯也受到《诺贝尔之路：十三位经济学奖得主的故事》一书的编辑伯烈特（William Breit）的邀请，在美国得克萨斯州的三一大学以《我成为经济学家的演化之路》（My Evolution as An Economist）为题进行了一次主题演讲。以下内容改编自科斯的演讲。

……

从小，科斯的母亲就教导他要诚实与真诚，这使得科斯在研究经济体系运行时秉承了要坚持真理而非某一特定立场的科学原则。1929 年 18 岁时，科斯进入伦敦经济学院修读商学士课程。1931 年，科斯参加了由普兰特主持的研讨课程，普兰特引导科斯认识了亚当·斯密的"看不见的手"，并向他说明整个经济体系通过价格体系的运作来协调。在这以前，科斯从未修过经济学。科斯虽然未曾接受经济学的正规训练，但他自己认为，"像我这样未受过正规训练而踏入经济学的世界，事后证明反而占了便宜。由于未经正规的思考训练，让我在处理经济问题的时候，有了更大的自由度"。

科斯于 1932 年 10 月受聘为丹迪经济和商业学校的助理讲师，他在那里讲授"企业组织"这门课。在给学生上的第一堂课里，他所讲述的内容日后成了《企业的性质》（1937）一文的主要论点，后者实际上就是 1991 年瑞典皇家科学院授予科斯诺贝尔经济学奖时提到的两篇论文之一。而科斯在 1932 年时根本想不到这些观念以后会受到如此重视，但他非常喜欢这门课，他在给友人的信中写道："（我想）对这门课来说，我采用的是全新的教法，所以我觉得极为满意。有一点我感到很自豪，这些全都是由我一个人构思出来的。"后来，科斯拿到诺贝尔奖后回忆起 1932 年，说："当年我只有二十一岁，阳光从未停止照耀。"

1951 年，科斯移民到美国，先后任教于布法罗大学（1951）和弗吉尼亚大学（1958），并于 1958—1959 年撰写了一篇名为《联邦通讯委员会》的文章，并发表在芝加哥大学主办的《法律与经济学杂志》。在这篇文章里，科斯探讨了有关权利的性质，他认为假如赋予使用权清楚的界定，同时也可以移转，那么初始的权利为何就无关紧要了——因为通过移转及结合将可以达到最优的结果。但是这个科斯看来非常浅显的主张，却受到当时芝加哥大学经济学家的质疑。后来这篇文章发表之后，在一次《法律与经济学杂志》主编戴瑞克特的家庭聚会中，科斯说服了芝加哥大学的经济学家，而他们也邀请科斯再把这些想法写出来，并发表在《法律与经济学杂志》上。

科斯以满腔的热情来进行这项工作，并于 1960 年夏天写出了《社会成本问题》一文。在这篇堪称是经济学中最广受讨论的文章中，科斯对庇古的研究方法提出了批评，他指出外部性其实是一个相互的问题，而庇古并没有认识到这一点。实际上，在交易费用为零的情况下，庇古的政策建议根本没有必要，因为在这种情况下，通过双方的协商即可产生最优的结果。这一重要的观点后来被斯蒂格勒（Stigler）命名为"科斯定理"。

在《社会成本问题》发表之后，科斯接到了芝加哥大学的聘书。从 1964 年开始，科斯正式成为芝加哥大学法学院经济学教授，并出任《法律与经济学杂志》的主编。在他的努力下，许多优秀的论文相继刊出，这让他度过了一段非常快乐的时光。1991 年，科斯荣获了诺贝尔经济学奖，并发表了名为《生产的制度结构》的获奖演说，对他在这一领域的成就进行了总结和展望。

资料来源：伯烈特，史宾斯. 诺贝尔之路：十三位经济学奖得主的故事 [M]. 黄进发，译. 成都：西南财经大学出版社，1999. 有改动。

5.3.2　合并

解决外部性问题的另一种私人对策是合并，也就是说将有关各方合成一体从而使外部性"内部化"。

我们还是以上面钢厂生产对渔场造成污染的外部性为例，来讨论如何通过合并企业而使外部性内部化从而达到帕累托配置的。我们知道，在没有污染权交易市场时，钢厂产生的污染程度之所以超过社会最优水平，是由于污染造成的成本不计入钢厂的成本中，而损失完全由渔民承担。如果将钢厂与渔场合并为一家企业，则新企业的决策者将会同时考虑钢厂与渔民的成本与收益。污染对于渔民造成的损害成了新企业自己要承担的成本，也就是说外部成本内部化了。原来的边际社会成本曲线（MC_S）就变成了边际私人成本曲线，追求利润最大化的企业自然就会选择生产Q_S的产量，从而达到了社会最优的水平。

通过分析图 5.1，我们可以发现当产量从 Q_P 移动到 Q_S 时，渔民得到的好处要大于钢厂减产的损失，如果他们合并了，那么他们的净收益就是正的。所以市场已经为这两家企业的合并提供了强大的激励。钢厂可以买下渔场，也可以是渔场买下钢厂，或者由第三方把两家企业都买下来。一旦两家企业合并，外部性就内部化了，新企业就会把外部性考虑进来，所有的决策都将在企业的内部做出。

事实上，出于使苹果树花粉受精的目的，苹果园养蜜蜂是很常见的事情。这种特定的外部性是很容易内部化的。

5.3.3　社会习俗

与企业不同，个人之间很难通过合并来解决外部性问题。但是一些传统的社会习俗（Social Conventions）可被看作为了让人们对其产生的外部性负责。用经济学的术语来说，尽自己一份力的道德准则使外部性内在化了。

中国有一句古话，"己所不欲，勿施于人"，就是教人们不要去做那些你不希望人对你做的事情。中国是礼仪之邦，比如，我们都知道，在看电影的时候不要聊天，在马路上不要随地吐痰。人们一般能够遵从这些社会习俗的原因不是因为强制性的罚款，而是因为这种不良的不文明行为很可能使其他受损的人感到不悦。这种社会施加的心理成本导致了不良行为的减少以及社会净收益的增加。羞愧、内疚和舆论的谴责都是有效的机制，能够帮助内在化别人造成的负外部性，从而减少这种行为。因此，传统美德和习俗的存在，使得经济中的外部性问题大大减少了。

5.4
外部性的公共对策

在某些情况下，个人的自由行动可能不能有效解决外部性问题，这时就需要政府采取一些措施来进行干预。政府在解决外部性时主要有两种方法：第一种是以市场为基础的政策，政府为私人机构提供激励来内在化外部性；第二种是命令与控制政策，政府直接管制资源的配置。

以治理污染的外部性为例，政府干预的方法主要有四种：第一种是向污染的企业征税（即庇古税），第二种方法是征收排污费，第三种方法是颁布排污标准（即规制），第四种是颁发可转让排污许可证（即创造市场）。[①]

5.4.1 庇古税

首先讨论征税的方法。以钢厂污染渔场为例，钢厂之所以生产无效率，是因为它的私人成本低于社会成本。经济学家庇古（Pigou）在他的名著《福利经济学》中提出了一种自然的解决办法，就是向排放污染者征税，以矫正他的私人成本低于社会成本的问题，这就是所谓的庇古税（Pigouvian Tax）。

在钢厂污染渔场的例子里，庇古税的税基是钢产量，而税率则等于钢厂在有效率产量水平上造成的边际损害（边际外部成本）。如图 5.2 所示，社会最优产量是

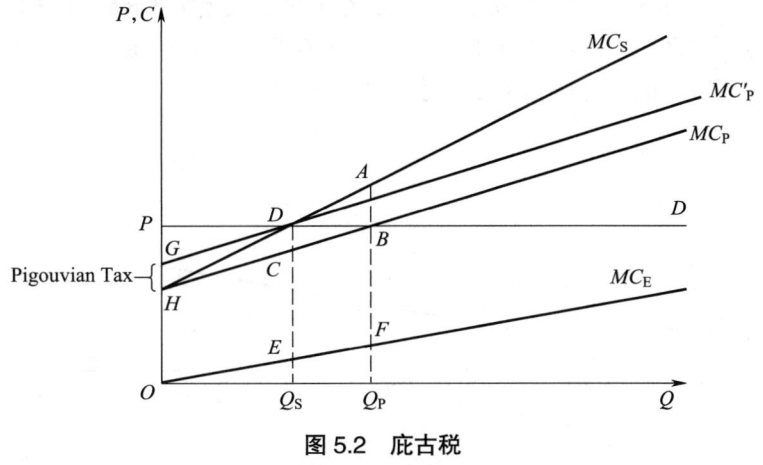

图 5.2 庇古税

① 本章关于消除外部性的探讨主要是从负外部性的角度展开，其实关于正外部性的分析与此是对称的，读者可以自行分析。

111

Q_S，此时钢厂对渔民造成的边际外部成本相当于 CD 的距离。这样，政府应该对钢厂征收税率为 CD 的庇古税。

如果对每单位产量征收 CD 的税，也就意味着提高了钢厂面临的边际私人成本，这时钢厂的边际私人成本就变为（$MC'_P = MC_P + CD$），利润最大化的钢厂就会选择使征税后的边际成本等于边际收益。由图 5.2 可知，符合这一条件的产量就是 Q_S。这样庇古税的征收就会促使钢厂选择有效率的产出水平 Q_S。这时，政府能够收到的庇古税收入为：

$$T = CD \cdot Q_S$$

即 $CDGH$ 的面积。

在实践中，欧洲一些国家，包括法国、德国、挪威、意大利与荷兰等国，都采取了庇古税的方法来治理污染。

5.4.2 排污费

庇古税鼓励企业通过减产的方式来实现减排，进而实现社会最优配置。不过，除了减产，企业还有其他途径实现减排，比如减少单位产量的排污量。因此，为了将污染的负外部性内部化，政府还可以征收排污费（Emissions Fee），即对企业的排污量（而非产量）进行收费。

以上文钢厂污染渔场为例。如图 5.3 所示，MC 为钢厂减排的边际成本，MR_S 为边际社会收益，即渔场因钢厂减排而免除的边际损失。不征收污染费时，钢厂减排的边际私人收益为 0，即钢厂没有动力减排，它的私人有效减排水平为 0。但显然，这并不是社会最优的减排水平，因为钢厂减排的边际社会收益大于其边际成本。为了实现社会最优减排，政府可以对钢厂的每单位污染征收数额为 OB 的污染费。这样，追求利润最大化的企业便会选择社会最优水平的减排量，即 PR_S：当减排水平小于 PR_S 时，钢厂减排的边际收益 OB 将大于边际成本；当减排水平大于 PR_S 时，钢厂减排的边际收益 OB 将小于边际成本。

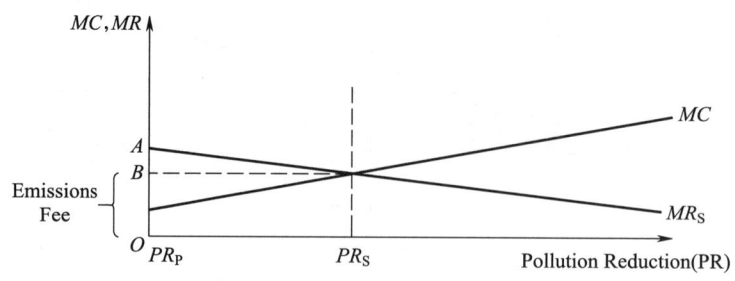

图 5.3 排污费

5.4.3 规制

政府干预的另一种方法就是命令与控制规制（Command-and-control Regulation），也就是对污染企业直接颁布排污标准，否则就处以高额罚金。在命令与控制规则下，政府要么直接限制产量水平，要么强制使用某些技术。很多早期的环境政策通常采用命令与控制规则，如 20 世纪 70 年代美国颁布的《清洁水法》明确规定了每个工厂必须安装的技术类型。又例如，中国的酸雨控制区和二氧化硫污染控制区（两控区）限制高硫煤的开采和使用，同时要求二氧化硫排放量控制在国家规定的总量控制指标内。

然而，当社会中存在大量彼此不同的企业时，颁布标准就可能是无效率的政策。因为企业各不相同，它们各自有效率的污染数量也就各不相同，假如政府确定一个统一的排污标准，那么很有可能导致有些企业生产太多，而有些企业生产太少，这些都是没有效率的。如图 5.4 所示，横轴代表企业的污染量，纵轴代表边际收益和边际成本，假定企业 A 和企业 C 都具有一样的边际收益线，且规模收益不变，即 MR 是一条水平线。企业 A 和 C 的最优污染量分别为 Q_A 和 Q_C，即企业 A 的边际社会成本（MC_{SA}）与它的边际收益（MR_A）相等时决定的污染量和企业 C 的边际社会成本（MC_{SC}）与它的边际收益（MR_C）相等时决定的污染量。如果政府采取一刀切的方法，规定统一的排污标准 Q_R，则企业 A 相对于它的最优规模污染量将"污染太多"，而企业 C 相对于它的最优规模污染量则"污染太少"。最优的解决途径自然是针对不同企业制定不同的排污标准，然而这种区别性的管制政策通常会因为谈判成本太高而无法实施，所以政府的管制往往采取一刀切，即所有企业都采用一样的标准，这在表面上看是公平的，但因为企业的边际成本和边际收益往往各不相同，各自最优的排放标准应该是不一样的。

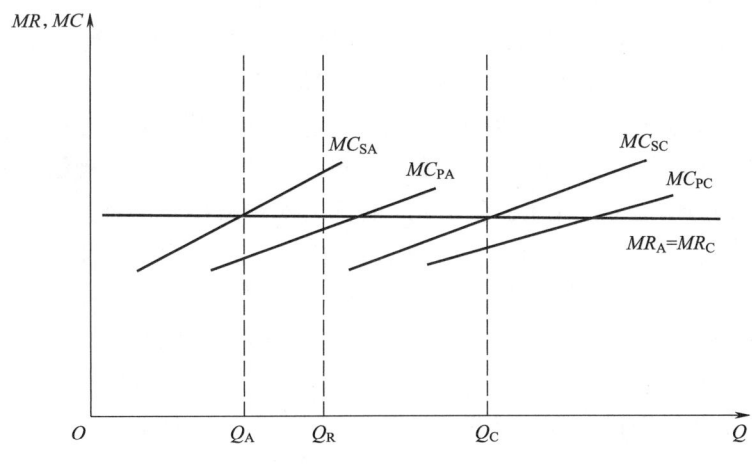

图 5.4　规制的困境

5.4.4 排污许可证

一种广受经济学家支持的方法是颁发可转让排污许可证。在这一制度下，每家企业都必须有许可证才能排放污染。每张许可证都明确规定了可以排放的数量。任何企业排放没有许可证允许的污染时都将受到重罚。许可证可以无偿分配给各个企业，总的许可证数目就是使排放达到理想的最高水平。最重要的是，许可证可以转让。

如果有足够多的企业和许可证，一个竞争性的许可证市场就会发展起来。对那些减污成本较高的企业，只要许可证价格低于边际减污成本，它们就会购买许可证；而对那些减污成本较低的企业，只要许可证价格高于边际减污成本，它们就会卖出许可证。在市场均衡时，所有企业减少污染的边际成本等于许可证的价格。否则，企业就会发现交易更多许可证是有利可图的。那些减污成本较低的企业就会更多地减少排放，同时出售许可证；而那些减污成本较高的企业就会购买更多的许可证，并更多地排放污染。

可转让排污许可证实际上是创造了一个外部性的市场。它的吸引力在于它既能控制污染总量（由总的许可证数目决定），又允许企业间相互转让，从而在很大程度上避免了某些企业生产太多而某些企业生产太少的尴尬。

排污许可证可以无偿分配给企业，也可以政府通过拍卖的形式卖给企业。从资源配置的角度来看，无偿分配与拍卖许可证取得的效果是相同的；但从收入分配的角度来看，则大相径庭，前者企业得利，后者则是政府得钱。

目前，排污权交易在世界各国得到了一定的实践。比如，美国早在 20 世纪 90 年代就成功建立了二氧化硫的排放权市场。中国也模仿发达国家，实践了污水排放权和二氧化硫排放权的市场交易（专栏 5.2 给出了一个典型案例）。近年来，各地也陆续出台了相关制度文件来规范排污权交易（见专栏 5.3）。目前，世界上规模最大的排放权交易市场是国际碳交易市场。《京都议定书》生效后，各国为了达到减排要求，进行了大规模的碳排放权交易，2011 年全球碳交易市场规模就已经达到了 1 760 亿美元。（详见第四章专栏 4.4 从《京都议定书》到《巴黎协定》）。值得一提的是，作为碳排放大国，从 2011 年开始，我国先后在深圳、上海、北京、广东、天津、湖北、重庆、福建八地启动碳交易试点。为了表明我国实现绿色低碳发展的决心，在 2014 年 11 月的 APEC 会议上，我国首次对减排的绝对值做出了承诺，即承诺在 2030 年碳排放达到峰值。进一步，同年 12 月，国家发展和改革委员会起草了《碳排放权交易管理暂行办法》以推动全国碳排放交易市场的建立。2020 年 9 月 22 日，习近平在第 75 届联合国大会上宣布，中国力争 2030 年前二氧化碳排放达到峰值，2060 年前实现碳中和目标。2021 年 7 月 15 日，上海环境能源交易所公告称，根据国家总体安排，全国碳排放权交易将于 7 月 16 日（星期五）开市。2024 年 1 月，国务院公布《碳排放权交易管理暂行条例》，自 2024 年 5 月 1 日起施行。

该条例是我国应对气候变化领域的第一部专门的法规，首次以行政法规的形式明确了碳排放权市场交易制度。

专栏 5.2 嘉兴的排污权交易

在 2001 年，嘉兴市秀洲区的工业废水污染物排放总量控制指标（COD）是 1 400 吨，而当时实际上排放总量已达 1 350 余吨。因此，在 2002 年，鉴于可供使用的工业污染物排放总量控制指标几近饱和，根据国家环保总局提出的"十五"期间抓好污染物总量控制这个工作方向，并借鉴国外成功经验，秀洲区环保部门开始了让排污指标实现有偿使用和市场配置的探索。2002 年上半年，秀洲区环保、物价、财政 3 个部门联合出台了主要针对废水排污权有偿使用的《秀洲区水污染物排放总量控制和排污权有偿使用管理试行办法》，规定从 2002 年 6 月 1 日起，秀洲区境内的新、扩、改建项目日新增 1 吨达标废水的排污权购买价格，以 300 元计算；对原有企业，其日排放 1 吨达标废水的排污权购买价格为 200 元。

到 2002 年 12 月，秀洲区有 53 家重点水污染排放企业购买了排污权，签订合同金额达 606 万元。尽管秀洲区完成了排污权的初始分配，但直到 2006 年，排污权交易市场并没有取得实质进展，主要是由于总量控制越来越严格和重新获得排污权越来越难的预见性，企业倾向于将获得的排污权留备自用而造成了企业不愿在市场上出售排污权的困境（刘建辉，2006）。

为了有效实施和推广排污权交易，嘉兴市政府于 2007 年 9 月出台了《嘉兴市主要污染物排污权交易办法（试行）》（以下简称新《办法》）和与之配套的《嘉兴市主要污染物排污权交易办法实施细则（试行）》，明确于 2007 年 11 月 1 日起在嘉兴市实行排污权交易制度。同年 11 月 10 日，嘉兴市排污权储备交易中心注册成立。此后，嘉兴地区各县（市）的交易分中心也陆续成立，至 2009 年 6 月，所有县（市）排污权交易平台已全面建成。

新《办法》主要针对化学需氧量 COD 与二氧化硫的有偿使用，对交易主体、交易程序和交易资金管理等方面做了更加细致而明确的规定。新《办法》规定，排污权可转让方是指通过实施工程治理减排项目、结构调整减排项目和监督管理减排措施，在完成削减任务后，有多余指标可供排污权交易的市场主体；排污权需求方是指因实施建设项目（包括新建、改建、扩建），需要获取向环境排放污染物许可权的市场主体；储备交易中心则是排污权可转让方和需求方交易的指定平台。2008 年 3 月，嘉兴市环保局又发布了《关于进一步规范排污权交易工作的通知》，对可交易量基准的认定、排污权交易出让及申购程序、排污权交易价格、排污权交易资金的管理使用等问题做出了更细化的规定。

新《办法》出台以来，嘉兴市全面展开排污权交易工作，除对老企业采取无偿分配排污权的方法，所有新项目必须购买排污权。

目前，嘉兴市环境保护局在其网站上实时公布排污权的每一笔交易。可以发现，相较于 2007 年排污权交易中心建立初期，如今嘉兴市企业的排污权出让与购买活动都活跃了许多。2018 年起，嘉兴市开始实行排污权电子竞价，计划每月实行两期竞价，进一步提高了排污权交易的活跃程度。以 2018 年 12 月的第二期竞价为例，共有 19 家企业报名参加。化学需氧量平均成交价 19 444 元/吨·年，最高价 3 万元/吨·年，共 13 家企业参与竞价，全场通过 63 次报价，9 家竞得指标，成交化学需氧量 19.614 吨。氨氮平均成交价 29 500 元/吨·年，最高价为 8 万元/吨·年，14 家企业参加，全场企业共出价 65 次，共有 10 家企业竞得指标。二氧化硫平均成交价 14 400 元/吨·年，最高价 32 000 元/吨·年，参与企业 5 家，4 家企业竞得。氮氧化物平均成交价 19 833 元/吨·年，最高价 21 500 元/吨·年，参与企业 4 家，3 家企业竞得。总体而言，交易相当活跃。

资料来源：根据浙江财经大学学生调研资料和嘉兴市生态环境局统计资料编写。

专栏 5.3　浙江省排污权有偿使用和交易管理办法

为了深化生态产品价值实现机制和生态保护补偿制度改革，通过生态环境资源市场化配置促进治污减排和环境质量改善，进一步拓宽"绿水青山就是金山银山"转化通道。浙江省在 2023 年出台了《浙江省排污权有偿使用和交易管理办法》（以下简称《办法》）。《办法》从总体安排、原则性规定、规范初始排污的核定和有偿使用、规范排污权交易、规范排污权储备、规范监督管理和其他事项七个方面对浙江省排污权有偿使用和交易做出了详细规范。

《办法》总体要求坚持统一政策、属地管理、依法依规、促进减排、市场主导、政府引导、公开透明、社会监督、深化改革、优化配置的基本原则，建立实施全省统一的排污权有偿使用和交易制度，构建全省"一个平台、一套准则"统一管理的排污权交易体系，打造规范高效的排污权交易市场。

在原则性规定中，《办法》从适用范围、明确对象、明确职责和明确义务四个方面进行规定。首先，《办法》对排污权、排污权有偿使用、排污权交易、排污权出让收入进行了明确的界定。例如，排污权是指排污单位经生态环境部门核定，允许其在一定期限内直接或间接向环境排放限定种类和数量污染物的权利。排污单位的排污权以排污许可证或排污权电子凭证的形式予以确认。

此外，《办法》对规范初始排污权的核定和有偿使用做出如下规定："已取得重点管理或简化管理排污许可证且有总量控制要求的现有排污单位、已完成排污许可证登记且拥有排污权的现有排污单位、应纳入初始排污权核定范围。对未取得排污许可证或未完成排污许可登记的现有排污单位，不予核定初始排污权。"对初始排污权的定价要求则做如下规定："发改委应会同财政、生态环境部门，根据当地污染治理成本、生态环境资源稀缺程度、经济发展水平等因素，原则上以 5 年为周期核定初始排污权使用费征收标准。"

《办法》同时也对排污权交易做了规范。具体如下：明确平台交易，严格落实平台之外无交易的要求，政府储备排污权出让、排污单位富余排污权转让、排污权回购等各项排污权交易业务，应通过省交易系统办理。政府储备排污权出让原则上应通过公开竞价的方式交易，竞价的底价参照初始排污权使用费征收标准。政府出让的排污权有效期为五年，自通过省交易系统成交之日起计算。排污单位富余排污权可通过协议转让、挂牌转让、拍卖转让、集体竞价转让等方式交易，其价格低于初始排污权使用费征收标准的，生态环境部门优先对其回购。

资料来源：《浙江省排污权有偿使用和交易管理办法》（浙政办发〔2023〕18 号）。

5.5 共有资源与公地的悲剧

共有资源（Common Property Resources）是指那些没有明确的所有者，人人都可以免费使用的资源，比如海洋、湖泊、草场等资源。共有资源的特征是，在消费上具有竞争性，同时却不能实现排他性。

通过外部性问题的讨论我们知道，只要所有权是明确的，就能有效地解决外部性问题。但如果所有权界定不清，外部性问题就难以解决。在资源为公众共有的情况下，共有资源通常会遭到过度使用。这是由于消费上的非排他性，使用共有资源的私人边际成本往往很低甚至接近于 0，然而客观上存在的竞争性使得消费共有资源的社会边际成本要大于私人边际成本。我们以在公共湖泊上捕鱼为例说明产权界定不清如何导致对共有资源的滥用。

图 5.5 是单个捕鱼者的成本与收益曲线。横坐标表示捕鱼者的捕鱼数量，纵坐标表示捕鱼者的成本与收益。图中，MB 是捕鱼者的边际收益曲线，MC_P 是捕鱼者的私人边际成本，MC_S 是捕鱼者的社会边际成本。由于社会边际成本等于私人边际成本加私人捕捞给社会造成的成本，因此 MC_S 曲线位于 MC_P 曲线的上方。为了方便讨论，假定私人边际成本与社会边际成本都是常数。如图 5.5 所示，每个捕鱼者在追求个人利润最大化目标时，总是使捕鱼量达到 Q_P 点，在捕鱼量达到这一水平时，私人边际成本等于边际收益。从社会角度看，最优捕捞量应该是 Q_S 的数量，因为在这种捕捞量下，社会边际成本等于边际收益。$Q_P > Q_S$，表明公共湖泊被过度使用。这种现象通常被称作公地的悲剧（The Tragedy of the Commons），取名自哈丁（Hardin）的同名经典论文（1968）。

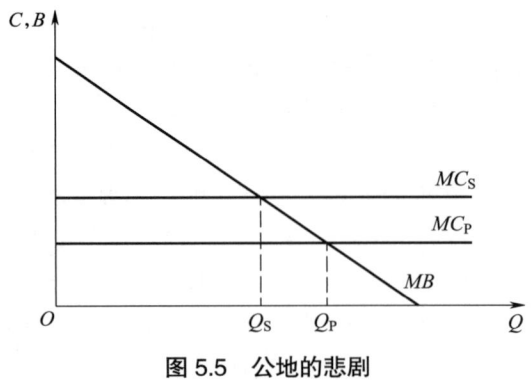

图 5.5 公地的悲剧

如果能够对共有资源的产权进行重新构造，使之界定明确，则可以改进资源配置的效率。如果无法界定所有权，则必须通过法律或行政手段进行严格控制，才能使共有资源免遭滥用。然而在法律不尽明确或者不存在的情况下，公地的悲剧就很可能发生。公海水域的过度捕捞就是一个发人深省的事例。

本 章 小 结

1. 外部性是一种市场中存在的现象，如果某个经济主体的行为对另一个经济主体的福利水平制造了一种没有反映在市场价格中的影响，外部性就产生了。外部性有正外部性和负外部性以及消费外部性和生产外部性之分。

2. 外部性是没有效率的。以负外部性为例，由于行为人的私人边际成本低于社会边际成本，他倾向于提供超过有效率水平的数量。

3. 根据科斯定理，如果交易费用为零，那么无论初始权利如何分配，私人之间的讨价还价将最终形成一个有效率的配置结果。

4. 解决外部性问题的思路是如何使外部性内部化。

5. 私人部门纠正外部性的对策主要有谈判、合并与社会习俗。

6. 公共部门纠正外部性的对策主要有庇古税、排污费、规制和排污许可证。

7. 由于使用共有资源的私人边际成本通常远远低于其社会边际成本，从而共有资源总是面临被滥用的悲剧。

重 要 概 念

外部性　外部性　内部化　科斯定理　庇古税　排污费　命令与控制　规制　排污许可证　共有资源　公地的悲剧

思 考 题

1. 为什么说外部性是市场失灵的一种表现？一个人或一个公司外部性内在化是什么意思？

2. 画图说明，为什么正外部性的存在会导致市场的无效率？

3. 结合上题图形说明，如何通过私人之间的谈判最终实现有效率的配置？

4. 某商品的私人边际收益为 $12-X$，其中 X 表示消费数量。生产该商品的私人边际成本保持在 6 元。每生产一单位该商品，给社会成员带来的外部成本是 2 元。

（1）在没有任何政府干预的情况下，会有多少该商品被生产出来？

（2）该商品有效率的产量水平是多少？

（3）提出一个能使产量达到效率水平的庇古税率。政府通过此税能筹措到多少收入？

5. 假设在排污权市场中，政府将初始排污权在企业中进行无偿分配。请问：不同的分配方案是否会影响经济效率？

6. 有人认为用税收去控制污染并不是有效率的，因为即便在有税收的情况下，仍然会产生污染，你同意吗？

参考答案

进一步阅读文献

1. Coase R H. The Problem of Social Cost [J]. Journal of Law and Economics, 1960, 3（1）: 1-44.

2. Cropper M L, Wallace E O. Environmental Economics: A Survey [J]. Journal of Economic Literature, 1992, 30（2）: 675-740.

3. 哈维·S. 罗森, 特德·盖亚. 财政学 [M]. 郭庆旺, 译. 10 版. 北京: 中国人民大学出版社, 2015. 第 5 章.

4. 约瑟夫·E. 斯蒂格利茨. 公共部门经济学 [M]. 郭庆旺, 等, 译. 3 版. 北京: 中国人民大学出版社, 2005. 第 9 章.

5. 达龙·阿西莫格鲁, 戴维·莱布森, 约翰·A. 李斯特. 经济学（微观部分）[M]. 卢远瞩, 尹训东, 译. 北京: 中国人民大学出版社, 2016. 第 9 章.

参 考 文 献

1. Coase R H. The Problem of Social Cost [J]. Journal of Law and Economics, 1960, 3 (1): 1–44.

2. Hardin G. The Tragedy of the Commons [J]. Science，1968, 162 (3859)：1243–1248.

3. 刘建辉. 排污权交易的中国困境 [J]. 决策，2006 (1)：30–32.

4. A. C. 庇古. 福利经济学（上、下卷）[M]. 朱泱，张胜纪，吴良健，译. 北京：商务印书馆，2006.

5. 伯烈特，史宾斯. 诺贝尔之路：十三位经济学奖得主的故事 [M]. 黄进发，译. 成都：西南财经大学出版社，1999.

6. 哈维·S. 罗森，特德·盖亚. 财政学 [M]. 郭庆旺，译. 10 版. 北京：中国人民大学出版社，2015.

即 测 即 评

学完第 5 章啦，来做个小测检验一下学习效果吧！

6

公共支出理论

本章学习目标

- 掌握公共支出的概念、分类，了解公共支出的经济影响
- 掌握公共支出增长趋势的理论，了解我国公共支出规模的总体情况
- 掌握公共支出控制的主要内容，了解公共支出控制的基本方法

我们需要政府提供各种各样的公共产品，可是政府不可能无偿提供公共产品，因此政府的存在是要一定代价的，这个代价就是公共支出。

中国有句古话，"钱要用在刀刃上"，讲的是花钱要讲究效益。其实政府也应当和个人一样崇尚节约。比如说，每年召开的全国两会，这是要花钱的。2009 年的两会被媒体誉为"节俭的两会"，除了缩短会期，组织者在细微之处也下足功夫，尽可能减少开支。不少代表委员驻地只有欢迎横幅，没有往年簇拥的鲜花，甚至在新闻发布会主席台上，也没有按惯例摆放鲜花；给代表和委员提供的笔是"环保笔"，纸张提倡两面用；代表委员阅读的文件变成了电子文本，以减少纸张使用；代表委员驻地相对集中，减少接送费用。节俭之风在 2015 年的两会继续升级。一是瓶装水少了。在委员驻地，摆在房间里的瓶装水不见了踪影。要喝水，委员可以自取白开水或用水壶现烧。二是一次性用品少了。由于当年两会时间较长，代表、委员卫生间里的一次性洗漱用品换成了非一次性的，如拖鞋、牙刷、牙膏、香皂等。三是工作餐管饱又吃好 [1]。2018 年两会的服务保障工作更体现出绿色、节俭的会风。在会场及代表委员驻地，免费提供的矿泉水的瓶子上多了一个印有中英文的"给水瓶做记号，并请喝完"绿色小标签。这种绿色标签上不但可用笔轻松写下名字，还可用指尖轻轻划出字迹，可有效避免因拿错、乱扔等行为造成不必要的浪费。全国两会始终在厉行勤俭、反对铺张浪费、践行绿色低碳理念方面做表率。

---

[1] 资料来源：2015 年 3 月 4 日《湖南日报》。

全国两会是万众瞩目的重要会议,秉承节俭之风有一种垂范效应。改革开放40多年,我们虽然积累了较为雄厚的物质基础,但现在还面临不少困难与挑战,勤俭节约、减少政府开支,既是一种应急办法,也是各级政府和全国人民一道战胜困难的长远之策。

厉行节约,减少行政成本,少花纳税人的钱,理应成为政府机关、企事业单位崇尚的风气。可现实情况并不尽如人意,从审计署发布的审计结果公告看,还存在许多问题。[①]但是政府有些钱也是必须花的,而且要加大花钱的规模。2009年2月召开的中共中央政治局会议提出"大幅度提高社会保障水平",把解决全民社保问题当作启动消费的基本着力点,着力转变促进经济增长的方式。

政府省下来的钱应更多地投入到提高社保水平上来,尽快完善医疗、养老等各项社会保障制度,让老百姓大胆消费、放心掏腰包。而且,让亿万群众过上幸福、安康、有保障的生活,是党的宗旨所在,更是建设和谐社会的根本要求。

可见,政府怎样花钱、花多少钱、钱花在哪里等看似简单的问题,其实里面还是很有讲究的。本章将介绍公共支出的基本理论。

6.1 公共支出概述

6.1.1 公共支出的概念

公共支出[②](Public Expenditures),亦称财政支出或政府支出,系指政府为履行其职能而支出的一切费用的总和,也是政府将集中起来的货币资金,有计划地分配使用到各种用途上去的过程。因此,公共支出活动是满足整个社会再生产和公共部门等各方面活动的资金需要,反映了政府的政策,规定了政府活动的范围和方向。

此外,公共支出也是政府行为的成本。因为一旦政府在以多少数量、以什么质量向社会提供公共产品或服务方面做出了决策,公共支出实际上就是执行这些决策所必须付出的成本。[③]

公共支出是公共财政活动的一个重要方面。这不仅是因为公共财政对经济的影

---

① 详见审计署网站公布的内容。

② 从理论上讲,公共支出与财政支出、政府支出概念完全一致。在我国,常用财政支出这一概念并且数量统计上往往特指预算内部分,因而公共支出、政府支出的外延要比财政支出大。

③ 平新乔. 财政原理与比较财政制度［M］. 上海:上海三联书店,上海人民出版社,1995:95.

响作用主要表现在公共支出上，而且政府的职能也主要是通过公共支出来实现的。可以这么说，公共支出的数额（包括总量和结构）反映着政府介入经济生活和社会生活的规模和深度，也反映着公共财政在经济生活和社会生活中的地位。①

在日常的政府公共活动中，支出表现为多种多样的具体形态，既有为其政权机构的存在提供经费，如为军队、警察的存在和运转提供经费的公共支出活动；也有政府直接投资建造公共福利设施，如建造公园、广场等文化设施，兴建堤坝等公共设施活动；还有直接拨款给个人以救济其生活等。但公共支出有别于个人家庭或企业的支出，具有公共服务性、非市场营利性、计划性等特征。②

6.1.2 公共支出分类

"横看成岭侧成峰，远近高低各不同。不识庐山真面目，只缘身在此山中。"这首诗反映的是诗人对庐山不同角度观看时所发出的感慨。同样道理，随着社会经济的发展，公共支出的数量不断增加，公共支出的种类也越来越多，为了正确安排、合理分配和有效使用财政资金，加强对公共支出的管理和监督，应当根据不同的标准和需要，对公共支出进行科学的分类，从不同角度观察公共财政，以便更好地看清公共支出的"庐山真面目"。本部分重点介绍2007年实施的政府收支科目分类法，另外简要介绍公共支出按经济性质分类的情况。

6.1.2.1 按政府收支科目分类

为适应建立完善公共财政体系的要求，财政部自2007年1月1日起实施政府收支分类改革，这是新中国成立以来我国政府收支分类统计体系的一次重大调整，也是我国政府预算管理制度的又一次深刻创新。政府收支分类改革后，我国现行支出分类采用了国际通行做法，即同时使用支出功能分类和支出经济分类两种方法对财政支出进行分类（以《2023年政府收支分类科目》为例）。

1. 按支出功能分类

按支出功能分类，简单地讲，就是按政府主要职能活动分类③。按照这种分类标准，公共支出共分27类，具体包括：一般公共服务支出、外交支出、国防支出、公共安全支出、教育支出、科学技术支出、文化旅游体育与传媒支出、社会保障和就业支出、卫生健康支出、节能环保支出、城乡社区支出、农林水支出、交通运输支出、资源勘探工业信息等支出、商业服务业等支出、金融支出、援助

① 高培勇. 公共经济学 [M]. 北京：中国人民大学出版社，2004：85.
② 叶振鹏，张馨. 公共财政论 [M]. 北京：经济科学出版社，1999：111-119.
③ 相对于2007年前按政府职能分类的公共支出，新的按政府收支科目中的功能分类法使公共支出更加具体和明细化，有助于了解其结构和使用方向。

其他地区支出、自然资源海洋气象等支出、住房保障支出、粮油物资储备支出、灾害防治及应急管理支出、预备费、其他支出、转移性支出、债务还本支出、债务付息支出、债务发行费用支出。支出功能分类是根据政府管理和部门预算的要求，统一按支出功能设置类、款、项三级科目。类级科目综合反映政府职能活动，如外交、国防、公共安全、教育、科学技术、社会保障和就业、卫生健康等；款级科目反映为完成某项政府职能所进行的某一方面的工作，如"教育"类下的"普通教育"款；项级科目反映为完成某一方面的工作所发生的具体支出事项，如"普通教育"款下的"学前教育""小学教育"等项。从我国预算编制及财政信息公开的实际看，2022年全国一般公共预算支出决算表按照支出功能进行分类，如表6.1所示。

表6.1　　　　　　　2022年全国一般公共预算支出决算表

项目	金额（亿元）	占全国一般公共预算支出总额的比重（%）
一般公共服务支出	20 879.40	8.01
外交支出	490.43	0.19
国防支出	14 752.22	5.66
公共安全支出	14 420.19	5.53
教育支出	39 447.59	15.14
科学技术支出	10 032.02	3.85
文化旅游体育与传媒支出	3 913.32	1.50
社会保障和就业支出	36 609.15	14.05
卫生健康支出	22 536.72	8.65
节能环保支出	5 412.80	2.08
城乡社区支出	19 425.22	7.46
农林水支出	22 499.76	8.64
交通运输支出	12 044.09	4.62
资源勘探工业信息等支出	7 409.81	2.84
商业服务业等支出	1 831.72	0.70
金融支出	1 462.58	0.56
援助其他地区支出	417.92	0.16
自然资源海洋气象等支出	2 452.86	0.94
住房保障支出	7 498.74	2.88

续表

项目	金额（亿元）	占全国一般公共预算支出总额的比重（%）
粮油物资储备支出	1 892.28	0.73
灾害防治及应急管理支出	2 245.26	0.86
预备费	0	0.00
其他支出	1 460.67	0.56
债务付息支出	11 352.65	4.36
债务发行费用支出	64.72	0.02
全国一般公共预算支出总额	260 552.12	100.00

资料来源：根据财政部网站《2022 年全国一般公共预算支出决算表》整理。

　　另外，政府性基金预算是国家通过向社会征收以及出让土地、发行彩票等方式取得收入，并专项用于支持特定基础设施建设和社会事业发展的财政收支预算，是政府预算体系的重要组成部分。政府性基金预算在保持现行政府收支分类科目框架不变的情况下，调整了基金收支分类科目设置，细化了基金支出科目，清晰反映各项基金的支出结构与方向。其具体分类如表 6.2 所示。

表 6.2　　　　　　　　　　2022 年全国政府性基金支出表

项目	金额（亿元）	占全国政府性基金支出总额的比重（%）
农网还贷资金支出	268.12	0.24
铁路建设基金支出	744.24	0.67
民航发展基金支出	167.35	0.15
海南省高等级公路车辆通行附加费安排的支出	114.14	0.10
旅游发展基金支出	0.69	0.00
国家电影事业发展专项资金安排的支出	14.74	0.01
国有土地使用权出让金收入安排的支出	62 878.48	56.85
国有土地收益基金安排的支出	926.98	0.84
农业土地开发资金安排的支出	50.84	0.05
中央水库移民扶持基金支出	278.02	0.25
中央特别国债经营基金财务支出	632.92	0.57
彩票公益金安排的支出	977.69	0.88

续表

项目	金额（亿元）	占全国政府性基金支出总额的比重（%）
城市基础设施配套费安排的支出	1 437.16	1.30
地方水库移民扶持基金支出	25.04	0.02
国家重大水利工程建设基金安排的支出	149.55	0.14
车辆通行费安排的支出	2 191.41	1.98
核电站乏燃料处理处置基金支出	7.11	0.01
可再生能源电价附加收入安排的支出	3 087.44	2.79
船舶油污损害赔偿基金支出	0.17	0.00
废弃电器电子产品处理基金支出	28.32	0.03
彩票发行和销售机构业务费安排的支出	143.96	0.13
污水处理费安排的支出	763.33	0.69
抗疫特别国债财务基金支出	272.35	0.25
其他政府性基金支出	35 447.46	32.05
全国政府性基金支出	110 607.51	100.00

资料来源：根据财政部网站《2022 年全国政府性基金支出决算表》整理。

当然，支出功能分类的优点也是非常明显的：

一是能够清晰反映政府各项职能活动支出的总量、结构和方向，便于根据建立公共财政体制的要求和宏观调控的需要，有效进行总量控制和结构调整。

二是支出功能分类与支出经济分类相配合，可以形成一个相对稳定的、既反映政府职能活动又反映支出性质、既有总括反映又有明细反映的支出分类框架，从而为全方位的政府支出分析创造了有利条件。

三是便于国际比较。支出按功能分类符合国际通行的做法，这种分类方法将各部门和单位相同职能的支出归于同一功能下，不受国家政府组织机构差别的影响，从而有利于进行国际比较。

2. 按支出经济分类①

支出经济分类是按支出的经济性质和具体用途所做的一种分类。在支出功能分类明确反映政府职能活动的基础上，支出经济分类明确反映政府的钱究竟是怎么花出去的。我国支出经济分类科目设机关工资福利支出、机关商品和服务支出等 15

---

① 目前我国财政信息公开主要按支出功能分类，支出经济分类在逐步执行中。在"三公"经费按支出经济分类且只在出国、公车和招待等几个特殊方面公开的基础上，中央本级基本支出也已按支出经济分类公开。

类，类下设款，具体包括：机关工资福利支出、机关商品和服务支出、机关资本性支出（一）、机关资本性支出（二）、对事业单位经常性补助、对事业单位资本性补助、对企业补助、对企业资本性支出、对个人和家庭的补助、对社会保障基金补助、债务利息及费用支出、债务还本支出、转移性支出、预备费及预留和其他支出。2022 年中央本级基本支出决算表按照支出经济分类，如表 6.3 所示。

表 6.3　　　　　　　　　　　**2022 年中央本级基本支出决算表**

项目	决算数（亿元）	占中央本级基本支出总额的比重（%）
一、机关工资福利支出	4 283.98	41.44
工资奖金津补贴	3 312.72	32.05
社会保障缴费	473.85	4.58
住房公积金	128.76	1.25
其他工资福利支出	368.65	3.57
二、机关商品和服务支出	2 772.27	26.82
办公经费	403.41	3.90
会议费	1.03	0.01
培训费	8.98	0.09
专用材料购置费	9.71	0.09
委托业务费	51.52	0.50
公务接待费	0.91	0.01
因公出国（境）费用	0.03	0.00
公务用车运行维护费	15.27	0.15
维修（护）费	883.52	8.55
其他商品和服务支出	1 397.89	13.52
三、机关资本性支出	21.62	0.21
房屋建筑物购建	0.72	0.01
公务用车购置	1.22	0.01
设备购置	17.39	0.17
大型修缮	0.30	0.00
其他资本性支出	1.99	0.02
四、对事业单位经常性补助	1 721.41	16.65

项目	决算数（亿元）	占中央本级基本支出总额的比重（%）
工资福利支出	1 504.38	14.55
商品和服务支出	217.03	2.10
五、对事业单位资本性补助	16.91	0.16
资本性支出	16.91	0.16
六、对个人和家庭的补助	1 520.74	14.71
社会福利和救助	71.19	0.69
助学金	187.59	1.81
离退休费	906.10	8.77
其他对个人和家庭的补助	355.86	3.44
中央本级基本支出	10 336.93	100.00

资料来源：根据财政部网站《2022 年中央本级基本支出决算表》整理。

支出经济分类科目的设置原则是：

第一，全面反映的原则。支出经济分类将原来一个粗略反映政府部分支出性质的附属科目表，转变成一个可按支出具体用途独立反映全部政府支出活动的分类体系。

第二，明细反映的原则。支出经济分类的科目更加细化，按预算管理要求分设 90 多个款级科目，可充分满足细化预算和强化经济分析的要求。

第三，便于管理的原则。支出经济分类科目的设置既参考了国际通行做法，也充分考虑了我国政府支出管理和部门预算改革的实际需要。

支出功能分类、支出经济分类与部门分类编码和基本支出预算、项目支出预算相配合，在财政信息管理系统的有力支持下，可对任何一项财政支出进行"多维"定位，清清楚楚地说明政府的钱是怎么来的，干了什么事，最终用到了什么地方，为预算管理、统计分析、宏观决策和财政监督等提供全面、真实、准确的经济信息。

6.1.2.2 按经济性质分类

按公共支出的经济性质分类，可分为购买性支出和转移性支出。这种分类方法有较强的经济分析意义。

购买性支出是指政府从个人和企业购买原材料和土地、劳动力、资本的生产性服务并由政府直接使用的支出，又称消耗性支出。政府这种购买商品和服务的活动，包括购买进行日常政务活动所需的或用于国家投资所需的商品和服务的支出，前者如政府各部门的事业费，后者如政府各部门的投资拨款。这些支出的目的和用途虽然有所不同，但却有一个共同点，即财政一方面付出了资金，另一方面相应地获得了商品和服务，并运用这些商品和服务实现国家的职能。也就是说，在这样一些支出安排中，政府同其他经济主体一样，在从事等价交换的活动。它体现的是政府的市场性再分配活动。

转移性支出是指政府在公众之间再分配购买力的支出。政府的这种支出表现为资金无偿的、单方面的转移，主要有社会保障支出、财政补贴支出、捐赠支出和债务利息支出。这些支出的一个共同点是，政府不是为了交换商品和服务而支出。也就是说，财政付出了资金，却没有直接获得什么东西；或者说，转移性支出是接受者的一种收入来源，而接受者无须提供任何服务作为获得这种收入的交换。它体现的是政府的非市场性再分配活动，能使接受者自由地做出他们将消费什么东西或他们将如何组织生产的决策。

不同性质的公共支出对社会经济所起的作用是不同的，对社会生产和收入分配所产生的影响都是不同的。

在财政支出总额中，购买性支出所占比重越大，政府配置资源的规模就越大，财政活动对生产和就业的直接影响就越大；反之，转移性支出所占比重越大，财政活动对收入分配的直接影响就越大。从财政职能角度来说，购买性支出比重大的支出结构表明财政的资源配置职能较强，转移性支出比重大的支出结构表明财政的收入分配职能较强。

6.1.3 公共支出的经济影响

公共支出作为政府直接的花钱行为，势必对非政府主体产生直接的影响特别是经济影响，公共支出本身也直接体现财政职能，不同的公共支出产生的影响也是有差异的。

6.1.3.1 公共支出的收入分配效应

税收不可能使穷人变富，要改变其收入低于某一合理的最低水平的那些人的收入状况，就必须主要通过预算的支出来解决，其中包括住房、医疗保健、教育等服务的直接公共提供，或者干脆通过转移收入方法或通过创造就业政策解决。可见公共支出对收入分配具有非常重要的作用。

公共支出特别是转移支付可以将富人的一部分财富转移给穷人，使穷人变得更宽裕一些，使社会分配变得相对平等一些。但公共支出的收益分配并不是完全平等地分布的，有些人会得益多一些，另一些人则可能少一些，这既取决于个人的特殊情况，也取决于个人出生和生活的地点，不同的行政区域提供的公共产品的数量和

类型并不一样。而且，公共支出的利益也是可以转嫁的，名义上的受益者并不一定能完全享受到该类支出的利益，部分利益会转嫁给其他人。如房地产商也会享受到部分给贫困人群住房补贴的利益。不过，单就公共支出的主要内容是提供公共产品这一点，就可以看出公共支出有平等化的效应，因为不管是穷人还是富人都是平等地享受同等数量的公共产品。而对于混合性的公共产品，市场之所以提供不足是由于利益所驱动，也就是说穷人对于这类产品有需求但没有足够的支付能力。公共支出提供这类产品，可以降低穷人享受这类服务的门槛，从而自然产生一种财富分配的拉平效应。

6.1.3.2　公共支出的资源配置效应

公共支出可以被分为两大类：一是用于提供市场完全或基本不提供的物品，如国防、外交、法律秩序、经济稳定等；二是用于提供市场虽有可能提供一定数量但往往提供不足的物品，如教育、失业和退休后的收入保障、对贫困者的救济等。前者可称为"非市场性物品"，后者称为"市场性物品"。

对于提供非市场性物品的公共支出而言，由于其基本特点是市场或个人本身不提供这类物品，所以它对个人行为的激励不是更多或更少地消费这类物品，而是首先要比较消费这类非市场性物品的收益与因此而减少的其他消费活动的收益，然后相应地采取行动。从个人来说，如果其收益小于机会成本，那么首先他可能会通过公共选择过程发表意见；其次，如果发表意见的成本过高，他可能会选择退出自己不满意的财政管辖权，即所谓以足投票，移居他乡；最后，如果前两种行动无效，他还可能采取更为激烈的反抗手段，如示威、暴动和革命。

对于提供市场性物品的公共支出而言，由于公共部门只是因为担心市场提供这类物品的数量会低于社会最优水平才决定介入，并非市场完全不能提供，所以，对其激励效应的分析侧重于考察个人因这种公共支出而改变的消费，或提供该种物品的数量以及因此而引起的效率损失。公共支出政策应该尽量使它可能引起的效率损失最小化。

6.1.3.3　公共支出对宏观经济的稳定效应

公共支出中的购买性支出形成了对于市场中商品和服务的需求，可以直接增加商品和服务供应者的收入，转移性支出则可以直接提高接受者的收入水平。作为其结果，个人和企业收入增加将引起储蓄、消费和投资的进一步变化，从而影响经济的产出、物价、就业和国际收支等。凯恩斯学派曾就财政政策对宏观经济的稳定问题有比较全面的论述，他们提出公共支出有一种乘数效应，可以对经济产生"四两拨千斤"的带动作用。在经济不景气时，可以增加公共支出，通过乘数效应带动经济走向繁荣，经济高涨时则反向操作，这样就可以使经济较平稳地运行。

6.2

公共支出的规模

公共支出的规模，简单地说就是政府一年花钱的总量。与非政府主体相同的是，政府花钱的规模不断地在膨胀。下面对这种膨胀的趋势及其合理性进行必要的分析。

6.2.1 公共支出规模增长趋势

公共支出是政府活动的一个重要方面，尤其是凯恩斯理论出现之后，公共支出作为政府重要的宏观调控手段，在政府活动中的作用越来越大。公共支出的实践已充分表明，公共支出对经济发展，尤其是对经济的持续稳定发展有着巨大的作用。

历史统计数据已经表明，公共支出无论是其绝对量还是其相对量，无论是西方发达国家还是包括中国等在内的发展中国家，都呈现不断增长的趋势。

从总体上看，1930 年以前各国财政支出的相对规模（财政支出占 GDP 比重）上升比较缓慢，此后开始加快，到 20 世纪 70 年代，公共支出占 GDP 的比重达到 1/3 以上。短短几十年的时间，公共支出以几百倍甚至上千倍的速度增长，引起了全世界经济学家的关注。100 多年来，各国的经济学家们针对公共支出不断增长的情况进行了大量的研究，试图对公共支出增长的情况进行合理的解释和探讨。

专栏 6.1　我国公共支出统计及公共支出规模比较

自 2015 年起实行新的预算法后，政府的全部收支分列在四本预算中，即我国的全口径预算体系由一般公共预算、政府性基金预算、国有资本经营预算和社会保险基金预算构成。我国全口径的政府支出规模为扣除一般公共支出对社会保险基金的补助支出后的四本预算中各项支出的总和：

第一本账是一般公共预算，安排用于保障和改善民生，推动经济社会发展，维护国家安全，维持国家机构正常运转等方面的收支预算。税收收入以及教育、科技等重要支出就在这本预算里。

第二本账是政府性基金预算，依照法律行政法规的规定，在一定期限内向特定对象征收收取或者以其他方式筹集的资金，专项用于特定公共事业发展的收支预算。铁路建设基金、民航发展基金、土地出让收入和专项债也纳入在这本预算里。

第三本账是国有资本经营预算，是对国有资本收益做出支出安排的收支预算。企业向国家上交的国有资本收益及其支出就在这本预算里。

第四本账是社会保险基金预算，是对社会保险缴款一般公共预算安排和其他方式筹集的资金，专项用于社会保险的收支预算，比如企业职工基本养老保险基金收入、城乡居民基本医疗保险基金收入等。

"四本账"虽然对应不同的用途，但彼此间可以存在一定资金往来："第一本账"可以从"第二本账"与"第三本账"调入资金；"第二本账"在特殊情况下会从"第一本账"调入资金；"第四本账"可以接受来自一般公共预算的财政补贴，但"第四本账"不能调出资金，即专款专用，只进不出。

现实中，我们计算财政支出规模的口径大致有这么几种：

第一种是小口径，财政支出仅指一般公共预算支出。

第二种是大口径，是"四本账"的支出总和减去重复计算部分（四本预算之间部分资金的调入调出，主要有一般公共预算对社会保险基金的补助支出）的支出。

第三种口径是，第二种口径扣除国有土地使用权出让收入安排的支出后的支出。这个口径通常是在进行支出规模的国际比较时常用的指标。因为根据国际货币基金组织（IMF）发布的《政府财政统计手册》的定义，政府收入是指增加政府权益或净值的交易，国有土地出让行为是一种非生产性资产的交易，结果只是政府土地资产的减少和货币资产的增加，只改变了资产形式，并不带来政府净资产的变化，不增加政府的权益，因而不计作收入，由此收入安排的支出也不计入政府支出。

根据 2022 年的数据，第一种口径的支出为 260 552 亿元；第二种口径的支出为 448 142 亿元，第三种口径的支出为 382 816 亿元，分别占 GDP 的比重为 21.6%、37.2%、31.8%。

从表 6.4 可看出，1979—2022 年中国财政支出[①]的绝对额，除了 20 世纪 80 年代头几年，基本上是一直增长的，但中国财政支出占 GDP 的比重从 1979 年开始经历了一个迅速下滑的过程，1995—1997 年是最低的三年。此后这一下滑趋势开始扭转，直到 2009 年才又升至 20% 以上，2015 年达到 25.52%，但此后年份该比重在波动徘徊中下降，2021 年及之后年份降幅较大（接近 3%）。

---

① 从 2000 年起，财政支出中包括国内外债务付息支出；2006 年之前的财政支出只反映财政预算内支出部分，不包括应纳入政府收支范围的预算外支出和社会保险基金支出等；2007 年起财政收支科目实施了较大改革并采用新的分类指标，财政支出项目口径变化很大，与往年数据不可比。2007 年后的财政支出为一般公共预算支出。

表 6.4　　　　　　1979—2022 年中国 GDP 及财政支出占 GDP 比重

年份	GDP（亿元）	财政支出（亿元）	财政支出 /GDP（％）
1979	4 062.58	1 281.79	31.55
1980	4 545.62	1 228.83	27.03
1981	4 891.56	1 138.41	23.27
1982	5 323.35	1 229.98	23.11
1983	5 962.65	1 409.52	23.64
1984	7 208.05	1 701.02	23.60
1985	9 016.04	2 004.25	22.23
1986	10 275.18	2 204.91	21.46
1987	12 058.62	2 262.18	18.76
1988	15 042.82	2 491.21	16.56
1989	16 992.32	2 823.78	16.62
1990	18 667.82	3 083.59	16.52
1991	21 781.50	3 386.62	15.55
1992	26 923.48	3 742.20	13.90
1993	35 333.92	4 642.30	13.14
1994	48 197.86	5 792.62	12.02
1995	60 793.73	6 823.72	11.22
1996	71 176.59	7 937.55	11.15
1997	78 973.03	9 233.56	11.69
1998	84 402.28	10 798.18	12.79
1999	89 677.05	13 187.67	14.71
2000	99 214.55	15 886.50	16.01
2001	109 655.17	18 902.58	17.24
2002	120 332.69	22 053.15	18.33
2003	135 822.76	24 649.95	18.15
2004	159 878.34	28 486.89	17.82
2005	184 937.37	33 930.28	18.35

续表

年份	GDP（亿元）	财政支出（亿元）	财政支出/GDP（%）
2006	216 314.43	40 422.73	18.69
2007	265 810.31	49 781.35	18.73
2008	314 045.43	62 592.66	19.93
2009	340 902.81	76 299.93	22.38
2010	401 512.80	89 874.16	22.38
2011	473 104.05	109 247.79	23.09
2012	519 470.10	125 952.97	24.25
2013	568 845.21	140 212.10	24.65
2014	643 974.00	151 785.56	23.57
2015	689 052.10	175 877.77	25.52
2016	743 585.50	187 755.21	25.25
2017	827 121.70	203 085.49	24.55
2018	919 281.10	220 904.13	24.03
2019	986 515.20	238 858.37	24.21
2020	1 013 567.00	245 679.03	24.24
2021	1 149 237.00	245 673.00	21.38
2022	1 204 724.00	260 552.12	21.63

资料来源：国家统计局网站相关数据整理而来。

6.2.2 公共支出规模增长的理论

6.2.2.1 瓦格纳法则

阿道夫·瓦格纳（Adolph Wagner）是 19 世纪德国经济学家，他对 19 世纪许多欧洲国家、日本、美国的公共支出的增长情况做了考察后发现了政府职能不断扩大及政府活动增加的规律。当国民收入增长时，公共支出会以更大比例增长。随着人均收入水平的提高，公共支出占 GDP 的比重将会提高，这就是公共支出的相对增长。这一思想是瓦格纳提出的，被后人归纳为瓦格纳法则。

瓦格纳把导致公共支出增长的因素归结为政治因素、经济因素。随着经济的工业化，市场中的当事人之间关系越来越复杂，由此引起对商业法律和契约的需要，要求建立司法组织，这样就需要增加政府公共支出，把更多的资源用于提供治安的和法律的设施，此为政治因素。

经济因素是指工业发展带来人口居住密集化，由此将产生外部拥挤性等问题，需要增加公共部门进行管理。此外，瓦格纳把对于教育、娱乐、文化、保健与福利服务的公共支出的增长归因于需求的收入弹性，即随着实际收入的增长，这些项目的公共支出的增长将会快于 GDP 的增长。瓦格纳的公共支出理论为许多国家的经济发展所证实。

专栏 6.2　瓦格纳小传

阿道夫·瓦格纳（Adolph Wagner，1835—1917），德国经济学家、新历史学派的主要代表。他生于德国的埃朗根，1857 年获爱丁堡大学博士学位。先后在维也纳商学院、汉堡大学、弗莱堡大学和柏林大学任教。曾任普鲁士国会下院议员和上院议员。

瓦格纳早期主张自由主义，但以后转为对自由主义经济学的批判。他强调法律关系在经济生活中的决定作用，认为财产权利、契约关系都是以法律为依据的，从而主张修订法律以对整个社会进行改良。他强调国家在经济生活中的作用，国家是社会改良的支柱，宣传"国家社会主义"，提出了要赋予税收对收入和财富进行再分配的社会职能（见第十章专栏 10.1）。他既反对古典政治经济学，也反对马克思主义。

他对银行学、统计学和财政学都进行了广泛研究。他以其理论为依据，积极参与了当时的政治活动，是基督教社会党和福音社会大会的重要人物，社会政策协会的创立者之一和俾斯麦政策的坚决支持者。著有《政治经济学读本》《财政学》《政治经济学原理》《社会政策思潮与讲坛社会主义和国家社会主义》等。

6.2.2.2　公民偏好论

政府支出的增长是公民偏好的一种表达方式。假定中位选民对公共部门的物品和服务的需求（G），是公共部门物品和服务的相对价格（P）与收入（I）的某种函数：

$$G=f(P,\ I)$$

收入的增加部分用于购买公共部门的物品和服务。假定收入增加一定百分比，公共物品和服务的需求量增加一个更大的百分比——需求的收入弹性大于 1。倘若如此，在其他条件相同的情况下，收入增长过程本身就会使不断上升的收入份额流入公共部门。同理，如果对 G 的需求价格弹性小于 1，且随着时间的推移 P 上升，政府的收入份额也会上升。更为重要的是，公共部门相对规模的增长，并不一定意味着政治过程出了什么"问题"。这很可能是选民的愿望，选民理性地考虑了放弃私人部门物品消费的机会成本。那么，随着时间推移，P 和 I 发生的现实变

化能否解释 G 的历史变化？要回答这个问题，必然要从计算过去 P 和 I 的现实百分比变化情况开始；然后用 P 的百分比变化乘以 G 对 P 弹性的经济计量估计值，用 I 的百分比变化乘以 G 对 I 的弹性值，这样就得到了由于 P 和 I 的变化所引起的 G 的百分比变化；再把这个数字与 G 的现实变化进行比较。基于这种方法进行的一项估计表明，在美国公共预算的增长中，只有大约 40% 可以用该公式来解释（Holseyand Borcherding，1997）。这个粗略的计算表明，简单的中位选民理论只能部分解释公共支出增长的原因。

6.2.2.3　皮考克和怀斯曼的阶梯增长说

英国经济学家皮考克（A. T. Peacock）和威斯曼（J. Wiseman）在 1961 年出版的《联合王国公共支出的增长》一书中，对英国 1890—1955 年政府支出增长进行了研究，提出了公共支出的"阶梯增长说"，以说明政府支出的增长趋势和时间模型，从而对瓦格纳法则的研究方法做了重要的补充。

该理论学说的假设前提是：政府喜欢多开支，公民却不愿意多纳税。当政府决定预算支出规模时，应密切关注公民对税收承受能力的反应，公民的"税收容忍度"是政府公共支出的约束条件。在这一假设前提下，他们做出如下的推论：随着经济发展，收入水平上升，以不变的税率征收的税收会上升，于是政府支出的上升会与 GDP 的上升呈线性关系，这也是公共支出增长的内在原因；在非正常时期，如发生经济危机、战争时，公共支出上升的压力会骤然增大，政府被迫提高税率，而公民在非常时期也会提高其"税收容忍度"并接受较高的税率。这是公共支出增长的外在原因。

该理论着重对公共支出增长的外在原因进行了分析，认为外在原因通过三方面的效应导致公共支出增长。

（1）置换效应。置换效应包括对以前财政支出水平的置换和对私人部门支出的置换。前者是指在危急时期，新的、较高水平的支出（税收）替代了以前的、较低的支出（税收）水平；而在危急时期过后，这种新的支出水平因公众的税收容忍程度提高而不会逆转；即使支出水平有所下降，也不会低于原来的趋势水平。后者是指在社会总资源的配置中，私人部门的份额因公共部门的份额增加而减少。也就是说，在危急时期，财政支出在一定程度上会取代私人支出，而且财政支出的增加呈阶梯状。

（2）审视效应。社会动荡暴露出许多社会问题，迫使政府和公众重新审视公共部门和私人部门各自的职责，认识到有些社会经济活动应当纳入政府的活动范围，公共部门需要提供一些新的公共产品。与此同时，随着公众觉悟水平的提高，可容忍的征税水平在危急时期过后明显增加。这样，公共部门规模的扩张、财政支出规模的增长趋势不可避免。

（3）集中效应。在非常时期，中央政府显然要集中较多的财力，甚至会发行大量国债以满足其猛增的需求。即使在正常时期，为了促进经济增长，中央政府的经济活动在整个公共部门的经济活动中所占比重也具有明显提高的倾向。

6.2.2.4 马斯格雷夫和罗斯托的经济成长阶段说

马斯格雷夫（R. A. Musgrave, 1910—2007）和罗斯托（W. W. Rostow, 1916—2003）从经济发展的角度，分别对公共支出增长进行了分析，特别是对不同发展阶段的财政支出重点进行了分析。

他们认为，在经济增长和发展的初期阶段，公共部门的投资在整个国家经济总投资中占有很高的比重，重点是投资在诸如治安、道路、交通、教育和卫生等社会经济发展必不可少的领域，促使经济和社会发展进入"起飞"的中级阶段。到了经济和社会发展的中级阶段后，政府继续进行公共部门投资，而此时的公共部门投资已经开始成为日益增长的私人部门投资的补充。马斯格雷夫认为，在经济发展过程中，当总投资占 GNP 的比重增加时，公共部门投资占 GNP 的比重却下降了。罗斯托认为，一旦经济发展进入成熟阶段，公共支出的主要目的将会由提供社会基础设施转向教育、卫生和福利服务的支出。用于社会保障和收入再分配方面的支出相对于公共支出的其他项目及 GNP 而言，都将会有较大幅度的增长。

世界各国的财政支出不论是从绝对规模来看还是从相对比重来看，都呈现出随着人均收入的提高而增长的趋势，而且也从各个角度阐明了形成这种增长趋势的原因。我们把这些原因大致归为三类：

（1）经济性因素，包括经济发展水平、经济体制的选择、物价水平、征税能力以及政府的干预政策等。一般而言，经济发展水平越高，财政支出规模越大；经济管理体制越集权，财政支出规模越大；物价水平越高，名义财政支出规模就会越大；政府的征税能力越强，财政支出规模就越大；如果政府减少干预且干预手段主要是管制而不是财政收支活动，财政支出规模就会相对缩小。

（2）政治性因素，包括政局是否稳定、政体结构的行政效率等。如果一国政局不稳，出现内乱、战争等突发事件，财政支出规模必然会超常规扩张。如果一国的行政机构臃肿、人浮于事、相互扯皮、效率低下，必然导致经费开支增加。

（3）社会性因素，包括人口状况、文化背景等。人口增加，相应的教育、医疗保健、交通、住房、治安等方面的需求就会增加，财政支出的压力增大；人口老龄化导致社会保障支出和其他社会福利性支出增加，这是中上等收入国家特别是高收入国家财政支出规模不断膨胀的主要原因。

专栏 6.3 马斯格雷夫小传

理查德·马斯格雷夫（Richard A. Musgrave, 1910—2007），1910 年出生在德国的柯尼希施泰因，于 1930 年在慕尼黑大学开始了经济学研究。他于 1931 年转到海德堡，获得经济学硕士学位。1933 年，他被选为德国的交换学者到罗切斯特大学学习，并在此获得了他的第二个硕士学位。马斯格雷夫在 1937 年从哈佛大学获得了经济学博士学位。他留在哈佛大学一直到 1941

年，然后作为华盛顿联邦储备委员会的经济学家工作到 1948 年。1947—1981 年，他先后在美国最著名的几所大学，像约翰斯霍普金斯大学、普林斯顿大学、哈佛大学和加州伯克利大学担任教职。1965 年被哈佛大学的文理学院和法学院同时聘为教授，成了该所大学中被两个学院聘为教授的第一人。他在这两个学院中为学生讲授财政学、税收政策与经济发展和税制改革，直到 1981 年退休。

马斯格雷夫多次担任美国政府的顾问。他还曾担任许多国家，如玻利维亚、波多黎各、韩国等的经济顾问。他也当选了美国艺术和科学院院士，美国经济学会著名学者、国民税务协会荣誉成员和国际财政研究院荣誉主席。他在 1981 年获得了政治经济学的弗兰克·塞德曼（Frank E Seidman）奖，获得了包括慕尼黑大学、密歇根大学等荣誉博士学位。另外，他创办主编了《经济学季刊》杂志。他去世前一直是哈佛大学的荣誉教授，也担任了其夫人佩吉所在的加利福尼亚大学圣克鲁兹分校的教授，直至去世。

马斯格雷夫是国际财政研究院创始人之一。他支持母校慕尼黑大学成立了经济研究中心并大力支持学校创立了全球性的经济研究网（CESifo Economics Research Network），并一直担任慕尼黑大学经济研究中心的学术顾问。美国的《国家税务杂志》（National Tax Journal）也以他命名了青年学者奖。

6.3

公共支出控制

在任何国家或任何时期，政府财力总是有限的，而公共支出的需求则是无限的，由此决定公共支出的供给与需求始终处于矛盾之中，甚至财力供需矛盾十分突出。因此，公共支出管理一是要控制支出总量水平，缓解财政压力；二是要优化支出结构，为国家财政运行的良性循环和长期可持续性发展创造条件。

6.3.1 公共支出的总量控制

公共支出的控制主要体现在对支出总量的控制上。在成熟市场经济国家，控制公共支出已经日益成为财政管理的一项重要任务。从过去的历史发展进程看，发达国家的财政收入和支出表现出不断扩张的趋势，公共支出占 GDP 的比重大幅度上升，这是财政活动领域拓宽以及加强公共治理的客观要求，具有历史的必然性。但公共支出特别是社会福利性支出的过度扩张，使政府财政面临的压力越来越大，陷入一种"高福利、高支出、高税收、高赤字、高债务"的困境。正是在这种情况下，发达国家比以往更加重视对公共支出总量的控制。美国财政经济实力雄厚，但美国联邦政府长期以来受巨额赤字和债务的困扰。从 20 世纪 90 年代中期开始，克林顿政府和国会采取了新的平衡预算方案，在提高个人所得税税率和公司所得税税率的同时，强化支出控制，硬化预算约束，采取了削减社会保障支出、推迟政府退休人员生活费用的调整、进一步限制可自由支配项目开支（如国防、国际事务、国内规划）等系列举措。

控制支出总量并不是要求公共支出不增长，关键是要确保公共支出的合理增长，避免支出总量的过度膨胀。当前，我国正迈入高质量发展建设共同富裕的新时代，党的二十大报告强调，要统筹发展和安全，这就要求财政工作要"尽力而为，量力而行"。"尽力而为"就是有多大本事出多大力，坚决守住民生底线，"量力而行"就是吃饭穿衣量家当，不提不切实际的目标，不做超越阶段和能力的事情，不能一味地提高标准，吊高胃口。按照构建现代财政制度的要求，不断推动公共支出治理制度创新，探索支出总量有效控制机制，确保财力可持续、收支可平衡、风险可控制，更好地统筹发展和安全。

在市场经济条件下，是否能有效控制公共支出总量，归根结底是要合理界定政府与市场的边界，在充分发挥市场资源配置的决定性作用前提下，明确哪些事项应该由政府负责，以此作为公共支出分配的依据。受传统体制惯性的影响，我国财政支出仍然具有大包大揽的特征，国家财政包揽了一些本应由企业、个人和社会负担的支出，承担了一部分应由市场承担的经营支出，财政支出范围过宽，几乎覆盖社会生产与消费的各个方面，一些本应由市场解决的问题被纳入财政分配范畴，而应由政府承担的事业又没有得到充分财政保障。为此，要持续理顺市场和政府的关系，创新财政支持方式，撬动更多社会资本参与发展公共事业。

6.3.2 公共支出的结构优化

支出结构就是公共支出的内部比例关系，这一比例关系是否合理，影响和决定着整个国家积累与消费的比例关系，也在很大程度上关系能否充分发挥财政政策宏观调控的职能作用。因此，公共支出的控制还必须把调整和优化支出结构作为一项重要内容。[①]

财政支出结构的发展变化与经济发展阶段密切相关。从经济发展阶段论的观点来看，在经济发展的早期阶段，交通、通信、水利等基础设施直接影响私人部门生产性投资的效益，从而影响整个经济的发展。而这些经济基础设施往往具有投资大、周期长、私人收益小（外部经济效益大）的特点，私人部门不愿投资或没有

---

① 主要观点参考：雷良海. 财政支出增长与控制研究［M］. 上海：上海财经大学出版社，1997.

能力投资，这就需要政府来提供，为经济发展创造良好的发展环境，克服基础设施"瓶颈"效应。此外，在经济发展的早期阶段，由于私人资本积累是有限的，这就使得某些资本品必须公共生产，即使这些资本品不具有外部经济效益，也要求通过政府预算提供。当经济已经实现"起飞"后，那些需由政府提供的具有较大外部经济效益的基础设施已基本建成，需求开始趋缓，而私人产业部门业已兴旺，私人资本积累逐渐上升，因此，公共资本积累支出在整个社会总积累支出中所占的比重会趋于下降。当经济进入"成熟"期后，公共投资的份额又会上升，这是因为随着人均收入的大幅增长，人们对生活质量提出了更高要求，私人消费形式发生变化，此时对私人消费品的补偿性公共投资变得很重要，公共积累支出再次出现较高增长。总之，在经济发展早期阶段，对公共资本支出比例要求较高，在"起飞"实现之后会有所下降，步入"成熟"阶段后又会上升。

我国公共支出结构的优化调整要立足中国特色社会主义进入新时代的新历史方位，按照构建现代财政制度的要求，不断优化制度供给，构建集中财力办大事的财政政策体系，在加强重点事项支出保障特别是兜牢民生底线的同时，大力压减不必要的行政支出，把有限的财政资金用在刀刃上，提高财政资源的配置效率和实施效果。与此同时，财政投资范围也必须进行调整，逐步退出一般竞争性领域，集中有限财力强化国民经济要害领域和重要产业投资。

专栏 6.4　控制我国行政费用膨胀的有效途径

为了提高政府行政效率，增强财政的调控能力，必须从多方面采取过硬措施，从严控制行政人员和行政经费。

（1）在财政内部全面实行"下管一级"的管理办法。上级财政对下级财政的行政经费总量限额、行政人员编制及人均行政支出综合定额提出控制指标，进行动态考核，辅之以一定的奖罚措施。

（2）继续推进行政改革，精简机构，这是减少财政供养人员和压缩行政经费的治本之策。精简机构是降低行政管理支出、减轻财政负担的一种最彻底和最有效的办法。一方面要确保正常的行政经费提供，按照"精简、效能、廉洁、高效"的原则，保证必要的经费支出；另一方面，又要严格控制经费的支出规模，控制不合理开支，提高经费使用效率。

（3）建立有效的政府公务员系列的竞争机制。这不仅包括公务员的公开考试录用制度，而且要逐步推行机关干部的辞退制度，改变行政机关人员只进不出的现象，改变机构臃肿、人浮于事、效率低下的状态，努力减少财政供养人口，节约财政支出，减轻社会负担。

（4）有效配置政府资源，提高政府行政管理的效率。政府应随着时代的发展、社会的进步，重新认定公共产品提供的范围。对于纯公共产品，理应由政府财政支出；对混合产品，如教育、卫生、科技等，可以采用市场提供和公共提供相结合的方式（即部分公共提供的方式）。其中，公共提供的份额应该建立在成本—收益分析的基础上，从而既能较好地避免市场提供可能造成的消费不足的效率损失，又能有效地防止公共提供可能造成的消费过度的效率损失。

（5）完善预算管理制度，加强对财政收支的监管。制定细致的预算管理办法，明确各级领导的审批权限和范围，并承担控制预算的经济责任；建立增收节支的激励和约束机制；建立事中、事后监督制度；建立一整套政府采购管理制度，实行阳光采购。

6.3.3 公共支出控制的方法

在如何有效控制公共支出方面，哈维·罗森提出了几种可供参考的解决思路。[①]

一是重塑官僚激励机制。运用经济激励机制来削弱官僚谋求机构、人员和经费扩张的动机，比如，让政府管理人员的薪水调整与本部门规模变化挂钩，部门规模扩张越快，该部门人员薪水上升越慢甚至下降，给削减部门预算的官僚加薪。

二是推行公共服务外包。在公共部门履行财政出资责任的同时，将部分公共设施和公共服务外包给市场主体和社会组织来进行生产，利用市场的竞争机制和专门化优势，提升公共品供给质量，同时节约财政资金。

三是改变财政制度。改变现行财政制度，通过硬化预算约束、增强预算透明度、加强预算结果绩效评价等，加强对财政支出的控制。

四是法律限制。将控制支出的有关条款写进法律乃至宪法，如预算必须平衡，支出不能超过收入，收入增长的幅度必须低于 GDP 增长的幅度，从法律层面严格控制公共支出扩张。

从我国的实际情况看，从预算编制和监督着手，采取相应的公共支出控制方法是非常迫切和及时的，主要有以下几种方法。

一是建立健全全面规范、公开透明的预算制度。预算法中应对公开的范围、主体、时限等提出明确具体的要求，对转移支付、政府债务、机关运行经费等社会高度关注事项要求公开做出说明，并相应规定违反预算公开规范的法律责任。预算公开有利于形成刚性的法律约束，有利于确保人民群众知情权、参与权和监督权，提升财政管理水平，从源头上预防和治理腐败。

二是政府全部支出都纳入预算，接受社会监督。实行全口径预算管理，是建立现代财政制度的基本前提。广义政府的所有活动支出都应当纳入预算管理。同时，将地方政府债务纳入预算管理，避免地方政府债务游离于预算之外、脱离人大监督。各级预算支出要按其功能和经济性质分类且细化编制，这将有利于更全面理解预算的实现过程。

① 哈维·S. 罗森. 财政学［M］. 郭庆旺，赵志耘，译. 7 版. 北京：中国人民大学出版社，2006：115-116.

　　三是全面实施预算绩效管理[①]。全面实施预算绩效管理是推进国家治理体系和治理能力现代化的内在要求，是深化财税体制改革、建立现代财政制度的重要内容，是优化财政资源配置、提升公共服务质量的关键举措。将一般公共预算、政府性基金预算、国有资本经营预算和社会保险基金预算全部纳入统一的绩效管理体系中。强化四本预算之间的衔接，以绩效目标作为预算安排的前置条件。例如，在一般公共预算支出方面，重点关注预算资金配置效率、使用效益，特别是重大政策和项目实施效果，其中转移支付预算绩效管理要符合财政事权和支出责任划分规定，重点关注促进地区间财力协调和区域均衡发展。其他预算支出也要基于绩效目标有重点地配置财政资源，确保资金使用效率。

　　硬化预算绩效管理约束，明确绩效管理责任约束，以地方各级政府和各部门各单位作为预算绩效管理的责任主体，做到花钱必有成效、无效必问责。强化绩效管理激励约束，建立绩效评价结果与预算安排和政策调整挂钩机制，将本级部门整体绩效与部门预算安排挂钩，将下级政府财政运行综合绩效与转移支付分配挂钩。对低效无效资金一律削减或取消，对长期沉淀的资金一律收回并按照有关规定统筹用于亟须支持的领域。严肃财经纪律，提高财政资金绩效。

　　四是规范专项转移支付。规范专项转移支付，建立健全专项转移支付定期评估和退出机制。市场竞争机制能够有效调节的事项不得设立专项转移支付，除国务院规定上下级政府应共同承担事项外不得要求下级政府承担配套资金等。这些措施都将有利于减少"跑部钱进"现象和中央部门对地方事权的不适当干预，也有利于地方统筹安排预算。

本 章 小 结

1. 公共支出既是费用（消费）概念也是成本（社会代价）概念，同时公共支出反映政府活动的整体，包括总量及结构。全面理解公共支出必须从不同的角度进行分析，本章主要从政府收支科目和经济性质两个角度进行了分析。

　　支出功能分类是按政府的主要职能活动进行的分类，共设 27 类。

　　支出经济分类是按支出的经济性质和具体用途所做的一种分类，它反映政府的钱究竟是怎么花出去的。我国支出经济分类科目共设 15 类。

2. 公共支出规模增长现象是 100 多年来经济学一直关注的。本章介绍了几种解释公共支出不断增长的理论。其实公共支出增长的原因不外乎是政治、经济和社会的原因。

3. 公共支出的控制本身并不与公共支出增长相矛盾，公共支出控制的主要原因是存在政府支出需求的刚性扩张与满足这一需求的财力的有限性。公共支出控制

[①] 根据 2018 年 9 月 1 日印发的《中共中央　国务院关于全面实施预算绩效管理的意见》整理而来。

主要包括控制支出总量和优化支出结构两个方面。前者可理解为政府规模自身的合理的度；后者可理解为政府内部各职能的比例关系。实行公共支出控制的有效方法在于公共支出管理制度上的改革，这一改革的核心无疑是预算制度。

重 要 概 念

公共支出　政府收支分类　支出功能分类　支出经济分类　购买性支出　转移性支出　瓦格纳法则　阶梯增长说　公民偏好论　经济成长阶段说

思 考 题

1. 你认为政府花钱与你个人花钱有什么异同？这些不同会产生公共支出的什么问题？

2. 公共支出会产生什么样的经济影响？举例说明。

3. 公共支出规模增长趋势与个人支出规模增长趋势有没有相同之处？

4. 运用相关公共支出理论，解释新中国成立以来我国不同时期公共支出的发展变化情况。

5. 为什么说在控制公共支出总量的同时要优化支出结构？

参考答案

进一步阅读文献

1. 平新乔. 财政原理与比较财政制度［M］. 上海：上海三联书店，上海人民出版社，1995：95−116.

2. 财政部财政科学研究所课题组. 中国财政改革 30 年：回顾与展望［J］. 经济研究参考，2009（2）.

3. 朱进. 财政预算的"公地悲剧"：财政支出规模增长的一种解释［J］. 当代财经，2008（3）.

4. 哈维·S. 罗森. 财政学［M］. 郭庆旺，赵志耘，译. 7 版. 北京：中国人民大学出版社，2006：115−116.

5. 李冰冰，汪德华. 1950—2021 年中国财政支出科目体系的历史演变［J］.

财经智库，2022，7（4）：33-58.

参 考 文 献

1. 安秀梅，徐静. 关注"官民比"探索降低政府行政成本新路［J］. 当代财经，2008（4）：34-37.

2. 韩晓琴. 公共财政支出结构的调整与优化探析［J］. 财政研究，2008（10）：27-30.

3. 丛树海. 财政支出学［M］. 北京：中国人民大学出版社，2002.

4. 叶振鹏，张馨. 公共财政论［M］. 北京：经济科学出版社，1999.

5. 高培勇. 公共经济学［M］. 北京：中国人民大学出版社，2004.

6. 张馨. 财政学［M］. 北京：科学出版社，2006.

7. 雷良海. 财政支出增长与控制研究［M］. 上海：上海财经大学出版社，1997.

8. 哈维·S.罗森. 财政学［M］. 郭庆旺，赵志耘，译. 7版. 北京：中国人民大学出版社，2006.

9. 乔纳森·格鲁伯. 财政学［M］. 曹越，林江，译. 5版. 北京：中国人民大学出版社，2021.

10. 李燕. 政府预算理论与实务. 4版. 北京：中国人民大学出版社，2021.

即 测 即 评

学完第 6 章啦，来做个小测检验一下学习效果吧！

7

主要公共支出分析

本章学习目标
- 解释政府介入教育、基础设施和社会保障领域的原因
- 了解我国教育、基础设施和社会保障等主要公共支出项目的现状
- 掌握基础设施筹资的主要形式
- 了解社会保障资金的筹资模式、社会保障对经济行为人的效应

　　孙川，来自四川凉山彝族自治州冕宁中学。这个被网友们称作"工地少年"的小伙子，曾因"收到清华录取通知书前还在工地打工"而登上热搜，感动了无数人。2020 年，他以 675 分的成绩被清华大学机械、航空与动力专业录取。

　　高考结束后，孙川没像其他同学一样轻松地过暑假，而是在家乡一处工地当了一个月小工，为自己赚取学费、生活费，减轻家里的经济负担。据了解，孙川来到北京的路费、学费都由当地政府资助。在报到的时候，学校还给他发了爱心资助礼包。

　　如今，越来越多像孙川这样的"寒门学子"在实现梦想的同时，有了经济上的兜底保障。党的十八大以来，学生资助资金投入力度不断加大，资助项目从少到多，资助面从窄到宽，已经形成了相对完善的学生资助制度安排，实现了"三个全覆盖"，即学前教育、义务教育、高中阶段教育、本专科教育和研究生教育所有学段全覆盖，公办民办学校全覆盖，家庭经济困难学生全覆盖，从制度上保障了"不让一个学生因家庭经济困难而失学"。

　　众所周知，政府占用着大量资源。2022 年，我国一般公共预算收入已达到 203 703 亿元，如果按全口径四本预算总计的收入在 37 万亿元左右（减去账户之间重复部分）。这么多的钱都花到了何处？是用来修建公路、铁路？是用于对困难人群的救助？还是用来促进义务教育公平？根据财政学理论，对这些资源应如何进行分配？以什么方式分配？支出现状与理论要求的差距有多远？应该如何缩小理论与

现实的差距？下面将通过教育、基础设施和社会保障三个主要支出内容让我们对这些问题做一回答。

7.1 教育支出

教育支出是指政府用于教育事业方面的财政支出。在当今世界，一国教育的发达程度、全社会用于教育的投入水平，常常是衡量一个国家民族素质和文明程度的主要标准。因此，教育支出在各国政府的公共支出中占有非常重要的地位，并呈现经济发展水平越高、公共教育支出占 GDP 比例越高的现象。据联合国教科文组织对世界 112 个国家的数据统计，2015 年，公共教育经费占 GDP 比重的世界平均值为 4.7%，美国、英国等发达国家公共教育支出占 GDP 比重绝大多数超过 5%，发展中国家绝大多数超过 4%。[①]

2022 年，全国教育经费总投入为 61 329.14 亿元，比上年增长 5.97%。其中，国家财政性教育经费（主要包括一般公共预算安排的教育经费，政府性基金预算安排的教育经费，国有及国有控股企业办学中的企业拨款，校办产业和社会服务收入用于教育的经费等）为 48 472.91 亿元，一般公共预算教育经费（包括教育事业费、基建经费和教育费附加）为 39 256.96 亿元，国家财政性教育经费占国内生产总值比例为 4.01%。财政性教育经费占教育经费总投入的比重为 79%，一般公共预算教育经费占财政性教育经费的比重为 81%。

7.1.1 政府介入教育领域的理论依据

一般来说，政府介入教育领域的原因主要有如下几个方面：

7.1.1.1 很多教育服务具有明显的外部收益

尽管教育具有明显的个人收益，比如，一个人会因为接受教育而增加知识、掌握技术，进而获得较高的个人收益，但是，教育仍具有很强的正外部性，如教育对全民族文化素质的提高，对社会秩序的稳定，对整个社会技术进步的推动等，都是教育公共产品性质的体现，也是政府承担出资责任的重要原因。

不同类型教育具有的外部性程度不完全相同，可以划分为基本上具有公共

---

① 资料来源：联合国教科文组织网站。

产品性质的教育、具有准公共产品性质的教育和具有私人产品性质的教育三种类型。

基本上具有公共产品性质的教育主要包括义务教育、特殊教育和工读教育、以广播电视等形式进行的公开教育等。对比公共产品的非竞争性和非排他性，虽然从严格意义上讲，这些类型的教育并不完全符合纯公共产品的属性，但实践中多数国家一般将它们作为一种制度安排而定位在公共产品上，这些类型教育的经费基本来自政府财政拨款。

具有准公共产品性质的教育包括义务教育阶段以上的各类教育，如高等教育、高中教育、中等职业教育、成人教育等。这些教育类型，可以提高受教育者的终身收入，带来明显的私人经济利益，而且随着受教育程度的提高，这种私人收益一般呈现出增长的态势。在这种前提下，接受以上教育类型的受教育者承担教育成本是合乎情理的。但是由于这类教育一般具有广泛的社会收益，受教育者个人所获得知识、技能、态度等不仅可以为个人带来正的收益，而且会外溢到全社会，促进社会经济发展，最终使其他社会成员受益，因此，对这类教育政府应给予适当的补贴。

具有较强的私人产品性质的教育[①]包括收取报酬的家庭教师进行的教育，各种为满足个人自身发展或消遣而开办的兴趣班和补习班的教育，企业对员工进行的各种培训等。这些形式的教育可以通过市场的运作自行发展而不需要国家财政的补贴。

外部性是政府从效率角度出资教育的重要依据。根据初等教育、中等教育和高等教育的外部性强弱，我们可以确定政府补贴份额的大小，如图 7.1 所示。

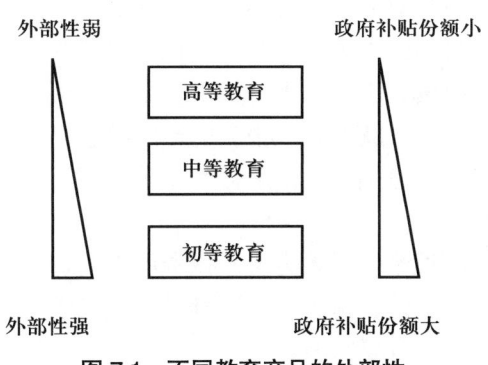

图 7.1　不同教育产品的外部性

7.1.1.2　教育是促进社会公平的重要途径

受教育权是公民的一项基本权利，是每一个公民的生活和发展共同具有的部分——起码必备的部分。一个公民如果缺少了这一部分，那就保证不了

---

① 这类教育支出数据，通常并不包含在我国教育经费统计数据之中。

为了谋生所必需的基本条件。美国经济学家詹姆斯·托宾提出的商品平均主义（Commodity Egalitarianism）理论就是建立在对公民基本权利保障的基础之上。他认为对某些特定的商品应当进行平均主义的分配。① 因为这些商品对生命和公民权利是至关重要的，这些商品（如教育、医疗照顾、食品券）的平均分配不仅有助于改善未来人力资本和收入的分配，在实践中往往易于操作。②

7.1.1.3 资本市场的不完善

虽然教育是一种人力资本投资，应该由个人及其家庭支付部分成本，那么，我们能够像贷款买房等有形资本投资一样，进行人力资本投资吗？出于以下原因，人力资本投资的风险要大大高于有形资本：

首先，有形资本投资可以抵押，人力资本投资不可抵押。一般而言，有形资本投资者在借款时可以用自己的财产（如房屋）作为抵押，必要时贷方可以将房屋收回。但是，进行人力资本投资，贷方就难以得到回收贷款的保证。因为知识和能力依附在掌握了知识和能力的借方（人）身上，知识和能力不是独立的、抓得住的有形资产，贷方无法在发生债务纠纷时将它们收归己有。因此，对以利润最大化为目标的商业银行来说，贷款给既无信用依据又无有形资产抵押的学生风险太大。

其次，人力资本回报较高，但不稳定。经济学家贝克尔对美国大学毕业生平均收益率的估算结果为12.7%。③ 但是，人力资本回报却围绕平均数波动很大。就每个大学毕业生个体来说，所选职业、个人努力、机会运气和其他因素都会影响借款的大学毕业生的个人回报以及还款能力。

最后，社会对人力资本投资契约的有效性以及对人力资本投资的管理费用也与有形资本投资不同。借贷双方签订契约是约束借贷双方、保障各自权利的基本制度。但是，如果借款的目的是人力资本投资，社会对违约的谴责、法律对违约的约束力都会低于有形资本投资，因为人不是奴隶，是不能买卖的！另外，在劳动力自由流动的条件下，管理契约、获取收入报告的难度都会高于有形资本投资，再加上人力资本投资的借款者分布范围广、借款数额小等原因又造成人力资本投资的管理费用大大高于有形资本投资。

因此，经济困难家庭很难获得人力资本投资所需的贷款，由政府提供教育服务或为教育贷款提供担保、补贴，帮助经济困难学生完成学业，也成为政府介入教育特别是高等教育领域的一个重要原因。

---

① 托宾意义上的商品平均主义是作为宏观经济政策的一种补充，意在缓解贫困，为贫困人口提供改善人力资本和收入能力的机会和手段。参见：On Limiting The Domain of Inequality [J]. Journal of Law and Economics, 1970（13）：263-77.

② 托宾曾作为美国总统经济顾问，实践过他的商品平均主义的理念，如参与制定"反贫困计划"，该计划使美国的贫困率从1965年的19%下降到1980年的13%。婴儿死亡率、有色人种预期寿命等指标均有大幅度改善。

③ 加里·S.贝克尔. 人力资本 [M]. 梁小民，译. 北京：北京大学出版社，1987：90.

7.1.2 教育财政投入的回报

由于财政资源是有限的，我们有必要关注教育投资效益，将教育财政投入与教育产出联系在一起。衡量投资效益的方法有很多，其中比较主流的方法是通过测度教育投入对某种教育产出的边际贡献来衡量教育投资效益。教育产出（Educational Output）是指教育投资后形成的一系列结果。教育产出分为直接产出和间接产出。教育的直接产出是与特定教育目标联系在一起的，表现为受教育者劳动能力的提高。认知和非认知技能水平都可视为教育的直接产出。在教育经济学研究中，通常以"学业成绩"作为衡量教育直接产出的代理指标。例如，缩小班级规模对"学业成绩"的影响，衡量的是教育财政投入的直接效益。教育的间接产出是指教育投入在教育系统以外所产生的间接结果，是受教育者进入社会经济领域后引起的个人收入及国内生产总值的增加。例如，公共教育扩展对学生成年后收入的影响、高校扩招对经济增长的贡献，都是衡量教育财政投入的间接效益。我们将从教育对学业成绩、收入和经济增长三方面的贡献入手，讨论教育投入产出关系。

7.1.2.1 教育与学业成绩

学业成绩是最直接的可度量的教育结果，是衡量教育质量、人力资本水平的重要指标。教育生产函数将学生、家庭、学校等相关特征或资源作为投入要素，研究这些要素对学业成绩的边际贡献。最早的教育生产函数可追溯至 1966 年的"科尔曼报告"。1966 年，美国社会学家科尔曼等人基于美国 4 000 所学校 64 万名学生的大规模调查，向美国国会递交了《关于教育机会平等的报告》，即科尔曼报告。研究发现，影响学生成绩的关键因素不是学校投入，而是学生家庭社会经济地位相关的投入。科尔曼报告一度使"学校无用论"流行起来。随后，美国经济学家汉奈谢克等人引领一股教育生产函数研究热潮，探寻学生学业成绩的决定因素。

美国教育经济学家汉奈谢克（Hanushek, 1997）对已有的教育生产函数研究结果进行了总结（见表 7.1）。从已有的研究来看，各项投入要素对教育质量的提升没有明确的影响。但是，从统计显著为正的情况来看，投入要素主要集中在教学经验、教师工资等与教师相关的投入要素上。加强教师队伍建设对提高教育质量具有一定的作用。

表 7.1　教育资源对提升学业成绩的效果：基于 377 项教育生产函数的研究

投入要素	研究个数	统计显著		统计不显著		
		正	负	正	负	符号未知
生师比	277	15%	13%	27%	25%	20%
教师学历	171	9%	5%	33%	27%	26%

续表

投入要素	研究个数	统计显著		统计不显著		
		正	负	正	负	符号未知
教学经验	207	29%	5%	30%	24%	12%
生均支出	163	27%	7%	34%	19%	13%
教师工资	119	20%	7%	25%	20%	28%
基础设施	91	9%	5%	23%	19%	44%
行政投入	75	12%	5%	23%	28%	32%

资料来源：Hanushek E A. Assessing The Effects of School Resources on Student Performance: An Update [J]. Educational Evaluation and Policy Analysis, 1997, 19（2）：141.

国内有代表性的教育生产函数研究是胡咏梅和杜育红（2009）的研究。他们利用西部五省区农村小学的样本调查数据，采用两水平线性模型，分析不同层面投入对学业成就的影响。他们的研究发现，少数民族专任教师比、专任女教师比、生均公用经费等人力、财力资源对学生成就有显著促进作用。其他一些研究也发现生均公用经费对学业成绩具有显著的促进作用。这可能与这些研究对象主要集中于落后地区有关。学校教育经费投入与学业成绩的因果关系还需要更多样本的支持。

7.1.2.2 教育与收入

教育财政支出能否提高受教育者成年后的工资水平，能否改善收入分配，这是政策制定者关注的重要问题。要回答这一问题，就必须弄清楚教育对收入的因果效应。如果教育的确能促进收入增加，那么就可以通过有针对性的教育投入政策改善收入分配。

研究教育收益率主要基于明瑟收入方程：

$$LnY_i = \alpha + \rho S_i + \beta_1 Ex_i + \beta_2 Ex_i^2 + e_i$$

其中，LnY_i 是年收入的对数值，S_i 是受教育年限，Ex_i 是以年龄表示的工作经验，α、β、ρ 是待估参数，e_i 是随机误差项。其中，ρ 衡量了教育收益率。

基于明瑟收入方程得到的各国教育收益率在9%左右（Psacharopoulos，1994），这意味着每多受一年教育，未来收入平均会提升9%。然而，明瑟收入方程存在遗漏变量偏误问题，这将使教育收益的估计存在偏差。最重要的遗漏变量是"能力"。而忽略"能力"的普通估计会高估教育收益率。为了得到真实的教育收益率估计，通常采用双胞胎数据或工具变量估计两种因果识别策略。因为能力往往具有遗传性，同一家庭的双胞胎的能力基本相同。通过家庭内一对双胞胎之间的差分，"能力"的影响便被控制住了，从而收入的差异可以完全归因于教育年限的差异。Ashenfelter 和 Krueger（1994）开创性地运用双胞胎数据研究美国俄亥俄州特文斯堡的教育收益率。他们的研究结果表明，特文斯堡的教育收益率为6.2%。低于基于明瑟的传统估计。孙志军（2014）利用中国人口抽样调查生成了16—35岁双胞胎数据，采用双胞胎差分方法估计了中国教育收益率，为4.3%，远低于基于明瑟收入方程的传统估计结果。

另一类研究采用工具变量解决遗漏变量偏误问题。计量经济学家Angrist和Krueger（1991）根据因出生季度不同造成受教育年限的差异，构造出一个可用于估计义务教育经济回报的工具变量。在美国大多数州，儿童可以在满5岁（未限制出生月份）那年的九月份入学。这样，出生在第一季度的儿童入学时已经超过5周岁，而出生在第四季度的儿童入学时尚未满5周岁。美国大多数州同时规定，学生只有年满16周岁后才能离开学校。因此，当出生在不同季度的两个学生同时选择在16周岁时从高中辍学时，他们所接受的教育年限是有差异的。由于出生季度在大多数情况下是无法操纵的，因此以"是否出生在第四季度"构造的工具变量具有很强的外生性。有关证据表明，儿童入学时年龄（仅存在若干月数或周数差异）与学业表现并没有直接的关系。因此，出生季度并不会通过教育成绩等认知和非认知技能渠道影响未来收入，只能通过受教育年限影响未来收入。工具变量的排他性约束条件——工具变量不能通过其他渠道影响结果变量——满足。根据Angrist和Krueger（1991）的工具变量估计，美国义务教育的经济回报在7%左右，低于其他未解决能力偏误的教育收益率估计值。

7.1.2.3　教育与经济增长

目前，主要有三种不同的理论模型分析了教育影响经济增长的机制。这三种模型分别是：扩展的新古典增长理论、内生增长理论和技术扩散理论。

分析教育对经济增长的作用主要基于包含各类生产要素的柯布—道格拉斯生产函数。最简单的生产函数只包含资本和劳动力两种生产要素。索洛（Solow，1956，1957）曾对美国1909—1949年的经济增长对人均资本进行回归发现，人均经济产出的增长只有12.5%是由资本和劳动力的增加所导致的，剩余的87.5%（即"索洛残差"）被归因于技术变革因素。随后，对索洛残差的解释主要沿着两条路径展开：一是强调技术创新对经济增长的作用；二是对技术变革的黑箱进一步解析，强调教育、知识等人力资本对经济增长的作用。

曼昆、罗默和韦尔（Mankiw，Romer，Weil，1992）提出的扩展新古典增长理论，将人力资本纳入生产函数，强调教育作为一种生产要素的重要性。教育能够提升人力资本的积累水平，从而提高总收入的稳态水平。随着人力资本水平的提升，经济从一个稳态水平提升至另外一个稳态水平。随着教育提升到一个新的水平，教育对经济增长的影响将变得微弱，这是因为教育资源是有限的，不能无限扩张，无法发挥教育规模红利。这一理论对教育的作用似乎持一定程度的悲观倾向。

然而，内生增长理论认为教育能够影响长期经济增长。内生增长理论认为，经济增长是由创新驱动的。卢卡斯（1988）、罗默（1990）、阿吉翁和霍依特（1998）都强调，人力资本通过带来新思想和新技术，对提高企业的创新能力发挥至关重要的作用。在内生增长理论看来，技术变革是内生驱动的。这些模型的分析表明，即使没有更多的教育资源进入经济体中，给定的教育水平也能够持续产生新思想，为创新注入新动能。

关于教育促进经济增长的观点还包含在技术扩散理论中。由纳尔逊和菲尔普斯（Nelson, Phelps, 1966）、韦尔奇（Welch, 1970）、贝哈鲍比和斯皮格尔（Benhabib, Spiegel 2005）等人建立的技术扩散理论，强调教育对知识扩散的作用，而知识扩散是技术创新和经济增长的重要条件。

7.1.3 公共教育支出的负担结构

由于各级教育的外部性强弱有别，政府对各级教育的干预程度也将存在差别。从表 7.2 中可以看出，多数国家的财政承担了大多数的基础教育经费，而高等教育的公私负担结构存在两极分化。从 OECD 各国的平均趋势来看，政府对基础教育的干预力度要大于高等教育。我国政府承担教育经费的比重近年来不断提升，已经接近 OECD 国家的平均水平。

表 7.2　　　　2020 年各国基础教育、高等教育资金的公私负担比重

单位：%

国家	基础教育		高等教育	
	公共财政	私人支出	公共财政	私人支出
澳大利亚	85	15	36	64
美国	92	8	38	62
英国	87	13	25	72
日本	93	7	36	64
韩国	95	5	43	57
德国	89	11	83	16
法国	91	9	73	25
OECD 平均	91	9	67	30

注：教育经费来源统计包括公共、私人和国外三个部分，其中，OECD 国家高等教育国外经费来源平均占比为 3%。

资料来源：Education at A Glance 2023: OECD Indicators（OECD 网站）。

在公共财政所负担的教育经费当中，各国政府间的负担结构也存在差异。各级政府教育支出负担结构与法律规定的政府教育职责、教育管理体制和教育财政体制

密切相关。从国际经验来看，一般而言，实行集权制的国家，中央政府所负担的教育支出比例较高，实行分权制的国家，地方政府承担了较大比重的教育支出。

从表 7.3 中可以看出，基础教育职责在各级政府间的分工并不完全一致，但有一点是共同特征，即中央和省级政府承担了基础教育的重要责任。可以将基础教育政府负担结构划分为四种类型：

（1）基础教育属于中央事权，中央政府提供了所有经费。这类国家如爱尔兰、新西兰等。在新西兰，100% 的基础教育资金由中央政府直接承担。

（2）中央政府是资金的主要最初提供者，但通过转移支付划拨给省级和地方政府。这类国家如韩国、墨西哥和智利。在韩国，中央提供了 80% 的基础教育资金，但 99% 的支出最终是在省级和地方政府进行。

（3）省级政府是基础教育主要提供者，但通过转移支付拨付给地方政府。这类国家如加拿大和美国。在加拿大，省级政府提供了 78% 的资金，但将大部分拨付给地方政府使用。

（4）地方政府负担了主要的基础教育资金。在挪威，地方政府承担了近 90% 的基础教育资金。

表 7.3　　　　　　　　基础教育资金在各级政府间的分工（2020）

单位：%

国家	（政府间转移支付前）最初资金				（政府间转移支付后）最终资金			
	中央政府	省级政府	地方政府	合计	中央政府	省级政府	地方政府	合计
爱尔兰	100	0	0	100	100	0	0	100
新西兰	100	0	0	100	100	0	0	100
法国	75	15	10	100	74	15	11	100
韩国	80	18	2	100	1	41	58	100
墨西哥	80	20	0	100	27	73	0	100
智利	98	0	2	100	63	0	37	100
挪威	12	0	88	100	10	0	90	100
西班牙	11	83	6	100	11	83	6	100
加拿大	5	78	17	100	4	11	85	100
日本	19	51	30	100	1	29	70	100
美国	9	43	48	100	1	2	97	100
OECD 平均	59	16	25	100	45	15	40	100

资料来源：Education at A Glance 2023: OECD Indicators（OECD 网站）. 在一些国家，省级政府相当于区域（Regional）层面。

而在高等教育阶段，绝大多数国家存在基本相似的分工格局。一方面，中央和省级政府承担了主要的资金。尽管在西班牙和德国，省级政府承担了多数的财政投入责任，但在其他多数 OECD 国家，高等教育财政责任主体依然是中央政府。另一方面，总体而言，在 OECD 国家，中央对省级和地方政府的转移支付很少，几乎可以忽略不计（见表 7.4）。

表 7.4　　　　　　　　　高等教育资金在各级政府间的分工（2020）

单位：%

国家	（政府间转移支付前）最初资金				（政府间转移支付后）最终资金			
	中央政府	省级政府	地方政府	合计	中央政府	省级政府	地方政府	合计
美国	63	29	8	100	63	29	8	100
日本	90	10	0	100	89	11	0	100
法国	88	7	5	100	88	7	5	100
英国	100	0	0	100	100	0	0	100
德国	28	69	3	100	20	77	3	100
澳大利亚	91	9	0	100	89	11	0	100
西班牙	18	81	1	100	18	81	1	100
荷兰	100	0	0	100	100	0	0	100
OECD 平均	88	11	1	100	87	12	1	100

资料来源：Education at A Glance 2023: OECD Indicators（OECD 网站）.

　　表 7.5 描述了我国中央政府在三级普通教育中的负担比重（转移支付后）。中央政府主要承担高等教育部分，对基础教育所承担的资金不足全部经费的 0.5%。这与我国基础教育实行地方负责、分级管理的财政体制有关。目前，高等学校教育经费筹集的分工格局是以省级政府为主，中央和地市级政府为辅。随着 1998 年中央高校下放，中央政府对高等教育的负担比重逐年下降。2020 年中央政府在高等教育上的支出比例为 23.8%。

表 7.5　　　　　　我国中央政府公共教育支出占公共教育总支出的比重

单位：%

教育层次	2003 年	2005 年	2007 年	2009 年	2016 年	2020 年
普通高等教育	42.23	35.85	33.44	33.53	27.74	23.8
普通中学	0.15	0.10	0.63	0.46	0.53	0.50
普通小学	0.02	0.02	0.20	0.36	0.38	0.32

资料来源：历年《中国教育经费统计年鉴》。

7.2

基础设施支出

基础设施即便不是经济增长的引擎，也是经济增长的"车轮"。[①] 由此可见，基础设施是一个地区经济赖以发展的必要条件，它对一个地区经济起飞和发展起着催化和加速的作用。迄今为止，人们对基础设施还没有一个统一的定义，一般分为狭义和广义两种定义。狭义的基础设施是指永久性的成套的工程构筑、设备、设施和它们所提供的为所有企业生产和居民生活共同需要的服务。广义的基础设施还包括文化、教育、科学、卫生等部门提供服务时所需的公共服务设施。这里讨论的基础设施，指狭义基础设施，主要包括三部分：一是公共设施，如电力、电信、自来水、固体废弃物的收集和处理及管道煤气等；二是公共工程，如公路、大坝和灌溉渠道等水利设施；三是其他交通运输部门，如铁路、港口和航道、机场、市内交通等。从上述列举的基础设施中不难看出，无论是道路、桥梁，还是铁路、港口等产业和设施，它们都对国民经济的发展起着举足轻重的作用。

7.2.1　政府投资介入基础设施的理论依据

基础设施普遍具有公益性和正外部性，有助于生产要素在更广地域内的流动与配置，进而提高生产要素的收入，包括劳动工资。此外，基础设施不仅具有生产性而且具有消费性，其生产不仅可以促进投资，而且可以拉动居民消费，是促进经济发展和熨平经济周期的重要手段。因此，基于上述基础设施的特点与性质，我们将从以下几个方面具体分析政府投资介入基础设施的缘由。

7.2.1.1　基础设施是经济增长的前提

据世界银行《1994 年世界发展报告》，发展中国家基础设施存量每增长 1%，GDP 就会增长 1%。特别是当经济发展中存在基础设施瓶颈约束时，消除这一约束对经济增长的促进作用就更为明显。这一点已为各国的发展所证实。

7.2.1.2　有些基础设施规模经济显著，具有自然垄断性

比如，电力、电信、煤气、自来水和铁路运输中的输送网络业务均具有自然垄

---

① 世界银行. 1994 年世界发展报告［M］. 毛晓威，等，译. 北京：中国财政经济出版社，1994.

断性，这些业务需要大量固定资产投资，其中相当部分是沉淀成本，如果由两家或两家以上的企业进行重复投资，不仅会浪费资源，而且每家企业的网络系统均不能得到充分利用。

7.2.1.3 基础设施普遍存在外部效应

如大江大河的治理、污染的治理、农村公路建设、交通标志设置、街道清扫，这些都难以通过收费弥补成本，私人部门通常不愿意对这类基础设施进行投资。

7.2.1.4 基础设施可以减轻贫困，促进公平

大量证据表明，修建基础设施使穷人受益。例如，有关孟加拉国16个村庄的调查表明，那些从新建的政府投资基础设施中受益的村庄，在剔除其他影响收入的因素之后，其家庭平均收入增加33%。[①] 此外，良好的饮用水及环境卫生基础设施不仅能为所有居民提供健康的生存环境，降低发病率和死亡率，还能提高穷人的生产效率。

7.2.1.5 基础设施支出是政府调控经济的一个重要手段

在经济不景气时，私人部门的消费需求和投资需求都不强，企业无法吸纳失业人口，此时政府加大基础设施投资，有助于拉动国内需求，缓解社会就业压力；在经济过热、私人部门消费和投资需求过旺时，减少政府基础设施投资，有助于降低国内需求，抑制或减缓通货膨胀的势头。为应对2008年开始爆发的国际金融危机以及国内诸多因素造成的经济下滑，我国政府推出"四万亿"投资的经济刺激计划，其中近一半资金投向交通等基础设施领域，发挥基础设施对国民经济的巨大拉动作用，抵消国际金融危机带来国际贸易骤然下降的负面冲击，熨平经济周期带来的不利影响。

7.2.2　政府投资基础设施的范围和方式

不同基础设施满足非竞争性、非排他性的程度并不相同。在图7.2中，从左到右产品的排他性是递减的，同时外部性逐渐递增。从上到下产品的竞争性逐渐递减。最接近私人产品的是电信、地方电力输送、城市间高速公路等，而最接近公共产品的是农村道路、街道清扫、交通标志设置等。

---

① 世界银行. 世界发展报告［M］. 牛津：牛津大学出版社，1990：58-59.

	排他性		非排他
私人产品			**公共财产**
电信	城市公交	矿物燃料发电厂	地下水 城市道路
	乡村卫生设施(现场处理)		
地方电力输送	铁路、机场、港口服务 高压输电 铁路、机场、港口设施	管道水供给系统 地表水灌溉设施 垃圾填埋 城市污水处理	
城市间高速公路(收费公路)			农村道路 街道清扫 交通标志设置
俱乐部产品			**公共产品**

（左侧纵轴：非竞争性由弱到强；底部横轴：外部性由低到高）

图 7.2　公私部门对不同基础设施承担不同职能的理论依据

资料来源：桑贾伊·普拉丹. 公共支出分析的基本方法［M］. 蒋兴，魏陆，赵海莉，译. 北京：中国财政经济出版社，2000：13.

从效率角度讲，公共产品属性越强，政府需要承担的财务责任越大。一般来讲，排他成本越低，私人付费的可能性越大。当然，政府还会出于公平目的，对一些基础设施进行公共提供。世界银行根据基础设施的非竞争性、非排他性以及公平的目标对各种基础设施确定的市场化指数，为基础设施的市场配置与公共配置的政策提供了参考依据。一般来讲，市场化指数＝1.0，不适宜在市场上出售，这类基础设施应采取政府公共提供方式，如农村道路、城市道路、管道排污与处理、一级与二级灌溉网络；市场化指数＝2.0，基本适宜在市场上出售，对这类基础设施，政府宜采取混合提供的政策，即政府经营，通过适当收费和政府补贴达到收支平衡，如城市自来水管道网络、港口与机场设施、铁路路基与火车站、水净化处理设施等；市场化指数＝3.0，最适宜在市场上出售，对这类基础设施宜采取市场提供的政策。

基础设施的融资，一般通过项目融资方式进行。下面简单介绍几种主要的项目融资方式：

政府和社会资本合作方式，统称为 PPP（Public Private Partnership）方式，即"公共部门—私人企业—合作"的方式，指的是公共部门通过与私人部门建立伙伴关系，共同提供公共产品或服务。PPP 方式的一个典型结构是公共部门与中标单位组成的特殊目的公司签订特许合同，由特殊目的公司负责融资、建设及经营。这种融资形式的实质是政府通过给予私营公司长期的特许经营权和收益权来换取基础设施建设，以解决政府的财政困境。社会资本通常承担设计、建设、运营、维护基础设施的大部分工作，并通过"使用者付费"及必要的"政府付费"获得合理投资回报；政府部门负责基础设施及公共服务价格和质量监督，以保证公共利益最大化。PPP方式适用于投资规模较大、需求长期稳定、价格调整机制灵活、市场化程度较高的基础设施及公共服务类项目。北京地铁4号线是我国首次运用PPP方式融资的项目。

BOT（Build-Operate-Transfer）方式，即建设—经营—转让方式，基本运作过程是政府将拟建的基础设施项目通过招商方式转让给某一公司，由其组建项目公司负责基础设施融资、建设和经营，并在协议规定的特许期内，通过向设施使用者收费方式回收投资，并取得合理收益，特许期结束，基础设施产权无偿转让给政府。著名的英法海底隧道工程，我国广西来宾电厂B厂、湖南长沙电厂A厂、泉州刺桐大桥均是运用BOT方式建造的成功范例。

专栏7.1　基础设施的市场化指数

市场化指数是经济学家对于各项基础设施的综合评价而提供的允许市场经营程度的指标。在设计这一指标时，通常考虑市场竞争潜力、商品或服务的特点、向使用者收费来补偿成本的可能性、公共服务的责任（对收入分配公平的作用）、环境外部性五个方面。

市场竞争潜力，是指有无潜在的竞争者，竞争潜力低的为1分，高的为3分。

商品或服务的特点，是指产品是否具有排他性，偏向纯公共产品为1分，偏向私人产品为3分。

向使用者收费来补偿成本的可能性，是指通过收费方式收回其成本的可能性，不可能收费的产品和服务得1分，完全可能收回成本的得3分。

公共服务的责任，是指政府要不要通过采取无偿或低价收费服务来实现社会公平。那些更有责任实现公平的产品得1分，可以不考虑公平责任的产品得3分。

环境外部性，是指产品或服务的外部成本或外部收益，凡是外部收益或外部成本极低的产品或服务得3分，极高的得1分。

采用上述标准依次对各项基础设施打分，然后计算出各自的平均分值，即是市场化指数。基础设施的市场化指数如表7.6所示。

表7.6　　　　　　　　基础设施的市场化指数

部门和子部门		市场竞争潜力	商品或服务的特点	向使用者收费来补偿成本的可能性	公共服务的责任	环境外部性	市场化指数
电信	地方性服务	中等	私人产品	高	中等	低	2.6
	长途、增值服务	高	私人产品	高	很少	低	3.0

续表

部门和子部门		市场竞争潜力	商品或服务的特点	向使用者收费来补偿成本的可能性	公共服务的责任	环境外部性	市场化指数
电力或天然气	热力发电站	高	私人产品	高	很少	高	2.6
	电力输送	低	俱乐部产品	高	很少	低	2.4
	电力分配（供电）	中等	私人产品	高	很多	低	2.4
	天然气生产、运输	高	私人产品	高	很少	低	3.0
交通、运输	铁路路基与火车站	低	俱乐部产品	高	中等	中等	2.0
	铁路货、客运服务	高	私人产品	高	中等	中等	2.6
	城市公交	高	私人产品	高	很多	中等	2.4
	城市地铁	高	私人产品	中等	中等	中等	2.4
	农村道路	低	公共产品	低	很多	高	1.0
	一级与二级公路	中等	俱乐部产品	中等	很少	低	2.4
	城市道路	低	公共产品	中等	很少	高	1.6
	港口与机场设施	低	俱乐部产品	高	很少	高	2.0
	港口与机场服务	高	私人产品	高	很少	高	2.6
自来水	城市管道网络	中等	私人产品	高	很多	高	2.0
	非管道系统	高	私人产品	高	中等	高	2.4
排污设施	管道排污与处理	低	俱乐部产品	中等	很少	高	1.8
	共管污水处理	中等	俱乐部产品	高	中等	高	2.0
	现场处理	高	私人产品	高	中等	高	2.4
废弃物	收集	高	私人产品	中等	很少	低	2.8
	环境卫生处理	中等	公共产品	中等	很少	高	1.8
灌溉	一级与二级网络	低	俱乐部产品	低	中等	高	1.4
	三级网络	中等	私人产品	高	中等	中等	2.4

资料来源：世界银行. 1994年世界发展报告［M］. 毛晓威，等，译. 北京：中国财政经济出版社，1994：25.

TOT（Transfer-Operate-Transfer）方式，即转让—经营—转让方式，是指委托方（政府）与被委托方（外商或私人企业）签订协议，规定委托方将已投产运营的基础设施项目移交给被委托方在一定期限内经营，委托方凭借所移交的基础设施项目在未来若干年的收益，一次性从被委托方那里融到一笔资金，再将这笔资金用于新的基础设施建设。1994 年山东省将烟台至威海一级汽车专用公路的经营权转让天津天瑞公司（外商独资企业），1996 年陕西省将渭河电厂部分经营权也采用 TOT 方式转让给了外商。

专栏 7.2　政府和社会合作模式操作指南

　　为科学规范地推广运用政府和社会资本合作模式（PPP），2014 年 9 月和 11 月，财政部先后印发了《财政部关于推广运用政府和社会资本合作模式有关问题的通知》（以下简称《通知》）和《关于印发政府和社会资本合作模式操作指南（试行）的通知》（以下简称《操作指南》）。经过近十年的实践，PPP 模式在一定程度上起到了改善公共服务、拉动有效投资的作用，但也出现了一些亟待解决的问题。2023 年 11 月，国家发展改革委和财政部进一步印发了《关于规范实施政府和社会资本合作新机制的指导意见》（以下简称《新机制》），对实施政府和社会资本合作新机制做了系统规范。本专栏结合上述文件，对 PPP 的操作流程和新机制进行介绍。

　　第一，根据《通知》和《操作指南》，PPP 操作流程包括项目识别、项目准备、项目采购、项目执行和项目移交几个阶段。

　　在项目识别阶段，财政部门（政府和社会资本合作中心）会同行业主管部门，从定性和定量两方面对候选项目进行评价和筛选，在考虑财政承受能力的基础上，选择项目，进入项目准备阶段。

　　在项目准备阶段，财政部门（政府和社会资本合作中心）将对各项目实施方案进行物有所值和财政承受能力验证。通过验证的，由项目实施机构报政府审核；未通过验证的，可在实施方案调整后重新验证；经重新验证仍不能通过的，不再采用政府和社会资本合作模式。

　　在项目采购阶段，项目实施机构应根据项目需要准备资格预审文件，发布资格预审公告，邀请社会资本和与其合作的金融机构参与资格预审。项目有 3 家以上社会资本通过资格预审的，项目实施机构可以继续开展采购文件准备工作，并按规定程序进行评审。

　　在项目执行阶段，项目实施机构和财政部门（政府和社会资本合作中心）应监督社会资本按照采购文件和项目合同约定，按时足额出资设立项目公司，并及时开展融资方案设计、机构接洽、合同签订和融资交割等工作。

　　在项目移交阶段，项目实施机构或政府指定的其他机构代表政府收回项目合同约定的项目资产。项目合同中应明确约定移交形式、补偿方式、移交内容和移交标准。

　　第二，《新机制》共四个部分 18 条，从准确把握新机制的总体要求、规范推进建设实施、切实加强运营监管、加大政策保障力度四个方面，对政府和社会资本合作新机制做了系统规范，主要包括：合作项目应聚焦使用者付费项目，明确收费渠道和方式；合作项目应全部采取特许经营模式实施；合作项目应合

理把握重点领域，限定于有经营性收益的项目；合作项目应最大程度鼓励民营企业参与政府和社会资本合作新建（含改扩建）项目，制定《支持民营企业参与的特许经营新建（含改扩建）项目清单（2023年版）》并动态调整等。

资料来源：摘自2014年《财政部关于推广运用政府和社会资本合作模式有关问题的通知》《关于印发政府和社会资本合作模式操作指南（试行）的通知》和2023年《关于规范实施政府和社会资本合作新机制的指导意见》。

7.2.3　我国基础设施投资支出分析

目前，我国基础设施投资主要呈现以下特点：

7.2.3.1　基础设施投资总量增长迅速

基础设施的需求因经济发展阶段不同而不同。据世界银行对发展中国家的一项抽样调查显示，基础设施投资通常占社会总投资的20%，占政府投资的40%~60%。联合国推荐发展中国家基础设施投资占GDP的比例为3%~5%[①]。改革开放以来，特别是20世纪90年代以来，随着我国综合国力的增强，包含基础设施在内的政府投资迅速增长。表7.7大致反映了我国基础设施投资及其在全社会固定资产投资和GDP中所占比重。从表7.7中可以看出，自2003年以来，基础设施投资增长非常迅速，2017年基础设施投资占GDP的比例高达21.76%，此后虽然有所回落，但占比仍超过了17%。经过40多年的高投资和建设，我国基础设施取得了举世瞩目的成绩。

表7.7　我国基础设施投资及其在全社会固定资产投资和GDP中所占比重

单位：亿元

年份	基础设施投资	全社会固定资产投资	GDP	基础设施投资占全社会固定资产投资比重（%）	基础设施投资占GDP比重（%）
2003	16 278.3	53 841	137 147	30.23	11.87
2004	20 170.8	66 235	161 356	30.45	12.50
2005	25 024.5	80 994	187 658	30.90	13.34
2006	30 752.4	97 583	219 598	31.51	14.00
2007	35 624.0	118 323	270 499	30.11	13.17
2008	43 718.5	144 587	318 068	30.24	13.75

[①] 张雷宝. 地方政府公共投资效率研究［M］. 北京：中国财政经济出版社，2005.

续表

年份	基础设施投资	全社会固定资产投资	GDP	基础设施投资占全社会固定资产投资比重（%）	基础设施投资占GDP比重（%）
2009	61 872.5	181 760	347 650	34.04	17.80
2010	73 036.3	218 834	408 505	33.38	17.88
2011	69 649.0	223 646	484 109	31.14	14.39
2012	80 431.1	263 770	539 040	30.49	14.92
2013	97 173.6	308 312	596 344	31.52	16.29
2014	116 380.5	349 732	646 548	33.28	18.00
2015	137 124.3	379 873	692 094	36.10	19.81
2016	158 611.2	406 406	745 981	39.03	21.26
2017	180 359.0	431 526	828 983	41.80	21.76
2018	183 747.9	456 981	915 774	40.21	20.06
2019	190 255.6	480 393	990 708	39.60	19.20
2020	197 946.8	493 208	1 025 628	40.13	19.30
2021	197 209.3	517 133	1 145 283	38.14	17.22
2022	220 763.6	542 366	1 205 017	40.70	18.32

注：统计局在2003年重新对分行业固定资产投资进行了调整，为了保证统计数据口径的一致性，本表只给出了2003年之后的相关投资数据。其中经济基础设施的统计范围参考了世界银行报告，具体包括"电力、燃气及水的生产和供应业""交通运输、仓储和邮政业""信息传输、计算机服务与软件业"以及"水利、环境和公共设施管理业"四个行业的固定资产投资。同时，对于全社会固定资产和GDP数据，本表采用了《中国统计年鉴2023》中的修订数据。

资料来源：历年《中国统计年鉴》。

7.2.3.2 基础设施的多元化筹资格局逐步形成

在我国，政府投入一直是基础设施发展的主要资金来源。从"一五"到1980年以前，国家预算内投资在基础设施上的比例在80%左右，"一五"时期高达90.3%，即使在1980年这一比例也达到62.5%。尽管借助国家强制手段可以在短期内为基础设施筹集巨额资金，在一定程度上保证事关国民经济全局和具有长远意义的重点项目建设。但是，这一筹资模式由于受政府财力约束，极大地制约了基础设施发展，使得基础设施成为经济发展的瓶颈。

随着市场经济体制的建立和完善，基础设施的多元化筹资格局逐步形成。例如，北京市在2003年选择京承高速公路二期工程、北苑污水处理厂等经营性项目面向社会投资者招标建设和运营；2004年起，市政府逐步减少对经营性城市基础设施项目的投资，对新建经营性城市基础设施项目依法向社会投资者招标建设和运营；2008 年起，除国家法律法规规定外，北京经营性城市基础设施存量资产全部向社会投资者开放；对有经营收入但不足以回收成本的轨道交通等城市基础设施项目，在政府资金引导下，采取 PPP（公共部门与私人企业合作）模式吸引社会投资者合作建设，或给予政府补贴等优惠政策对社会投资者进行投资回报补偿。又如，2003 年投资预算 118 亿元的杭州湾跨海大桥项目，50.26% 的资金来自民间资本。2014 年 11 月，财政部《关于印发政府和社会资本合作模式操作指南（试行）的通知》，对那些投资规模较大、需求长期稳定、价格调整机制灵活、市场化程度较高的基础设施及公共服务类项目，如何规范和推广政府和社会合作模式，提供了具体的操作指导。这标志着基础设施筹资的多元化、规范化正在形成。

7.2.3.3 基础设施资金投向长期以来以"城市为中心"的格局逐渐转变

长期以来，我国农村基础设施一直遵循"自力更生为主，国家支持为辅"的原则，农村基础设施的供给主要不是靠公共财政，而是靠农民自己。最终造成城乡基础设施的巨大差异，集中体现在农村供水条件、供电设施、通信、电视发射覆盖面积、道路交通条件等方面远远滞后于城市。即使在 1998 年提出建立公共财政制度以来，农村基础设施也并没有更多地被公共财政所覆盖。直到党的十六届五中全会提出建设社会主义新农村重大历史任务时，第一次把扩大公共财政覆盖农村作为政策导向提出。随后几年，公共财政覆盖农村的政策相继出台，农村基础设施建设也进入了快车道，农村电网改造工程、农村广播电视基础设施建设以及农村路路通等基础设施建设、改造工程相继实施，改变了基础设施投资长期"以城市为中心"的历史。2014 年 12 月 23 日，时任财政部部长在审议《国务院关于国家财政水利资金投入和使用工作情况的报告》时表示，财政资金将重点支持农村饮水安全工程、农田水利等薄弱环节建设、完善防汛抗旱减灾体系等方面，这些都标志着缩小城乡基础设施差距的力度在加大。2017 年 2 月 6 日，《国务院办公厅关于创新农村基础设施投融资体制机制的指导意见》印发，提出加快补齐农村基础设施短板、以推进城乡发展一体化为目标，以创新投融资体制机制为突破口，明确各级政府事权和投入责任，拓宽投融资渠道，优化投融资模式，加大建设投入，完善管护机制，全面提高农村基础设施建设和管理水平。2018 年 9 月，中共中央、国务院印发《乡村振兴战略规划（2018—2022 年）》，继续把基础设施建设重点放在农村，持续加大投入力度，加快补齐农村基础设施短板，促进城乡基础设施互联互通，推动农村基础设施提档升级。农村基础设施建设重大工程包括农村公路建设、农村交通物流基础设施网络建设、农村水利基础设施网络建设、农村能源基础设施建设、农村新一代信息网络建设。

7.3

社会保障支出

社会保障是指政府通过立法，采取强制手段对国民收入进行分配和再分配活动，对社会成员在老、病、残、丧失劳动能力或因自然灾害等面临生活困难时给予物质上的帮助，以保证社会安定的一系列有组织的措施、制度和事业的总称。社会保障是社会成员应享有的基本权利，是国家应履行的确保社会成员生活权利的一种法律责任。它是解决社会问题的重要杠杆，是稳定社会和经济秩序的一个重要机制。

"社会保障"源于英文"Social Security"一词，又译为"社会安全"，最早出自美国 1935 年颁布的《社会保障法案》（Social Security Act）。由于它简洁、概要、表达明确，后被国际劳工组织接受，一直沿用至今。但是由于社会保障是个发展着的动态概念，随着社会保障事业的发展、变化及人们认识的深化，社会保障概念的内涵也在不断地变化和丰富。

7.3.1 政府介入社会保障的理由

7.3.1.1 社会保障体现了对公民基本权利的保障

在社会领域中，生存权、健康权、居住权、受教育权、工作权和资产形成权这 6 项是公民的基本权利，意味着公民具有摆脱贫困、拥有生活所需的基本物质财富的权利，也是公民追求政治自由的前提。在市场经济条件下，市场是以资本实现"利润最大化"为目标提供产品的，因而不能有效提供社会保障，因此，政府必须负起责任，确保社会领域公民权的实现，而社会保障是实现公民基本权利的一个重要内容。

7.3.1.2 克服保险市场存在的"逆向选择"

保险市场存在的信息不对称使投保人往往是那些更有可能获取保险赔偿的人，我们把这种现象称为逆向选择。逆向选择是信息不对称导致的一种后果。比如保险公司要提供失业保险这个产品，如果保险公司与投保人之间不存在信息不对称，那么高失业风险的投保人支付高保险费率，低失业风险的投保人支付低保险费率，市场将会实现一个有效的均衡。但由于商业保险要遵循自愿原则，买不买保险由消费者自己说了算，保险公司并不了解消费者的失业率。因此，保险公司不能进行区分并实行差别费用，只能对所有投保人按以平均失业率计算所获得的平均费率收费。这样的话，只有那些失业可能性大的才会去买保险，而失业可能性小的投保人会嫌收费太高而退出市场。如此一来，买保险的人会减少，保险的费率就会提高，而费率提高后买保险的人会更少，形成恶性循环，保险公司最终难以为继。而如果实行人人皆要购买的强制性社会保险，就可以消除逆向选择。

7.3.1.3 实现收入分配公平的需要

在市场经济条件下，由市场失灵所导致的收入分配不公平，不仅会对经济的运行和发展造成损害，也有可能引发大规模的社会危机。社会保障制度的出现和发展就是对市场机制的一种修正和补充。社会保障制度通过其资金的筹集和待遇的给付，把一部分高收入社会成员的收入转移到一部分生活陷入困境的社会成员手中，从而弥补市场机制在收入分配上的缺陷，缩小收入差距，实现公平分配，促进共同富裕。

7.3.1.4 家长主义的表现

由于缺乏远见，个人会倾向于将所积累的财产全部用于短期消费，而对未来可能发生的意外缺乏必要的防范，作为"家长"的政府就有责任对社会成员采取一定的强制措施，强制要求每一个社会成员购买由政府提供的社会保险，防止社会成员在现在或未来的安排上由于选择不当，没有为未来积累足够的财产而造成的贫困现象。

专栏7.3 贝弗里奇报告

威廉·亨利·贝弗里奇（William Henny Beveridge，1879—1963）是英国经济学家、社会问题和失业问题专家。贝弗里奇毕业于牛津巴里奥学院，早期从事对伦敦东区贫困社会状况的研究。第一次世界大战后，贝弗里奇被任命为伦敦经济学院院长，并担任这一职务近20年。此外，贝弗里奇在第二次世界大战期间还担任过英国政府的劳工部次长。

贝弗里奇一生出版过诸多著作，其中1942年出版的《贝弗里奇报告——社会保险和相关服务》（简称《贝弗里奇报告》）和1944年出版的《自由社会的充分就业》对后世影响深远。尤其第一本书使贝弗里奇成为福利国家的理论建构者之一。贝弗里奇在《贝弗里奇报告》中倡议为所有英国公民提供社会保险制度，主张建立以社会保险为核心的结构型社会保障体系，明确划分救济与保险的保障界限。整个社会保障体系由社会保险、社会救助、自愿保险三部分组成，包括失业及无生活能力的公民、退休金、教育及健康保障等。报告主要有三大内容：第一，社会保险是社会保障制度的核心，是为了补偿人们因丧失工作能力和收入中断导致的收入损失，以满足社会成员的生存需要。第二，社会救助是社会保险必不可少的补充，主要补充那些不符合条件领取合适保险的人和那些在非正常的情况下个人的特殊需要。第三，对于超过需要基础之上的人类需求，即基本津贴水平之上的需求，贝弗里奇认为应该由自愿保险来解决。此外，自愿保险除了能够满足更高的需求之外，还可以应对不具有统一和普遍性的风险。因此贝弗里奇对于自愿保险的作用给予了高度肯定。更重要的是，《贝弗里奇报告》所主张的社会保障理念，包括了建立全面统一社会保障体系，权利和义务对等原则，统一管理、适度分权原则，按公民最基本生活需要决定原则，社会保险覆盖对象的普遍性和保障需求的全方位，满足不同阶层的社会需求。他的另一本书《自由社会中的充分就业》则系统地提出了就业问题应该由国家及市场导向的私人企业联合运作解决。

《贝弗里奇报告》出版后各界的反应并不一致，但仍引起了巨大的社会反响。英国政府也基本接受了《贝弗里奇报告》的建议，于 1944 年发布了社会保险白皮书。1948 年，英国首相艾德礼宣布英国第一个建成了福利国家。瑞典、芬兰、挪威、法国、意大利等国也纷纷效仿英国，致力于建设福利国家。《贝弗里奇报告》作为人类社会保障发展史上的里程碑，对人类社会不断追求公平正义的理论基础、制度产生、模式选择都产生了变革性的导向。

7.3.2　社会保障内容体系

7.3.2.1　社会保障的主要内容

1. 社会保险

社会保险是政府通过立法采取强制手段对国民收入进行分配和再分配，形成专门的社会保险基金，对劳动者在暂时或永久丧失劳动能力和失业时的基本生活需要（包括赡养家庭的基本生活需要）和基本医疗需求在物质上给予社会性资助和保障的形式和制度。它是现代社会保障制度的核心内容，其含义是：① 遭受风险的原因是在职业过程中丧失劳动能力或失去工作机会；② 保障对象是全体劳动者；③ 资金来源强调权利与义务的对应关系，国家、企业和个人共同担负一定的比例；④ 支付标准是维持基本生活水平；⑤ 支付期限是丧失劳动能力或丧失工作机会的期间。

社会保险与商业保险一样，要求受保人或其就业单位向社会保障机构缴纳一定的费用，并且也具有风险分担、互助互济的保险功能。但社会保险毕竟不同于商业保险，二者的区别主要有以下几个方面：① 两者的目的不同。社会保险的目的是维护公民的基本生活需要，保证公民应享有的合法权益，不以营利为目的；商业保险的目的是通过出售保险服务，获取盈利。② 两者的实施方式不同。社会保险是强制保险，由政府根据立法采取强制行政手段加以实施；而商业保险则一般为自愿保险。③ 两者的权利与义务关系不同。社会保险的权利与义务对等关系表现为，只要劳动者依法尽到社会义务，就有享受的权利，而且所有的人在尽到义务的前提下，享受的权利是均等的；商业保险贯彻契约原则，保险与被保险人是一种对等互利的关系，被保险人享受权利的多少，取决于投保金额的大小，即多投多保，少投少保，不投不保。

社会保险的项目在不同国家由于生产力发展水平和财力的限制而不尽相同。我国社会保险项目主要有养老保险、医疗保险①、失业保险、工伤保险。我国的养老保险制度由企业职工基本养老保险、城乡居民基本养老保险和机关事业单位基本养老保险组成。我国的医疗保险制度由职工基本医疗保险和城乡居民基本医疗保险组成。

2. 社会福利

社会福利是一个颇有争议的概念，在西方国家，社会福利是外延最宽的概念，包括社会保障、医疗服务、住房福利、个人服务甚至教育福利。在我国，社会福利概念是从狭义上使用的，是社会保障体系的一部分。社会福利是指政府和社会（包括企事业单位）为全体成员提供的各种福利性补贴和举办各种福利事业的总称，包括一般的社会福利、特殊的社会福利。

3. 社会救助

社会救助是政府和社会对无劳动能力的人或因自然灾害等原因造成生活困难，为维持最低生活水平而向其提供的各种形式的援助，是最低层次的社会保障。

4. 社会优抚

社会优抚是政府和社会按照规定对法定的优抚对象提供确保一定生活水平的资金和服务的带有褒扬和优待抚恤的特殊社会保障制度。其优抚对象包括：现役军人，退伍、复员、转业军人，军队离退休干部，现役军人家属，烈士家属，牺牲、病故军人家属，革命伤残军人和其他特殊对象。资金来源于国家财政拨款。支付待遇比较高，体现权利与义务、贡献与分配对等的原则。

7.3.2.2　社会保障的分配问题

1. 代际再分配

在现收现付制条件下，退休者在某一年领取的养老金等于工作者同年缴纳的金额。如果 N_b 是养老金领取人数，B 是每个退休者的平均养老金数额，那么养老金

---

① 根据《国务院办公厅关于全面推进生育保险和职工基本医疗保险合并实施的意见》（国办发〔2019〕10号），参加职工基本医疗保险的在职职工同步参加生育保险、生育保险基金并入职工基本医疗保险基金，合并后实行统一定点医疗服务管理。

总额就是 $N_b \times B$。在同期，工作者缴纳养老金的费率 t 乘以参保工作者的数量 N_w，再乘以每个工作者的平均工资 w（或者叫缴费基数），可以得到：

$$N_b \times B = t \times N_w \times w \tag{7.1}$$

每位退休者在某一年的平均养老金为：

$$B = \frac{t \times N_w \times w}{N_b} \tag{7.2}$$

上式的含义是，假定养老金缴纳费率不变，只有当平均工资增加或人口增长（工作人员相对于退休人员）时，平均养老金才会提高。

把式 7.2 改写成式 7.3：

$$t = \frac{N_b}{N_w} \times \frac{B}{w} \tag{7.3}$$

$\frac{B}{w}$ 是养老金替代率，是指劳动者退休时的养老金领取水平与退休前工资收入水平之间的比率。养老金替代率作为一个相对指标，参照物或统计口径的不同将影响其内涵和外延，一般包括三种类别：目标替代率、总额替代率、平均替代率。

目标替代率是指劳动者退休后领取到的养老金与退休前一年（或若干年）工资的比率。通过对目标替代率的控制，保障劳动者退休后的养老金保持在其退休前收入的合适比例之内。

总额替代率表示某一时期养老金总额与工资总额的比率，主要反映全社会对退休者赡养的负担程度，而不反映劳动者个人受保障的水平。

平均替代率通常表示社会平均养老金与社会平均工资的比率，它既能反映社会整体养老金水平和工作者平均工资的关系，又能体现单个退休者生活保障的普遍情况。

$\frac{N_b}{N_w}$ 是抚养比，养老金领取人数与缴纳养老保险费的在职人员的比率。老龄化程度的加剧会使抚养比越来越高，如果要保持替代率不变，唯有提高缴费率。如果要保持养老金待遇不下降，只能提高缴费率（t）或提高缴费基数（w）。我国现在的抚养比大概为 0.32，每三个在职人员抚养一个退休人员。

2. 代内再分配

一般而言，养老保险具有一定的再分配功能。高收入者缴纳的养老保险税（费）要多，但由于养老保险税（费）的缴纳有一个限额控制，一定收入以上的部分是不需要缴纳的，这在一定程度上降低了养老保险制度的累进程度。高收入者退休后的养老金虽然会比低收入者的养老金高一些，但高收入者缴纳的税（费）有很大部分是用于社会统筹，所以养老保险制度具有再分配功能，即相对于他们所缴纳的养老保险税（费），高收入者获得的收益要少一些，低收入者获得的收益要多一些。但是，一个人一生所获得的养老金的多少不仅取决于每年的养老金，还取决于他领取养老金的年数。因此，在同一代人中预期寿命短的人，获得的养老金比较少，而预期寿命较长者获得的养老金就比较多。如果高收入者的预期寿命比低收入者长，那么养老保险的累进性又将有所减弱。

专栏 7.4 社会保障的资金来源及筹资模式

1. 社会保障资金的来源

社会保障需要筹集大量的资金才能实现其职能，因此，资金的来源是重要一环。社会保障资金的主要来源包括政府一般公共预算、企业和个人缴纳的社会保障税（费）收入、社会保障基金投资收入、社会捐助等。

（1）政府一般公共预算。政府财政对于社会保障的预算支出是社会保障资金重要的稳定来源。政府在社会保障资金的筹集中主要应该承担的是针对贫困人群或者特殊人群的各类补助支出的发放，包括社会救助、社会福利、优抚安置等方面的支出。2022 年财政在社会福利救助方面的支出为 4 309.26 亿元；在社会优抚安置方面的支出为 3 082.56 亿元。至于社会保险基金的筹集，政府只作为支持者、兜底的角色出现，体现在财政对社会保险基金的补助项目上。因此，社会保险基金的筹集主要还是依靠企业和职工个人的缴费。

（2）企业和个人缴纳的社会保障税（费）收入。在政府、企业和个人三方共同负担社会保障基金的原则下，劳动者所在经济单位（企业）和劳动者个人必须按照自己的承受能力承担相应的社会保险基金份额。根据我国社会保障制度改革的总体目标和要求，我国逐步采取由企业与个人共同负担社会保障费（税）的办法，并实行养老、医疗保险的社会统筹与个人账户相结合。如 2005年 12 月 3 日颁发的《国务院关于完善企业职工基本养老保险制度的决定》（国发〔2005〕38 号），规定单位缴费比例为 20%，全部进入统筹账户，个人缴费工资的 8% 进入个人账户；1998 年《国务院关于建立城镇职工基本医疗保险制度的决定》规定，用人单位缴费率控制在工资总额的 6% 左右，由各地方政府自行确定比例分别划入统筹账户和个人账户，职工个人缴费比例一般为本人工资的 2%，个人所缴费用全部进入个人账户。根据经济形势，缴费比率也会有调整，如 2019 年国务院办公厅印发《降低社会保险费率综合方案》（国办发〔2019〕13 号），自 2019 年 5 月 1 日起，城镇职工基本养老保险单位缴费比例由 20% 降至 16%。

（3）社会保障基金投资收入。这是在政府指导下实行的一种强制性储蓄活动，借此将社会保障制度金融化。比如，要求雇员的缴费和雇主为雇员缴纳的费用一并存入雇员个人账户，这笔款项及其利息的所有权归雇员个人所有，政府对这些款项仅有部分使用权和调剂权。因此，它在性质上更接近于商业保险。

（4）社会捐助。社会各界对社会保障的捐赠行动，不仅可以增加我国社会保障基金的存量，又可以提高捐赠企业的社会知名度和捐赠人士的公众美誉度，还可以通过资金的二次分配来调整我国的贫富差距，可谓"一举三得"。因此，政府应该通过舆论力量，大力宣传社会保障基金对广大人民群众的重要性，以获得更多的捐赠资金。

2. 社会保障资金的筹资模式

社会保障资金的筹资模式主要有三种：

（1）现收现付式（Pay-As-You-Go）。现在退休者领取的养老金来自目前正在工作者的缴款。因此，每代退休者的养老金都由现在正在工作的这一代人来支付，而非来自通过多年储蓄形成的基金。其特点是管理方便，收支关系清楚，在计划开始初期收费率低，以后随着支出规模的扩大，收费率逐步提高。通常采用由政府征收社会保障税筹资方式。

（2）部分基金式（Partially Funded）。部分基金式是根据分阶段收支平衡的原则，确定收费率，在满足当期退休者的养老金需要的前提下，留有一定的储备基金，据以确定收费率。其特点是收费率分阶段调整，在收费率相对稳定的条件下，储备基金为未来可能出现的意外支出需求做准备，也可在积累过程中为经济发展提供长期投资。通常采用由政府征收社会保障费筹资方式。

（3）完全基金式（Fully Funded）。完全基金式是个人在工作期间，将一定比例的薪金存入基金。随着时间的推移，该基金会积累利息，到退休时，本金和应计利息用来支付养老金。其特点是可以保证在相当长的时期内实现收支平衡，而且结合个人账户来进行，因此实施的难度较小。但是，由于时间过长，实施初期收费率较高，储备基金容易受到通货膨胀的威胁，难以保证在预期内不调整收费率。

各国及一国的不同时期的社会保障水平不同，因此采取何种筹资模式也有所不同。由于对未来的不确定性短期内难以预测，失业保险、工伤保险等宜实行现收现付制。对于养老保险，各国实行的筹资方式差别很大，我国长期以来采取现收现付的养老保险制度。但是，由于人口年龄结构正由成年型向老年型转化，人口老龄化程度不断加深。2022年我国60岁及以上人口达2.8亿人，占总人口的19.8%。据国家卫生健康委老龄健康司公布数据显示，到2035年我国60岁以上的老年人口将突破4亿，在总人口中的占比将超过30%。为了积极应对人口老龄化趋势，党的二十大报告指出"完善基本养老保险全国统筹制度，发展多层次、多支柱养老保险体系"。坚持社会统筹和个人账户相结合的混合型部分基金制的基本养老保险制度，即社会统筹账户实行现收现付制，个人账户实行完全基金制。由于政府没有承担从现收现付制向部分积累制的转制成本，无法做实个人账户，个人账户应选择名义账户制模式。

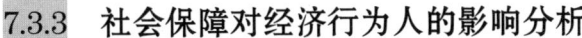

7.3.3 社会保障对经济行为人的影响分析

7.3.3.1 养老保险对储蓄的影响

1974 年，美国经济学家费尔德斯坦（Feldestein）在《政治经济学》杂志上发表了《社会保障、退休与资本积累总量》一文，依据经过修正的哈罗德生命周期储蓄模型，首先提出了社会保障对个人储蓄的影响。他认为社会保障会对个人储蓄产生两种方向相反的影响。一种是"资产替代效应"（Wealth Replacement Effect），人们既然可以从社会养老保险中获得养老收益，那么就会降低为退休消费而进行资产积累的需要，"资产替代效应"会减少储蓄；另一种是"诱导退休效应"（Induced Retirement Effect），社会养老金的给付机制可能影响人们的退休决策，诱使人们提前退休，而提前退休意味着工作期的缩短及退休期的延长，这反过来要求人们在工作期有一个比较高的储蓄率。个人储蓄的净效应取决于两种效应的对比，当诱导退休效应强于资产替代效应时，个人储蓄就会增加。

经济学家巴罗（Barro）将遗产引入生命周期储蓄模型，提出了社会保障的遗产效应（Bequest Effect）。现收现付制下，养老金的负担将由受益者的后代承担，为了减轻后代人的负担他们会通过增加储蓄，并以遗产形式补偿后代所承担的负担。因此，通过遗产机制，社会保障对个人储蓄的挤出效应该是零。

7.3.3.2 医疗保险中的道德风险和逆向选择问题

新制度经济学认为：事前的信息不对称导致的事前机会主义，称为逆向选择；事后的信息不对称导致的事后机会主义，称为道德风险。医疗保险市场存在承保人和参保人之间的信息不对称现象，由此就容易产生逆向选择和道德风险。逆向选择存在于商业医疗保险，主要由于保险公司事前不知道投保人的风险程度，而使保险水平不能达到对称信息情况下的最优水平，导致高风险人群将低风险人群赶出保险市场，结果保险公司出现亏损。为了保证收支平衡，保险公司随之调高医疗保险费率，这又使得更多的低风险人群退出，造成恶性循环。道德风险既可以存在于商业医疗保险，也可以存在于社会医疗保险，事后道德风险是由于投保人因参保而减少了个人规避和防范风险的动力，从而导致发病概率提高。事后道德风险是由于医疗服务的过度需求和过度供给而造成的。一方面，投保人因参保缺乏自我约束动力而选择昂贵的治疗方案，形成医疗消费的过度需求；另一方面，医疗机构由于具有医疗需求的决策权和医疗费用的控制权的优势（垄断地位），受自身微观利益所驱，在缺乏费用约束机制的情况下同样会形成医疗消费的过度供给。医疗服务的过度需求和过度供给，即医疗服务带来的边际收益低于其边际成本，使医疗保险费用脱离它所提供的保障水平而不受约束地节节攀升，造成既无效率也无公平的严重后果。

7.3.3.3 社会保险对劳动供给的影响

完善的社会保险制度对劳动供给和就业的影响主要表现在劳动者的道德风险上。在正常情况下，劳动者及所在单位都应遵循社会保险法律的规定，按照工资总额的一定比例缴纳社会保险税（费），这最终都会减少劳动者的净报酬，从而产生两大后果。其一是刺激劳动者选择提前退休。就业时收入水平较低的劳动者，如果退休后的养老金收入与就业时的劳动收入差距不大，甚至前者高于后者，那么他们就愿意选择提前退休，结果减少劳动供给。其二是导致社会失业率上升等问题。社会保障水平过高使闲暇成本和缺勤成本过低，诱使劳动者选择自愿失业，影响失业者寻找新的工作岗位的努力程度和再就业率。病休津贴高，造成病休缺勤高，就业人数不减，工作总时数减少。

7.3.3.4 对低收入人群的救济补助和福利依赖问题

社会救济是保障社会安全的"最后一道防线"，主要保障低收入人群的最基本生活权益，但是由此也会产生一定的负效应。发放福利性救济本身容易使低收入人群产生依赖和懒惰情绪。不必付出任何劳动，只需履行几项并不复杂的申请救济手续，就可以满足最低生活需求，这直接导致人们对福利的依赖。西方许多国家还把福利救济额作为被救济者收入水平的一个函数，随着被救济者收入水平的提高，被救济者所得到的福利救济额就会相应减少，那么他选择零劳动时的效用最大，这就必然导致他放弃劳动而去享受不劳而获的补助。

7.3.4 社会保障支出分析

社会保障支出是与社会保障制度联系在一起的，各国的社会保障制度不同，相应的社会保障支出安排也存在较大的差异。但是，现代社会下实行任何社会制度的国家，社会保障支出都是社会公共需要的重要组成部分。

中国社会保障支出按照政府预算中的相关科目，30多年来经过多次调整。2007年以前，社会保障支出主要体现在医疗卫生支出（类15）、抚恤和社会福利救济支出（类17）、行政事业单位离退休支出（类18）、社会保障补助支出（类19）。2007年1月1日起全面实施政府收支分类改革，社会保障支出主要体现在社会保障和就业（类208）、社会保险基金支出（类209）、医疗卫生（类210）。2011年开始在对原有相关科目调整的基础上增加了住房保障支出（类221）。2014年根据党的十八大提出的加强全口径预算管理监督的总体要求，在不改变科目体系、科目编码和结构的前提下，将预算科目按4类预算各自的收支范围分别归集反映，即按公共预算收支科目、政府性基金预算收支科目、国有资本经营预算收支科目、社会保险基金预算收支科目分别列示。按照财政部印发《2023年政府收支分类科目》，社会保障支出分别体现在一般公共预算支出科目、社会保险基金预算支出科目下，其中社会保障和就业支出（类208）、卫生健康支出（类210）、住房保障支出（类221）体现在一般公共预算支出科目中。现行广义的社会保障支出（大口径）主要包括以下四部分（依据财政部印发《2023年政府收支分类科目》）：

第一部分是社会保障和就业支出（类208）。这类支出反映政府在社会保障与就业方面的支出。包括人力资源和社会保障管理事务、民政管理事务、补充全国社会保障基金、行政事业单位养老支出、企业改革补助、就业补助、抚恤、退役安置、社会福利、残疾人事业、红十字事业、最低生活保障、临时救助、特困人员救助供养、补充道路交通事故社会救助基金、其他社会救助、财政对基本养老保险基金的补助、财政对其他社会保险基金的补助、退役军人管理事务、财政代缴社会保险费支出、其他社会保障和就业支出。

第二部分是卫生健康支出（类210）。这类支出反映政府医疗卫生方面的支出。具体包括卫生健康管理事务、公立医院、基层医疗卫生机构、公共卫生、中医药、计划生育事务、行政事业单位医疗、财政对基本医疗保险基金的补助、医疗救助、优抚对象医疗、医疗保障管理事务、老龄卫生健康事务、其他卫生健康支出。

第三部分是住房保障支出（类221）。这类支出反映政府用于住房方面的支出。具体包括保障性安居工程支出、住房改革支出、城乡社区住宅。

第四部分是社会保险基金支出（社会保险基金预算支出功能分类科目209）。这类支出反映政府社会保险基金的各项支出，包括企业职工基本养老保险基金支出、失业保险基金支出、职工基本医疗保险基金支出、工伤保险基金支出、城乡居民基本养老保险基金支出、机关事业单位基本养老保险基金支出、城乡居民基本医疗保险基金支出、其他社会保险基金支出。

专栏7.5 社会保险基金预算收支科目（见表7.8）

表7.8 社会保险基金预算收支科目（2023年）

收入项目		支出项目	
102 社会保险基金收入	01 企业职工基本养老保险基金收入	209 社会保险基金支出	01 企业职工基本养老保险基金支出
	02 失业保险基金收入		02 失业保险基金支出
	03 职工基本医疗保险基金收入		03 职工基本医疗保险基金支出
	04 工伤保险基金收入		04 工伤保险基金支出
	10 城乡居民基本养老保险基金收入		10 城乡居民基本养老保险基金支出
	11 机关事业单位基本养老保险基金收入		11 机关事业单位基本养老保险基金支出
	12 城乡居民基本医疗保险基金收入		12 城乡居民基本医疗保险基金支出
	98 国库待划转社会保险费利息收入		99 其他社会保险基金支出
	99 其他社会保险基金收入		

续表

收入项目		支出项目	
110 转移性收入	08 上年结余收入	230 转移性支出	09 年终结余支出
	09 调入资金		
	16 社会保险基金转移收入		17 社会保险基金转移支出
	17 社会保险基金上级补助收入		18 社会保险基金补助下级支出
	18 社会保险基金下级上解收入		19 社会保险基金上解上级支出

　　狭义的社会保障支出就是指社会保障和就业支出、卫生健康支出、住房保障支出，这部分资金主要来自一般公共预算支出。

　　最狭义的社会保障支出（小口径）就是指社会保障和就业这一类支出。

　　社会保险基金和社会保障支出及其构成参见表 7.9 和表 7.10。

表 7.9　　　　　　　　　　　　中国社会保险基金支出及其构成

单位：亿元

年份	社会保险基金支出总额	其中				
		基本养老保险	基本医疗保险	失业保险	工伤保险	生育保险
1993	482.2	470.6	1.3	9.3	0.4	0.5
1994	680.0	661.1	2.9	14.2	0.9	0.8
1995	877.1	847.6	7.3	18.9	1.8	1.6
1996	1 082.4	1 031.9	16.2	27.3	3.7	3.3
1997	1 339.2	1 251.3	40.5	36.3	6.1	4.9
1998	1 636.9	1 511.6	53.3	51.9	9.0	6.8
1999	2 108.1	1 924.9	69.1	91.6	15.4	7.1
2000	2 385.6	2 115.5	124.5	123.4	13.8	8.3
2001	2 748.0	2 321.3	244.1	156.6	16.5	9.6
2002	3 471.5	2 842.9	409.4	182.6	19.9	12.8
2003	4 016.4	3 122.1	653.9	199.8	27.1	13.5
2004	4 627.4	3 502.1	862.2	211.3	33.3	18.8
2005	5 400.8	4 040.3	1 078.7	206.9	47.5	27.4
2006	6 477.4	4 896.7	1 276.7	198.0	68.5	37.5

续表

年份	社会保险基金支出总额	其中				
		基本养老保险	基本医疗保险	失业保险	工伤保险	生育保险
2007	7 887.9	5 964.9	1 561.8	217.7	87.9	55.6
2008	9 925.1	7 389.6	2 083.6	253.5	126.9	71.5
2009	12 302.6	8 894.4	2 797.4	366.8	155.7	88.3
2010	15 018.9	10 755.3	3 538.1	423.3	192.4	109.9
2011	18 652.9	13 363.2	4 431.4	432.8	286.4	139.2
2012	23 331.3	16 711.5	5 543.6	450.6	406.3	219.3
2013	27 916.3	19 818.7	6 801.0	531.6	482.1	282.8
2014	33 002.7	23 325.8	8 133.6	614.7	560.5	368.1
2015	38 988.1	27 929.4	9 312.1	736.4	598.7	411.5
2016	46 888.4	34 004.3	10 767.1	976.1	610.3	530.6
2017	57 145.0	40 423.8	14 421.7	893.8	662.3	743.5
2018	67 792.7	44 644.9	17 823	915.3	742	762
2019	75 346.6	49 228	20 854.2	1 333.2	816.9	—
2020	78 611.8	51 301.4	21 032.1	2 103	820.3	—
2021	86 734.9	56 481.5	24 048.2	1 500	990.2	—
2022	90 719.1	59 034.7	24 597.2	2 017.8	1 025	—

注：1. 2007 年及以后基本医疗保险基金中包括职工基本医疗保险和城乡居民基本医疗保险。
2. 2010 年及以后基本养老保险基金中包括城镇职工基本养老保险和城乡居民基本养老保险。
资料来源：历年《中国统计年鉴》。

表 7.10　　　　　　　　　　　　中国社会保障支出

单位：亿元

年份	社会保障和就业支出	其中：		卫生健康支出	住房保障支出
		财政对社会保险基金的补助	财政对基本养老保险基金的补助		
1993	75.27			72.06	
1994	95.14			142.28	
1995	115.46			187.43	
1996	182.68			261.61	
1997	328.42			323.56	

续表

年份	社会保障和就业支出	其中:		卫生健康支出	住房保障支出
		财政对社会保险基金的补助	财政对基本养老保险基金的补助		
1998	595.63			390.06	
1999	1 197.44			440.96	
2000	1 517.57			509.52	
2001	1 987.40			570.61	
2002	2 636.22			608.51	
2003	2 655.91			766.94	
2004	3 116.08			854.64	
2005	3 698.86			1 098.83	
2006	4 361.78			1 320.23	
2007	5 447.16	1 275.00		1 989.96	
2008	6 804.29	1 630.88		2 757.04	
2009	7 606.68	1 776.73		3 994.19	725.97
2010	9 130.62	2 309.80		4 804.18	2 376.88
2011	11 109.40	3 152.19		6 429.51	3 820.69
2012	12 585.52	3 828.29		7 245.11	4 479.62
2013	14 490.54	4 403.14		8 279.90	4 480.55
2014	15 968.85	5 042.83		10 176.81	5 043.72
2015	19 018.69	6 596.19		11 953.18	5 797.02
2016	21 591.45	7 633.54		13 158.77	6 776.21
2017	24 611.68	12 472.74	7 448.66	14 450.63	6 552.49
2018	27 012.09		8 271.39	15 623.55	6 806.37
2019	29 379.08		8 633.04	16 665.34	6 401.19
2020	32 568.51		9 405.97	19 216.19	7 106.08
2021	33 788.26		9 771.97	19 142.68	7 096.44
2022	36 609.15		10 518.45	22 536.72	7 498.74

　　资料来源：社会保障和就业支出、医疗卫生支出、住房保障支出数据来自历年《中国统计年鉴》，财政对社会保险基金和基本养老保险基金的补助来自历年《中国财政年鉴》。

1. 社会保障支出的实证分析

纵观 30 多年来中国社会保障发展历史，我们不难发现，我国社会保障支出规模一直处于上升态势（见表 7.10）。社会保障支出（大口径）从 1993 年的 629.53 亿元到 2022 年的 146 845.26 亿元，30 年增长了近 233 倍；社会保障支出（小口径）从 1993 年的 75.27 亿元到 2022 年的 36 609.15 亿元，增长高达约 486 倍。但是，从社会保障支出的相对指标来看，虽然近十年来不断提高，总体上仍处于较低的层次，主要表现为社会保障支出占财政支出的比重和社会保障支出占 GDP 的比重均处于较低水平。如表 7.11 所示，狭义的社会保障支出占当年财政支出的比重近 10 年来从 10% 左右上升到 14% 左右，尚未达到中央提出的 20% 这一目标；而大口径的社会保障支出占 GDP 的比重更低，近 10 年来从 8% 左右上升到 12% 左右。国外发达国家的相应比重基本上都是两位数，高的国家甚至达到 GDP 的 1/3。

表 7.11 中国社会保障支出占财政支出比重一览表

年份	社会保障支出（小口径）（亿元）	社会保障支出（大口径）（亿元）	社会保障支出（小口径）占财政支出比重（%）	社会保障支出（小口径）占GDP比重（%）	社会保障支出（大口径）占财政支出比重（%）	社会保障支出（大口径）占GDP比重（%）
2007	5 447.16	14 050.02	10.94	2.02	28.22	5.20
2008	6 804.29	17 855.55	10.87	2.13	28.53	5.59
2009	7 606.68	22 852.71	9.97	2.18	29.95	6.56
2010	9 130.62	29 020.78	10.16	2.22	32.29	7.04
2011	11 109.40	36 860.31	10.17	2.28	33.74	7.55
2012	12 585.52	43 813.26	9.99	2.34	34.79	8.13
2013	14 490.54	50 764.15	10.33	2.44	36.21	8.56
2014	15 968.85	59 149.25	10.52	2.48	38.97	9.19
2015	19 018.69	69 160.80	10.81	2.76	39.32	10.04
2016	21 591.45	80 781.29	11.50	2.89	43.02	10.82
2017	24 611.68	82 838.40	12.10	2.96	40.79	9.96
2018	27 012.09	108 963.32	12.23	2.94	49.33	11.85
2019	29 379.08	119 159.17	12.30	2.98	49.89	12.08
2020	32 568.51	128 096.61	13.26	3.21	52.14	12.64
2021	33 788.26	136 990.31	13.75	2.94	55.76	11.92
2022	36 609.15	146 845.26	14.05	3.03	56.35	12.13

资料来源：历年《中国统计年鉴》。

2. 中国社会保障制度的进一步思考

党的十八大以来，党中央把社会保障体系建设摆上更加突出的位置，推动我国社会保障体系建设进入快车道。党中央多次研究审议改革和完善基本养老保险制度总体方案、深化医疗保障制度改革意见等，对我国社会保障体系建设做出顶层设计。城乡居民基本养老保险制度实现机关事业单位和企业养老保险制度并轨，企业职工基本养老保险基金建立中央调剂制度，城乡居民基本医疗保险制度得到整合，城乡居民大病保险全面实施，组建国家医疗保障局。目前，我国以社会保险为主体，包括社会救助、社会福利、社会优抚等制度在内，功能完备的社会保障体系基本建成，基本医疗保险覆盖 13.6 亿人，基本养老保险覆盖近 10 亿人，是世界上规模最大的社会保障体系。

（1）健全多层次社会保障体系。我国存在典型的二元经济结构，发达的城市经济与欠发达的农村经济同时并存，现代工业与传统农业同时并存。城乡二元经济结构使得社会保障制度也被割裂为城乡两个范畴，社会保障待遇极不平等。城镇已初步建立较高水平的社会保障体系，养老保险、医疗保险建立起政府、企业和个人共同负担的基金模式，基本实现社会统筹；失业保险、工伤保险以及生育保险，都在逐步完善。而在广大的农村，仍然是以政府救济和乡村集体办福利事业为重点、以家庭保障为主体的社会保障，除已建立了城乡居民基本养老保险和医疗保险项目，其他保险项目仍有待完善。同时，城乡社会保障尚未衔接，严重限制了人口跨地域流动和就业。党的二十大报告明确提出，健全覆盖全民、统筹城乡、公平统一、安全规范、可持续的多层次社会保障体系。建设中国特色社会保障体系，必须坚持制度引领，围绕全覆盖、保基本、多层次、可持续等目标加强社会保障体系建设。扩大社会保险覆盖面，健全基本养老、基本医疗保险筹资和待遇调整机制，扩大年金制度覆盖范围，规范发展第三支柱养老保险，更好满足人民群众多样化需求。

（2）实现社会保险高层次统筹。实施社会保险高层次统筹是社会保险制度由初级形式向高级形式过渡的重大举措，从而使社会保险基金的收支平衡建立在比较稳固的社会经济基础之上。按照社会保险理论，统筹的层次越高，越有利于分散风险，增强基金的保障能力，促进社会保险各项功能发挥，同时有助于劳动力在不同区域间的自由流动，对降低制度管理的成本也有积极作用。

20 世纪 50 年代，国务院颁布实施的《劳动保险条例》明确规定，劳动保险费按照企业和职工工资总额的一定比例提取，其中的 30% 上缴全国总工会形成社会保险总基金，在全国各地区之间进行调剂，其余的 70% 由企业自行管理，从而形成了全国统筹保险和企业自保相结合的制度，但这一制度在"文化大革命"期间遭到了彻底破坏。2009 年十一届全国人大二次会议的《政府工作报告》明确提出，全面推进基本养老保险的省级统筹。2009 年，全国共有 25 个省市和单位建立了基本养老保险省级统筹制度。2018 年 5 月 30 日，国务院印发了《国务院关于建立企业职工基本养老保险基金中央调剂制度的通知》（国发〔2018〕18 号），决定从当年 7 月 1 日起实施养老保险基金中央调剂制度，作为实现全国统筹的第一步。2018

年全国两会公布的《深化党和国家机构改革方案》对征管制度做了大调整，明确提出"为提高社会保险资金征管效率，将基本养老保险费、基本医疗保险费、失业保险费等各项社会保险费交由税务部门统一征收"。党的二十大报告明确提出，完善基本养老保险全国统筹制度，发展多层次、多支柱养老保险体系。推动基本医疗保险、失业保险、工伤保险省级统筹，进一步明确中央与地方事权和支出责任。促进多层次医疗保障有序衔接，完善大病保险和医疗救助制度，落实异地就医结算，建立长期护理保险制度，积极发展商业医疗保险。这一论断结合了当前我国发展的阶段性特征和要求，有利于均衡地区间养老保险基金、医保基金的失衡状况，缩小社会保障领域的城乡差异，为异地结算带来便利。

（3）完善税收征收办法，在条件成熟情况下尽早开征社会保障税。建立和完善社会保障制度，最为迫切和棘手的就是如何解决资金供给的充裕问题。社会保障税是全球通行的被广泛用来筹措社会保险基金而开征的一种税。世界上实行社会保障制度的国家大多开征了社会保障税。我国长期以来采用缴费的形式，1999 年国务院发布了《社会保险费征缴暂行条例》，规定社会保险费既可以由社会劳动保障部门征收，也可以由税务部门征收。2018 年明确提出各项社会保险费交由税务部门统一征收。社会保障费改税的优越性有：广开税源，保障基金充沛；利于社保基金的征收管理和保障基金的安全；利于社会统筹安排与调度。然而，中国国情复杂、区域间差异大，各地区间社会保险收费和社会保障支出的标准差异大。如何统一税率和支出标准，面临争议。

（4）加强社会保障精细化管理。完善从中央到省、市、县、乡镇（街道）的五级社会保障管理体系和服务网络，提升社会保障治理效能。为了适应人口大规模流动、就业快速变动的趋势，完善社会保险关系登记和转移接续的措施，健全社会救助、社会福利对象精准认定机制。完善全国统一的社会保险公共服务平台，充分利用互联网、大数据、云计算等信息技术创新服务模式，深入推进社保经办数字化转型。坚持传统服务方式和智能化服务创新并行，针对老年人、残疾人等群体的特点，提供更加贴心暖心的社会保障服务。

（5）健全分层分类的社会救助体系。党的二十大报告明确提出，加快完善全国统一的社会保险公共服务平台。健全分层分类的社会救助体系。坚持男女平等基本国策，保障妇女儿童合法权益。完善残疾人社会保障制度和关爱服务体系，促进残疾人事业全面发展。把农村社会救助纳入乡村振兴战略统筹谋划，健全农村社会救助制度，完善日常性帮扶措施。健全农民工、灵活就业人员、新业态就业人员参加社会保险制度，健全退役军人保障制度。

（6）健全社保基金保值增值和安全监管体系。社保基金是人民群众的"养老钱""保命钱"，是社会保险制度运行的基础。一直以来，我国社会保险基金投资运营只能够购买国债、存银行，2015 年起，也可购买地方债。虽然保障了基金的安全，但没有实现保值增值的目的。积极探索多种形式、切实可行的社保基金保值增值办法，尝试开辟新的投资渠道，是解决社保基金增值问题的有效途径。党的二十大报告明确提出，健全社保基金保值增值和安全监管体系。依法健全社会保障基金监管体系，防范化解基金运行风险，维护基金安全。以零容忍态度严厉打击欺诈骗保、套保或挪用贪占各类社会保障资金的违法行为。

（7）推进和落实住房保障制度。党的二十大报告明确提出，坚持房子是用来住的、不是用来炒的定位，加快建立多主体供给、多渠道保障、租购并举的住房制度。稳妥实施房地产长效机制，稳地价、稳房价、稳预期，促进房地产市场平稳健康发展。

本 章 小 结

1. 教育属于具有外部效应的混合产品，政府应承担一定的经费支出。但不同教育层次的外部性程度不同，因此，政府在不同教育层次中的出资责任并非完全相同。初等教育的外部收益更加明显，政府在初等教育中的责任相应地也更大些。

2. 保证每个公民享有基本的教育服务，促进社会公平是政府进行教育支出的另一重要原因。

3. 公共教育投入不足以及投入结构不合理是我国公共教育支出面临的两大问题，进一步提高公共教育投入比例，缩小公共资源在城乡之间、地区之间以及三级教育支出的差距，是我国教育投入领域未来改革的一个重点。

4. 由于基础设施不但可以促进国民经济的发展，而且会影响收入分配、缩小贫富差距，所以基础设施是政府投资的一个重点。

5. 不同基础设施满足非竞争性、非排他性以及在促进社会公平方面的作用程度并不相同，公共提供应主要集中在农村道路、街道清扫、交通标志设置等私人资本不愿意或不能很好提供的领域，从经营性基础设施领域退出。

6. 基础设施的公共提供并不意味着基础设施的公共生产，如何在基础设施领域引入竞争机制，国内外改革实践给我们提供了许多经验。

7. 进一步扩大基础设施筹资中的社会参与力度，加大农村基础设施投入力度，提高基础设施建设、经营、管理中的市场化程度，是我国未来基础设施领域改革的重点。

8. 社会保障是指政府通过立法，对社会成员在老、病、残、丧失劳动力或因自然灾害等面临生活困难时提供的基本生活保障。它的内容体系由社会保险、社会救济、社会福利、社会优抚四大类构成，其中社会保险是社会保障制度的核心，具体包括养老保险、医疗保险、失业保险、工伤保险等。

9. 政府介入社会保障的理由有：社会保障是实现公民基本权利的一个重要内容，是克服保险市场上逆向选择、实现收入分配公平和体现家长主义的需要。

10. 社会保障资金的筹资模式有三种：现收现付式、部分基金式和完全基金式。

11. 社会保障支出（大口径）主要包括以下四部分：社会保障和就业支出、卫生健康支出、住房保障支出和社会保险基金支出；社会保障支出（小口径）就是指社会保障和就业这一类。

重 要 概 念

公共教育支出　人力资本投资　教育投资效益　基础设施　BOT 方式 PPP 方式　社会保障　社会保险　社会救助　现收现付式　完全基金式　道德风险 逆向选择　养老金替代率　抚养比

思 考 题

1. 简述政府支持教育的理论依据。

2. 随着我国财政性教育经费占国内生产总值达到 4%，教育经费使用效益问题日益受到重视。国务院 2018 年发布了《关于进一步调整优化结构提高教育经费使用效益的意见》，强调要提高教育经费的使用绩效。那么，为了提高教育经费的使用效益，应该如何优化教育经费支出结构，完善教育经费的监管评价机制？

3. 近年来，随着我国民办教育的快速发展，民办学校之间的竞争也越来越激烈，不少民办学校出现投入资金匮乏、经营管理不佳、招生生源不足等问题，一些民办学校甚至因债务缠身、入不敷出而倒闭破产。政府在民办教育中应该承担何种责任？谈谈你的看法。

4. 政府为什么要提供基础设施？应该如何为基础设施筹集资金？

5. 我国基础设施领域中存在哪些问题？原因是什么？

6. 在基础设施中如何引入市场机制？谈谈自己的看法。

7. 简述政府介入社会保障的理由。

8. 阐述社会保障内容体系，并分析社会保险与商业保险的区别。

9. 阐述养老保险基金代际分配衡量指标。

10. 简述社会保障资金的筹资模式。

11. 分析社会保障对经济行为人的影响。

12. 掌握我国各种口径的社会保障支出范围。

13. 论述我国社会保障制度改革的基本思路。

参考答案

进一步阅读文献

1. 米尔顿·弗里德曼. 资本主义与自由［M］. 张瑞玉，译. 北京：商务印书馆，1986：86–104.

2. Hossain S I. Making Education in China Equitable and Efficient［J］. The World Bank Policy Research Working Paper, 1997（1814）.

3. 邓淑莲. 中国基础设施的公共政策［M］. 上海：上海财经大学出版社，2003.

4. 贝弗里奇. 贝弗里奇报告——社会保险和相关服务［M］. 社会保险研究所，译. 北京：中国劳动社会保障出版社，2008.

5. 尼古拉斯·巴尔. 福利国家经济学［M］. 郑秉文，穆怀中，等，译. 北京：中国劳动社会保障出版社，2003.

6. 罗伯特·霍尔茨曼，爱德华·帕尔默. 名义账户制的理论与实践：社会保障改革新思想［M］. 郑秉文，等，译. 北京：中国劳动社会保障出版社，2009.

7. 郑功成. 中国社会保障发展报告 2016［M］. 北京：人民出版社，2016.

8. 袁志刚. 养老保险经济学［M］. 上海：世纪出版集团，上海人民出版社，2005.

9. 何文炯. 改革开放 40 年：中国养老保险回顾与展望［J］. 教学与研究，2018（11）.

10. 孙淑云. 改革开放 40 年：中国医疗保障体系的创新与发展［J］. 甘肃社会科学，2018（5）.

参 考 文 献

1. 王善迈. 教育投入与产出研究［M］. 石家庄：河北教育出版社，1996.

2. 联合国教科文组织. 为了 21 世纪的教育：问题与展望［M］. 王晓辉，赵中建，等，译. 北京：教育科学出版社，2002.

3. 埃尔查南·科恩，特雷·G. 盖斯克. 教育经济学［M］. 范元伟，译. 3 版. 上海：格致出版社，上海人民出版社，2009.

4. 埃里克·哈努谢克，卢德格尔·沃斯曼因. 国家的知识资本［M］. 银温泉，译. 北京：中信出版社，2017.

5. Heckman J J. Policies to Foster Human Capital［J］. Working Paper No. 7288, National Bureau of Economic Research, Cambridge, 1999.

6. UNESCO. Education 2030 Incheon Declaration and Framework for Action:

Towards Inclusive and Equitable Quality Education and Lifelong Learning for all［N］. Paris, UNESCO, 2015.

7. 姬婷. 城市交通基础设施投融资模式研究——以杭州市为例［D］. 上海：上海财经大学，2007.

8. 杨省世. 我国公路基础设施建设融资渠道拓展研究［J］. 经济社会体制比较，2008（5）.

9. Hamid R. Davoodi, Erwin R. Tiongson, Sawitree S. Asawanuchit. How Useful Are Benefit Incidence Analyses of Public Education and Health Spending?［N］. IMF Working Paper, 2002.

10. 邵鸿烈. 财政学［M］. 杭州：浙江人民出版社，2007.

11. 洪银兴，刘小川，尚长风. 公共财政学［M］. 南京：南京大学出版社，2003.

12. 王柏玲，李慧. 财政学［M］. 北京：清华大学出版社，北京交通大学出版社，2009.

13. 王虎峰. 养老金生产论［M］. 北京：中国劳动社会保障出版社，2004.

14. 孙光德，董克用. 社会保障概论［M］. 北京：中国人民大学出版社，2000.

15. 黄清峰，石静，蔡霞. 建国60年中国社会保障制度变迁路径分析——基于新制度经济学视角［J］. 社会保障研究，2010（3）.

16. 郑秉文. 中国养老金发展报告2013——社保经办服务体系改革［M］. 北京：经济管理出版社，2013.

17. 郑秉文. 养老保险"名义账户"制的制度渊源与理论基础［J］. 经济研究，2003（4）.

18. 尼古拉斯·巴尔，彼得·戴蒙德. 养老金改革：理论精要［M］. 郑秉文，等，译. 北京：中国劳动社会保障出版社，2013.

19. 哈维·S. 罗森，特德·盖亚. 财政学［M］. 郭庆旺，译. 10版. 北京：中国人民大学出版社，2015.

即 测 即 评

学完第7章啦，来做个小测检验一下学习效果吧！

8

成本—收益分析

本章学习目标

- 掌握公共支出项目与私人部门成本—收益分析的不同
- 掌握成本—收益分析的评价标准
- 了解社会贴现率的定义，解释社会贴现率估算的难点所在
- 掌握公共支出项目成本—收益分析的主要步骤

　　"所有人都是带着骄傲的情绪上研究生的，三年前我也不例外。因为在那个时候，总觉得上研究生是一件比工作更理性的选择。那时研究生能找到的工作相当于今日的博士。所以，用时间买下了自己的未来，当成一笔期货交易。

　　……

　　等到我自己工作的时候，所能找的工作也就是三年前本科生很容易能找到的。在收益这边，工作和三年前没有什么差别。收获的是过程，是一种思维习惯。这并不是安慰自己，而是自己切身的体会。但考虑到上研究生的成本：几万块钱的学费、生活费、三年的青春时光、三年可能的工资等，这笔期货交易的纯收益并没有多少，自己为了这样的收益付出的代价有些巨大。"[①]

　　资源的稀缺性是现代微观经济学的基本命题。资源的稀缺性决定了人们不得不在各种备选项目中进行选择。如何进行选择？从理性的"经济人"角度看，每个人的心头都有一杆秤，都会站在自己的角度计算得失，这就是广泛运用于私人部门的成本—收益分析（Cost-Benefit Analysis，CBA）。

　　公共支出的成本—收益分析，是从私人部门投资效果分析方法移植过来的。在西方，它被广泛地应用于公共工程投资分析，如修建高速公路、水库、防洪工程、城市改造、核电站等。近年来，随着公共支出效率日益被关注，特别是西方预算观由原来"费用观"转为"报酬观"，成本—收益分析的范围逐渐由原来的公共工程

---

① 资料来源：新华网。

分析扩大到一般预算支出的评估上。

之所以在公共支出上广泛采用这一方法，在于它较好地解决了政府在公共支出决策过程中"凭感觉""拍脑袋"的问题。与私人部门支出相比，公共部门支出的收益常常难以用货币来计算，加上不同性质的项目之间缺乏可比性，很难避免公共决策上的失误。成本—收益分析从避免决策失误的角度，提出了分析公共支出项目的可行性，确定各备选项目的优先顺序。

本章的顺序是这样安排的：首先回顾私人部门成本—收益分析的过程及其评价指标，在此基础上比较公共项目的成本—收益分析与私人部门成本—收益分析的不同之处及其难点所在，最后通过公共支出项目成本—收益分析案例，进一步讨论公共支出成本—收益分析。

专栏8.1　成本—收益分析的由来及应用

成本—收益分析方法的概念首次出现在19世纪法国经济学家朱乐斯·帕帕特的著作中，被定义为"社会的改良"。其后，这一概念被意大利经济学家帕累托重新界定。到1940年，美国经济学家尼古拉斯·卡尔德和约翰·希克斯对前人的理论加以提炼，形成了成本—收益分析的理论基础，即卡尔德—希克斯准则。也就是在这一时期，成本—收益分析开始渗透到政府活动中，如1939年美国的洪水控制法案和田纳西州泰里克大坝的预算都使用了成本—收益分析方法。1950年，美国联邦特别机构河域委员会发表的《河域项目经济分析的建议》，第一次把实用项目分析与福利经济学两个平行独立发展的学科结合起来，为成本—收益分析的进一步发展提供了基础。此后，成本—收益分析有了较快的发展，20世纪60年代以后得到了迅速推广，被西方发达国家广泛应用于各种民用和军用项目。常见的案例有：水利电力设施、交通工程、环境工程、教育卫生支出、公共福利设施以及国防、空间计划等。在20世纪六七十年代，除美国以外，英国、加拿大、法国等国家的政府和联合国的某些机构都陆续发表了一些有关成本—收益分析的手册、指南和参考材料，学术性著作也纷纷出现。1972年联合国工业发展组织赞助编写和出版的《项目评价准则》，是成本—收益分析文献中的重要参考材料之一。

我国政府自20世纪80年代以来，也日益重视成本—收益分析方法在政府投资项目中的应用。如：20世纪80年代中期，中国政府组织了400多位专家和数千名勘测、调查、试验、设计和研究人员参与三峡工程的成本—收益分析，并于1988年重新编写了三峡工程可行性研究报告。

近十年来，随着一系列重磅政策文件和新《预算法》及其实施条例的颁布实施，中国大踏步地迈向公共财政的绩效时代，对公共支出项目进行成本—收益分析成为评估财政支出绩效的重要手段。目前，我国政府在建立绩效评价指标体系、构建全方位预算绩效管理格局等方面已取得了明显的进步，但对绩效计量方面还重视不够，需要借鉴国外先进经验，强化对成本—收益分析方法的

准确运用。

资料来源：亨利·M. 莱文，帕特里克·J. 麦克尤恩. 成本决定效益：成本—效益分析方法和应用 [M]. 金志农，孙长青，史昱，等，译. 2版. 北京：中国林业出版社，2006；乌家培. 经济数量分析概论 [M]. 北京：中国社会科学出版社，1983；王雍君. 财政绩效评价与管理的近期进展和前景展望 [J]. 财政科学，2022（9）.

8.1 私人部门成本—收益分析

在展开公共支出项目成本—收益分析之前，我们有必要简单回顾私人部门投资决策的成本—收益分析。

成本—收益分析的理论基础是投入产出原理，即根据评估对象所产生的成本和收益来分析确定该评估项目实行的可行性。如果一个项目的总收益大于总成本，则这种投资是可行的，有效率的。一般来讲，私人部门投资的成本—收益分析，包含以下四个步骤：

（1）列出各种备选方案。钢铁厂要扩大生产能力，可以选择不同的投资方案。比如，可以选择平炉、转炉或者电炉来熔化铁矿石；可以选择连续热轧、冷拉等钢材加工工艺。第一阶段的任务就是将各种可能达到目的的方案一一列举出来。

（2）鉴定各备选方案的投入和产出。企业主要关心投入和产出的大小，因此，企业要确定各备选方案中所需的各种投入以及产出的数量、质量。例如，每一个备选方案所需要的劳动力、铁矿石、煤炭、电力等的消耗量，每一个备选方案所生产的钢的质量、产量以及产生的各类废物数量。

（3）用货币衡量各备选方案投入和产出的大小。为将各备选方案的成本和收益能用统一标准衡量，并进行比较，必须将它们转化为同一个度量单位——货币单位。就是说，企业必须估算出各备选方案所需的劳动力成本、设备的折旧费用、原材料价值以及管理费用等，并据此确定各备选方案的成本大小，同时根据不同质量钢材的市场价格，确定钢材的收益。

（4）对各备选方案进行评价。根据各备选方案成本收益流[①]的大小评估其可行性，并确定最优方案。

在成本—收益分析的四个步骤中，确定不同时期发生的成本和收益，并根据各时期的成本和收益进行项目评估，是私人部门项目评估中的两个关键问题。

---

① 如果成本和收益发生在不同的会计年度，还必须考虑时间的机会成本。

8.1.1 现值

通常情况下，项目所需成本和所获收益发生在不同时期，那么，不同时期发生的成本和收益如何进行比较呢？这里先研究无通货膨胀下的成本和收益问题，然后再将通货膨胀因素考虑进来。

8.1.1.1 无通货膨胀下的现值

众所周知，货币具有时间价值。你现在将 100 元人民币存入银行，存款年利率为 5%（目前暂时不考虑通货膨胀的影响），一年后你将得到 $100 \times (1+5\%) = 105$ 元，两年后你将得到 $100 \times (1+5\%)^2 = 110.25$ 元。由于时间价值的存在，现在的 100 元与一年后的 105 元、两年后的 110.25 元是等价的。在不同时期，同样数量的货币的价值是不一样的，以当前期的货币价值为基准，一年后才能得到的 100 元的价值一定是小于 100 的。正式的定义，一笔未来款项的现值（Present Value）指的是用当前期的货币价值表示的数额。显而易见，对于一个项目而言，由于货币时间价值的存在，不同时期发生的成本或产生的收益不能直接加总，而是要首先求出每个时期的成本或收益的现值，然后再加总求出整个项目的现值。

假设一个项目，在当前期产生 R_0 元收益，一年后产生 R_1 元，二年后产生 R_2 元，以此类推，T 年后产生 R_T 元，项目选定的贴现率为 r，那么此项目的现值可由下式计算得到：

$$PV = R_0 + \frac{R_1}{1+r} + \frac{R_2}{(1+r)^2} + \cdots + \frac{R_T}{(1+r)^T} \tag{8.1}$$

式 8.1 中，右边的每一项分别表示某个时期项目产生的收益的现值，比如，R_0 表示第 0 期收益的现值，$\frac{R_1}{1+r}$ 表示第 1 期收益的现值。PV 表示此项目的现值，它等于每一期收益的现值的加总。

贴现率是影响现值的重要因素，给定收益，贴现率越高，现值越低，且影响以指数形式进行。例如，一个 20 年后产生 100 万元收益的项目，如果不贴现，收益将是 100 万，如果贴现率为 5%，现值为 $100/1.05^{20} = 37.6889$ 万元，如果 $r = 10\%$，现值只有 14.8644 万元（$= 100/1.1^{20}$），不足 100 万元的 15%。

8.1.1.2 通货膨胀下的现值

如果考虑到通货膨胀，该如何修正上面的计算公式呢？假定某一投资项目，按当前期的价格计算，每年产生相同收益 R_0 元，如果每年出现的通货膨胀率为 7%，收益将按通货膨胀率而上升。[①] 因此，一年后收益的价值为 $R_1^* = R_0(1+7\%)$，两年后的收益价值为 $R_2^* = R_0(1+7\%)^2$，同理，T 年后的收益价值为 $R_T^* = R_0(1+7\%)^T$。

按成本或收益发生的那个年份的价格所计算的价值，称为名义价值。收入流 R_0^*，R_1^*，R_2^*，$\cdots$，R_T^* 即是名义收益。我们也可以将成本或收益都以某年的价格为标准进行衡量，这种扣除价格变化的成本或收益价值，称为实际价值。在我们的例子中，实际价值每年相同，为 R_0 元。更一般的情况是，如果以本年价格为标准计算的实际收益流是 R_0，R_1，R_2，$\cdots$，R_T，而每年的通货膨胀率为 π，那么，名义收益流就是 R_0，$R_1(1+\pi)$，$R_2(1+\pi)^2$，$\cdots$，$R_T(1+\pi)^T$。

另外，如果预期价格会上涨，债权人就不再愿意按价格稳定时的利率 r 放款。因为债权人知道，按此利率偿还它们将是贬值的货币，要维持其实际价值，他们第一年得到的支付额必须为原值的 $(1+\pi)$ 倍。第二年的支付额为原值的 $(1+\pi)^2$ 倍。换言之，市场利率上升的幅度大致维持预期通货膨胀率，即从 r 上升到 $r+\pi$[②]。

因此，我们看到，当预期发生通货膨胀时，收益流和贴现率都增大，如果用名义数值表示，收入流的现值为：

$$PV = R_0 + R_1 \times (1+\pi)/[(1+r) \times (1+\pi)] + R_2 \times (1+\pi)^2/[(1+\pi)^2 \times (1+r)^2] + \cdots + R_T \times (1+\pi)^T/[(1+r)^T \times (1+\pi)^T] \tag{8.2}$$

显然，分子、分母中的 $(1+\pi)$ 可以消去，式 8.2 与没有通货膨胀下的式 8.1 完全相同。因此，无论是用名义价值还是实际价值，所得到的现值是相同的。关键是价值与贴现率的计算必须一致，如果计算 R 采用实际价值，那么计算贴现率也必须用实际价值，即市场利率减去预期通货膨胀率；如果贴现率用的是市场利率，那么，收益也必须按名义价值来计算。

8.1.2 成本—收益分析的评价标准

成本—收益分析中，要解决两个基本问题：一是哪些备选方案或项目是可行的，即可行性判断；二是如果可行方案或项目超过两个，应当选择哪个，即优先性判断。对这些问题的回答，一般有三个评价标准，即净现值标准、收益—成本比率标准和内部收益率标准。

8.1.2.1 净现值（Net Present Value，NPV）

净现值是将项目产生的所有收益以及承担的所有成本，全部折算成现值后的差

---

① 假定当前期的价格水平为 P_0，下一期的价格水平为 P_1，则下一期的通货膨胀率的计算公式为 $\pi_1 = \dfrac{P_1 - P_0}{P_0}$。

如果一个物品真实价值为 R，那么，按当前期的价格水平计量价值，它的名义价值为 $R_0 = R \times P_0$，按下一期价格水平计量，它的名义价值将是 $R_1 = R \times P_1 = R_0 \times (1+\pi_1)$。

② $(1+\pi)(1+r) = 1+\pi+r+\pi r$，因为 π、r 均 <1，$\pi r = 0$，即 $(1+\pi)(1+r) = (1+\pi+r)$。

值。假定项目 i 的初始收益和成本分别为 $b_i(0)$ 和 $c_i(0)$，第一年的收益和成本为 $b_i(1)$ 和 $c_i(1)$，最后一年的收益和成本为 $b_i(n)$ 和 $c_i(n)$（n 为项目寿命）。项目 i 的净收益流（有时可能是负数）表示如下：

$$b_i(0)-c_i(0),\ b_i(1)-c_i(1),\ b_i(2)-c_i(2),\ \cdots,\ b_i(n)-c_i(n)$$

该收入流的现值为：

$$NPV_i=\sum_{t=0}^{n}\frac{b_i(t)-c_i(t)}{(1+r)^t}\qquad t=(0,\ 1,\ \cdots,\ n)$$

式中：i 为第 i 个备选项目；

NPV_i 为项目 i 可能产生的净现值；

t 为项目建设和投产的第 t 年；

$b_i(t)$ 为项目 i 在第 t 年所产生的收益；

$c_i(t)$ 为项目 i 在第 t 年所花费的成本；

n 是所分析的项目所持续的时间；

r 为贴现率。

由于每个备选项目均可以计算净现值，项目评估的现值标准是：

（1）如果某一项目的净现值小于 0，说明收益现值总额小于成本现值总额，即项目收益不足以补偿投入成本，该项目是不可行的。换句话说，只有净收益现值是正数，项目才是可行的。

（2）当净收益现值大于零的项目超过一项，那么，优先选择的项目应该是净收益现值最大的那个项目。

贴现率在分析中起关键作用，贴现率不同，可能得出不同的结论。让我们考虑两个备选项目，项目 1 立即产生 90 元的净收益，项目 2 在两年后产生 100 元的净收益，但项目实施当前和项目实施一年后不产生任何收益。哪个项目可行呢？如果两个项目都可行，哪个项目更优呢？

答案取决于所选择的贴现率。下面分别计算贴现率在 0、5% 和 10% 下，项目 1 和项目 2 的净收益现值并根据计算结果判断项目的可行性。

计算结果见表 8.1。项目 1 的净收益现值总是 90 元，因为项目 1 收益产生在当前。项目 2 的净收益现值将随贴现率的变化而变化，贴现率在 0、5% 和 10% 下的收益现值分别为 100 元、90.7 元和 82.6 元。当贴现率为 0 和 5% 时，项目 2 的现值大于项目 1 的现值，但如果贴现率为 10%，项目 1 优于项目 2。一般而言，贴现率越高，未来净收益的现值越低。

表 8.1　　　　　　　　　不同贴现率下项目 1 和项目 2 的净收益现值

单位：元

项目	0	5%	10%
项目 1	90	90	90
项目 2	$100/(1+0)^2=100$	$100/(1+5\%)^2=90.7$	$100/(1+10\%)^2=82.6$

8.1.2.2 收益—成本比率（B/C）

收益—成本比率是收益现值与成本现值的比率。如果 B/C 大于 1，则表明该项目投资收益大于成本，该投资是可行的；如果 B/C 小于 1，则该投资是不可行的。

$$B/C = \frac{\sum_{t=0}^{n} \frac{b_i(t)}{(1+r)^t}}{\sum_{t=0}^{n} \frac{c_i(t)}{(1+r)^t}}$$

但是，如果认为 B/C 数值越大，项目越优，并把此作为比较都可行项目的标准，就可能导致决策失误。因为收益既可以计入分子，也可以看成"负成本"计入分母；反之，成本也可以看成"负收益"。因此，通过对成本和收益进行有目的的分类，就可以人为地改变一个可行项目的收益—成本比率。例如，考虑两个备选项目，项目 1 的成本和收益现值分别为 200 元和 450 元，项目 2 的成本和收益现值分别为 400 元和 800 元，项目 1 和项目 2 的收益—成本比率分别是 2.25、2，项目 1 的收益—成本比率大于项目 2。现在假定，在对项目 1 的分析中，分析人员无意中忽略了一项 50 元的成本。如果把 50 元成本计入分母，项目 1 的收益—成本比率变为 450/（200 + 50）= 1.8，项目 2 的收益—成本比例将大于项目 1。如果把 50 元成本作为负收益，计入分子，项目 1 的收益—成本比率将变为（450 − 50）/200 = 2，这样，项目 1 和项目 2 的收益—成本比率相同！

此外，采用收益—成本比率标准在进行优先性判断时，所得结论与净现值并非总是一致的。例如，假设项目 X 的收益和成本的现值分别为 200 元和 100 元，而项目 Y 的收益和成本的现值分别为 170 元和 80 元。按照 B/C 标准，项目 Y 应优先于 X（200/100 < 170/80），然而如果从 NPV 角度看，项目 X 对增进福利的贡献要大于 Y（200 − 100 > 170 − 80）。

8.1.2.3 内部收益率（Internal Return Rate，IRR）

内部收益率是指使项目净现值（NVP）为 0 的贴现率。以 λ 表示 IRR，则其被定义为：

$$0 = \sum_{t=0}^{n} \frac{b_i(t) - c_i(t)}{(1+\lambda)^t}$$

如果 λ 大于贴现率 r，则说明项目可行。一般来说，内部收益率越大（前提是内部收益率大于贴现率），投资方案越优。

但是，当对两个规模不同的项目进行优先性判断时，采用内部收益率标准往往会导致错误的决策。比如，我们考虑两个项目 A 和 B，项目 A 现在支出 100 元，一年后收回 110 元，则其 IRR 为 10%。项目 B 现在支出 1 000 元，一年后收回 1 080 元，则其 IRR 为 8%。假定贴现率为 6%。从 IRR 标准看，项目 A 优先。然而从 NPV 的标准看，项目 A 的 NPV 为：$-100+110/1.06=3.77$；项目 B 的 NPV 则为：$-1\,000+1\,080/1.06=18.87$，项目 B 要优于项目 A。

我们的结论是，项目的可行性判断，三个指标得出的结论是一致的。项目的优先性判断，内部收益率和收益—成本比率这两个标准都可能导致不正确的判断，净现值标准是最可靠的。

8.2
公共支出项目的成本—收益分析

将私人投资成本—收益分析方法用于公共支出项目分析时，尽管分析的理论基础相同，但关注的视角，以及具体分析过程中对成本收益大小的衡量、贴现率的选取等方面都与私人部门有着显著的不同。本节对公共支出成本—收益分析中的这些不同进行分析。

8.2.1 公共支出与私人部门成本—收益分析的不同

公共部门项目的成本—收益分析，与私人部门有显著的不同，主要体现在以下两个方面。

8.2.1.1 公共支出项目以社会福利最大化为目标，私人部门仅以私人净收益为目标

出于考虑问题的角度不同，公共部门成本—收益分析中的成本和收益与私人部门的成本和收益在范围上有所区别。对私人部门而言，其进行成本—收益分析的目的，主要是为私人部门谋求支出的合理性，寻求的目标是私人净收益的最大化，因此其考虑的成本和收益，主要指私人部门的项目承担者所承担的成本和获取的收益（也称为内部成本和内部收益），很少包含给项目承担者以外的经济体造成的成本和收益（外部成本和外部收益），或者说，外部成本和外部收益是可以被忽略的。

$$私人净收益 = 私人收益 - 私人成本$$
$$= 内部收益 - 内部成本$$

而对公共部门而言，他们承担着维护和实现社会各种利益的职责，因此，其成本—收益分析是从整个社会角度考虑，寻求整个社会净收益的最大化。公共支出的成本—收益分析不仅要考虑内部成本和收益，而且要考虑外部成本和外部收益，在很多情况下，外部成本和收益数量是巨大的。例如，如果要建设水电站，政

府不仅仅关心电站建设所发生的各种费用，以及发电带来的收益，还要考虑土地淹没的成本、破坏生态环境的代价以及防洪收益等。再如，一项旨在提高农田产量的水利工程项目，从成本上看，不仅包括该项目所需要的人力、物力、管理费用等内部成本，还包括该项工程对原有资源的破坏等外部成本。从收益来看，不仅需要衡量该项目所带来的农产品产量增加产生的内部收益，也需要衡量该工程对诸如养鱼业发展、洪水控制等方面产生的外部收益。因此，公共部门的成本—收益分析需要写成：

$$净收益 = 社会收益 - 社会成本$$
$$= （内部收益 + 外部收益） - （内部成本 + 外部成本）$$
$$= 社会净收益$$

8.2.1.2 公共支出项目的成本和收益通常并不能直接用市场价格来衡量

与私人部门支出项目相比，公共支出项目的成本和收益一般无法直接采用市场价格进行衡量。因此，对于公共支出项目效率的评价，实际上是模拟市场运作的方式，这主要是由两个因素决定的。

一是在许多情况下，与公共支出项目相联系的市场价格根本不存在，如清新的空气、社会的安定和国家的国防安全、免遭破坏的自然资源、得以保护的生态平衡等，都是无法计算出其市场价格的。

二是在有些情况下，市场价格并不能完全真实反映社会边际成本和收益。这是由于市场失灵的存在。例如，在垄断市场中，市场价格高估了社会边际成本；当存在负外部性时（完全竞争市场环境），市场价格低估了社会边际成本。

上述问题的存在，使得公共支出项目的成本—收益分析要比私人部门项目的成本—收益分析复杂和困难得多。

8.2.2 公共支出项目成本—收益分析的步骤

公共支出项目成本—收益分析过程与私人部门基本相似，分为：① 列出各种备选项目；② 鉴定各备选项目的成本和收益；③ 用货币度量各备选项目投入和产出的大小；④ 选择社会贴现率；⑤ 对各备选项目进行评价。其中在第二、第三和第四步骤，要特别注意与私人部门投资的区别，其他两个步骤和私人投资的分析相同，这里不再重复。

8.2.2.1 鉴定项目的成本和收益

在私人投资中，投资者更多关注自己所承担的成本以及获得的收益，而公共部门是从全体居民的角度考虑成本和收益，不仅仅包括项目产生的直接成本和直接收益，而且包括那些与项目无直接关系的人所承担的成本和获得的收益，即间接成本和收益。① 例如，水力发电工程带来的直接收益是水力发电，间接收益包括在航行、灌溉、防洪、旅游等方面带来的收益；直接成本包括发电设备建设、维护的成本，间接成本包括淹没土地对生态环境、历史古迹的破坏。

在列举收益时，必须谨防收益的重复计算。比如，政府计划在一块贫瘠的土地上实施一项灌溉项目，此项目既可以增加耕种收入，也可能提升此块土地的价格。在识别此项目的收益时，如果同时将耕种收入的增加和土地价格的提升都作为收益，就会犯重复计算收益的错误。这是因为，在完全竞争市场条件下，土地的价格等于耕种这块土地获得的净收入流的现值，农场主或者耕种这块土地以获取耕种收入，或者卖掉这块土地获取地价收入，但不可能同时获取这两项收入。

此外，在识别成本收益时还需谨防将虚假的成本收益列入其中。虚假的成本与收益是指由于生产者（消费者）的行为，造成经济活动中的相对价格发生变化，相对价格变化造成有些人福利增加，有些人福利降低，但整个社会产出并未发生变化。例如，修路可能造成汽车价格上涨，汽车厂商从中受益，消费者却要支付较高的价格，从整个社会来看，福利总量并没有变化。再如，政府计划修建一条地铁线，此项目很可能导致地铁站附近的房租上浮，在识别地铁项目的收益时，我们能否将房租上浮识别为收益呢？答案是否定的。

8.2.2.2 公共支出项目成本和收益的度量

在列举出各备选项目的全部成本和收益之后，接下来需要对所列成本与收益折算成货币进行评估。一般来说，公共支出项目的收益并不是完全来自市场，很多是由政府免费提供的，也就是不存在市场价格，即使收费，也并非完全按市场价格来进行。而政府公共支出项目的成本，除投资额外，有时还需要考虑很多其他因素，如道路改建过程中的房屋拆除、原有道路的功能丧失等成本，而这些是无法用市场价格来反映的。因此，准确度量公共支出项目的成本—收益常常是充满挑战性的问题。

1. 市场价格

对那些可在竞争性市场上交易的投入产出，应该采用市场价格对其成本—收益评估。因为在完全竞争市场下，市场价格不仅可以反映生产该商品的边际社会成本，而且可以反映该商品的边际社会收益。

2. 影子价格

当存在外部性或在不完全市场环境中，由于不存在市场价格或市场价格不能反映社会边际成本（收益），人们需要利用影子价格来度量公共支出项目产生的成本（收益）。

（1）外部性。由发展经济导致的环境污染是典型的具有负外部性的经济现象，

---

① 这里的直接成本和收益，与前面的内部成本和收益含义相同；间接成本和收益，与前面的外部成本和收益含义相同。

当分析治理环境的公共支出项目（如低碳城市建设）时，我们就需要利用影子价格来计量项目的收益。治理环境污染的收益通常包括提升人们的健康水平、降低死亡率、降低犯罪率，由于基本不存在市场价格度量这些收益，人们就需要利用显示性偏好法、陈述偏好法、价值转移法、机会成本法等方法来估算这些收益的影子价格。再如，疫情期间政府采购疫苗免费给民众施打，在计量此类项目的社会边际成本时，我们就不能仅仅考虑疫苗的边际生产成本，还要考虑打疫苗使传染率下降产生的正外部性，而影子价格就是要同时考虑这两种因素的影响并货币化。

（2）不完全市场。在不完全市场情形中，我们需要根据造成市场扭曲的原因来计算影子价格。

① 垄断。当公共支出项目涉及采购垄断厂商的产品时，由于垄断价格大于边际生产成本，我们需要根据政府购买对市场的影响来确定影子价格。假设政府需要采购 1 000 套正版操作系统，如果软件公司专门为此次采购生产了 1 000 套系统，那么社会边际成本就等于边际生产成本。如果政府是从代理商那里采购的系统，我们就需要利用市场价格来计量社会边际成本。如果这批操作系统来源于这两个渠道，我们就需要用边际生产成本和市场价格的加权平均来计算影子价格。

② 税收。当公共支出项目涉及采购要缴纳消费税的商品时，计量社会边际成本时就需要区分生产者价格（不含税价格）和购买者价格（含税价格）。计量原则与垄断情形下的原则相同：如果厂商专门生产了一批新产品，就按生产者价格计量；如果是从零售商处采购的产品，就用购买者价格；如果同时来源于这两个渠道，就采用生产者价格和购买者价格的加权价格计量。

3. 消费者剩余

一般来说，私人企业的产量与整个市场的产量相比，非常渺小。它的产量变化一般不会影响其产品的市场价格变化。但是，公共部门的项目却可以达到改变市场价格的地步。如果市场价格发生变化，如何对增加的产出进行衡量呢？是按原来的价格，按变化后的价格，还是二者之间的某个价格？

如果可以确定公共支出项目的需求曲线，社会收益可以用消费者剩余（Consumer Surplus）来衡量。消费者剩余反映的是消费者为某种商品或服务愿意支付的货币总额与实际支付的货币总额之差。如图 8.1 所示，消费者剩余就是需求曲线和价格线之间部分的面积，如果政府提供的产品是免费的，消费者剩余就为这一产品需求曲线以下的部分。DD 线为某消费者对一座桥梁的需求曲线，坐标系中横轴代表桥的通过次数，纵轴代表对于每一特定的通过量消费者愿意支付的价格，相当于他最后一次通过这座桥所获得的效用。当这座桥由人们免费使用时，DD 线以下的部分就是这个消费者所获得的消费者剩余；桥的总收益是所有消费者的剩余之和，如果总收益大于建设这座桥的总成本，则造桥的计划就是可行的。

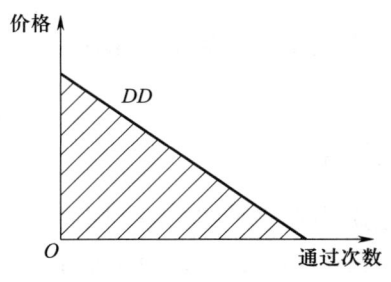

图 8.1 桥的消费者剩余

在大部分场合，消费者剩余难以直接观察到，这时就需要采用一些变通的方法，根据可以观察到的数据来推导出人们从某一公共项目中获得的收益。

4. 无形的成本和收益的量化

对于无形的成本与收益，因不可能有市场价格，因此只能用间接的方法来度量以求其近似值。常见的方法有时间价值估算法和生命价值估算法。

（1）时间价值估算法。在上面的例子中，建桥的收益之一就是减少旅途时间。"时间就是金钱"，由此节省的时间到底值多少钱呢？方法之一就是用节省的时间乘以工资率来估算。假设甲每小时的工资为 10 元，建桥使之节省时间 20 分钟，该项目给甲带来的收益就是 $10 \times 20/60 = 3.33$ 元。当然，这种方法有赖于对时间机会成本的衡量。但时间的机会成本，对某一个人来讲，并非总是与工资率相同的。例如，当有急事要办，他可能愿意对时间支付一个超过工资率的价值；而当他休闲在家时，可能愿意支付的时间机会成本低于工资率。

另一种估算时间价值的方法是考察人们对不同交通方式的选择。去外地旅游，人们可以选择坐飞机，或者坐火车。飞机省时但价格高，火车比较慢但价格便宜。人们的行为显示了他们对时间的评价。通过观察人们愿意为坐飞机而额外支付多少钱，我们可以知道人们对时间的评价。

（2）生命价值估算法。人们常说"生命无价"，可是，如果按照此观点，许多与人的健康或生命相关的公共项目将无从评估。目前通常采用两种生命估算方法。一种是将未来收入的现值作为生命的价值。换句话说，如果该项目实施的结果是挽救了一个人的生命，该项目的社会收益就是该人可以获得收入的现值的期望值。在交通肇事车辆造成的死亡赔偿上，目前多采用这种方法。该方法主要存在两个问题：一是该方法认为闲暇时间的价值为零；二是该方法认为每个人的生命价值是不同的，收入较高者的生命价值高于收入较低者的生命价值，特别地，那些年老、体弱或严重残疾的人甚至会因为没有任何收入而生命价值为零，这不仅有悖于我们通常接受的"珍惜生命、尊重生命"的教育，也与我们经常看到社会各界为了延续某个原本无任何收入的生命，不惜一切代价的现实不相符。

对生命价值估算的另一种方法认为，许多项目是以改变个人死亡概率的途径影响一个人的生命前景的，因此可用风险补偿来估算生命的价值。例如，从事采煤等高危险职业的人，一般要求有较高的劳动报酬，以补偿较高的死亡风险。相应地，如果公共支出项目有助于降低发生死亡事故的概率，由此减少的经济损失则是该项目的收益。

8.2.2.3 社会贴现率的选择

贴现率是时间价值调整到可比水平的关键，因而在成本—收益分析中起着关键性作用。私人投资的贴现率表示投资者个人为未来收益而放弃现在资金使用的机会成本，而公共支出项目的贴现率是整个社会为了未来收益而放弃现在资金使用的机会成本，即社会贴现率。那么，社会贴现率应该如何确定呢？对此存在两种不同的看法。

一种观点认为，应该基于私人收益率来确定社会贴现率。由于公共支出最终挤占了私人部门对资源的使用，社会贴现率应反映公共支出占用资源的机会成本，也就是这些资源没有投入私人部门的损失。公共资金支出的增加或是表现为私人投资的减少，或是表现为私人消费的减少。如果公共支出资金挤占私人投资，那么私人项目的税前收益率，即是减少私人投资的机会成本。假定私人投资最后 1 万元的年度收益率为 10%，现在政府把私人投资中的这笔钱用于公共支出，那么这笔公共支出的代价就是 1 000 元（10 000 × 10%），因此，社会贴现率为 10%，它反映资金为社会所创造的价值。

如果公共支出挤占私人消费，对于全社会而言，公共支出增加 1 元的代价就是私人部门少消费 1 元。在没有公共支出的情形下，私人部门自愿少消费 1 元并将其存入银行，明年将得到 1 元本金加利息，但利息收入是要交税的，故通过减少私人消费而筹措的公共支出资金应当按税后收益率来确定社会贴现率。假定私人税前投资收益率为 10%，但必须将其收益的 50% 向政府交税，那么，私人现在少消费 1 万元，实际上放弃了 500 元（10 000 × 10% × 50%），因此，社会贴现率为 5%。

如果公共资金同时挤占私人消费和投资，社会收益率应该用税前私人投资收益率和税后个人收益率的加权平均值来贴现，如果我们知道政府 1 万元支出来自私人投资减少部分为 1/3，来自私人消费减少部分为 2/3，那么，公共支出的社会机会成本为：

$$社会贴现率 = 1/3 \times 10\% + 2/3 \times 5\% = 6.67\%$$

当然，确定某一个公共支出项目所需资金当中到底有多少来源于消费的减少，有多少来源于投资的减少，并不是一件容易的事。由于无法准确确定这些权重，该方法在指导社会收益率方面的作用大打折扣。

另一种观点认为，社会收益率不同于市场收益率所表示的机会成本，它是站在整个社会角度对牺牲目前消费的评价。一般来讲，社会收益率低于私人收益率。其理由主要有：

首先，社会贴现率是站在社会整体立场上看公共支出贴现率。如果我们把社会当作一个整体来考察，则公共支出的决策者（政府）不仅要关心当代人的福利，也要关心后代人的福利，然而私人部门只关心他们自己的福利，不太愿意关心后代人的福利，相应地把太多的钱用于消费（包括投资），不太愿意用于储蓄，由此造成私人投资报酬的评价偏高。

其次，从家长主义的观点看，私人部门没有足够的远见对未来收益做出恰当的评价，因此，他们在对这种收益进行贴现时，用的贴现率偏高。针对这种经济短视行为，政府应当从社会角度提出一种有利于社会长远发展的、体现社会整体利益的利率。因此，社会贴现率不必高于市场利率。"政府强迫私人减少现在的消费，以换取将来更多的消费，到那时，人们可能会感激政府的远见。"[①]

最后，从资源配置角度看，私人投资会产生一些知识和技术诀窍，具有一定的正外部性，因此私人市场不能提供社会最优的投资，政府通过低于市场水平的贴现率，可以纠正这种外部性。

那么，社会贴现率应当如何选择呢？对此并没有一个明确的观点，但却给我们提供了一种思路，即按照不同的贴现率对同一个项目分别进行计算，然后看现值是否对于全部合理的贴现率都为正数。如果在所有合理的社会贴现率下现值都为正，分析人员就对这个项目有把握了。如果不能保证所有合理贴现率下现值为正，适当降低贴现率对于公共支出项目的选择是必要的，有利于更多地发挥公共支出项目的优势，选择那些能够发挥长远效益的项目。

8.3

公共支出项目成本—收益分析案例

本节将用两个案例，进一步说明成本—收益分析的过程，并对成本—收益分析做进一步的讨论。

8.3.1 教育投资的成本—收益分析

8.3.1.1 教育成本

按成本来源不同，可以将教育成本分为非个人成本[②]和个人成本两类。个人成本是指受教育者个人或家庭为其接受教育所支付的成本；非个人成本是指除受教育者个人和家庭以外，由社会其他成员支付的全部教育成本。

[①] 哈维·S. 罗森，特德·盖亚. 财政学［M］. 郭庆旺，译. 10 版. 北京：中国人民大学出版社，2015.

[②] 为保证概念前后一致，这里采用非个人成本的概念。事实上，在教育经济学教材中更多将这一非个人成本概念称为社会成本。

很多教育成本直接以货币形式支付，如学杂费，往返交通费，政府对学校人员经费、公用经费的拨款；有些成本并不直接表现为货币支出，如受教育者因求学而放弃的收入、学费减免、税收减免等。教育成本包含的内容可以用表 8.2 表示。

表 8.2   教育的社会成本与个人成本

非个人成本		个人成本	
直接货币支付	非直接货币支付	直接货币支付	非直接货币支付
人员经费	社会所放弃的税收收入	学杂费	因求学可能放弃的收入
公用经费	学费减免	文具学习用品费	
固定资产折旧	潜在的租金	学生往返学校的交通费	
		额外的吃穿住费用	
		教材书报杂志费用	
		其他与学习有关的培训支出	

8.3.1.2 教育收益

教育能带来哪些收益呢？这并不是一个容易回答的问题，因为教育能够带来各种各样的收益。从教育收益的受益主体看，可以分为私人收益和外部收益。

1. 私人收益

私人收益是指产品或服务的购买者本人及其直系亲属从产品或服务的消费中所获得的收益，这种收益是个人决定是否购买以及购买多少产品或服务的依据。在教育的私人收益中，既包括受教育者一生因教育而增加的货币收益[①]，也包括由此而增加的非货币收益。教育的非货币收益非常广泛，下面简单讨论其中的几个方面：

第一，教育具有消费性收益，如受教育者从求学过程中获得的乐趣，从阅读、艺术欣赏等活动中获得的快乐，大学生从参与学校活动以及和其他大学生交往中产生的直接满足等。

第二，教育改善个人的健康状况，表现为延长预期寿命、减少患病可能等。这是因为高教育水平的人会收集和学习健康方面的知识和信息，并且更有效地利用医疗手段。

第三，父母的受教育水平会对子女产生影响，使子女受益，教育经济学称之为跨代收益（Intergenerational Benefits）。

---

① 严格来讲，教育的私人货币收益，是指在其他条件相同的情况下，受教育程度高的人比受教育程度低的人获得的工资收入增量。

第四，教育产生消费者选择效率，即在相同的预算约束下（或相同收入水平下），受教育程度较高的人能够选择效率更高的商品组合和服务组合，产生更大程度的效用满足。

2. 外部收益

外部收益与个人收益相对应，是指产品或服务的购买者本人及直系亲属以外的其他人从这一产品或服务中获得的收益。教育的外部收益一般有：

第一，增加税收收入。一般而言，受教育水平较高的人在任何年龄段上，都具有较高的绝对收入水平，因而其缴纳的税收特别是所得税也比较多。

第二，增强社会内聚力。公共教育向受教育者灌输一种共同的文化准则和道德准则，这种准则可以降低经济的交易成本、缓解不同利益群体之间的社会冲突。教育的这种作用明显地体现在教育的个体社会化功能和政治功能中。教育的个体社会化功能指"教育通过将社会文化行为规范传递给新生一代，使他们获得未来社会结构中的相应角色，以维持社会运行机制和延续社会结构"。教育的政治功能可归纳为以下几方面：传播一定的政治观点、意识形态和法律规范，使受教育者达到政治社会化；根据一定社会政治需要，培养一批符合一定价值标准的、本阶级政治需要的政治人才；产生进步的政治观念，促进社会的发展与革新。

第三，保持和发扬民主。受过教育的人应当更加文明、更能容人。

8.3.1.3 成本—收益的计量

在教育的成本中，以货币形式支付的成本一般用实际支出数额来计量，非直接货币支出的成本根据获得数据的难易程度以及在整个成本中的大小而采用不同的方法。例如，因上学而损失的收入，对于教育层次较低的初等教育而言，由于数据获得比较困难而且这一成本在整个教育成本中的比重较小，通常忽略不计；但是在高等教育阶段，这一数据却不能忽略，通常用高中毕业生工作的前四年工资收入来计量。

在教育的收益中，非货币收益的衡量到目前为止还是一个很具有挑战性的工作，通常对收益的衡量更多地局限在个人货币上。一般来讲，私人收益用税后个人收入来计量，社会收益用税前个人收入来计量。

8.3.2 公路扩建的成本—收益分析

假设在两城市之间有一条二车道公路，公路决策部门面临如下问题：公路设施是否需要扩建？如果需要扩建，应该扩建到四车道，还是六车道？要回答这些问题，需要对不同公路扩建方案进行成本—收益分析。

为了评估公路扩建后的收益，需要估计两地间的交通需求。需求是单程平均成本的函数。单程平均成本包括燃油、折旧、车辆保养以及运程时间。公路扩建后造成两地间旅行速度加快，这将降低现有道路使用者的成本并鼓励新用户使用该道路。

因此，公路扩建后的收益应为现行行驶成本的降低以及新增交通需求量带来的净收益之和。

假定可以获得足够信息，上述收益可通过两地间的交通需求估算。如图 8.2 所示，D_t 为交通需求。在现有道路中两地间单程平均成本为 C，当前每年的行程次数为 T。预计现有道路扩建后单程平均成本降至 C'，每年的行程次数增至 T'。$CBAC'$ 面积表示现有行程因平均成本下降而增加的收益；ABD 面积表示行程增加带来的收益。道路扩建的收益可以用 $CBDC'$ 的面积表示，等于 $CBAC'$ 与 ABD 的面积之和。如果 BD 近似为直线，ABD 的面积可以用 $1/2 \times CC' \times TT'$ 代替。

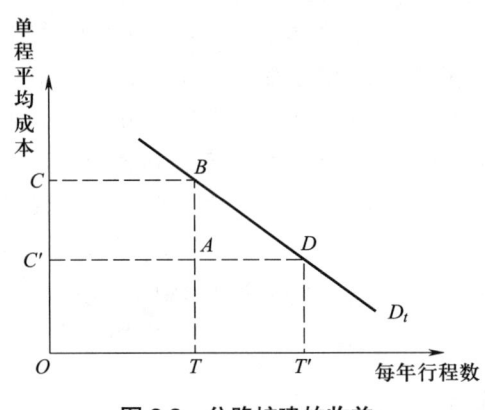

图 8.2　公路扩建的收益

资料来源：大卫·N. 海曼. 公共财政：现代理论在政策中的应用［M］. 章彤，译. 6 版. 北京：中国财政经济出版社，2001：220.

项目成本包括道路扩建的基建成本以及道路扩建后在使用期内的维护成本。其他外部成本，如毁坏野外风景或由于道路交通量增加导致的污染物的增加也应作为一种实际成本计入其中，但是对这些外部成本，这里忽略。

8.3.2.1　收益衡量

在公路扩建前的二车道下，首先考虑运输的时间成本。假定该公路的平均行程是 30 分钟，每小时的时间代价为 4 元，则一趟运输的时间代价是 2 元，如表 8.3 的第 2 行所示。当然，估计单次运程的时间代价并不是简单的事情。单次运程的时间估计（这里是 30 分钟）取决于道路类型、交通情况（高峰时段和低谷时段），时间的机会代价（这里是 4 元）随运输旅客的类型而变，这里用司机的工资率来衡量。因此，估计每趟运程的时间成本是一项复杂的工作。其次，单次运程的其他成本，包括燃油、折旧、车辆保养等，这些费用因公路类型和车辆类型不同而不同。这里假设每趟运程的其他成本为 1.75 元，每趟时间成本与其他成本合计即是每趟运程的可变成本，为 3.75 元。假定每年运输趟数为 100 万趟，则每年可变成本为 375 万元。原来的基建投资因为是沉淀成本，这里不再考虑。

表 8.3　　　　　　　　　　　　　公路扩建的成本与收益

行数			单位	二车道	四车道	六车道
1	收益	单次运程时间	分	30	18	16
2		运程的时间成本（4元/小时）	元	2.0	1.2	1.07
3		单次运程的其他成本（燃油、折旧、车辆保养）	元	1.75	1.90	1.95
4		每年运程数	百万趟	1	1.5	1.6
5		每趟成本节约	元	—	0.65	0.08
6		原有行程的成本节约收益	万元	—	65	12
7		新增行程的净收益*	万元	—	16.25	0.4
8		每年道路扩建的收益	万元	—	81.25	12.4
9		使用期内的现值（8%，25年）	万元	—	867.343 8	132.37
10	成本	基建成本	万元	—	400	200
11		年维修成本	元	50 000	60 000	68 000
12		维修成本增加	元	—	10 000	8 000
13		维修成本增加的现值（8%，25年）	元	—	106 750	85 400
14		总成本现值（第10行＋第13行）	万元	—	410.675	208.54
15	成本—收益	净现值（第9行－第14行）	万元	—	456.668 8	−76.17
16		收益/成本比（第9行/第14行）		—	2.11	0.63
17		内部收益率	%	—	20	3

注：* 假设需求曲线 BD 段是线性函数，按新增行程所节约成本的一半估算。

资料来源：曹立瀛. 西方财政理论与政策 [M]. 北京：中国财政经济出版社，1995：189.

　　公路扩建到四车道之后，增加基建投资 400 万元，行程时间由原来 30 分钟缩至 18 分钟，时间成本降至 1.2 元，但其他成本增至 1.90 元（由于高速行驶油耗增加），每趟可变成本净节约 0.65 元（3.75 − 1.2 − 1.9）。公路扩建到四车道后，运程趟数增至 150 万趟，可变成本合计为 465 万元。原有趟数成本节约 65 万元，行程增加 50 万趟，假设以节约成本 0.325 元计算，[①] 则为 16.25 万元（0.325 × 50），相当于面积 ABD。于是，总收益或年总成本节约 81.25 万元（65 ＋ 16.25）。相当于面积 CBDC′。因为收益发生在将来，必须贴现。假设公路的受益期 25 年，贴现率 8%，则现值为 867.343 8 万元。这是公路扩展到四车道后的收益现值。

　　公路由四车道扩展到六车道后，需要增加投资 200 万元，运程时间缩至 16 分钟，时间成本降至 1.07 元，运输趟数微增至 160 万趟，仿照上述计算方法，得到

---

　　① 节约成本以 0.65 元的半数计算，是粗略的估计，假设图 8.2 上需求曲线 BD 段是线性函数，所以消费者剩余是三角形 ABD 的面积。

公路扩展到六车道后的收益现值为 132.3 万元。

8.3.2.2 成本衡量

公路扩建的成本主要有基建成本和维修成本。四车道的基建成本为 400 万元，六车道为 200 万元，这些费用是工程开始就支付的，所以无须贴现。维修成本与运输数量、运输类型和维修工料等因素有关，假设公路由二车道扩展到四车道后的年维修费增加 1 万元，从四车道增至六车道后的年维修费用增加 0.8 万元。维修费用可按 25 年 8% 贴现率求得现值，扩展成四车道的维修成本现值为 $\dfrac{1}{(1+8\%)^1}+\dfrac{1}{(1+8\%)^2}+\cdots+\dfrac{1}{(1+8\%)^{25}}=10.675$ 万元，扩展成六车道的维修成本现值为 $\dfrac{0.8}{(1+8\%)^1}+\dfrac{0.8}{(1+8\%)^2}+\cdots+\dfrac{0.8}{(1+8\%)^{25}}=8.54$ 万元，见表 8.3 第 13 行。因此，扩建成四车道的成本现值为 $400+10.675=410.675$ 万元，扩建成六车道的成本现值为 $200+8.54=208.54$ 万元。

8.3.2.3 成本—收益比较

计算出总收益现值和总成本现值，就可以比较，公路从二车道扩展到四车道，收益超过成本，净收益 456.668 8 万元，收益—成本比率为 2.11，内部收益率为 20%；而公路从四车道扩展到六车道的成本超过收益 76.17 万元，收益—成本比率只有 0.63，内部收益率降至 3%。显然在忽略其他成本的情况下，扩展到四车道是有利的，而扩展到六车道是不合算的。

8.3.3 成本—收益分析的进一步讨论

8.3.3.1 收入分配问题

在私人部门，一般不考虑谁是工程的受益者，谁是费用的承担者。有些经济学家认为，在公共支出项目的分析中也应采用这种方法，即如果一项工程的收益现值是正数，不管谁受益谁受损，都应当实施。这是因为，只要收益现值是正数，受益者除了能补偿受损者之外，还能享受正的净收益。这种观点也被称为希克斯—卡尔多标准，以是否存在潜在的帕累托改进为依据确定项目，并不要求实际补偿。

有些人则认为，政府目标是使社会福利最大化，而不是利润最大化，因此需要考虑一个项目对收入分配的影响。人们获得的每 1 元收入尽管都能增进他的福利，但收入的边际效用是递减的，如果假定每个人的收入边际效用函数大体相同，则新增 1 元的收入对于穷人比对富人产生更高的效用。在社会成员收入差距悬殊的情况下，对一个公共项目的社会评价如果考虑分配因素很可能产生完全不同的结果。因此，可以在成本和收益的衡量中运用社会分配权数修正原有的成本—收益分析。具体步骤是：① 将社会成员分成若干组别，如最低收入组、次低收入组、中间收入组、次高收入组和最高收入组等；② 确定各组别的社会分配权数，一般来讲，收入水平越低的组别社会分配权重越高；③ 以各组别的权数乘以该组别从公共支出项目中获得的净收益；④ 将各组别的加权净收益加总，得出所分析项目总的加权净收益；⑤ 依据成本—收益分析标准对项目进行评价。表 8.4 就是一个社会分配权数的例子。

表 8.4　　　　　　　　　　社会分配权数实例

收入（Y）	边际社会权重值
$Y < 10\,000$	10
$10\,000 \leqslant Y < 20\,000$	5
$20\,000 \leqslant Y < 30\,000$	2
$Y \geqslant 30\,000$	1

资料来源：胡庆康，杜莉. 现代公共财政学［M］. 2 版. 上海：复旦大学出版社，2001：135.

8.3.3.2　风险的处理

前面对成本—收益分析的研究，是建立在我们对于这一项目未来收益和成本确切了解的基础上的。事实上，项目实施存在很多不确定因素，未来收益也具有不确定性。因此，有必要进一步研究项目评估的风险问题。

（1）期望值分析法。如果决策者能够估计各种风险的概率，可以用期望值分析法对于项目的风险进行评估。例如，某一工程在某一年度中获得的收益可能是 B_1、B_2、B_3、B_4，出现上述四种收益的概率分别是 P_1、P_2、P_3、P_4，那么，该年度的预期收益为：

$$E(B) = B_1 \times P_1 + B_2 \times P_2 + B_3 \times P_3 + B_4 \times P_4$$

（2）概率分析法。在分析者对于各种情况出现的概率并不确切的情况下，可以按照最乐观、最悲观和中等水平三种情况计算预期收益和预期成本。由于不能确切知道三种情况下的出现概率，通常可以用贝叶斯标准，即假定各种情况下出现的概率相同。假定某项工程有三个备选方案，每个方案最乐观、最悲观和中等水平下的净收益现值如表 8.5 所示。

表 8.5　　　　　　　　三个备选方案的净收益现值

方案名称	最乐观	中等水平	最悲观
方案 1	200	180	120
方案 2	350	200	100
方案 3	240	180	150

按照贝叶斯标准，相应的收益现值预期值为：

方案 1 的期望值 $= 1/3 \times 200 + 1/3 \times 180 + 1/3 \times 120 = 166$

方案 2 的期望值 $= 1/3 \times 350 + 1/3 \times 200 + 1/3 \times 100 = 216$

方案 3 的期望值 $= 1/3 \times 240 + 1/3 \times 180 + 1/3 \times 150 = 190$

三个方案的比较结果表明，方案 2 更优越。

（3）最大最小标准分析法。最大最小标准法，即选择那些最坏情况中的最好的项目的评价方法。它假设决策者总是厌恶风险的，因而在决策时假设最坏结果可能会发生，这就需要在期望值分析中把每种方案的最坏结果列举出来，然后选择可能存在最坏结果的净收益值中最大的方案。在上例中，三个方案的最低净收益，方案 1 为 120，方案 2 为 100，方案 3 为 150，就其最小值比较，方案 3 属于所有最小值中最大的方案，因此，方案 3 被选中。

8.3.3.3 政治程序的影响

成本—收益分析尽管可以给政府的决策者提供有用的信息，但公共支出项目最终能否被采纳是通过政治程序决定的。另外，如果项目的受益者是人数较少却联系紧密的人群，即所谓的特殊利益集团，而成本却分摊到极为分散的人群中，一个被成本—收益分析否定的项目就很可能获得通过，相反，一个被成本—收益分析选中的项目也可能被否决。

因此，成本—收益分析中的政治因素是不能忽视的。

8.3.3.4 成本—收益分析方法的替代

由于对公共支出项目成本和收益估价存在技术上的困难，成本—收益分析的应用大打折扣。最低费用选择法、公共劳务收费法等作为评价公共支出效益的替代方法也得到了日益广泛的应用。

最低费用选择法的主要特点是不用货币单位来计量备选方案的社会收益，而只计算每个备选方案的有形成本，并以成本最低为择优的标准。最低费用选择法多被用于军事、政治、文化、社会保障等成本易于计算而社会收益很难衡量的公共支出项目分析上。该方法的缺点是作为支出项目的事前评价较为有效，而作为支出项目的事后评价则不一定全面。

公共劳务收费法是把市场价格机制引申到一部分公共产品或劳务的提供和使用之中，通过制定合理的价格与收费标准，来达到对"公共劳务"有效的使用，提高公共支出效益。该方法适用于那些成本易于衡量而收益难以计算，但所提供的产品或劳务可以部分或全部进行市场交易的公共支出项目分析，主要适用于两个领域：一是政府直接制定价格的自然垄断行业，如能源、通信、交通、煤气、石油、钢铁等行业；另一个是政府实行价格管制的行业，如金融、农业、教育等行业。

本 章 小 结

1. 公共支出项目的目标是社会福利最大化，且其成本和收益往往不能直接按市场价格来估计，因此公共支出项目的成本—收益分析与私人部门的成本—收益分析明显不同。

2. 运用成本—收益分析进行决策的指标有净现值、收益—成本比率、内部收益率。当判断项目是否可行时，三个指标得出的结论是一致的。当面临多个备选项目时，内部收益率和收益–成本比率这两个标准都可能会导致不正确的判断，净现值标准是最可靠的。

3. 公共支出项目的成本和收益的度量需要区分不同场合，分别采取市场价格、影子价格、消费者剩余、时间价值估计法、生命价值估计法等。

4. 社会贴现率是整个社会为了未来收益而放弃现在资金使用的机会成本，它的选择关系到公共支出项目的权衡取舍。一般来讲，社会收益率低于私人收益率，所以，衡量公共项目的贴现率低于衡量私人项目的贴现率是合适的。

5. 公共支出项目的成本—收益分析还应考虑对收入分配、政治程序的影响等问题。为了克服成本—收益分析中的某些缺陷，最低费用选择法、公共劳务收费法也被广泛地应用于某些公共支出项目的评估中。

重 要 概 念

成本—收益分析　消费者剩余　影子价格　社会贴现率　净现值　内部收益率　收益—成本比率　最低费用选择法　公共劳务收费法

思 考 题

1. 公共支出项目成本—收益分析与私人部门成本—收益分析有什么不同？

2. 在计算人类生命的价值时遇到的困难有哪些？解释为什么说"每条生命都是无价的"这一观点将导致救生计划的投资额超过有效水平？

3. 举例说明在公共支出项目中如何应用影子价格？

4. 对某一工程项目的成本—收益分析显示，在最初的 4 年里，项目的净收益为每年 −200 万元。但在接下来的 20 年里，该项目每年将产生 120 万元的净收益。当社会贴现率为 15% 时，计算该项目的净现值，并判断该项目是否应得到批准。

5. 中等收入者小明每次乘坐地铁要花 8 元钱，如果乘坐公共汽车，乘车时间要多出 30 分钟，但票价只有 2 元钱。他每年需要乘坐 100 次地铁。这座城市正在考虑整修地铁，整修后旅行时间可缩短 10 分钟，但票价要涨 1 元，以弥补成本。票价上涨和旅行时间缩短在同一年实现且永远如此。利率为 5%。

（1）就小明而言，该项目的收益和成本的现值是多少？

（2）该城市人口中有 55 000 人是中等收入者，还有 10 000 人是低收入者。低收入者离家很近，因而可以不用任何其他形式的公共交通。就整个城市而言，该项目的总收益和总成本是多少？该项目的净现值是多少？

（3）有些市政人员建议搞另一个计划，该计划对属于中等收入者的个人征收一种即期税，每人交 10 元，以便在今后两年中为低收入者提供"免费"法律服务。每个低收入者对该法律服务的估价为每年值 5 000 元（假定这一数额在这两年的每年年底收到），该计划的现值是多少？

如果该市要在地铁项目与法律服务项目之间进行选择，应当选择哪一个？

6. 城市公共交通是政府向社会提供的、关系社会民生的重要公共基础设施。为了保证公共交通系统的正常运行及低票价机制，对公共交通实行经济的或政策的补贴已经成为绝大多数城市的普遍做法。根据 2022 年全国 30 余家地铁公司的财报，各地政府对地铁公司的财政补贴总额超过千亿元。假定你是城市公交项目的负责人，请你通过调研撰写一份城市地铁项目成本—收益的分析报告提供给财政部门。

参考答案

进一步阅读文献

1. 曹立瀛. 西方财政理论与政策［M］. 北京：中国财政经济出版社，1995. 第 5 章，第 6 章.

2. 马国贤. 中国公共支出与预算政策［M］. 上海：上海财经大学出版社，2001. 第 8 章.

3. 胡庆康，杜莉. 现代公共财政学［M］. 2 版. 上海：复旦大学出版社，2001. 第 5 章.

4. 哈维·S. 罗森，特德·盖亚. 财政学［M］. 郭庆旺，译. 10 版. 北京：中国人民大学出版社，2015 年. 第 8 章.

参 考 文 献

1. 大卫・N. 海曼. 公共财政：现代理论在政策中的应用［M］. 章彤，译. 6版. 北京：中国财政经济出版社，2001.

2. 桑贾伊・普拉丹. 公共支出分析的基本方法［M］. 蒋洪，魏陆，赵海莉，译. 北京：中国财政经济出版社，2000.

3. 王雍君. 财政绩效评价与管理的近期进展和前景展望［J］. 财政科学，2022（9）.

4. Anthony E. Boardman, David H. Greenberg, Aidan R. Vining, David L. Weimer. Cost Benefit Analysis：Concepts and Practice［M］. New York: Prentice Hall, 1996.

即 测 即 评

学完第8章啦，来做个小测检验一下学习效果吧！

公共收入概论

本章学习目标

- 对我国的公共收入体系有个比较清晰的了解
- 掌握税收的基本知识
- 了解一般预算收入中的非税收入
- 了解政府性基金预算收入、国有资本经营预算收入、社会保险基金预算收入

公共收入亦称财政收入、政府收入，是政府凭借其公共权力从社会获取的收入，并由财政部门掌握和支配。公众对政府的期待往往是多样化的，包括国家安全、社会有序、公平正义、环境优美、生活便利、教育充分、医疗保障、社会福利、改善住房等，所以，政府需要通过公共决策，为公众提供充足的公共产品和公共服务，履行其应有的职责。政府提供公共产品和公共服务是有成本的，要消耗大量的物质资源、技术资源和人力资源，需要有足够的财力保障，公共收入就是满足社会公共需要、确保政府正常运转的物质基础。

如果把公共支出的安排理解为公共产品成本的发生过程，那么，公共收入的征收可以理解为公共产品和公共服务成本的分担过程。在大多数情况下，公共产品往往可以被社会公众无差别地消费，这时消费的具体主体和受益程度很难准确确定，所以，政府可能会依据社会公众的承担能力（收入水平或财富水平）采用强制的方式进行分担，这就产生了税收。在一些情况下，公共产品（更多的是混合产品）的消费主体和受益程度是可以区分的，或者说是可以部分区分的，这就为按受益大小来确定公共产品成本分担份额提供了条件，于是就产生了收费。对于经营和使用国有资产的企业、事业单位和个人而言，政府还可以凭借其所拥有的资产、以资产所有者代表的身份取得一个部分公共收入，即国有资产收入。当本级政府的财力不足以保障公共服务均等化提供时，来自上级政府的补助收入也成了重要的收入来源。当年的政府财力不足以提供公共产品时，政府又可能会借助于自身的公共信用发行一些公债，这就形成了债务收入。在实行复式预算的情

况下，几本预算可能会出现不同的平衡情况，在统筹财力的过程中可能会形成不同预算之间的调出和调入，这就形成了来自其他预算的调入收入。综上所述，公共收入的形式是多样化的。

在这里还有必要对公共收入的统计口径做一个区分，以便在国家之间，或者在不同历史时期之间做出准确的比较。

从统计范围的大小来看，一般有两个口径：一是"小口径"的公共收入，即一般公共预算收入；二是"全口径"的公共收入，包括一般公共预算收入、政府性基金预算收入、国有资本经营预算收入和社会保险基金预算收入（四本账的收入总和减去重复计算部分）。① 在实践中，还有两个口径值得借鉴一下：一是"更小口径"的公共收入，即税收收入，这一口径的意义在于，几乎所有的国家，税收收入永远是最基本和最主要的公共收入形式；二是介于前述小口径与全口径之间的"中口径"的公共收入，即包括一般公共预算收入、政府性基金预算收入和国有资本经营预算收入，这一口径更接近于政府的综合财力。这三本预算收入原本就要求统筹使用，而社会保险基金预算收入必须专项用于社会保险的支出预算，而且其预算中有一部分资金是来自一般公共预算的补助支出。

就时间维度而言，实践中对于公共收入的统计还有两个口径需要区分：一是"本年收入"，包括一个预算年度内的税收收入和非税收入，俗称"线上收入"，无论是一般公共预算收入、政府性基金预算收入，还是国有资本经营预算收入和社会保险基金预算收入，都是基于这一统计口径的。二是"收入总计"，即在本年收入的基础上，再加入上级补助收入、调入收入、债务收入、上年结余收入等，俗称"线下收入"。

为了便于更准确地理解公共收入，本章以《预算法》为指导，以中华人民共和国财政部制定的《2024 年政府收支分类科目》为依据，以全口径预算收入口径为基础，具体介绍一般公共预算收入、政府性基金预算收入、国有资本经营预算收入和社会保险基金预算收入。首先对一般公共预算收入进行介绍，其中，对构成公共收入最主要来源的税收收入进行较为详细的阐述；然后对一般公共预算收入之外的其他预算收入，包括政府性基金预算收入、国有资本经营预算收入和社会保险基金预算收入进行描述。

---

① 注：关于收入口径可参考第 6 章中的专栏 6.1《我国公共支出统计及公共支出规模比较》相关内容。

9.1

一般公共预算收入

一般公共预算收入以税收为主体，支出安排主要用于保障和改善民生、推动经济社会发展、维护国家安全、维持国家机构正常运转等方面。一般公共预算收入包括税收收入、非税收入、一般债务收入和转移性收入。从世界范围来看，税收收入已经成为每一个国家筹措资金的最主要来源。在许多国家，税收收入占财政收入的 90% 以上。我国 2022 年一般公共预算收入为 203 649.29 亿元，其中，中央一般公共预算收入 94 884.98 亿元，地方一般公共预算收入 205 703.97 亿元（地方本级收入为 108 762.15 亿元，中央对地方转移支付收入为 96 941.82 亿元），税收收入为 166 620.1 亿元，占一般公共预算收入的 81.82%。[①]

9.1.1　税收收入

9.1.1.1　税收的特征与功能

1. 税收的特征

税收是一种强制性的支付。与其他财政收入相比，税收具有强制性、固定性、无偿性等特征。

强制性指税收是以法律法规的形式强制课征的，无论纳税人是否愿意，只要符合税法标准，就应履行纳税义务，否则就要受到法律的制裁。税收的强制性主要体现在征税过程中。

税收的固定性是指国家征税预先规定了统一的征税标准，包括纳税人、课税对象、税率、纳税期限、纳税地点等。这些标准一经确定，在一定时间内是相对稳定的。税收的固定性包括两层含义：第一，税收征收总量的有限性。由于预先规定了征税的标准，政府在一定时期内的征税数量就要以此为限，从而保证税收在国民经济总量中的适当比例。第二，税收征收具体操作的确定性，即税法确定了征税对象及征收比例或数额，具有相对稳定、连续的特点。既要求纳税人必须按税法规定的标准缴纳税额，也要求税务机关只能按税法规定的标准对纳税人征税，不能任意降低或提高。税收的固定性既有利于保证财政收入的稳定，也有利于维护纳税人的合

---

① 资料来源：财政部网站。

法权益。

税收的无偿性是指国家征税后，税款一律纳入政府预算，由财政统一分配，而不直接向具体纳税人返还或支付报酬。税收的无偿性是对个体纳税人而言的，其享有的公共利益与其缴纳的税款并非一对一地对等，但就纳税人整体而言则是对等的，它是"取之于民，用之于民"，政府使用税款的目的是向社会全体成员包括具体纳税人提供社会需要的公共产品和公共服务。因此，税收的无偿性表现为个体的无偿性、整体的有偿性、表面上的无偿性和实质上的有偿性。

2. 税收的功能

税收最基本的功能是获取政府财政收入，通过税收获得的政府收入主要用于购买生产政府所提供的公共产品或服务的各种投入要素，或者用于在不同的人之间再分配购买力。由此派生了税收的另外两项功能，即税收的资源配置功能和收入分配功能。

税收的资源配置功能体现在当税收把私人的资源用于政府的支出时，私人掌握资源的数量减少了。比如，某人某年缴纳了5 000元的个人所得税，税款的缴纳必然减少他的可支配收入，原本他可以把这部分钱用于个人消费或投资。因此，对他来说，政府用这5 000元钱提供的产品或服务的机会成本就是他所放弃的原本可以用于私人消费或投资的数量。这种把原来由私人使用的资源，改由政府来使用，实现了资源的重新配置。

税收的收入分配功能是指，通过税收可以使不同人的境况发生相对变化，一部分人的境况相对变好了，另一部分人的境况相对变差了。如通过对高收入者征税，对低收入者不征或少征税，从而使他们之间税后的收入差距缩小，起到了税收对收入再分配的功能。

税收的上述两种功能习惯上被称为税收的微观职能。由于现代社会，政府在经济的宏观调控方面发挥着重要作用，税收作为政府宏观调控的主要工具之一，还承担着稳定经济的职能，如在经济发展的不同时期，有针对性地出台增税或减税政策，从而实现经济的平稳发展。这就是通常所说的税收的宏观职能。

9.1.1.2 税收要素

1. 纳税义务人

纳税义务人或纳税人又叫纳税主体，是指税法规定的直接负有纳税义务的单位和个人。任何一个税种首先要解决的就是国家对谁征税的问题，如我国各税法的第一条规定的都是该税种的纳税义务人。纳税人既可以是自然人，也可以是法人。前者是指在民事上享有权利并承担义务的个人，后者是指依法成立并能独立行使法定权利和承担法律义务的组织。我国的法人主要有四种：机关法人、事业法人、企业法人和社团法人。税法中规定的纳税人有自然人和法人两种最基本的形式，按照不同的目的和标准，还可以对自然人和法人进行多种详细的分类，这些分类对国家制定区别对待的税收政策，发挥税收的经济调节作用，具有重

要的意义。如自然人可划分为居民纳税人和非居民纳税人，个体经营者和其他个人等；法人可划分为居民企业和非居民企业，还可按企业的不同所有制性质来进行分类。

从纳税义务人的角度区分谁纳税是非常有意义的。通常有企业纳税和个人或家庭纳税两种情况。企业在销售产品或提供服务过程中要缴纳增值税或消费税。当然，法律上规定由企业纳税并不意味着税收一定由企业来承担，它可以通过提高产品或服务的价格把税收负担转嫁到消费者身上。如烟草税是由企业负责缴纳的，我国的烟草企业都是纳税大户。但实际承担税收负担的不一定就是烟草企业，通过提高烟草的价格，烟草税的实际负担人往往是广大的烟民。这里需要区分法定纳税人和实际负税人。法定纳税人是指由法律规定的纳税义务人，也叫名义纳税人。实际负税人是指实际承担税负的人。当税收负担不能转嫁出去时，名义纳税人和实际负税人合二为一，但当税收负担可以全部或部分转嫁出去时，两者是有区别的。了解纳税人和负税人的区别，对研究税收的转嫁和归宿以及更深入地研究税收的再分配效应具有重要的意义。

2. 征税对象

征税对象，也称课税对象、征税客体，即对什么征税。征税对象规定着征税的范围，是一种税区别于另一种税的主要标志。比如，消费税的征税对象是消费税条例所列举的应税消费品，房产税的征税对象是房屋等。征税对象按其性质不同，通常划分为流转额、所得额、财产、资源、特定行为五大类，通常也因此将税收分为相应的五大类，即流转税或称商品和劳务税、所得税、财产税、资源税和特定行为税。

与征税对象相关的两个基本概念是税目和计税依据。税目是对征税对象分类规定的具体的征税项目，反映具体的征税范围，是对征税对象的质的界定。计税依据也称税基，是据以计算应纳税额的征税对象数额，它解决对征税对象课税的计算问题，是对征税对象的量的规定。如企业所得税应纳税额的基本计算方法是应纳税所得额乘以适用税率，其中，应纳税所得额是据以计算所得税应纳税额的数量基础，为所得税的计税依据。

计税依据按照计量单位的性质划分，有两种基本形态：价值形态和物理形态。价值形态包括应纳税所得额、销售额等；物理形态包括面积、体积、容积、重量等。以价值形态作为计税依据，称为从价计征，即按征税对象的货币价值计算，如生产销售化妆品应纳消费税税额是由化妆品的销售额乘以适用税率计算产生，其计税依据为销售额，属于从价计征的方法。另一种是从量计征，即直接按征税对象的自然单位计算，如城镇土地使用税应纳税额是由占用土地面积乘以每单位应纳税额计算产生，其计税依据为占用土地的面积，属于从量计征的方法。

3. 税率

税率是应纳税额与征税对象之间的法定比例，是计算应纳税额的尺度，体现征税的深度。税率是衡量税负轻重的重要标志，是税收制度的基本要素之一。税率一般分为比例税率、累进税率、累退税率和定额税率四种。

（1）比例税率。

比例税率是指对同一征税对象，税率不会因征税对象数额的变化而变化，以固定的百分比形式征收相同比例的税额。比例税率也称单一税率（Flat-Tax Rate）。比如，税率是10%，当计税依据是1 000元时，应纳税额为100元，当计税依据是10 000元时，应纳税额为1 000元，税率不会随征税对象数额的变动而变动，但应纳税额随征税对象数额的变动而等比例变动。按比例税率征税时，平均税率（ART）和边际税率（MRT）是一样的。如图9.1所示。

图9.1　比例税率图

平均税率就是全部的应纳税额与计税依据的比例。

$$平均税率（ART）= \frac{应纳税额}{计税依据}$$

边际税率是指当计税依据增加时，增加了的应纳税额与增加了的计税依据的比例。

$$边际税率（MRT）= \frac{增加了的应纳税额}{增加了的计税依据}$$

按比例税率征收的税收称为比例税。比例税率具有计算简单、税负透明度高、有利于保证财政收入、有利于纳税人公平竞争等优点，符合税收效率原则。但是，比例税率虽然也可以对不同收入水平实施不同的税收负担，比如同样是10%的税率，收入多的人承担的税收负担要高于收入少的人，但其在调节收入分配力度方面没有累进税率大。

（2）累进税率。

累进税率是指随着征税对象数量增大而随之提高的税率，即按征税对象数额的大小划分为若干等级，不同等级的征税对象数额分别适用不同税率，征税对象数额越大，适用税率越高。累进税率可以充分体现对纳税人收入高多征、收入低少征、无收入不征的税收原则，从而有效地调节纳税人的收入，正确处理税收负担的纵向公平问题。按照划分级距的标准及累进方式的不同，累进税率可以划分为全额累进税率、超额累进税率、全率累进税率、超率累进税率（见表9.1）。

213

表 9.1		累进税率的分类
累进方式	划分级距的标准	
	绝对额	相对率
全部数额累进	全额累进税率	全率累进税率
超过部分累进	超额累进税率	超率累进税率

① 全额累进税率。全额累进税率是把征税对象的数额划分为若干等级，对每个等级分别规定相应税率，当计税依据超过某个级距时，征税对象的全部数额都按提高后级距的相应税率征税，如表 9.2 所示。

表 9.2	某三级全额累进税率表	
级数	全月应纳税所得额（元）	税率（%）
1	5 000（含）以下	10
2	5 000～20 000（含）	20
3	20 000 以上	30

运用全额累进税率的关键是查找每一纳税人应税收入在税率表中所属的级次，及与其对应的该纳税人所适用的税率，全部计税依据乘以适用税率即可计算出应纳税额。例如，某纳税人某月应纳税所得额为 15 000 元，按表 9.2 所列，适用第二级次税率，其应纳税额的计算为：

$$应纳税额 = 15\,000 \times 20\% = 3\,000（元）$$

全额累进税率计算方法简便，但税收负担不合理，特别是在划分级距的临界点附近，税负呈跳跃式递增，甚至会出现税额增加超过征税对象数额增加的不合理现象，不利于鼓励纳税人增加收入。

② 超额累进税率。超额累进税率指把征税对象按数额的大小分成若干等级，每一等级规定一个税率，税率依次提高，但每一纳税人的征税对象数额则依所属等级同时适用几个税率分段计算，将计算结果相加后得出应纳税额。表 9.3 假定为某个人所得税所适用的三级超额累进税率表。

表 9.3	某个人所得税三级超额累进税率表		
级数	全月应纳税所得额（元）	税率（%）	速算扣除数
1	5 000（含）以下	10	0
2	5 000～20 000（含）	20	500
3	20 000 以上	30	2 500

假如某人某月应纳税所得额为 15 000，用表 9.3 所列税率，其应纳税额可以分步计算：

第一级的 5 000 元适用 10% 的税率，应纳税额 = 5 000 × 10% = 500（元）；

第二级的 10 000 元适用 20% 的税率，应纳税额 = 10 000 × 20% = 2 000（元）；

其该月应纳税额 = 5 000 × 10% + 10 000 × 20% = 2 500（元）。

目前我国采用超额累进税率的税种主要是个人所得税。

在级数较多的情况下，分级计算然后相加的方法比较烦琐。为了简化计算，也可采用速算法。速算法的原理是基于全额累进计算的方法比较简单，可将超额累进计算的方法转化为全额累进计算的方法。对于同样的征税对象数额，按全额累进方法计算时，全部的征税对象数额都按最高一级适用的税率计税，较低等级的征税对象数额也适用了最高一级的适用税率计税，所以，计算出来的应纳税额比按超额累进方法计算的应纳税额要多出一部分。在划分级距的标准及相应级距适用税率不变的情况下，这个多征的税额是一个常数，这个常数叫速算扣除数。用公式表示为：

速算扣除数 = 按全额累进方法计算的税额 − 按超额累进方法计算的税额

公式移项得：

按超额累进方法计算的税额 = 按全额累进方法计算的税额 − 速算扣除数

税收级距是指适用某个既定边际税率下的收入范围。我国现行个人所得税中的综合所得选用七级超额累进税率（见图 9.2），最高的边际税率为 45%。在累进税率中，随着边际税率的提高，以边际税率征税的税收要高于以平均税率征收的税收。把边际税率和平均税率区分开非常重要，因为在分析税收效应时，分析税收对经济主体决策的影响时，边际税率比平均税率更重要。以征收个人所得税为例，税率影响个人选择的是边际税率，而非平均税率。当一个人决定增加工作时，增加工作的净收益是他的税后净收入。如果边际税率为 45%，额外多工作一小时的收入为 20 元，那么增加一小时工作在扣除税收后的净收入只有 11 元。由于只有超过一定收入后的部分收入适用 45% 的边际税率，其平均税率肯定要低于边际税率。

我国居民个人综合所得个人所得税税率表详见表 9.4。

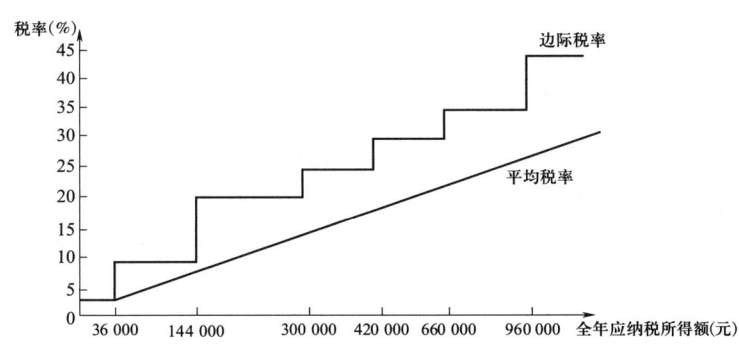

图 9.2　我国居民个人综合所得个人所得税累进税率图

215

表 9.4   我国居民个人综合所得个人所得税超额累进税率表

全年应纳税所得额	边际税率（%）	平均税率（%）	
		级距开始时	级距结束时
不超过 36 000 元的部分	3	3.00	3.00
超过 36 000 元至 144 000 元的部分	10	3.00	8.25
超过 144 000 元至 300 000 元的部分	20	8.25	14.36
超过 300 000 元至 420 000 元的部分	25	14.36	17.40
超过 420 000 元至 660 000 元的部分	30	17.40	21.98
超过 660 000 元至 960 000 元的部分	35	21.98	26.05
超过 960 000 元的部分	45	26.05	

注：综合所得包括居民个人取得的工资薪金所得、劳务报酬所得、稿酬所得、特许权使用费所得，按年计税。本表所称全年应纳税所得额是指依照税法的规定，居民个人取得综合所得以每一纳税年度的收入额减除费用 6 万元及专项扣除、专项附加扣除和依法确定的其他扣除后的余额。

我国居民个人综合所得不超过 6 万元时，全年应纳税所得额为 0，平均税率和边际税率均为 0。表 9.4 是我国居民个人年综合所得超过 6 万元后的个人所得税的超额累进税率表。全年应纳税所得额不超过 36 000 元的部分时，适用 3% 的边际税率。全年应纳税所得额超过 36 000 元至 144 000 元的部分适用的边际税率为 10%。全年应纳税所得额超过 960 000 元的部分适用的边际税率为 45%。表 9.4 还反映了各个全年应纳税所得额级距开始时与结束时的平均税率。例如，纳税人全年应纳税所得额为 36 000 元时，平均税率也为 3%，与边际税率相同。纳税人全年应纳税所得额为 144 000 元时，平均税率则为 8.25%（应纳税额 11 880 元除以全年应纳税所得额 144 000 元），低于边际税率 10%。随着全年应纳税所得额的增加，平均税率会不断提高，但平均税率永远不会超过边际税率。这种具有累进税率特征的税收称为累进税。

关于如何衡量一种税制的累进程度，学者们已经提出了多种合理的备选方法，这里考察其中两种方法。[①] 第一种方法是，随着收入的增加，平均税率上升得越多，税制的累进性就越强。用代数方法表示，假设 T_0 和 T_1 分别是收入水平为 I_0 和 I_1（$I_1 > I_0$）时的真实（相对于法定）应纳税额。累进程度 v_1 的衡量公式是：

$$v_1 = \frac{\dfrac{T_1}{I_1} - \dfrac{T_0}{I_0}}{I_1 - I_0} \tag{9.1}$$

计算出 T_0 和 T_1 的值，并代入式 9.1，v_1 值越大，税制的累进性就越强。

第二种方法是，如果一种税制的税收收入弹性（即税收收入变化的百分比除以应税收入变化的百分比）较大，则这种税制的累进性就强于另一种税制的累进性。此时累进程度 v_2 的衡量公式为：

① Harvey S. Rosen. Public Finance [M]. 10th ed. McGraw-Hill Higher Education, 2015: 300.

$$v_2 = \frac{T_1 - T_0}{T_0} \div \frac{I_1 - I_0}{I_0} \qquad (9.2)$$

③ 全率累进税率和超率累进税率。全率累进税率是以征税对象数额的相对率为标准划分若干级距，分别规定相应的差别税率，当相对率超过某一个级距时，全部的数额都按最高一级税率计算征税。超率累进税率则是当相对率超过某一个级距时，只对超过的部分按高一级税率计算征税。目前，我国税收体系中，土地增值税适用超率累进税率。

（3）累退税率。

累退税率是指平均税率会随征税对象数额增加而下降。征税对象数额越大，平均税率越低。在累退税率中，边际税率低于平均税率。我们一般把具有累退税率特征的税收称为累退税。

现实中，累退税比较少。一般来说，只有社会保障税具有累退税率特征，因为对某个收入以上部分的收入不征税，即边际税率为零。虽然现实中累退税比较少，但具有累退性质的税收还是有的，比如消费税，虽然是比例税率，但随着收入的增加，消费额占收入的比例下降，实际支付的税收占收入的比例会随收入的增加而下降，所以有人认为，这样的税收具有累退性质。事实上，他们之所以把消费税看成累退税是因为他们把实际征收的税收和所得这个计税依据进行比较，而不是和消费税的计税依据进行比较的结果。

（4）定额税率。

定额税率，是指根据征税对象计量单位直接规定固定征税数额，适用于从量征税。定额税率是税率的一种特殊形式，不按征税对象规定征收比例，而是按征税对象的计量单位规定固定税额。定额税率与征税对象的价值形态脱离了联系，不受征税对象价值量变化的影响，适用于与价格没有太多关联或不宜以征税对象的价值量征税的税种。由于税额的计征同价格没有关系，所以，在价格上升时，税收收入不会实现同步增长，而纳税人的实际税负则出现下降；在价格下降时，税收收入不会实现同步减少，而纳税人的实际税负则出现上升。

4. 起征点与免征额

起征点，是税法规定的对征税对象开始征税的数额起点。征税对象数额达到起征点的要全额征税，未达到起征点的不征税，其主要特征体现为"不到不征，一到全征"。起征点是为了免除收入较少的纳税人的税收负担，缩小征税面，但达到起征点后要按征税对象的全部数额征税，税收负担并没有因此而下降。例如，2023 年 1 月 9 日，《国家税务总局关于增值税小规模纳税人减免增值税等政策有关征管事项的公告》（国家税务总局公告 2023 年第 1 号）发布，规定增值税小规模纳税人发生增值税应税销售行为，合计月销售额未超过 10 万元（以 1 个季度为 1 个纳税期的，季度销售额未超过 30 万元，下同）的，免征增值税。小规模纳税人发生增值税应税销售行为，合计月销售额超过 10 万元，但扣除本期发生的销售不动产的销售额后未超过 10 万元的，其销售货物、劳务、服务、无形资产取得的销售额免征增值税。

免征额，是税法规定的征税对象全部数额中免予征税的数额。征税对象数额未达到免征额的免予征税，超过免征额的只就超过部分数额征税，其主要特征体现为"不到不征，一到超征"。免征额主要是为了维持纳税人的基本生活需要而实施的一项税收政策，它既能缩小征税的面，也能在超过免征额后减轻纳税人的税收负担。例如，我国现行个人所得税对居民个人取得的全年综合所得征税允许减除费用 6 万元。

5. 附加

附加一般是指地方政府在正税之外附加征收的一部分税款。通常我们把按国家税法规定的税率征收的税款称为正税，而把正税以外征收的税款称为副税。附加有两种形式：一种是按征收对象的数额征收一定比例的附加；另一种是按正税税额征收一定比例的附加。如我国的城乡维护建设税是由地方财政在增值税、消费税等税收收入的基础上，附加一定比例征收。附加收入一般构成地方财政收入。

6. 罚则

罚则是指对纳税人违反税法行为的惩罚措施。纳税人的违法行为一般有欠税、偷税、骗税和抗税等。欠税是指纳税人不按期缴纳税款的行为；偷税是指纳税人采取非法手段不缴纳税款或少缴纳税款的行为；骗税是指纳税人采取假报出口或者其他欺骗手段骗取出口退税款的行为；抗税是指纳税人对抗税法拒绝缴纳税款的严重违法行为。对纳税人违反税法行为的惩罚措施主要有：追缴其欠缴、少缴、不缴、拒缴的税款或骗取的退税款，加收滞纳金，并处税款 0.5 倍以上 5 倍以下的罚款；构成犯罪的，依法追究刑事责任。

9.1.2 非税收入

非税收入是指各级政府及其所属部门和单位依法利用行政权力、政府信誉、国家资源、国有资产或提供特定公共服务征收、收取、提取、募集的除税收和政府债务收入以外的财政收入。根据财政部制定的《2024 年政府收支分类科目》，纳入一般公共预算收入的非税收入包括：专项收入、行政事业性收费收入、罚没收入、国有资本经营收入、国有资源（资产）有偿使用收入、捐赠收入、政府住房基金收入、其他收入。我国 2022 年非税收入为 370 291 亿元，占一般公共预算收入的 18.18%。[①]下面对其中几项非税收入进行介绍。

（1）专项收入。纳入一般公共预算管理的有专项用途的非税收入，包括教育费附加收入等。

（2）行政事业性收费收入。依据法律、行政法规、国务院有关规定、国务院财政部门会同价格主管部门共同发布的规章或者规定以及省、自治区、直辖市的地

---

① 资料来源：财政部网站。

方性法规、政府规章或者规定，省、自治区、直辖市人民政府财政部门会同价格主管部门共同发布的规定所收取的各项收费收入。包括公安、法院、司法、外交、商贸、财政、税务、海关、审计、科技、市场监管、广播电视、应急管理、档案、文化旅游、教育、体育、统计、知识产权、生态环境、交通运输、水利、卫生健康、药品监管、民政、监察等行政事业性收费收入。

（3）罚没收入。执法机关依法收缴的罚款（罚金）、没收款、赃款，没收物资、赃物的变价款收入。包括一般罚没收入、缉私罚没收入、缉毒罚没收入等。

（4）国有资源（资产）有偿使用收入。有偿转让国有资源（资产）使用费而取得的收入，包括海域使用金收入、场地和矿区使用费收入、专项储备物资销售收入、非经营性国有资产收入、排污权出让收入、水资源费收入、市政公共资源有偿使用收入等。

9.1.3　债务收入

债务收入是指公共部门（主要是政府）按照信用原则，以债务人的身份向国内外筹措资金的一种方式。债务收入最初是一种临时性的财政收入，但从各国的实践看，现在债务收入已经变成了一种经常性的财政收入。债务的主要功能是弥补财政赤字和为资本项目筹措资金。

我国一般公共预算债务收入包括中央政府债务收入和地方政府债务收入。中央政府债务收入包括中央政府国内债务收入、中央政府国外债务收入（中央政府境外发行主权债券收入、向外国政府借款收入、向国际组织借款收入等）。地方政府债务收入主要包括地方政府一般债券收入。

国债主要用于弥补中央财政赤字和国债到期还本。2022 年内债还本 71 270 亿元，内债付息 6 469 亿元。2022 年中央财政发行国债 97 487 亿元，2022 年年末国债余额 258 693 亿元。2022 年全国发行地方政府债券合计 73 676 亿元，其中一般债券 22 360 亿元、专项债券 51 316 亿元。截至 2022 年 12 月末，全国地方政府债务余额 350 618 亿元，其中，一般债务 143 896 亿元，专项债务 206 722 亿元；政府债券 348 995 亿元，非政府债券形式存量政府债务 1 623 亿元。[①]

9.1.4　转移性收入

转移性收入是指反映政府间的转移支付以及不同性质资金之间的调拨收入，主

---

① 资料来源：财政部预算司，《关于 2022 年中央财政国债余额决算的说明》《2022 年 12 月地方政府债券发行和债务余额情况》，财政部网站。

要包括：上级补助收入、上解收入、上年结余收入、调入资金、债务转贷收入、动用预算稳定调节基金、区域间转移性收入。

（1）上级补助收入。包括返还性收入、一般性转移支付收入、专项转移支付收入。返还性收入，即下级政府收到上级政府的返还性收入，主要包括所得税基数返还收入、成品油税费改革税收返还收入、增值税税收返还收入、消费税税收返还收入、增值税"五五分享"税收返还收入。一般性转移支付收入，即下级政府收到上级政府的一般性转移支付收入，主要包括体制补助收入、均衡性转移支付收入、结算补助收入、巩固脱贫攻坚成果衔接乡村振兴转移支付收入、共同财政事权转移支付收入等。专项转移支付收入，即下级政府收到的上级政府的各类专项补助收入。

（2）上解收入。上级政府收到的下级政府上解收入，包括体制上解收入、专项上解收入。

（3）区域间转移性收入。省及省以下无隶属关系的政府间转移性收入，主要包括接受其他地区援助收入，反映受援方政府接受的可统筹使用的各类援助、捐赠等资金收入。

（4）调入资金。从其他预算调入一般公共预算的资金，包括从政府性基金预算调入、从国有资本经营预算调入及从其他资金调入一般公共预算的收入。

（5）动用预算稳定调节基金。用于弥补收支缺口的预算稳定调节基金。

9.2 其他预算收入

我国的政府预算体系由一般公共预算、政府性基金预算、国有资本经营预算和社会保险预算四本预算组成。从政府预算管理口径上来分析，除了上述一般公共预算收入之外，财政收入还包括政府性基金预算收入、国有资本经营预算收入和社会保险基金预算收入。

9.2.1　政府性基金预算收入

政府性基金预算是对依照法律、行政法规的规定在一定期限内向特定对象征收、收取或者以其他方式筹集的资金，专项用于特定公共事业发展的收支预算。政府性基金预算，根据基金项目收入情况和实际支出需要，按基金项目编制，以收定支。政府性基金预算收入包括三个部分的收入内容：非税收入、债务收入、转移性收入。2022 年，全国政府性基金预算收入 77 896 亿元。其中，中央政府性基金预算收入 4 124 亿元；地方政府性基金预算本级收入 73 772 亿元，其中，国有土地使用权出让收入 665 326 亿元 [①]。

9.2.1.1 非税收入

政府性基金预算的非税收入，是指各级政府及其所属部门和单位依法利用行政权力、政府信誉、国家资源、国有资产或提供特定公共服务征收、收取、提取、募集的除税收和政府债务收入以外的财政收入，包括政府性基金收入和专项债务对应项目专项收入。

1. 政府性基金收入

政府性基金收入是各级政府及其所属部门根据法律、行政法规规定并经国务院或财政部批准，向公民、法人和其他组织征收的政府性基金，以及参照政府性基金管理或纳入基金预算、具有特定用途的财政资金，主要包括专项建设发展基金收入、国有土地使用权出让收入、彩票公益金收入、城市基础设施配套费收入、污水处理费收入，等等。

（1）专项建设发展基金收入。包括铁路运输部门征收的铁路建设基金，民航部门征收的民航发展基金收入，旅游部门征收的旅游发展基金收入，广电部门从电影票房收入中收取的国家电影事业发展专项资金等。

（2）国有土地使用权出让收入，包括土地出让价款收入、补缴的土地价款、划拨土地收入、缴纳新增建设用地土地有偿使用费、其他土地出让收入等。土地出让价款收入，是指以招标、拍卖、挂牌和协议方式出让国有土地使用权所确定的成交价款，扣除财政部门已经划转的国有土地收益基金和农业土地开发资金后的余额。补缴的土地价款，是指划拨国有土地使用权转让或依法利用原划拨土地进行经营性建设应当补缴的土地价款、变现处置抵押划拨国有土地使用权应当补缴的土地价款、转让房改房和经济适用住房等按照规定应当补缴的土地价款以及出让国有土地使用权改变土地用途和容积率等土地使用条件应当补缴的土地价款。划拨土地收入，是指土地使用者以划拨方式取得国有土地使用权，依法向市、县人民政府缴纳的土地补偿费、安置补助费、地上附着物和青苗补偿费、拆迁补偿费等费用。缴纳新增建设用地土地有偿使用费，是指市、县政府当年按规定用土地出让收入向中央和省级政府缴纳的新增建设用地土地有偿使用费，以负收入记。其他土地出让收入，是指土地使用者依法承租国有土地应缴纳的土地租金收入、出租划拨土地上的房屋应当上缴的土地收益等其他土地出让收入。

---

① 资料来源：财政部预算司，《2022 年全国政府性基金收入决算表》，财政部网站。

专栏 9.1　土地出让金

　　土地出让金，全称国有土地使用权出让金收入，是土地批租时一次性收取的费用，即为土地有效年限的使用价格，所以也可称之为"地价"。土地出让金包括土地开发投资费用和使用期内的土地使用费。前者包括征地、动迁及为地块直接配套的基础设施费，是对开发投资的一次性补偿，后者为土地资源使用的费用，即"地租"，是土地所有权在经济上的体现。如批租50年，就要一次性支付包括全部年限的使用费。

　　土地出让金根据批租地块的条件，可以分为以下两种：一种是"熟地"价，即提供"七通一平"的地块，出让金包括土地使用费和开发费；另一种是"毛地"或"生地"价，即未完成"七通一平"的地块，出让金仅为土地有偿使用的部分，投资者需自行或委托开发公司进行受让土地的开发工作。

　　土地出让收入在我国地方财政中发挥着十分重要的作用，是地方政府基础设施建设的主要资金来源之一。在过去二十几年间，土地使用权出让收入增长迅猛，部分地区土地使用权出让收入占据地方财政的"半壁江山"，有些省份甚至超过税收收入。据统计，从1999年至2015年，这17年全国土地出让收入总额约27.29万亿元，年均1.6万亿元。2016年全国土地出让收入总额为37 457亿元，2017年这一数据猛增至52 059亿元。2018年我国土地使用权出让收入为65 096亿元，同比增长25%。2022年土地使用权出让收入达到了65 326亿元，占地方政府性基金预算本级收入73 772亿元的89%，其规模超过了地方一般公共预算本级收入108 762亿元的60%。

　　在很长一段时间里，土地出让收入的预算管理并不规范。2006年12月成文的《国务院办公厅关于规范国有土地使用权出让收支管理的通知》规定，土地出让收入由财政部门负责征收管理，可由国土资源管理部门负责具体征收。从2007年1月1日起，土地出让收支全额纳入地方基金预算管理。收入全部缴入地方国库，支出一律通过地方基金预算从土地出让收入中予以安排，实行彻底的"收支两条线"。2009年，财政部按照全国人大和国务院的要求，印发了《关于进一步完善政府性基金预算编制的工作方案》，明确了完善基金预算编制的主要目标和任务，正式建立政府性基金预算。至此，土地出让收入的预算管理逐渐规范。2021年5月，《财政部　自然资源部　税务总局　人民银行关于将国有土地使用权出让收入、矿产资源专项收入、海域使用金、无居民海岛使用金四项政府非税收入划转税务部门征收有关问题的通知》规定，2022年起将由自然资源部门负责征收的国有土地使用权出让收入全面划转给税务部门负责征收。由于土地出让金收入占财政预算收入比例不断走高，容易随市场波动的土地出让金收入将越来越成为影响地方财政收入稳定性的重要因素，土地资源的稀缺也使土地出让收入的可持续性面临重大考验，而土地出让金收支较低的透明度也让监管出现困难。因此，要健全土地领域的法律法规，严格操作程序，明确土地交易主体的权属，推进预算公开制度，加大土地出让收支的预算透明

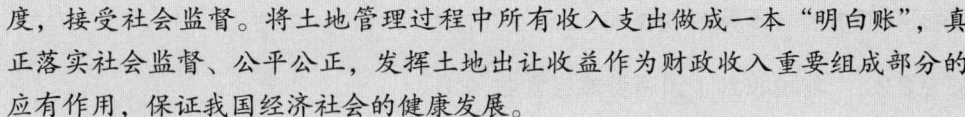

度，接受社会监督。将土地管理过程中所有收入支出做成一本"明白账"，真正落实社会监督、公平公正，发挥土地出让收益作为财政收入重要组成部分的应有作用，保证我国经济社会的健康发展。

（3）彩票公益金收入。按《彩票公益金管理办法》征收的彩票公益金收入，包括福利彩票公益金收入、体育彩票公益金收入。

（4）城市基础设施配套费收入。地方政府按《财政部关于城市基础设施配套费性质的批复》规定，经财政部批准征收的城市基础设施配套费。

（5）污水处理费收入。住房城乡建设部门收取的污水处理费。

2. 专项债务对应项目专项收入

专项债务对应项目专项收入是地方政府专项债务对应项目形成、可用于偿付专项债务本息的经营收入，如土地储备专项债务对应项目专项收入、棚户区改造专项债务对应项目专项收入等。

9.2.1.2 债务收入

地方政府取得的各类专项债务收入。例如，国有土地使用权出让金债务收入、农业土地开发资金债务收入、城市基础设施配套费债务收入、土地储备专项债务收入、政府收费公路专项债务收入、棚户区改造专项债务收入、其他地方自行试点项目收益专项债务收入等。

9.2.1.3 转移性收入

转移性收入是指政府间的转移支付以及不同性质资金之间的调拨收入，包含政府性基金转移支付收入、上解收入、上年结余收入、调入资金等。

（1）政府性基金转移支付收入。下级政府收到的上级政府各类政府性基金转移支付收入。

（2）上解收入。上级政府收到下级政府的上解收入。

（3）上年结余收入。政府性基金预算各类资金的上年结余。

（4）调入资金。不同性质资金之间的调入收入。

9.2.2 国有资本经营预算收入

国有资本经营预算是对国有资本收益做出支出安排的收支预算，按照收支平衡的原则编制，不列赤字。国有资本经营预算支出与一般公共预算支出统筹使用。国有资本经营预算收入包含非税收入（国有资本经营收入）和转移性收入。2022年，全国国有资本经营预算收入5 696亿元，中央国有资本经营预算收入2 343亿元，地方国有资本经营预算本级收入 3 353 亿元。[①]

9.2.2.1 非税收入（国有资本经营收入）

国有资本经营收入，即各级政府及其所属部门和单位依法利用行政权力、政府信誉、国家资源、国有资产或提供特定公共服务征收、收取、提取、募集的除税收和政府债务收入以外的财政收入，反映各级政府及其部门、机构履行出资人职责的企业（即一级企业）上缴的国有资本收益，主要包括利润收入，股利、股息收入，产权转让收入，清算收入等。

（1）利润收入。中国人民银行、国有独资企业等按规定上缴国家的利润。

（2）股利、股息收入。国有控股、参股企业国有股权(股份)上缴的股利、股息收入。

（3）产权转让收入。各级人民政府及其部门、机构出售或转让其持有的国有资产(股权)所取得的收入，包括国有股减持收入、国有股权、股份转让收入、国有独资企业产权转让收入、金融企业产权转让收入、其他国有资本经营预算企业产权转让收入。

（4）清算收入。国有独资企业清算收入(扣除清算费用)，以及国有控股、参股企业国有股权(股份)分享的公司清算收入(扣除清算费用)等。

9.2.2.2 转移性收入

转移性收入反映政府间的转移支付以及不同性质资金之间的调拨收入，主要包括国有资本经营预算转移支付收入、上解收入、上年结余收入。

（1）国有资本经营预算转移支付收入。下级政府收到上级政府的国有资本经营预算转移支付收入。

（2）上解收入。上级政府收到的下级政府国有资本经营预算上解收入。

（3）上年结余收入。国有资本经营预算的上年结余。

9.2.3 社会保险基金预算收入

社会保险基金预算是对社会保险缴款、一般公共预算安排和其他方式筹集的资金，专项用于社会保险的收支预算。社会保险基金预算按照统筹层次和社会保险项目分别编制，做到收支平衡。社会保险基金预算收入包含社会保险基金收入、转移性收入。2022 年全国社会保险基金预算收入 102 448 亿元，其中，保险费收入 74 982 亿元，财政补贴收入 22 944 亿元。当年收支结余 11 845 亿元，年末滚存结余 114 789 亿元。中央社会保险基金预算收入 350 亿元，地方社会保险基金预算收

---

① 资料来源：财政部预算司，《2022 年全国国有资本经营收入决算表》，财政部网站。

入 102 099 亿元。[①]

9.2.3.1　社会保险基金收入

社会保险基金收入反映政府社会保险基金的各项收入，主要包括：

（1）企业职工基本养老保险基金收入。主要包括企业职工基本养老保险费收入、财政补贴收入、利息收入、委托投资收益等。

（2）失业保险基金收入。主要包括失业保险费收入、财政补贴收入、利息收入等。

（3）职工基本医疗保险基金收入。主要包括职工基本医疗保险费收入、财政补贴收入、利息收入等。

（4）工伤保险基金收入。主要包括工伤保险费收入、财政补贴收入、利息收入、职业伤害保障费收入等。

（5）城乡居民基本养老保险基金收入。主要包括城乡居民基本养老保险基金的政府补贴、集体补助和个人缴费等收入。

（6）机关事业单位基本养老保险基金收入。主要包括机关事业单位基本养老保险费收入、财政补贴收入、利息收入、委托投资收益等。

（7）城乡居民基本医疗保险基金收入。主要包括城乡居民基本医疗保险基金的财政补贴、集体扶持、个人缴费、城乡医疗救助资助、利息收入和其他收入。

9.2.3.2　转移性收入

转移性收入反映政府间的转移支付以及不同性质资金之间的调拨收入，具体包括上年结余收入、调入资金、社会保险基金转移收入、社会保险基金上级补助收入、社会保险基金下级上解收入等。

（1）上年结余收入。各类资金的上年结余。

（2）调入资金。不同预算资金之间的调入收入。

（3）社会保险基金转移收入。社会保险参保对象跨统筹地区或跨制度流动而划入的社会保险基金。

（4）社会保险基金上级补助收入。下级政府收到上级政府拨付的社会保险基金收入。

（5）社会保险基金下级上解收入。上级政府收到下级政府上解的社会保险基金收入。

我国四本预算收入体系如表 9.5 所示。

---

① 资料来源：财政部预算司，《2022 年全国社会保险基金收入决算表》，财政部网站。

表 9.5　　　　　　　　　　　我国四本预算收入体系一览表

	一般公共预算收入	政府性基金预算收入	国有资本经营预算收入	社会保险基金预算收入
税收收入	增值税			
	消费税			
	企业所得税			
	企业所得税退税			
	个人所得税			
	资源税			
	城市维护建设税			
	房产税			
	印花税			
	城镇土地使用税			
	土地增值税			
	车船税			
	船舶吨税			
	车辆购置税			
	关税			
	耕地占用税			
	契税			
	烟叶税			
	环境保护税			
	其他税收收入			
非税收入	专项收入	政府性基金收入		企业职工基本养老保险基金收入
	行政事业性收费收入	专项债务对应项目专项收入		失业保险基金收入
	罚没收入			职工基本医疗保险基金收入
	国有资本经营收入		国有资本经营收入	工伤保险基金收入
	国有资源（资产）有偿使用收入			城乡居民基本养老保险基金收入
	捐赠收入			机关事业单位基本养老保险基金收入
	政府住房基金收入			城乡居民基本医疗保险基金收入
	其他收入			国库待划转社会保险费利息收入
				其他社会保险基金收入

续表

	一般公共预算收入	政府性基金预算收入	国有资本经营预算收入	社会保险基金预算收入
债务收入	中央政府债务收入	地方政府债务收入		
	地方政府债务收入			
转移性收入	返还性收入	政府性基金转移支付收入	国有资本经营预算转移支付收入	社会保险基金转移收入
	一般性转移支付收入			社会保险基金上级补助收入
	专项转移支付收入			
	上解收入	上解收入	上解收入	社会保险基金下级上解收入
	上年结余收入	上年结余收入	上年结余收入	上年结余收入
	调入资金	调入资金		调入资金
	债务转贷收入	债务转贷收入		
	动用预算稳定调节基金			
	区域间转移性收入			

本 章 小 结

1. 税收是现代国家中最主要的财政收入，具有强制性、固定性、无偿性等特征。但现代税收理念应该体现"取之于民，用之于民"，因此，税收的无偿性表现为个体的无偿性、整体的有偿性，表面上的无偿性，但实质上的有偿性。

2. 税收最原始的本质功能是获取政府财政收入。除此之外，在现代社会中，税收还具有资源配置、收入分配和稳定经济的职能。

3. 纳税义务人是指税法规定的直接负有纳税义务的单位和个人，负税人是指实际承担税负的人。纳税义务人与负税人是否一致取决于税负是否转嫁。

4. 征税对象规定着征税的范围，是一种税区别于另一种税的主要标志。税目是征税对象的具体化，反映具体的征税范围，是对征税对象的质的界定。计税依据是据以计算应纳税额的征税对象数额，它解决对征税对象课税的计算问题，是对征税对象的量的规定。税率是应纳税额与征税对象之间的法定比例。

5. 除税收外，一般公共预算收入通常还包括非税收入、债务收入、转移性收入。

6. 全口径政府预算收入包括一般公共预算收入、政府性基金预算收入、国有资本经营预算收入、社会保险基金预算收入。

重 要 概 念

公共收入 税收 税收职能 纳税义务人 负税人 征税对象 税目 计税依据 平均税率 比例税率 边际税率 累进税率 全额累进税率 超额累进税率定额税率 税收级距 累退税 起征点 免征额 附加 政府性基金预算收入国有资本经营预算收入 社会保险基金预算收入 土地出让金

思 考 题

1. 如何理解税收的形式特征?

2. 如何理解税收的无偿性表现为个体的无偿性、整体的有偿性、表面上的无偿性和实质上的有偿性?

3. 税收要素具体由哪些要素构成?

4. 怎样区分纳税义务人和负税人?

5. 比较比例税率和累进税率的不同。

6. 简述我国一般公共预算收入的内容。

7. 简述我国"全口径"政府预算收入体系。

参考答案

进一步阅读文献

1. 贾康,白景明. 中国政府收入来源及完善对策研究［J］. 经济研究,1998（6）.

2. 夏杰长. 中国政府收入体系研究［J］. 广东财经大学学报,2001（3）.

3. 岳希明,张斌,徐静. 中国税制的收入分配效应测度［J］. 中国社会科学,2014（6）.

4. 叶姗. 一般公共预算收入预期之实现［J］. 税务研究,2015（1）.

5. 李建军. 现代财政制度下的税收职能探析［J］. 税务研究,2016（1）.

6. 王佳杰,童锦治,李星. 税收竞争、财政支出压力与地方非税收入增长［J］. 财贸经济,2014（5）.

参 考 文 献

1. 中国注册会计师协会. 税法［M］. 北京：中国财政经济出版社，2018.

2. 中华人民共和国财政部. 2024 年政府收支分类科目（财预〔2023〕83 号），2023 年 9 月 24 日.

3. Harvey S. Rosen. Public Finance［M］. 10th ed. McGraw-Hill Higher Education, 2015.

4. 陈玉琢. 中国税制［M］. 北京：中国税务出版社，2022.

5.《公共财政概论》编写组. 公共财政概论［M］. 北京：高等教育出版社，2019.

即 测 即 评

学完第 9 章啦，来做个小测检验一下学习效果吧！

10

税 收 理 论

本章学习目标

- 掌握税收分担的受益原则和支付能力原则
- 理解税收的转嫁和归宿及其影响因素
- 基本掌握税收超额负担的概念及其衡量
- 了解税收的征收成本和纳税成本
- 掌握对偷逃税收的实证和规范分析
- 了解最优税制理论和对税制评价的标准

众所周知，税收是现代政府筹措资金最主要的手段，但税收的作用并不局限于此。各地的招商引资中经常会用税收优惠政策来吸引外资，鼓励某些产业（如高科技产业、节能产业）的发展也需要在税收上给予一定的优惠，而为了控制环境污染可以开征环境保护税，如果要限制某些行业的发展或产品的消费也可以对其课以重税。另外，我们还可以针对不同时期的经济形势通过税收来调控宏观经济、调节收入分配等。但税收毕竟是对私人部门财富的一种强制性剥夺，是对社会资源的再配置。在资源的转移和再配置过程中必将对资源配置的效率和收入分配的公平产生影响，而且税收的负担最终都将由社会成员来承担。因此，税收对资源配置效率的影响有多大，税收负担在各社会成员中的分担是否公平，怎样的税收制度才是合意的，这些问题都是现代税收理论的核心问题。本章将围绕税收与公平、税收的转嫁与归宿、税收与效率、最优税收等重点介绍相关的税收理论和政策实践。

10.1

税收与公平

政府以税收等形式筹措资金以弥补政府提供的各类产品或服务的成本，这必然涉及资金成本的分担问题。资金成本的分担须遵循某些原则。税收分担的公平性是税收成本分担的最基本原则。中国有句俗语，"不患寡而患不均"。人们对税收的抱怨也许更多地来自税负分担的不公平，但名义上的纳税人未必是事实上的负税人，所有的纳税人总是会千方百计地把其缴纳的税收通过各种途径转嫁出去，以减轻自己的负担。因此，我们首先在本节讨论税收分担的公平性原则，然后分析税收的转嫁和归宿问题。

10.1.1 受益原则

受益原则是指人们分担政府提供的产品或服务的成本应该与其所享受到的利益相一致，受益越大，分担的比例越大。按照这个原则，收费收入应该是政府资金的理想来源，因为费和价格一样，谁受益，谁交费。如果政府提供的产品或服务能够真正按照受益原则来分担，就可以既体现效率，也符合公平。但要实行受益原则，必须有前提条件，即能够区分谁受益及受益的大小。而政府提供的往往是公共产品或服务，很难区分每个人的受益量，况且，公共产品由于其具有的非排他性和非竞争性特点，很难通过收费这种形式来筹措资金提供公共产品。一般来说，受益原则在税收上的运用比较少。但当政府提供的某些产品或服务与某种特殊的经济活动相联系时，可以适用受益原则。如燃油税的征收就体现了受益原则，因为对道路的使用与燃油的消费之间存在一定的相关性，燃油消耗越多，说明使用道路越多，也就应该多交税。因此，受益原则主要体现在政府的一些收费项目上，或与某种活动有联系的特殊税种上，即能够确定谁消费以及消费多少的情况，如过路过桥费、对一些公共文化娱乐设施使用的收费以及像燃油税这样的税收上。

10.1.2 支付能力原则

支付能力原则是指税收的分担应该与纳税人支付税收的能力相一致，能力强多交税，能力弱少交税或不交税。按照支付能力原则，人们分担政府提供的产品或服

务的成本与其享受到的利益的多少无关。

与支付能力相关的是横向公平和纵向公平。横向公平也称水平公平，是指具有相同经济状况的人应该承担相同的税负。纵向公平也称垂直公平，是指不同经济状况的人应该承担不同的税负。无论是横向公平还是纵向公平，都具有主观性特点，在实际运用中存在一定的困难。例如，用什么指标来衡量经济状况，是用收入、支出还是财产？假如有两个人，他们的收入是一样的，每人每年 10 万元。如果单从收入相等的角度来看，他们就应该缴纳相同的税。但假如甲除收入外，还有一套价值 500 万元的房子和 50 万元的银行存款。而乙是租房子的，银行存款也不多。甲和乙的经济状况是一样吗？尽管他们有一样的收入，但甲显然比乙更富有，甲比乙具有更强的支付税收的能力。

不管是用收入、支出还是财富来衡量一个人的经济状况，都是一种从结果的角度来做判断的。但它是否真正能作为衡量经济状况的合适指标呢？我们考虑另一种情况：同样两个人，他们赚钱的能力是一样的，即工资率是一样的，如两个人每小时的工资都是 30 元，但两个人对闲暇的偏好不同，工作的时间不一样，一个人每天工作 8 小时，挣 240 元 / 天；另一个人每天只工作 5 小时，挣 150 元 / 天。如果把收入作为衡量公平的基础，那么这两个人应该缴纳不同的税收。但如果把工资率作为衡量的标准，他们就应该缴纳一样的税收。

即便我们在相同境况的人在税收上应该同等对待方面形成共识，但在不同境况的人在税收上应该区别对待方面又可能存在不同的看法。例如，不同收入的人应该承担不同的税收负担，收入多的人承担的税负要重些，收入少的人承担的税负要轻些。但是，无论是在累进税率下，还是在比例税率下，甚至是在累退税率下，收入多的人确实比收入少的人要缴纳更多的税收，但问题是多多少才合理。

虽然难以找到一种准确的办法来确定纵向公平，但收入多的多纳税、收入少的少纳税的共识还是有的。例如，在个人所得税的实际运用中，税法通常规定对最低收入的人不征税，而税率随着收入的提高而提高。

专栏 10.1　亚当·斯密和瓦格纳的税收原则

在历史上最早明确提出并系统阐述税收原则的应该是英国经济学家亚当·斯密。他认为政府征收税收应该遵循平等、确定、便利和最小征收费用四原则，而且他把税收的平等原则放在四原则的首位。斯密指出："一国公民，都必须在可能的范围内，按照各自能力的比例，即按照各自在国家保护下享得的收入的比例，缴纳国赋，维持政府。"税收的其他三原则主要和税收的效率有关。确定原则是指"各国民应当完纳的赋税，必须是明确的，不得随意变更。完纳的日期、完纳的方法、完纳的数额，都应当让一切纳税者及其他人了解得十分清楚明白"。便利原则是指"各种赋税完纳的日期及完纳的方法，须予纳税者以最大便利"。最小征收费用原则是指"一切赋税的征收，须设法使人民付出的，尽可能等于国家所得的收入"。

斯密的税收四原则对以后的税收理论和实践都产生了深远的影响。继斯密之后，不少经济学家从不同的角度对斯密的税收原则进行补充，其中以德国财税学家、经济学家阿道夫·瓦格纳（Adolf Wagner, 1835—1917）提出的税收四项九目的税收原则最具有代表性。针对资本主义从自由竞争发展到垄断时期社会矛盾日益突出，财富分配不公愈益严重的现象，瓦格纳认为，税收的职能不能局限于为国家筹措财政资金，要赋予税收对收入和财富进行再分配的社会职能。四项九目税收原则的主要内容为：

财政收入原则，包括充足原则和弹性原则两方面，即税收收入应能充分满足国家财政的需要，而且要有弹性，随着财政支出需要的变动而相应地增减。

国民经济原则，包括税源的选择和税种的选择两方面，即税源的选择要不伤及税本，税源应该主要是所得，而尽量避免对财产和资本课税；税种的选择则应考虑税负转嫁问题，尽量选择难以转嫁或转嫁方向明确的税种。

社会正义原则，包括普遍原则和平等原则两方面。普遍原则要求税收负担遍及社会上的每个成员，每一位公民都有纳税义务；平等原则指税收负担应力求公平合理，主张采用累进所得税制，并对最低生活费用免税。

税务行政原则，包括确实、便利、节省三方面，即纳税的时间、方式及数量等应预先规定清楚；纳税手续尽量简便，以方便纳税人；征收费用应力求节省。

瓦格纳的税收原则理论适应了当时国家从消极的"守夜人"到社会政策执行者职能转变的需要，同时，也把经济与税收的关系放到了突出的地位。

当代经济学关于税收原则的阐述主要是围绕公平和效率两个方面展开的。

10.2 税收的转嫁与归宿

2001年起，中国每年都公布以纳税数额作为排名标准的中国纳税百强排行榜。纳税百强排行榜是以企业缴纳的实际入库的"真金白银"（税款）为依据，集权威性、客观性、公正性于一身，因此，通常被认为能真实地体现企业的发展状况和经营效益，能真实地反映纳税人的实际社会贡献。所以，纳税排行榜一直以来特别得到官方的重视和推崇。但企业税收的贡献应该以企业缴纳的税收总量来衡量，还是以企业实际承担的税收负担来评判？名义上的纳税人是否必然是税负的实际承担者？税收能否转嫁，或在多大程度上可以转嫁？在存在税收转嫁的情况下，税收是如何影响收入再分配的？所有这些将构成本节的主要内容。

10.2.1　税收的转嫁

税收究竟由谁负担这个问题，看起来似乎简单，其实不然。例如，对卷烟征税，假定每出售一包卷烟要缴纳 1 元的税，在不征税时，每包烟的售价是 20 元。那么，1 元的税由谁来付呢？我们先假定税法规定卷烟税由卖者缴纳，每卖出一包卷烟向税务局缴纳 1 元税款。从表面上看，这 1 元税款由卷烟的销售者承担，但在征税后，卷烟的价格可能会出现以下几种情况：

（1）售价仍是 20 元，那么不管买者是谁，这 1 元的税都由卖者来负担。

（2）由于征税的缘故，卖者把售价提高到 21 元，那么这 1 元的税由买者负担。

（3）售价提高到 20.5 元，这时买卖双方都负担了一部分税，买者负担 0.5 元，卖者负担 0.5 元。

从这样一个简单的例子中可以看出，税负是在运动着的，但最终是要由纳税人或其他人来负担。因此，税收转嫁的概念可以定义为：税法上规定的纳税人通过经济交易中的价格变动，将自己所缴纳的税款部分或全部转移给他人负担的一个客观经济过程。这个定义主要包括以下要点：

（1）税收转嫁是纳税人作为主体的一种主动的有意识行为，是一种理性选择，其目的是使自己的利益最大化。

（2）价格变动是税收转嫁的唯一途径。这里的价格既包括商品价格，也包括要素价格。国家征税后，纳税人或提高商品、要素的供给价格，或压低商品、要素的购买价格，或二者并用，借以转嫁税收。除此之外，别无他法。没有价格变动就构不成税收转嫁。通过提高商品价格把税收转嫁给消费者的情况，我们称为税收的前转（Forward Shifting）；通过压低要素价格或原材料、半成品的价格把税收转嫁出去的现象，我们称为税收的后转（Backward Shifting）。

（3）纳税人与负税人一定程度的分离是税收转嫁的必然结果。只要税负随着纳税人提高或降低价格而发生了运动，即表明发生了纳税人与负税人的分离。由于税收转嫁有全部转嫁或部分转嫁的程度之分，所以，由税收转嫁决定的纳税人与负税人的分离也同样有程度之别，即完全分离或部分分离。

10.2.2　税收的归宿

税收从征收到最终找到归宿，要经过三个环节，即：政府向纳税人征税，称为税收的冲击点；税收的转移过程，称为税收的转嫁；税收负担落在负税人身上，称为税收的归宿点。税收转嫁是介于冲击点与税收归宿点之间的中间过程。整个过程如下：政府课税→纳税人纳税（最初受到税收冲击）→转嫁（通过交易过程转嫁税收负担）→归宿（买方或卖方最终负担税收）。

税收归宿有法定归宿与经济归宿之分。税收的法定归宿表明谁对税收负有法律上的责任。在上面关于对卷烟征税的例子中，即使价格会发生三种变化，但税收的法定归宿是相同的，即卷烟的卖者。而谁真正承担税负则不同。由于卷烟价格的变动，既可能是买者全部承担，也可能是卖者全部承担，还可能买者和卖者都承担了一部分。税收的经济归宿也叫实际归宿，经济归宿能说明征税后社会成员真实收入的变化情况，而税收的法定归宿并不能说明谁真正承担了税负。

众所周知，现代社会中税收具有再分配的职能。税收对收入再分配的影响是通过纳税人税前税后的收入变化来体现的。但这种变化必须以纳税人真实承担的税收负担为前提，而不是名义上的纳税多少。因此，对税收转嫁和归宿的研究有助于我们客观真实地了解税收对收入分配的影响。

10.2.3 商品税的转嫁和归宿

我们首先分析局部均衡市场中商品税的转嫁和归宿问题。所谓局部均衡，是指只考察课税商品的市场均衡情况，而不研究税收对其他商品市场或要素市场均衡的影响。局部均衡分析特别适用于当课税商品的市场规模在整个经济中非常小的情况。对商品税的分析又分两种情况：完全竞争下的商品税和垄断条件下的商品税。

10.2.3.1 完全竞争下的商品税转嫁和归宿

假定对每升汽油征收 u 元的从量税，纳税人是汽油的消费者，即对汽油的需求方征税。如图 10.1 所示，课税之前汽油的供给曲线是 S，需求曲线是 D，供求均衡满足 $D(P)=S(P)$。相应的均衡价格和均衡数量分别是 P_0 和 Q_0。征税后，汽油购买者的需求曲线仍然是 D，但对供给方来说，购买者所支付的并不是其所得到的，二者之间存在一定的差距，其面对的需求方的需求曲线是向下平移 u 个单位的 D'。这样，征税之后，供给方所判断的均衡点位于 E_1，该点所对应的数量为 Q_1，供给方所获得的价格为 P_n，需求方所支付的价格为 P_g。此时供求均衡需要满足条件 $D(P_n+u)=S(P_n)$。与课税之前的价格 P_0 相比，课税之后的需求方承担了 (P_g-P_0) 的税收，供给方承担的税收是 (P_0-P_n)。在这个例子中，需求方和供给方共同承担了税收，但从图上看，需求方承担的税负总量为 P_gP_0mf 的面积，大于供给方承担的税负总量 $P_0P_nE_1m$ 的面积。那么，是什么因素决定需求方和供给方承担税收负担的比例不同呢？从图 10.1 上可以直观地看出，需求方之所以承担比供给方更多的税负，是因为需求曲线比供给曲线更陡些，即需求曲线斜率的绝对值要大于供给曲线斜率的绝对值，也就是说，汽油的需求弹性要小于供给弹性。一般来说，需求弹性越大，通过提高卖价把税负向前转嫁给购买者或消费者将越困难。因为需求量对价格变动很敏感，价格上升一点，会引起需求量的大幅度下降，卖者的销售量将急剧减少，利润也将迅速下降。相反，需求弹性越小，税负将越容易转嫁给购买者或消费者。比如，生活必需品的需求弹性很小，其价格再高，人们也要保证基本的生活需要。在这种情况下，购买者或消费者选择余地不大，税负就容易向前转嫁。某种产品的供给弹性越高，意味着该产品的生产者越能适应市场的变化而调整生产结构。这样，他在与原材料厂商及消费者的关系上，将处于比较主动的地位，越易于把税负转嫁出去。相反，供给弹性越小，则越不易将税负转嫁出去。[①]

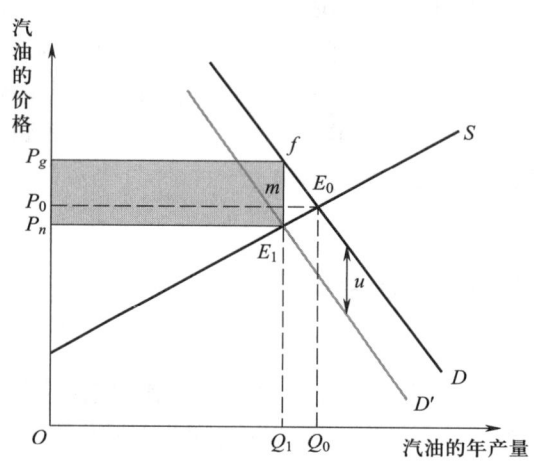

图 10.1　对汽油需求方征收 u 单位从量税的归宿

总之，税负是通过课税商品价格的变动来实现转嫁的。供求双方税收负担程度，取决于商品的需求弹性和供给弹性的绝对值。哪方弹性小，税负就向哪方转嫁；而供给弹性等于需求弹性时，税负由买卖双方平均负担。极端的例子是当一方的弹性为零或无穷大时的情况。当需求弹性为零时，税负全部由买方承担；当需求弹性为无穷大时，税负全部落在卖方身上。当供给弹性为零时，税负全部由卖方承担；当供给弹性为无穷大时，税负全部落在买方身上。商品的供求弹性和税负归宿的基本关系如表 10.1 所示。

表 10.1　　　　　　　　　商品的供求弹性和税负归宿的基本关系

供给弹性大	生产者净价格下降小	消费者价格上升大	生产者负担小	消费者负担大
供给弹性小	生产者净价格下降大	消费者价格上升小	生产者负担大	消费者负担小
需求弹性大	消费者价格上升小	生产者净价格下降大	消费者负担小	生产者负担大
需求弹性小	消费者价格上升大	生产者净价格下降小	消费者负担大	生产者负担小

---

① 上述结论也可以通过微积分方式得到。对征税后供求均衡条件 $D(P_n+u)=S(P_n)$ 求全微分转换，可以得到 $\dfrac{dP_n}{du}=\dfrac{\varepsilon_D}{\varepsilon_S-\varepsilon_D}$，或者 $\dfrac{dP_g}{du}=1+\dfrac{dP}{du}$，$P_g=P_n+u$。由此式可知，当 $\varepsilon_D=0$ 或者 $\varepsilon_S=\infty$ 时，消费者承担了全部税收；当 $\varepsilon_S=0$ 或者 $\varepsilon_D=-\infty$ 时，生产者承担了全部税收。

实际上，无论是对需求方课税，还是对供给方课税，税负转嫁与归宿都不会受到任何影响，即税收最终的归宿与名义上对谁征税没有关系。在图10.1中，我们是对需求方征税，我们也可以对供给方征税，结论是一样的，如图10.2所示。

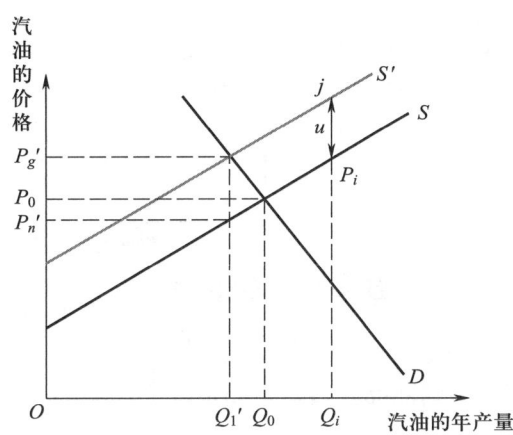

图10.2　对汽油供给方征收 u 单位从量税的税收归宿

　　假定对汽油的卖方而不是买方征收相同的 u 单位的从量税。税收使买方所面对的供给曲线改变了。比如，要生产 Q_i 产量的汽油，卖方必须要得到每单位 P_i 的价格，征税后，卖方仍然要得到每单位 P_i 的价格，这样的话，买方则必须每单位支付 P_i+u 的价格，即图10.2上 j 点。因此，从买方来看，汽油实际的供给曲线是原来供给曲线向上平移 u 单位后的供给曲线，即 S'。税后的供求均衡需要满足 $D(P_g')=S(P_g'-u)$，$P_g'-P_g'=u$，均衡产量为 Q_1'，买方支付的价格为 P_g'，卖方得到的价格为 P_n'，即 P_g' 减去 u。比较图10.1和图10.2，我们发现，由于两张图中需求曲线和供给曲线的斜率是一样的，Q_1 等于 Q_1'，P_n 等于 P_n'，P_g 等于 P_g'。这表明，税收的归宿与它课以市场的哪一方无关，这就是税收归宿的无相关定理。[①]

　　如果是从价课税的情形，那么，供给方所面对的需求曲线，是根据税率从原先的 D 等比例缩减为 D'（见图10.3），因此，新需求曲线 D' 的斜率发生了变化，而在从量税情况下，新的虚拟的需求曲线和原来的需求曲线的斜率是一样的。其他的分析和从量课税一样。

---

　　① 上述分析是一个局部均衡分析，假设税收仅仅影响了一个相对较小的市场，如果税收影响了相关商品和要素价格，那么就要进行一般均衡分析。此外，上面分析还假设消费者能充分理解自己面临的税率。有证据表明，消费者对税收的感知度依赖于税率的外显程度，外显程度越高，则税收对消费的影响程度越大。上面分析还假设了税率变化方向和税收归宿无关，有经验证据表明，价格对税率增加的反应程度比对税率降低做出的反应程度要大。

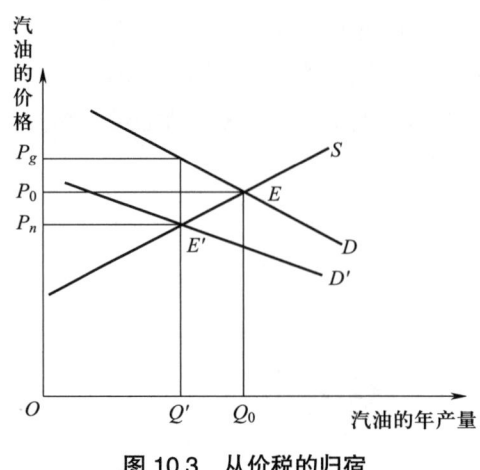

图 10.3　从价税的归宿

10.2.3.2　垄断条件下的商品税转嫁与归宿

垄断是指只有一个卖者或买者。我们这里假定只有一个汽油生产商的情况。图 10.4 描述了一个垄断厂商的均衡情况。征税前，厂商所面临的需求曲线是 D，与之相关的边际收益线是 MR，边际成本线是 MC，平均成本线是 ATC。当边际成本线与边际收益线相交时，厂商获得的利润最大。此时，价格为 P_0，产量为 Q_0。每单位的经济利润为价格与平均成本的差额，即距离 ab，总经济利润为长方形 $abdc$ 的面积。

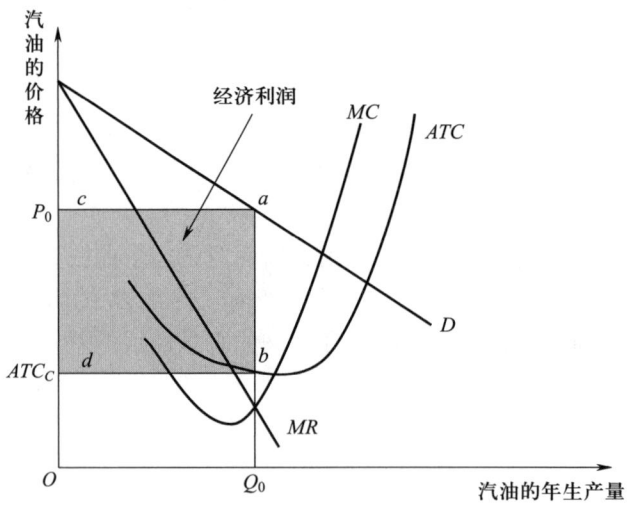

图 10.4　垄断者的均衡

现假定对汽油征收每单位 u 的从量税。如图 10.5 所示，此时厂商所面临的需求曲线垂直下移 u 个单位，即新的需求曲线为 D'。同时，厂商所面临的边际收益曲线也垂直下移 u 个单位，为 MR'。厂商税后的利润最大化应该是 MR' 与 MC 的交点。此时，均衡产量为 Q_1，厂商所得到的价格为 P_n，消费者所支付的价格为 P_g，即 P_n 加上 u。税后的单位利润为厂商所得到的价格与平均总成本的差额，即距离 fg，总利润为矩形 $fghi$ 的面积。

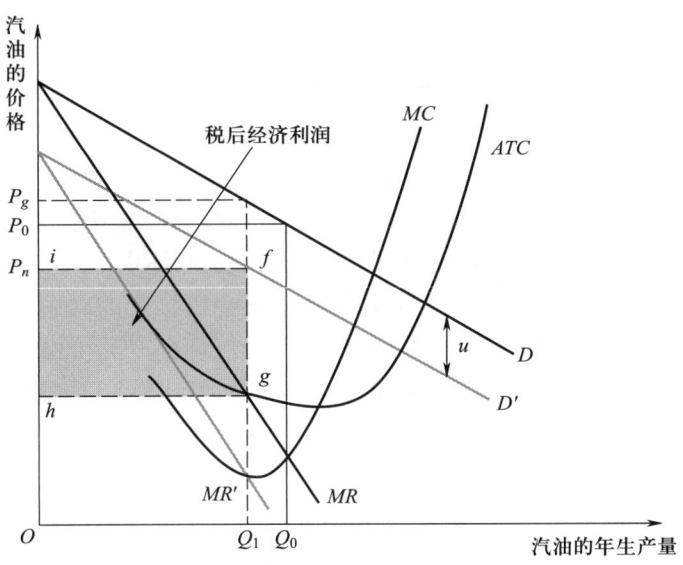

图 10.5 对垄断者征收从量税

从图 10.5 中可以发现，对垄断厂商的产品征税后，汽油的需求量下降了（$Q_0 > Q_1$），消费者支付的价格上升了（$P_g > P_0$），垄断厂商所得到的价格下降了（$P_n < P_0$），其经济利润也减少了（矩形 $abdc$ 的面积 > 矩形 $fghi$ 的面积）。由此说明，即便是在垄断情况下，垄断者也要承担一部分的税负，由于需求量的减少，垄断者也不能随心所欲地通过提高价格把税负全部转嫁出去。

10.2.4 利润税的转嫁和归宿

经济学中的利润税是指对超过正常利润的超额利润，即垄断利润或经济利润征税。完全竞争的企业在短期可能会获得超额利润，但在长期将没有超额利润。如果企业的目标是利润最大化，那么对超额利润征税将不能转嫁，企业将承担全部税负。证明如下：

设企业的税前利润为 π，总收入为 TR，总成本为 TC，对超额利润征税的税率为 t，税前利润为 $\pi = TR - TC$；税前利润最大化的条件是：$\dfrac{\mathrm{d}(TR)}{\mathrm{d}Q} - \dfrac{\mathrm{d}(TC)}{\mathrm{d}Q} = 0$，得到 $MR = MC$。税后利润为 $(1-t)\pi = (1-t) \times (TR - TC)$。税后利润最大化的

条件是：$\dfrac{(1-t)\,\mathrm{d}\,(TR)}{\mathrm{d}Q-(1-t)\,\mathrm{d}\dfrac{(TC)}{\mathrm{d}Q}}=0$，仍然得到 $MR=MC$。由此证明，使 π 最大化的方法也同样是使 $(1-t)\pi$ 最大化的方法。因此，征税前后，企业是不会改变其经营决策的，消费者面临的产量和价格都不会改变，企业承担全部税负。

从长期看，垄断企业也可能获得超额利润，但和前面的分析一样，只要企业的目标是利润最大化，它将承担全部税负。

但是，如果企业的目标不是利润最大化，而是追求产量或销售量最大化，追求市场占有量的最大化或企业的稳定发展和一个合理的利润水平。在这种情况下，如果征税影响了企业的利润，并使其下降到低于某个可接受的利润水平时，企业有可能采取措施，调整决策，如修改税前利润目标，调整产品价格和生产规模。这样的话，税收负担就有可能通过提高产品价格或压低工资和原材料价格把一部分税负转嫁出去。但这通常在长期内才能做到，而在短期一般认为税负还是由企业来承担。

10.2.5　个人所得税的转嫁与归宿

个人所得税一般来说主要是对劳动要素的报酬征税，当然个人所得也包括个人投资经营所得和资本利得。这里分析的只是对工薪收入征收的个人所得税或社会保障税（费）的税收转嫁和归宿问题。和对商品征税的情况一样，对劳动者工薪收入征税的税收转嫁和归宿取决于劳动这种要素的需求弹性和供给弹性。如果劳动的供给弹性大于需求弹性，工薪税的税负就更多地由雇主承担；如果劳动的需求弹性大于供给弹性，工薪税的税负就更多地由雇工承担。一般来说，在经济快速发展时期，劳动的需求弹性往往要小于供给弹性，此时，雇主承担税负的比重要大些。而在经济萧条时期，劳动的需求弹性往往要大于供给弹性，此时，雇工承担税负的比重要大些。当然，不同的劳动者，其劳动的供给弹性和需求弹性是不同的，如有技术特长的劳动者的供给弹性一般要大些，而其需求弹性一般要小些，所以，他们的税负往往更多地由雇主来承担。对于没有技术特长的劳动者来说，情况正好相反，如果供给弹性为零的话，税负就完全由劳动者自己承担。另外在征收社会保障税（费）的情况下，虽然名义上各国的社会保障税（费）是由雇主和雇工分别按一定的税率（费率）缴纳的，但各自实际承担的负担取决于劳动的供需弹性。

10.2.6 税收归宿与资本化

如果我们对土地征税，税收的归宿会怎么样？土地是一种特殊的生产要素，它的特征一是供给的固定性，二是土地每年将产生租金收益。我们用 R_0、R_1、R_2 和 R_n 分别代表土地当年、第二年、第三年和第 n 年（n 也可能是无穷大）产生的租金收益。那么，该土地的价格应该是多少？如果土地市场是竞争性的，则土地的价格正好应该等于 n 年中全部土地收益的现值。若利率为 i，则土地的价格 P_L 为：

$$P_L = R_0 + \frac{R_1}{1+i} + \frac{R_2}{(1+i)^2} + \cdots + \frac{R_n}{(1+i)^n} \tag{10.1}$$

如果假定对土地征收税收，当年征收 U_0 元税收，第二年征收 U_1 元税收，第三年征收 U_2 元，依此类推。由于土地的供给是固定的，即土地的供给曲线是一条垂直线，其弹性为零。所以对土地征税的税负应该全部落在土地所有者身上。这就是说，在征税情况下，土地所有者第一年的收益为 $R_0 - U_0$；第二年的收益为 $R_1 - U_1$，第三年的收益为 $R_2 - U_2$，依此类推。未来土地购买者在购买土地时必然会注意到这样一个事实，即他们购买土地固然会带来一定的收益，但同时，他们也购买了一笔今后要缴纳的税款。所以，他们在购买土地时愿意支付的土地价格应该是在减去税收后全部年份收益的现值。因此，当宣布对土地征税后，土地购买者愿意支付的价格（P_L'）为：

$$P_L' = (R_0 - U_0) + \frac{R_1 - U_1}{1+i} + \frac{R_2 - U_2}{(1+i)^2} + \cdots + \frac{R_n - U_n}{(1+i)^n} \tag{10.2}$$

通过对式 10.1 和式 10.2 两个式子的比较，我们知道，土地价格下降额等于全部未来税收支付额的现值，即：

$$U_0 + \frac{U_1}{1+i} + \frac{U_2}{(1+i)^2} + \cdots + \frac{U_n}{(1+i)^n} \tag{10.3}$$

所谓税收的资本化，就是指未来支付的税收的全部现值合并到资产（土地）价格中的过程，它是一种特殊的税收转嫁形式。

由于税收的资本化，税收负担总是由卖土地时的土地所有者承担，虽然税收是由土地的购买者缴纳的，但这些税款已经在购买土地时以较低的价格抵消了。

10.2.7 税收转嫁和归宿与收入再分配

按照现代经济学的观点，税收最后总是由自然人来承担的，而不是企业或公司这样的法人。这个人的身份既可以是消费者、股东，也可以是要素提供者，如土地所有者、工人或资本所有者。从这个意义上说，每年公布的企业纳税排行榜只能说明是谁名义上缴了税，并不能反映是谁真正承担了税负。要分析税收对收入再分配的影响，必须弄清楚各种人税前税后收入的变化。如果征税以后，某一部分人的收入在总收入中的比重提高了，则表明税收改善了这部分人的收入状况。如果税收使穷人和富人的收入差距缩小了，那么，可以说税收促进了收入的公平分配程度。当然，这里所说的税前税后收入的变化，是指实际承担税负后的收入变化，而不是名义上的纳税所造成的收入变化。

另外，在分析税收对收入分配的影响时，必须既要考虑税收对收入来源方面所产生的影响，也要考虑税收对收入使用过程所产生的影响。比如对烟草征税，由于烟草价格上升，吸烟的人自然受到损失。这是从使用收入（支出）方面来分析的。但如果烟草税使烟草的需求减少了，那么，在烟草生产中所使用的要素的收入将受到损失。这就是税收通过影响收入来源来改变收入分配。如果某个人既是吸烟者，又在烟厂工作，那么，他的收入将受到双重损失。作为烟民，他在使用收入过程中将承担税负；作为烟厂的工人，他在收入来源方面也将受到损失。

10.3 税收与效率

税收必然给纳税人造成损失，但这种损失是否就是纳税人交纳给政府的税收收入？如果政府的税收收入为零，是否意味着没有效率损失？我们看一个例子。张三每个月要消费 5 斤[①] 苹果，每斤苹果的价格为 3 元。如果政府要对他消费的苹果征税，税率为 20%，那么张三消费苹果的价格就变成了每斤 3.6 元。如果由于征税，张三不消费苹果，把原来花在苹果上的钱花在其他商品上，这样一来，政府对苹果征税最终一分钱也没有，因为苹果的消费为零。由于政府没有征到税收，张三也没有纳税，我们能得出政府开征苹果消费税就没有造成效率损失的结论吗？显然不能。政府虽然没有征到税，但它还是造成了效率损失。这种效率损失是通过改变了张三的消费决策体现的。因为征税，张三改变了原来消费苹果的决策，选择了消费其他商品的次优决策，如他改为消费没有被征税的香蕉。而在同等条件下，消费香蕉显然没有消费苹果给张三带来的满足程度（效用水平）高，这种满足程度的减少就是一种效率损失，是社会福利的净减少。当然，这样的情况比较极端，通常是政府开征苹果消费税后，会减少张三对苹果的消费量，但不一定减少到零，所以政府也能征收到一定的税收。但我们的基本结论是成立的，即税收扭曲了人们的决策，产生了税收的超额负担，即除了税收以外给人带来的福利损失。

---

① 注：1 斤 = 0.5 千克。

10.3.1 超额负担的衡量

税收的超额负担是指征税所产生的社会福利损失，可以通过税收对预算约束的影响来说明。假定张三的固定收入为 I，只消费苹果和香蕉两种商品。苹果的价格为 P_a，香蕉的价格为 P_b。为方便起见，我们假定商品的价格反映其社会边际成本，并且两种商品的社会边际成本是固定不变的。在图 10.6 中，横轴代表张三消费苹果的量，纵轴代表张三消费香蕉的量。张三的预算约束线为 AD，其斜率为 $-P_a/P_b$，水平截距为 I/P_a。假定张三要极大化他的效用，他的消费均衡点为无差异曲线上的 E_1 点，在该点他消费了 A_1 的苹果和 B_1 的香蕉。

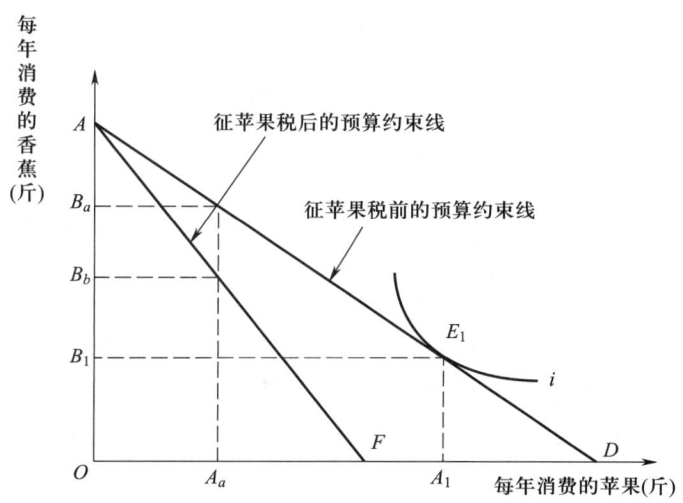

图 10.6　税收对预算约束线的影响

现假定政府对苹果征税，税率为比例税率 t_a，这样张三消费苹果的价格就变成了 $(1+t_a)P_a$（由于我们假定商品的边际社会成本为固定不变，所以苹果的税前价格不变）。征税改变了张三的预算约束线，征税后的新预算约束线为 AF，斜率为 $-[(1+t_a)P_a/P_b]$，水平截距为 $I/[(1+t_a)P_a]$。

从图 10.6 可知，在任何一个苹果的消费量上，AD 与 AF 之间的垂直距离都代表以香蕉来计量的张三所支付的税收。比如张三消费了 A_a 的苹果，在征税前，他消费的香蕉应该是 B_a。但征收苹果消费税后，如果他消费 A_a 的苹果，他最多消费的香蕉量为 B_b，B_a 与 B_b 之间的差距就是张三以香蕉的形式支付给政府的苹果税。如果要用货币的形式来表示苹果税收入，只要把减少的香蕉消费量 B_aB_b 乘以香蕉的价格即可得到。

至此，我们还没有讨论张三在新的预算约束条件下的最优消费选择。图 10.7 表示他的最优选择应该在无差异曲线 ii 上的 E_2 点。在该点，他消费 A_2 数量的苹果和 B_2 数量的香蕉，他所缴纳的税收是 AD 与 AF 之间的差距 GE_2。显然，张三在 E_2 点的效用水平要低于在 E_1 点的效用水平，税收使他的效用水平降低了。事实上，如果排除人们从政府的支出中所获得的收益，任何税收都会使人处于更低的无差异曲线上。但问题的关键在于政府要获得 GE_2 数量的税收，征收苹果税是否会给纳税人带来更大的损失。换句话说，政府有没有其他的办法在获得 GE_2 数量的税收时可以使张三的损失更小些。

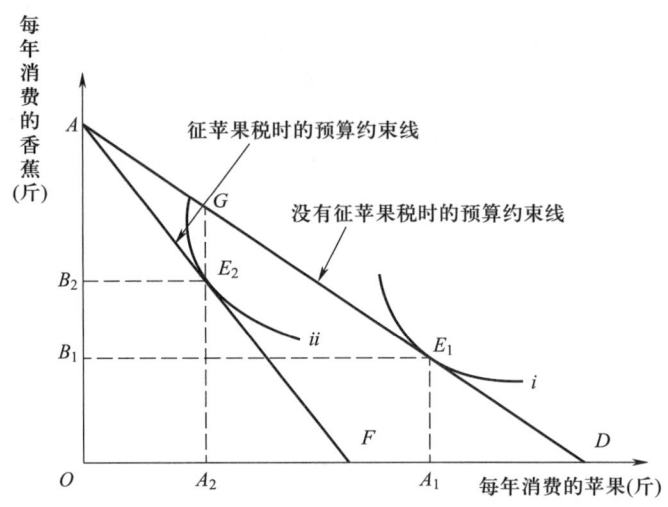

图 10.7 税收对消费组合的影响

为了解答这个问题，需要知道张三从无差异曲线 i 移到无差异曲线 ii 所减少的效用水平。一种办法是做等价变换，从张三那里拿走一部分钱，使他的无差异曲线从 i 移动到 ii。等价变换的办法可以用收入减少的多少来衡量税收给他造成的损失，如图 10.8 所示。

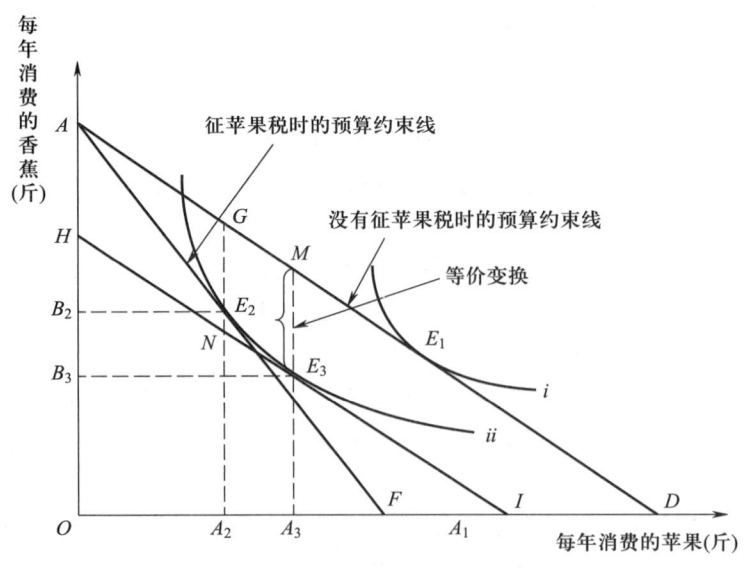

图 10.8 苹果税的超额负担

在图 10.8 中，把张三原来的预算约束线 AD 向内平移到与无差异曲线 ii 相切，切点为 E_3，新预算约束线为 HI。预算约束线从 AD 平移到 HI，意味着张三收入的减少，而收入减少后他所获得的效用水平正好与征苹果税后所获得的效用水平相等。因为根据无差异曲线的性质，我们知道，E_2 点和 E_3 点的效用水平是一样的。因此，AD 与 HI 之间的垂直距离 ME_3 就是等价变换，张三收入减少 ME_3 与对他征收苹果税之间没有任何差异。

但从图 10.8 中可以发现，ME_3 超过 GE_2 的苹果税收入，也就是说，征收苹果税给张三造成的福利损失超过了政府征收到的税收收入，这超出的部分就是税收带来的超额负担，即图 10.8 中的 E_2N。

征收苹果税会带来超额负担，造成社会福利的净损失。那么，是否每一种税都会有超额负担呢？有没有一种税可以使政府在征收到相同收入的同时又没有造成社会福利的额外损失，即没有税收的超额负担呢？总额税（Lump Sum Tax）可以做到。

所谓总额税是指这样一种税收：税收的征收与纳税人的行为无关，税额是固定的，与纳税人的收入、消费或财产的多少无关。比如，对张三征 100 元的税，不管张三采取什么办法，都不可能不交税，除非他离开这个国家或死了。苹果税不是总额税，因为苹果税的收入与张三对苹果的消费有关。

现假定征总额税，税额与征苹果税的税额一样。这样征总额税后的预算约束线必须具有如下两个特征：第一，总额税没有改变两种商品的相对价格，所以，新的预算约束线必然与原预算约束线 AD 平行，并向原点移动；第二，征总额税后张三的效用水平与征苹果税后的效用水平一样，所以新预算约束线必须与无差异曲线 ii 相切。图 10.8 中的 HI 曲线正好满足这两个特点，切点为 E_3。此时，张三的消费组合为消费 A_3 数量的苹果和消费 B_3 数量的香蕉。

从图 10.8 中我们看到，征总额税的税收收入为 ME_3，而征苹果税的税收收入为 GE_2。ME_3 超过 GE_2，这表明，要使张三在税后获得相同的效用水平，开征总额税比苹果税能给政府带来更多的税收收入，超过部分为图 10.8 中的 E_2N，而这正是税收的超额负担。从另一个角度看，如果政府要征收一样多的税收，总额税比苹果税给消费者带来的效用损失小，即征总额税能使消费者达到更高的无差异曲线。

专栏 10.2　总额税

　　总额税是指不取决于个人的收入、商品或服务的消费、财富而缴纳的一笔固定的税款，即纳税人向政府缴纳的这笔固定税款不取决于任何其他可控因素。总额税不会改变商品或服务的相对价格，因此，它不产生税收的替代效应，也不带来税收的超额负担。诚然，总额税确实会使那些承担税收负担的人减少消费、储蓄或投资，但这种决策的改变并没有扭曲价格体系，没有改变商品或服务的边际社会成本等于其边际社会收益。因此，总额税常常被作为参照系，用来与那些扭曲价格的税收进行效率比较。

但是，总额税会减少纳税人的收入，会产生税收的收入效应。而且总额税是对所有人征收同样数额的税款，所以总额税具有累退性，它不影响资源配置的效率，但会影响收入分配的公平性，即税后的收入分配比税前的收入分配会更加不公平。

假设我国中央政府征收的税收收入是 2 万亿元，全部税收都来自总额税。假定符合条件的成年人是 2 亿人，每人要缴纳 1 万元税款。对年收入 2 万元的纳税人来说，其平均税率为 50%，而对年收入 10 万元的人来说，平均税率只有 10%。平均税率随着年收入的增加而降低，总额税的边际税率永远为零。不管个人的收入、消费和财富如何变化，在总额税情况下，税收总额是不变的。

从图 10.8 中我们还可以发现，税收一般会产生两种效应：收入效应（Income Effect）和替代效应（Substitution Effect）。税收的收入效应是指在相对价格不变的情况下，因个人收入发生变化而对福利水平产生的影响。从 E_1 到 E_3 的移动就是税收收入效应的作用。收入效应不会带来经济的无效率，它只是表明资源从纳税人到政府的转移。总额税不会使个人因经济行为的改变而改变纳税义务。英国在 1990—1991 年开征的人头税就是总额税的典型例子。

税收的替代效应是指个人收入水平不变的前提下，因税收改变相对价格而产生的对个人福利水平的影响。图 10.8 中从 E_3 到 E_2 的移动就是替代效应的作用。

税收超额负担的存在是因为税收改变了两种商品的相对价格，产生了替代效应，从而改变了消费者的决策而产生的。总额税因没有改变商品的相对价格，不产生替代效应，所以它没有超额负担。那么，没有超额负担的总额税为什么在现实中很少呢？虽然我们知道，总额税因没有超额负担而更具有效率，但从公平的角度看，总额税因其对所有人征收相同的税而有悖税收的公平原则。在现实中，政府往往更多地从税收的公平性角度来考虑税收政策的制定。但即便如此，总额税的概念还是有用的，它可以作为我们衡量税收效率的一个标准。

所得税也不会改变商品的相对价格，那么所得税有没有超额负担呢？诚然，所得税不改变商品的相对价格，但它会改变纳税人在劳动与闲暇之间的选择，因此也会扭曲纳税人的决策，所以，所得税也存在超额负担。

10.3.2 税收超额负担与需求曲线

对税收超额负担还可以从补偿性需求曲线来理解，并用消费者剩余来衡量超额负担的大小。如图 10.9 所示，假定对汽油征税，税率为 t_b，税前汽油的价格为 P_b，税后汽油的价格为 $P_b(1+t_b)$，汽油的补偿性需求曲线为 D_b，供给曲线为 S_b（为简便起见，我们假定生产汽油的成本固定，即供给曲线为水平线），征税后供给曲线为 S_b'。

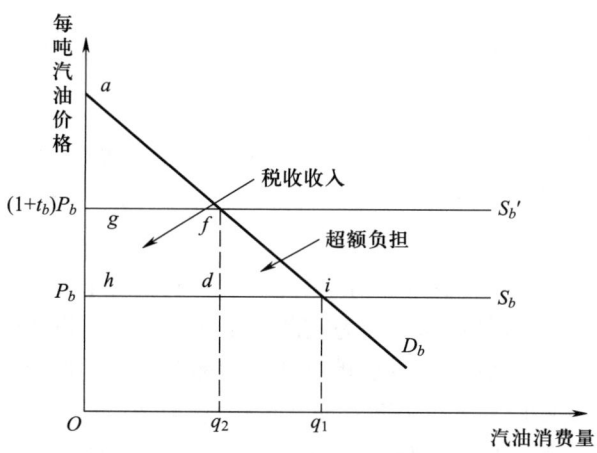

图 10.9　商品税的超额负担

图 10.9 中的补偿性需求曲线是指，当征税导致价格变动后，通过补偿使税收的收入效应为零，消费者对汽油消费量的改变完全是因为汽油的相对价格提高后所产生的替代效应所致。而一般的需求曲线是价格变动产生的收入效应和替代效应共同作用后消费量的变化。

从图 10.9 中可以知道，汽油税开征前，消费者的均衡点为 i，此时消费的汽油量为 q_1，消费者剩余为三角形 ahi；征收汽油税后，均衡点为 f，此时消费的汽油量为 q_2，政府的税收收入为矩形 $ghdf$ 的面积，消费者剩余为三角形 agf。征税前后消费者剩余的减少超过了政府的汽油税收入，超过部分，即三角形 fdi 的面积，就是税收的超额负担，是社会福利的净损失。

假定 W 为税收的超额负担，那么

$$W = \frac{1}{2}\,\Delta q \Delta P_b \qquad (10.4)$$

式中：Δq 是指由于税收的替代效应产生的汽油消费量的变化；ΔP_b 是征税后汽油价格的变化。

$$\Delta P_b = (1 + t_b)\,P_b - P_b = t_b \times P_b \qquad (10.5)$$

令需求的价格弹性为 η，则根据需求的价格弹性公式得到：

$$\eta = \frac{\Delta q}{\Delta P_b} \times \frac{P_b}{q_1} \qquad (10.6)$$

由式 10.6 得到：

$$\Delta q = \eta\left(\frac{q_1}{P_b}\right)\Delta P_b \qquad (10.7)$$

把式 10.5 的 $\Delta P_b = t_b \times P_b$ 代入式 10.7，得到：

$$\Delta q = \eta \times q_1 \times t_b \qquad (10.8)$$

因此

$$W = \frac{1}{2} \Delta q \Delta P_b = \frac{1}{2} \times \eta \times P_b \times q_1 \times t_b^2 \qquad (10.9)$$

由式 10.9 得到如下结论：

（1）补偿性需求的价格弹性越大（绝对值），税收的超额负担越大。

（2）$P_b \times q_1$ 是最初花在汽油上的开支，因此，最初花在征税商品上的开支越大，税收的超额负担越大。

（3）随着税率的提高，税收的超额负担将按照税率的平方上升。

对商品征税会产生超额负担，因为它改变了相对价格，进而改变了决策者的决策。一般来说，只要改变商品或要素相对价格的都会产生超额负担，即都会产生效率损失。如政府对有些商品提供财政补贴在现代社会是很普遍的现象，像住房补贴、医疗补贴、教育补贴等。这些补贴也会产生超额负担。事实上，补贴是一种负税收。补贴会使受补商品的相对价格发生变化，从而引发人们过度消费，产生效率损失。

如图 10.10 所示，补贴前，住房的价格为 P_f，假定政府每平方米补贴 t_f，补贴后的价格为 $P_f(1-t_f)$，住房的供给曲线从没有补贴时的 S_f 变成补贴后的 S_f'。由于价格下降，住房的消费从 q_1 增加到 q_2。此时，政府总的补贴支出为 $gfih$ 的面积，但消费者净增加的消费者剩余为 $gdih$ 的面积，两者的差额 dfi 的面积就是补贴的超额负担。

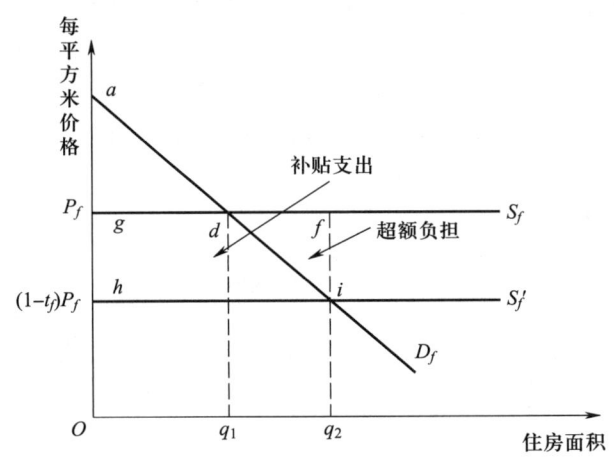

图 10.10 住房补贴的超额负担

10.3.3 税制运行成本

前面所分析的税收效率只限于税收本身所涉及的对资源配置的效率影响，并没有考虑税务部门征税时所发生的成本，同样也没有考虑纳税人纳税时所产生的成本。显然，无论是税务部门征税，还是纳税人纳税，都要产生一定的成本。另外，纳税人为了达到自身利益最大化，也会想方设法降低自己的税收负担，包括采取合法的避税和非法的偷逃税手段，所有这些都会增加税制运行的成本。

10.3.3.1 税收征管成本与纳税成本

税收征管成本（Tax Administrative Cost）是指税务部门在征收和管理税收过程中所发生的各种费用支出，包括税务部门的基建经费、人员经费、公用经费等，如办公大楼的建造费、办公设备和用品的购置费、税务人员的工资和津贴等。不同的税种、征收方式或征收环节所产生的征管成本会大不相同。比如所得税要高于商品税，零售环节要高于批发环节。

纳税成本，也称税收遵从成本（Tax Compliance Cost），是指纳税人在缴纳税金过程中所发生的各种费用支出。比如在自行申报纳税制度下，纳税人要对其在纳税期限内的应税所得向税务部门进行纳税申报，估定税额，这需要纳税人投入一定的精力、物力和财力。有时还需要请律师、会计师或税务师等专业人员帮助申报或筹划，这些都需要费用开支。除货币成本外，纳税成本也包括纳税申报中的时间成本和精神成本。

从现有的研究看，计算税收征管成本相对容易，而要计算纳税成本就比较难。一般来说，在整个税收成本中，税收征管成本要低，纳税成本要高。较早的一组数据显示，我国全国平均税收征管成本大概占整个税收收入的 4% 以上，而一般发达国家的比例在 2% 左右。[①] 近些年的研究结果表明，我国平均征税成本率约 2.33%。[②] 也有人对美国所得税的征管成本进行测算，结果是每征 100 美元的所得税，成本为 44 美分。而所得税的纳税成本占所得税收入的 10% 左右。[③]

税收征管成本和纳税成本是税收效率的重要内容。英国经济学家亚当·斯密提出的税收四原则中的确定、便利和最小征收费用这三项原则就是针对税收征管成本和纳税成本的。对税制的选择必须考虑税收征管成本和纳税成本。有些税制即便比较公平，超额负担也小，但可能过于复杂以至于征管和纳税成本非常高，在现实中很难操作。比如说，从公平和效率的角度讲，个人所有的所得都应该一视同仁地征税，包括干家务活的推算所得。但事实上这很难做到。按照税法规定，市场上对商品征税应该按营业额征，但在现实中，税务部门要准确核定营业额难度较大，不如确定一个定额来征收，如我国对出租车征税、小商品市场上对摊位征税基本采用定额征税。

10.3.3.2 偷逃税因素分析

纳税人从追求自身利益最大化出发，会尽量减轻自己的纳税负担。纳税人减轻

① 林江，温海滢. 财政学［M］. 大连：东北财经大学出版社，2010.

② 周克清，代云初. 我国征税成本影响因素的实证研究——基于省际面板数据的经验分析［J］. 财政研究，2011（9）.

③ Harvey S. Rosen.Public Finance［M］. 10th ed. McGraw-Hill Higher Education, 2015: 363. 原文献参考：Kaplow Louis.Taxation, in Handbook of Law and Economics, A.Mitchell Polinsky, Steven Shavell,（eds.）. Elsevier. Amsterdam. Volume 1, 2008.

税收负担的方法有合法与非法之分。通过合法手段减轻税收负担的做法，我们称为避税（Tax Avoidance）。如开征烟草税或提高烟草税的税率后，某纳税人减少了对烟草的消费，从而降低了烟草税的负担，这种做法就是避税。但如果征收个人所得税，某人通过隐瞒收入或不申报自己的收入来降低个人所得税的税收负担，这种行为就是偷逃税（Tax Evasion）。偷逃税是税收欺骗，属于非法行为。一般说来，从事税收欺骗的形式主要有：

（1）设置两套账目，一套是真实记录商业活动的账目，另一套是给税务部门看的假账，营业额往往比较小。

（2）大头小尾，不同发票联上的金额不一样，即给顾客的发票联是真实的交易额，但留下来的发票联上的交易额故意开小。

（3）现金交易，如在正常工作之外从事一些有偿服务所得到的劳务费所得，直接以现金的形式支付，而在申报所得税时没有向税务部门申报。

（4）只开收据，不开正式发票。

现实中，偷逃税问题是非常严重的。据美国国内收入署的估计，美国的纳税人大约只申报了 80% 的真实收入。[①] 在中国，偷逃税问题也是普遍存在的。下面我们从实证和规范两个方面对偷逃税问题做进一步分析。

1. 偷逃税的实证分析

假定张三想最大化他的预期收入，他隐瞒不申报的收入为 R，假定他所适用的边际税率 t 为 25%，即他每隐瞒 1 元钱不申报，可以少纳税 0.25 元，这 0.25 元也是他不申报纳税的边际收益。如果一个人的边际税率为 t，那么每隐瞒 1 元收入的边际收益为 t。税务部门通常不会知道纳税人的真实收入，假定税务部门能够无成本地对所有人的收入随时进行监控审核的话，纳税人就没有任何机会偷逃税。但事实上，要监控审核纳税人的收入需要花费大量的人力、物力和财力。因此，税务部门只能通过随机抽查的方式来审核纳税人的收入情况。虽然被税务部门抽查到的概率很小，但如果被抽查到并被发现存在偷逃税收的话，就会面临被处罚的可能。而且偷逃税的处罚往往是边际递增的，即随着偷逃税数量的增加，处罚就越来越严厉。可以用图 10.11 来分析偷逃税。

假定张三知道被抽查到的概率 ρ 和处罚情况，那么，如果他要偷逃税收，就要比较偷逃税的边际收益和边际成本。图 10.11 中，横轴表示未申报的收入数，纵轴表示偷逃税的收益或处罚。每 1 元未申报收入的边际收益（MB）为税率 t。预期的边际成本（MC）等于偷逃税的处罚金额乘以被抽查到的概率 ρ。如果隐瞒第 100 元的额外罚款是 1 元钱，而被抽查到的概率为 1/4，那么，预期的边际罚款就是 0.25 元。从图 10.11 上可知，偷逃税的最佳均衡点为预期边际成本和边际收益的相交点，此时的未申报收入为 R^*，对纳税人张三来说，在该均衡点，他预期的收入达到最大。

---

① 转引自 Harvey S. Rosen. Public Finance［M］. 10th ed. McGraw-Hill Higher Education, 2015: 365.

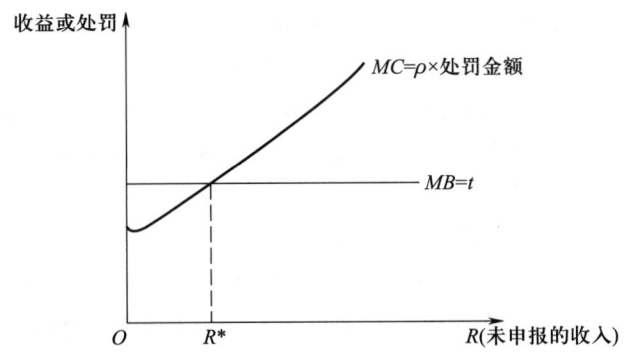

图 10.11 偷逃税分析：存在偷逃税现象

从图 10.11 中，可以得到如下结论：

第一，边际税率越高，偷逃税的收益越大，因此，隐瞒收入不报的可能性越大。

第二，被抽查的概率越大，处罚的金额越高，发生偷逃税的可能性越小。如果极端地把处罚力度提高到偷逃税者要被处以坐牢或枪毙，或许就没有人会偷逃税了。

第三，完全申报自己的收入也可能是最佳选择。如果边际收益线在边际成本线下面，两条线不相交，此时不隐瞒收入是最佳选择，如图 10.12 所示。

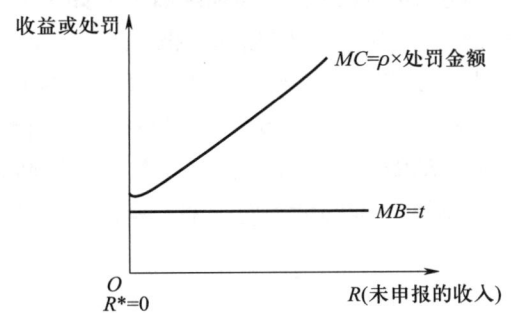

图 10.12 偷逃税分析：偷逃税为零

上述对偷逃税的分析只是一个简化了的分析。现实中对偷逃税行为分析要考虑的因素起码还要包括以下几个方面：

第一，纳税人在偷逃税后所承受的心理成本。上面分析中我们只考虑金钱成本，事实上，偷逃税后，纳税人可能还有心理方面的负担，比如感到内疚、有犯罪感。如果长期存在这种心理压力的话，还可能导致心理疾病。

第二，纳税人的风险态度。上面分析只考虑纳税人的预期收入，而对风险本身没有考虑。如果纳税人是风险厌恶者，他可能就不愿意冒险去偷逃税。

第三，工作选择。上面的模型只考虑纳税人申报多少收入，而把工作的类型和税前收入作为既定因素。事实上，税收制度既可以影响工作时间的长短，也能影响对工作类型的选择。高的边际税率可能会影响纳税人选择容易偷逃税的工作。比如，一个教师，在学校上课的课时费纳入收入申报系统，不容易逃税，但在外面兼职以现金形式获取的收入不予纳税申报且很难被查到，所以，他就有意减少在学校的上课，而接受校外社会上的课。通常所说的"地下经济"一般容易偷逃税。当然"地下经济"活动有合法和非法两种，前者是指这种经济活动本身是合法的，只不过容易偷逃税，如钟点工；后者是指这种经济活动本身是非法的，如贩毒、走私、赌博、买卖淫秽物品等。"地下经济"是各国普遍存在的一个现象，要具体衡量"地下经济"的规模比较困难，但也有学者曾做过这方面的尝试，如有人估计美国"地下经济"的比重占 GDP 的 14%，英国为 7%，俄罗斯为 42%。[①]

第四，抽查概率的改变。前面模型中设定的抽查概率与申报的收入数量和偷逃税的数量无关。现实中，税务部门会根据不同的收入群体和是否有过偷逃税情况而改变抽查的概率。如对高收入群体会重点关注，提高抽查的概率；对有过偷逃税行为的人也会更加关注。

2. 偷逃税的规范分析

在众人眼里，偷逃税似乎理所当然地是"坏事"，政策制定必须消灭偷逃税行为，对偷逃税者进行惩罚。但当我们做出这种价值判断时隐藏了这样一个前提，即偷逃税者的福利是被排斥在社会整体福利之外而不予考虑的。从事"地下经济"活动者的福利究竟应不应该包括在社会整体福利函数中？如果应该包括在内的话，那么，"地下经济"的存在会提高社会整体福利。把"地下经济"和正常经济一起考虑，如果在"地下经济"中的劳动弹性要高于正常经济中的劳动弹性，从最优税收理论上讲，就应该对"地下经济"中劳动所得以较低的税率征税。另外，假如在"地下经济"中从事经济活动的人比在正常经济中从事经济活动的人更加贫困，那么如果社会以平均主义为分配目标的话，对"地下经济"不征税也许是一种合适的做法。

10.4 最优税收

最优税收（Optimal Taxation）是指达到社会福利最大化的税收结构，而如何去实现最优税收则属规范分析下的范畴。既存最优税收的文献主要探究经济效率和社

---

① 转引自 Harvey S. Rosen. Public Finance ［M］. 10th ed. McGraw–Hill Higher Education, 2015: 368. 原文献参考：Friedman, Eric, Simon Johnson, Daniel Kaufmann, Pablo Zoido–Lobaton. Dodging The Grabbing Hand: The Determinants of Unofficial Activity in 69 Countries ［J］. Journal of Public Economics, 2000（76）: 495–520.

会公平两个维度的问题。他们将公平的观念体现于社会福利函数，应用最大化社会福利函数的策略来实现效率。

最优税收理论最早由英国学者拉姆齐（Ramsey）在 1927 年提出，他应用简易的商品税框架来探讨政府收入的议题。后续，庇古（Pigou，1947）、博特优斯（Boiteux，1956）、科利特和黑格（Corlet, Hague；1953，1954）、密德（Meade，1955）则持续与拓展拉姆齐开启的最优税收的研究。明确来说，博特优斯主要应用基础微观经济学中的间接效用函数、科利特和黑格则是通过介绍税收来优化在他们之前未曾出现过的特殊情况，而密德则是解决相关的最优化问题。后因动态最优化一般均衡模型成为现代经济学的分析主流，最优税收的分析视角也顺势逐渐聚焦于一般均衡的框架上。[①] 粗略来说，最优税收分为第一优税收（First Best Taxation）与次优税收（Second Best Taxation）。

第一优税收是在总额税可执行时，使得分散均衡能够复制社会最优配置的最优税收。巴罗（Barro，1990）、托洛维斯基（Turnovsky，1997，2000）和戈麦斯（Gomez，2008）等就是此范畴的代表人物。而次优税收是在总额税不可执行（即无法避免税收对经济造成的扭曲）时，使得福利最大化（或扭曲最小化）的最优税收。拉姆齐（Ramsey，1927）、莫里斯（Mirrlees，1971）、钱利（Chamley，1986）、戈洛索夫等（Golosov et al.，2003）、科彻拉科塔（Kocherlakota，2005）等为次优税收范畴的代表人物。

但在现实中，总额税确实较为缺乏实施的可行性，因此我们将在本节中聚焦于现有对于次优税收的研究介绍（如最优商品税、最优所得税、评价税制的标准等）。限于篇幅，本节将对最优税收理论进行概述。关于最优税收理论发展脉络更加全面的梳理，可参见阿特基森等（1999）、科彻拉科塔（2010）以及金戈（2013）的相关著作。

10.4.1 最优商品税

最优商品税是研究商品的课税问题。假定政府对两种商品 X 和 Y 征税，则最优商品税的问题就是：在给定一个征收总税额下，政府如何选择能使税收超额负担最小的商品税率。英国学者拉姆齐对此证明得到：要使税收的总体超额负担最小，税率的确定应该使征税后每个商品需求量按相同百分比下降，这就是著名的拉姆齐法则（Ramsey Rule）。值得注意的是，由于商品需求量的变化和商品的需求弹性有关，我们下面将通过弹性的概念来解释拉姆齐法则。假定商品 X 的需求弹性为 η_x，税率为 t_x，商品 Y 的需求弹性为 η_y，税率为 t_y。应用式 10.9 与前述最优商品税问题的内涵，我们将政府的最优化决策内容叙述如下：

---

① 詹姆斯·A. 莫里斯. 福利、政府激励与税收［M］. 王俊，译. 北京：中国人民大学出版社，2013：292.

$$\text{Min}\,(\,W_{\text{X}} + W_{\text{Y}}\,) \tag{10.10a}$$

$$\text{s.t}\;\; TR = t_x P_x q_x + t_y P_y q_y \tag{10.10b}$$

式 10.10a 表示政府的目标是追求商品 X 与商品 Y 的征税负担最小，而式 10.10b 则是政府的预算约束；另外，TR 是外生给定的政府税收，P_x 与 P_Y 分别为商品 X 与商品 Y 的价格。政府通过式 10.10a 与式 10.10b，分别内生选择商品 X 的税率 t_x 与商品 Y 的税率 t_y 得到：

$$\frac{t_x}{t_y} = \frac{\eta_y}{\eta_x} \tag{10.11}$$

式 10.11 表示，两种商品的税率应该和它们各自的需求弹性呈逆向比例关系，即弹性越大，税率越低；弹性越小，税率越高。因此，拉姆齐法则也称逆向弹性法则。该法则表明，如果各个商品的弹性不相等，效率并不要求对所有的商品征收单一的税率。拉姆齐法则的政策含义十分明显，即对需求弹性低的产品（如生活必需品）应课以重税，而对需求弹性高的产品（如奢侈品）则应征轻税。然而，因拉姆齐在分析最优税收时没有考虑人的异质性（即他假设所有人都是同质的），所以拉姆齐法则只体现了税收的效率，忽略了税收的公平性。

根据现代福利经济学或公共经济学，最优税制的理论核心就是尽可能地增进社会成员的福利。因此，与税收效率同样重要的就是税收的公平性。再加上支付能力原则分担税收负担的公平思想已深入人心，使得我们有必要对拉姆齐法则做适度的修正，以考虑税收公平的分配后果。设想一个由穷人、富人、X 商品（馒头）和 Y 商品（蛋糕）组成的社会，其中穷人对 X 商品的消费占其收入的比例要高于富人对 X 商品的消费占其收入的比例，而对 Y 商品的消费正好相反，富人对 Y 商品的消费占其收入的比例要高于穷人对 Y 商品的消费占其收入的比例。我们再假定，如果社会福利函数中对穷人效用赋予的权重要大于对富人效用赋予的权重。那么，即便 X 商品（馒头）的弹性小于 Y 商品（蛋糕）的弹性，最优税收要求对 X 征收的税率要低于对 Y 征收的税率。诚然，对 Y 征收较高的税率会产生较高的税收超额负担，但却可以使低收入者的收入分配得到改善。以上不仅体现社会愿意以一个较高的效率损失来换取一个更加公平的收入分配格局，也对结合税收的公平性下的拉姆齐法则修正提供了说例。简言之，政府在制定最优商品税时，若要兼顾效率与公平，则要对拉姆齐法则做一定的修正。

总之，如果社会只考虑效率，最优商品税的税率完全可以根据拉姆齐法则来确定，但如果要考虑分配方面的因素，偏离效率的税收也许是合适的。

专栏 10.3　作为经济学家的拉姆齐

拉姆齐生于剑桥，其父亲是剑桥大学麦格达伦学院的校长，其弟弟迈克尔·拉姆齐是第 100 任坎特伯里大主教。拉姆齐于温切斯特公学学习，后来进入剑桥大学三一学院学习数学。拉姆齐涉猎了很多领域，在哲学、数学、经济学和逻辑学上都做出了开拓性贡献。由于患黄疸，26 岁的拉姆齐于 1930 年

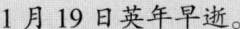

1 月 19 日英年早逝。

　　凯恩斯曾撰文《E.P. 拉姆齐》纪念他，现节选如下。

　　剑桥皇家学院会员、温切斯特和三一学院昔日的学者、麦格达伦校长之子——弗兰克·拉姆齐 26 岁便英年早逝，对经济学纯理论是一个重大损失，尽管他的主要兴趣在哲学和数理逻辑方面。从他年龄很小时，我想大约是他 16 岁时，他早熟的头脑就对经济问题产生了强烈的兴趣。生活于剑桥的经济学家们，从他大学时代起，就习惯于在他有判断力的和逻辑的天赋的锐利锋刃上试验他们的理论。如果他遵循了单凭爱好的容易一些的道路，我不能肯定他会不会已经失掉了思想和心理学之基础的折磨人的练习，在那儿这个头脑试图抓住它自身的尾巴；为了我们自己最适意的道德科学分支的愉快的道路，在那儿，理论和事实，直觉想象和实际判断，以一种对人类智力而言舒适的方式相混合。

　　当他真的从他习惯的多石高地下降时，他仍然毫不费力地生活在一种比大多数经济学家喜欢呼吸的更稀薄的大气中，用一种习惯于远远更困难的事物的人的轻而易举的优雅，操纵着我们的科学之技术仪器。他（不包括他的哲学论文）只留在身后两个他的力量的见证——他发表于 1927 年 3 月《经济学杂志》的关于《对税收理论的一个贡献》的论文和 1928 年 12 月的《一个关于储蓄的数学理论》的论文。尤其是后一篇论文，我认为，是对数理经济学的最杰出的贡献之一，无论就其题目内在的重要性和困难程度，所运用的技术方法的力量和优美，还是就被读者所感觉到的作者头脑凭以驾驭其主题的阐述的清晰纯正。对于一位经济学家来说，这篇文章是困难得可怕的读物，但欣赏在它里边结合了多么科学和审美的素质是不困难的。

　　因而，对他的朋友们来讲，个人品质与智力力量最和谐地结合起来的拉姆齐的失去，将使他们久久不能忘却。他笨重的体形，他发自内心的咯咯的笑声，他感觉与反应的简洁，在其直接性和实际性上有时和偶尔地几乎残酷的半警惕性，他头脑和心地的诚实，他的谦虚和贮存于他宽阔的太阳穴和前额之后的智力机器的令人惊异的轻而易举的效率，微笑的脸庞，都被从我们这里带走了，在那辉煌的高处，在它们工作和生活的收获被收集进来之前。

资料来源：J.M. 凯恩斯. 凯恩斯文集·精英的聚会 [M]. 刘玉波，董波，译. 南京：江苏人民出版社，1997.

10.4.2　最优所得税

　　前面我们诠释了当一个国家只征收商品税获取财政收入的情况下，各个商品的税率如何制定的问题。我们现将讨论的焦点放在当政府征收所得税时，最优的所得税制该如何设计。随着经济社会的发展，所得税的作用越来越重要，它不仅在大多数的发达国家中成为最主要的收入来源，也在发展中国家呈现明显且飞快的增长。从理论的视角来看，所得税最能体现税收的支付能力原则及对经济所具有的稳定功能而受到青睐。最优所得税理论的核心是在所得税被公认应实行累进制来体现税收公平性原则的前提下，该如何确定最优的累进程度。因为累进程度过大会影响激励，从而影响经济的增长。[①]

10.4.2.1 埃奇沃斯模型

埃奇沃斯（Edgeworth，1897）最早着手最优所得税的研究。他先做了下列三个假定：

（1）社会福利是所有社会成员福利的加总。每个人的目标是在其收入约束下，使自己的效用最大化。所有社会成员效用的总和最大化时，社会的福利达到最大。因此，最优税制的设计应该使社会福利（W）达到最大，即

$$W = U_1 + U_2 + \cdots + U_n \tag{10.12}$$

其中，n 是社会人员的数量。

（2）每个人都具有相同的效用函数，且其效用水平仅取决于其个人的收入。这些效用函数表现出收入的边际效用递减性。

（3）全部收入是固定不变的。

因为社会福利最大化的条件是每个社会成员的边际效用相等，当每个人的效用函数一样时，只有在收入相等时边际效用才相等。因此，最优所得税应该按照如下思路来设计：税后的收入应该尽可能平均。在具体操作中，税收的征收应该根据国家所需财政收入，首先对最富裕的人征税，在财政收入不够的情况下再对次富裕的人征税，以此类推。如果社会成员的税后收入都相等时还需要额外征税的话，那么，税收负担应该平均分担。

埃奇沃斯模型得到的结论是，所得税要实行最严格的累进性。从最富裕人开始征税一直到收入完全相等为止，边际税率应该是100%。

10.4.2.2 斯特尔模型

埃奇沃斯模型中的一个假定是全部收入为固定。但事实上，税收会影响收入。比如，当劳动所得税的边际税率比较高时，会对劳动的供给产生负激励（超额负担），即人们会因此减少工作，增加闲暇，从而减少社会总收入水平。这就是我们通常所说的分蛋糕会影响蛋糕的大小。因此，设计最优所得税时要考虑实现公平的效率代价。但是，在埃奇沃斯模型中，税收达到公平收入分配的效率代价为零。

斯特尔（Stern，1987）构建了一个类似埃奇沃斯模型的框架来分析最优所得税的问题，但与埃奇沃斯模型不同的是：个人可以选择工作或闲暇，也就是收入是内生变化的。斯特尔假定，来自个人的税收收入由式10.13表示：

---

① 以下内容参考：Harvey S. Rosen. Public Finance［M］. 10th ed. McGraw-Hill Irwin, 2015: 356-359.

$$税收收入 = -a + t \times 收入 \tag{10.13}$$

式中：a 和 t 为正数。

比如，假定 $a = 2\,000$ 元，$t = 20\%$。那么，当个人收入为 30 000 元时，税收负担为 4 000（$-2\,000 + 20\% \times 30\,000$）元。如果个人收入为 5 000 元，他的税收负担为 $-1\,000$ 元，即他可以从政府拿到 1 000 元的补贴。

我们把式 10.13 用图来表示。在图 10.13 中，横轴表示个人的收入，纵轴表示税收收入，当收入为零时，税收负担是负的，个人从政府获得 a 元的补贴。只要有收入，每一块钱需缴纳 t 元的税款。t 就是边际税率。由于式 10.13 是一条直线，因此所得税的税率结构就是线性的（Linear Income Tax Schedule），且常被称作单一所得税（Flat Income Tax）。所得税的累进程度取决于 a 和 t 的大小。t 越大，税制的累进程度越高，但同时，t 越大，产生的超额负担也越大。简言之，最优所得税的问题就是如何找到 a 和 t 的最佳组合。斯特尔的研究表明，当政府的收入为国民收入的 20%，在收入和闲暇之间存在较小的替代效应时，税率 t 为 19% 时可以达到社会福利的最大化，它远远小于埃奇沃斯模型中的 100% 的税率。另外，斯特尔的研究还表明，在其他因素不变的情况下，劳动的供给弹性越大，最优税率 t 越小。因此，税收再分配收入的成本是其带来的税收的超额负担。劳动的供给弹性越大，超额负担越大。

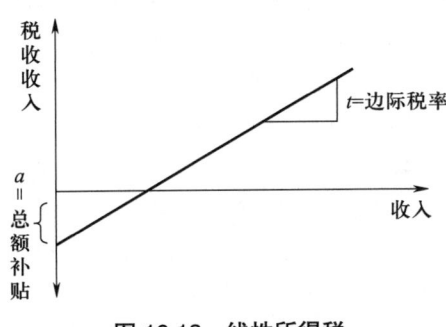

图 10.13　线性所得税

斯特尔还研究了社会福利函数中对不同社会成员的效用水平赋予不同权重时的情况。例如，一个极端的例子是社会福利完全取决于社会成员中最低收入者的效用水平，即罗尔斯所说的最大最小化原则，收入完全平均分配，那么，此时的最高边际税率为 80%，也低于 100% 的边际税率。

10.4.2.3　现代研究成果

斯特尔研究的局限性为：所得税率是个单一的边际税率。事实上，所得税率的结构往往有多个边际税率。比如，在我国，对于月应纳税工薪所得额超过 80 000 元的人而言，个人所得税的边际税率为 45%，而月收入低于 5 000 元的边际税率为零。而在现代税收理论的研究进程中，不难发现学者不断地对前述有关效率和公平两个维度的衡量做精进与深入的联结分析，其中最具代表性的就是莫里斯（Mirrlees，1971）开创的最优非线性税收理论。该理论基于每个行为人都具有异质的先天能力以及这些能力属于私人信息、政府仅知晓异质的先天能力的概率分配，莫里斯得到了以下结论：

（1）边际税率应在0到1之间。

（2）最高收入的边际税率应该为0，也就是对最高收入的人的边际收入不应该征税。

（3）如果有最低收入的个人是按最优条件工作的，那么他面临的边际税率也应是0。

因此，根据莫里斯的分析，政府应该将最高收入者和最低收入者的边际税率同时设置为0。不对最高收入者的边际收入征税，是因为有私人信息的人必须享有一定的信息租金。当能力不能观察时，只能根据收入征税。这时，如果对高收入的人征高税，有能力的人会假装低能力，从而使得政府征不到税。莫里斯的这个研究对后续最优非线性税收理论的发展以及信息经济学的研究都产生了深远影响。

专栏10.4　詹姆斯·莫里斯

　　詹姆斯·莫里斯，1936年7月5日出生于英国苏格兰的明尼加夫的一家农舍里，与经济学的鼻祖亚当·斯密是老乡。他的父亲是当地一家银行的出纳员。14岁那年，莫里斯对数学产生了超乎寻常的兴趣，并且弄到了一本《微积分自学教程》进行自学。当数学老师发现他的这一爱好时，就主动为他进行辅导，使他的数学水平快速提高。

　　1954年，18岁的莫里斯考入爱丁堡大学。由于他的聪慧与勤奋，在爱丁堡大学只读了三年就完成了学业，获得了爱丁堡大学数学硕士学位，并获得了纳皮尔奖。之后，他获得了攻读剑桥大学数学第二学士学位的机会。在攻读数学学位的同时，他选修了一些经济学课程。从那时起，他便意识到经济学才是他真正要研究的东西。在剑桥，他的老师成功帮助他申请到了在科学和产业研究系攻读经济学博士学位的机会。当时，他的导师是著名的经济学家、诺贝尔经济学奖获得者理查德·斯通。1963年，莫里斯获得剑桥大学经济学博士学位。同年，他被聘为剑桥大学讲师。

　　1969年，年仅33岁的莫里斯被正式聘为牛津大学的教授。在牛津，得到教授头衔非常困难，那时牛津经济学科总共就只有2至3位教授。而当时还没有任何有影响力的论文发表的莫里斯却得到了教授职位。从1969年起到1995年，莫里斯一直从教于牛津，期间还担任过国际计量经济学会会长、英国皇家经济学会会长、英国科学院院士、美国艺术与科学院院士等。此外，他还兼任过英国财政部政策最优委员会成员等职。

　　莫里斯1961年与吉尔结婚，并育有两个孩子。1994年，由于感情甚笃的夫人去世，莫里斯为换个环境，决定离开他工作了26年的牛津大学，于1995

年 5 月赴剑桥大学三一学院任教。1996 年，由于在非对称信息下的激励理论做出的重要贡献，威廉·维克利和莫里斯被同时授予诺贝尔经济学奖。其实，早在莫里斯离开牛津大学前，他的获奖已经是众望所归了。领奖时，莫里斯做了题为《信息与激励：胡萝卜与大棒的经济学》演讲以概述自己的经济理论。

资料来源：张菲洲，李玉勇，张立国. 经济学大智慧：20 世纪诺贝尔经济学奖获得者［M］. 长春：吉林人民出版社，2003.

　　沿着莫里斯的研究思路，大量后续文献对最优非线性税收进行了探究。在静态经济中，克路柏和萨（Gruber，Saez，2002）等进一步验证了莫里斯的结论。他们认为，收入高的人的边际税率应该低于收入低的人的边际税率。需要注意的是，虽然克路柏和萨认为边际税率随着收入的提高而降低，但其平均税率还是随收入的增加而提高，因此，其最优所得税仍然具有累进性。近些年，在莫里斯分析框架下将最优税收问题的分析拓展至动态的经济情况，受到学界重视且引起讨论的浪潮，学界将其称为新动态财政学（New Dynamic Public Finance，NDPF）。

　　回顾新动态财政学的发展演进，像是早期的戴蒙德与莫里斯（Diamond，Mirrlees，1978，1986）、阿特基森与斯蒂格利茨（Atkinson，Stiglitz，1976）都是深具代表性的人物。明确来说，戴蒙德与莫里斯的研究假设个人会隐藏其自身的能力，而阿特基森与斯蒂格利茨却认为个人能力是给定的；但是，他们并未考虑个人能力可能会有随机的变化与信息不对称的情况。后续文献的演进重点就是对个人能力做了随机与信息不对称的假设。沃林（Werning，2001）最早将信息不对称的假设应用至最优失业保险市场的讨论，而沃林、科罗索夫、卡楚拉克拉与柴分司基（Werning，Golosov，Kocherlakota，Tsyvinski，2003）则将莫里斯方法（Mirrlees Approach）引进一个标准动态模型中，在动态经济中分析了最优税收的问题。根据上述的模型，科罗索夫、卡楚拉克拉与柴分司基（2003）的分析发现：最优的资本税率应为正值。后续，序门与沃林（Shimer，Werning，2005）、阿伯拉翰与巴福林（Abraham，Pavoni，2004）、卡楚拉克拉（Kocherlakota，2005）进一步在资本无法观察与不对资本报酬征税的情况下，从事最优税收的分析。再者，科罗索夫与柴分司基（Golosov，Tsyvinski，2005）通过数值分析的方式研究了不完备市场下的政府对资本进行补贴的问题，而阿瑟莫古、科罗索夫与柴分司基（Acemoglu，Golosov，Tsyvinski，2006）则立基于一系列有关包含不可观察性（Unobservability）意涵的分析框架，研究了一个兼具政府、政府官员与政客激励约束条件下的最优税收问题。最后，沃林（Werning，2007）结合了拉姆齐方法与莫里斯方法，来研究政府支出和技术冲击下的最优劳动税和最优资本税问题。[①] 到目前为止，新动态财政学的发展仍是现在进行式，同时所需的分析技术日趋复杂及精细，值得有兴趣于最优税收领域的读者加以关注。

---

① 朱军. 高级财政学——现代公共财政前沿理论分析［M］. 上海：上海财经大学出版社，2010：145-146.

10.4.3 评价税制的标准

现代最优税收理论（最优商品税和最优所得税）诠释了税收的效率和公平问题，但现实中的税收更需考虑税收管理的便利性，即因税制的强制性所带来的政府的税收征管成本和纳税人的遵从成本问题。因此，现代社会对一个税制的评价需要同时考虑效率、公平和管理的难易程度等方面。鉴于此，有的经济学家如斯莱穆劳德（Slemrod，1990）试图用最优税制理论（Theory of Optimal Tax Systems）来替代最优税收理论（Theory of Optimal Taxation）。

（1）效率。政府征税使资源从私人部门向公共部门转移，在资源的转移过程中会发生效率（社会福利）的损失，不同的税种、税率和征收方法所造成的损失会不同，征税的效率原则就是指在获得既定收入的情况下，效率损失尽可能地小。

（2）公平。政府征税是对私人部门资源的强制性剥夺，其负担最终是由社会人员来分担的。公平原则是指，税收负担的分担应该符合一般的公正概念和支付能力原则。

（3）管理。税收的征收和交纳需要一套管理制度和机构，政府收入体系的管理应该是低成本的，各项制度法规的执行要简便易行。

这三个方面很难同时兼顾。有效率的税收可能在大多数人看来缺乏公平性。比如，若追求效率，对需求弹性大的商品尽量以较低的税率征收，对需求弹性小的商品可以用较高的税率征收。但现实中，需求弹性大的商品往往是富人消费的奢侈品，需求弹性小的商品往往是穷人消费比较多的生活必需品，如果对奢侈品以较低的税率征收，而对生活必需品以较高的税率征收，虽然符合效率标准，但显然和支付能力原则相违背，不符合公平标准。极端的税收如人头税在经济上看是最有效率的，在管理上也简便易行，但它毫无疑问是最不公平的。另外，一个公平税制的管理成本可能会很高，如对不同收入水平的人应该适用不同的税率，但这样做会产生较大的管理成本，而且也会带来较大的效率损失。

本 章 小 结

1. 税收分担的公平性是税收成本分担的最基本原则，它包括受益原则和支付能力原则。受益原则是指人们分担政府提供的产品或服务的成本应该与其所享受到的利益相一致，受益越大，分担的比例越大。支付能力原则是指税收的分担应该与纳税人支付税收的能力相一致，能力强多交税，能力弱少交税或不交税。

2. 横向公平是指具有相同经济状况的人应该承担相同的税负。纵向公平是指不同经济状况的人应该承担不同的税负。

3. 税收转嫁是指税法上规定的纳税人通过经济交易中的价格变动，将所缴纳的税款部分或全部转移给他人负担的一个客观经济过程。税收归宿是税负转嫁过程的终点，是税收负担的实际承受者。税收转嫁和归宿取决于需求弹性和供给弹性对比关系，与课以市场的哪一方无关。即便在完全垄断情况下，垄断者也不能随心所欲地通过提高价格把税负全部转嫁出去。

4. 只要企业的目标是利润最大化，对超额利润征税的税负不能转嫁。

5. 税收的资本化是一种特殊的税收转嫁形式，指未来支付的税收的全部现值合并到资产（土地）价格中的过程。

6. 税收对收入分配的影响体现在税收对收入来源和对收入使用两个方面。

7. 税收的超额负担是指税收因改变纳税人的决策而产生的社会福利的净损失，它是由税收的替代效应产生的。只要改变商品或要素相对价格的都会产生超额负担，补贴也存在超额负担。

8. 通过合法手段减轻税收负担的做法叫避税。通过非法手段减轻税收负担的做法叫偷逃税。

9. 拉姆齐法则表明，给定税收总额，当两种商品互相独立（既不是替代品，也非互补品）时，为了使税收的总体超额负担最小，最优税收政策应该使得税后每个商品的需求量按相同百分比下降。换句话说，根据拉姆齐法则，两种商品的税率应该和它们各自的需求弹性呈逆向比例关系，即弹性越大，税率越低；弹性越小，税率越高。因此，拉姆齐法则也称逆向弹性法则。

10. 现代关于最优所得税理论的研究成果表明，最富裕人的边际税率不应该最高，相反，应该降低到零；最优所得税的税率结构应该近似线性。

11. 现代社会对一个税制的评价通常从效率、公平和管理的难易程度等方面来考虑。

重 要 概 念

受益原则　支付能力原则　横向公平　纵向公平　税收转嫁　税收归宿　税收资本化　税收超额负担　收入效应　替代效应　补偿性需求曲线　总额税　避税　偷逃税　拉姆齐法则　税收征管成本　纳税成本　最优税收　次优税收

思 考 题

1. 简要阐述税收的公平原则。

2. 试分析影响税收转嫁的因素。如果对垄断企业所生产的商品征税，该企业能否通过提价把税收负担全部转嫁出去？如果对其超额利润征税，税负能否转嫁？

3. 下列哪一种情况会产生较大的超额负担？

（1）对利润征税。

（2）对土地征税。

（3）对所有计算机征收 15% 的消费税。

（4）对苹果计算机征收 15% 的消费税。

（5）政府对经济适用房用户提供住房补贴。

4. 假定全年的飞机票销售收入为 300 亿元，政府征收 10% 的飞机票税，如果乘飞机需求的价格弹性为 1，征收机票税会造成多少超额负担？

5. 根据《中华人民共和国环境保护税法》，从 2018 年起开始征收环境保护税。假设环境保护税是根据污染物排放量从量征收，法定纳税义务人是排污企业。有一家钢铁企业每生产一单位的产品就要排放一单位的污染物，该产品反需求函数为 $P = 20 - Q$，边际成本曲线为 $MPC = 2 + Q$，企业排放 Q 单位污染物的外部性边际成本为 $0.5Q$。

（1）没有环境保护税时，钢铁产量和价格是多少？

（2）如果要使市场生产社会最优产量，钢铁产量是多少？环境保护税的税率应该是多少？

（3）在这个案例中，环境保护税有多少来自消费者？有多少来自钢铁厂？

（4）在这个案例中，环境保护税产生的超额负担是多少？

6. 假设两个消费者 A 和 B，他们的收入分别为 30 000 元和 100 000 元，他们购买完全相同的商品组合，均花费了 24 000 元。假设经济中仅存在商品税，所有商品的税率均为 20%。

（1）两人收入中分别有多少比例用于纳税？

（2）你认为，这样的税制设计公平吗？

（3）你认为怎样的税制设计会更公平？

7. 有人认为，根据式 10.9 给出的超额负担公式，税率小于 1。这样，税率平方后，结果会更小而不是更大。因此，在公式中，用 t^2 代替 t 会降低税收的重要性。请对这种看法进行评价。

8. 假设汽油税是一种从量税，有人建议在夏季取消汽油税，如果这个建议付诸实施，减税的好处如何在汽油的消费者和供给者之间划分？请用图示来说明你的答案。假定在夏季炼油厂几乎在满负荷运转，而消费者总有一定能力减少汽油消费（如减少行车里程数）。

9. 假设相邻的 A 国和 B 国，A 国打算对每包香烟增加 1.25 美元商品税。有人预测这会导致 A 国香烟走私行为大量增加。请用图 10.11 说明为何有这种预测。

10. 为引导消费者购买低能耗、小排量的汽车，中国政府曾出台了对 1.6 升及以下排量的乘用车购置税减半征收的优惠政策。请从最优税收的角度评价该税收优惠政策。

参考答案

进一步阅读文献

1. 郝联峰. 西方税收归宿理论：趋势与述评［J］. 涉外税务，2000（5）.

2. 钟晓敏，庄序莹. 论税收与效率［J］. 财贸经济，1995（6）.

3. C. V. 布朗，P. M. 杰克逊. 公共部门经济学［M］. 张馨，译. 4版. 北京：中国人民大学出版社，2000. 第十一章.

4. 鲍德威，威迪逊. 公共部门经济学［M］. 邓力平，译. 2版. 北京：中国人民大学出版社，2000. 第十二章.

5. Auerbach. The Theory of Excess Burden and Optimal Taxation［J］. Handbook of Public Economics, Vol. 1. 1985.

6. A. Atkeson, V. V. Chari, P. J. Kehoe. Taxing Capital Income: A Bad Idea［J］. Federal Reserve Bank of Minneapolis Quarterly Review, 1999, 23（3）: 3–17.

7. N. R. Kocherlakota. The New Dynamic Public Finance［M］. Princeton, NJ: Princeton University Press, 2010；纳拉亚纳·R. 科彻拉科塔. 新动态财政学［M］. 金戈，译. 上海：格致出版社·上海三联书店·上海人民出版社，2013.

8. 金戈. 最优税收与经济增长：一个文献综述［J］. 经济研究，2013，48（7）.

参 考 文 献

1. J Slemrod. Optimal Taxation and Optimal Tax Systems［J］. Journal of Economic Perspectives, 1990, 4（1）: 157–178.

2. Harvey S. Rosen.Public Finance［M］. 10th ed. McGraw–Hill Irwin, 2015.

3. 邓子基，林致远. 财政学［M］. 北京：清华大学出版社，2005.

4. 杨志勇，张馨. 公共经济学［M］. 北京：清华大学出版社，2005.

5. 林江，温海滢. 财政学［M］. 大连：东北财经大学出版社，2010.

6. 周克清，代云初. 我国征税成本影响因素的实证研究——基于省际面板数据的经验分析［J］. 财政研究，2011（9）.

7. 钟晓敏. 竞争还是协调：欧盟各国税收制度与政策的比较研究［M］. 北京：中国税务出版社，2002.

8. 詹姆斯·A. 莫里斯. 福利、政府激励与税收［M］. 王俊，译. 北京：中国人民大学出版社，2013.

9. 朱军. 高级财政学——现代公共财政前沿理论分析［M］. 上海：上海财经大学出版社，2010.

10. 李艳，杨婉昕，陈斌开. 税收征管、税负水平与税负公平 [J]. 中国工业经济，2020（11）.

即 测 即 评

学完第 10 章啦，来做个小测检验一下学习效果吧！

11

税 收 制 度

本章学习目标

● 了解税收制度的重要作用、组成结构与发展趋势

● 了解我国税收制度的改革历程及其现实状况

● 掌握流转税类、所得税类、财产税类、资源税类等我国主要税种的特征

　　近年来美国《福布斯》杂志发布的"税负痛苦指数"（Tax Misery Index）引起了社会的广泛关注，随之也引起了现行税收制度下中国人的税收负担是高还是低等一系列探讨。

　　显然，税负痛苦指数（也叫税收痛苦指数）主要是由一国或地区的税收制度决定的，但又与纳税人的主观感受有关。根据《福布斯》发布的全球税负痛苦指数排行榜，其主要根据各地的公司税率、个人所得税率、富人税率、销售税率、增值税率，以及雇主和雇员的社会保障贡献等计算而得，指数越高意味着痛苦程度越高。《福布斯》连续多年推出全球税负痛苦指数排行榜，中国内地基本排在全球第二、亚洲第一的位置。福布斯关于中国税负程度的全球排名发布后，在中国社会各界引起了较大的反响。中国的税负到底是重还是轻？实际上，这引出了税收制度中的两个概念：一个是法定税负，即一个国家的税收制度规定的税收水平；另一个是实征税负，就是凭借政府的征收能力真正能够征收到的税收水平。如表 11.1 所示，2022 年我国实际征收的税收收入（包括社保税）占 GDP 比重仅22.2%，该指标与国际范围内的税收负担水平相比并不太高。显然，《福布斯》依据的是前一种标准——法定税负水平。此外应指出，税收负担（Tax Burden）和税负痛苦（Tax Misery）是两个概念。税收负担通常会带来税收痛感，但所有的税收痛感并非都来自税收。事实上，如果一国或地区纳税人的钱没花好，也会导致纳税人税负痛感增强。

表 11.1 2022 年中国与世界主要国家宏观税负水平的比较

单位：%

国家	税收收入（包括社保税）/GDP	税收收入（不包括社保税）/GDP	国家	税收收入（包括社保税）/GDP	税收收入（不包括社保税）/GDP
中 国	22.2	13.8	美 国	27.7	21.6
奥地利	43.1	28.4	英 国	35.3	28.2
比利时	42.4	29.5	冰 岛	34.9	31.9
加拿大	33.2	28.5	爱尔兰	20.9	17.7
智 利	23.9	22.9	匈牙利	33.2	23.8
捷 克	33.9	18.1	以色列	32.9	27.9
丹 麦	41.9	41.9	意大利	42.9	29.7
爱沙尼亚	32.8	21.4	韩 国	32.0	23.8
芬 兰	43.0	31.1	墨西哥	16.9	14.5
法 国	46.1	31.1	荷 兰	38.0	25.4
德 国	39.3	24.7	西班牙	37.5	24.7
希 腊	41.0	28.9	瑞 士	27.2	20.4
葡萄牙	36.4	21.5	瑞 典	41.3	32.6
波 兰	33.4	20.7	挪 威	38.7	28.1

注：我国 2022 年中口径宏观税负 = 一般公共预算收入 /GDP=16.8%；我国 2022 年大口径宏观税负 = 政府性收入 /GDP=32.2%。其中：政府性收入 = 一般公共预算收入 + 政府性基金收入 + 国有资本经营收入 + 社会保险基金收入。

资料来源：OECD，Revenue Statistics（2023 年）；《中国统计年鉴 2023》。

　　理论上，税收制度（简称税制）是一国政府根据税收政策、通过法律程序确定的征税依据和法律规范，包括税收体系和税制要素两方面的内容。这里，税收体系是指税种、税类的构成及其相互关系，即一国设立哪些税种和税类，这些税种和税类各自所处的地位如何，其核心是主体税种的选择和各税种的合理搭配问题；税制要素则指构成每一种税的纳税义务人、征税对象、税率、纳税环节、纳税期限、减税免税、违章处理等基本要素。值得指出的是，广义的税收制度，还包括税收管理体制和税收征收管理制度。国内外的实践表明，税收制度在一国或地区的经济建设和社会发展中的地位与作用至关重要。

　　本章主要探讨税收制度的作用、组成与发展，并结合我国税收制度的实践和改革情况，重点讲解流转税类（商品税类）、所得税类、财产税类、资源税类等相关税种内容，并在介绍我国税制建设复杂历程的基础上，指出中国税制演进与经济体制变迁有高度的相关性。

专栏 11.1　宏观税负的比较与分歧

　　中国税负究竟高不高？这已是近几年来大家争论最多的话题之一。由于统计口径、计算方法、站位角度不同，大家的结论各不相同。例如，有人认为中国实际税负并不高，还有较大的增税空间；有人则认为中国的税负过重，减税迫在眉睫。

　　理性看待宏观税负问题，客观上需要认真思考如何衡量宏观税负水平以及如何判断宏观税负轻重等问题。衡量一个国家和地区的宏观税负指标可以是一个绝对值，也可以是一个相对指标。用绝对值来衡量，宏观税负实际上就是税收收入的总规模。例如，2022 年我国税收收入达到 166 620.10 亿元。通常，国际上用来衡量宏观税负水平的指标，是税收收入占 GDP 的比重。然而，实际运用该比重时，由于不同国家财税制度差别较大，对税收收入的类型划分和衡量范围有不同选择，就形成了不同的宏观税负口径。这里主要分为三种情形：①小口径的宏观税负，即指一般公共预算中税收收入占 GDP 的比重；②中口径的宏观税负，即指一般公共预算收入（以前所说的预算内的财政收入）占 GDP 的比重；③大口径的宏观税负，即指政府全部收入占 GDP 的比重。这里，政府全部收入包括四本预算的总收入。应指出，现在还有一部分财政专户没有纳入四本预算，从理论上讲，也属于大口径宏观税负的范畴，但由于数据获得困难，通常不能纳入宏观税负的计量体系。按照上述小、中、大三种口径的分类，2022 年我国的宏观税负分别为 13.8%、16.8% 和 32.2%。

　　宏观税负的轻重评价，不仅涉及事实判断，也包含价值判断。在了解了税负数值水平的基础上，税负究竟是太高了、太低了还是正好？例如，我国进入人均税负万元阶段，只是一个事实判断，并不代表对这个事实的价值判断。换句话说，迈入人均税负万元阶段，并不意味着我国税负水平处于高的阶段。因为高还是低，需要通过比较才能判断。此外，人均税负指标本身也反映不出人与人之间税负分配的合理性，人们无法据以判断自己是否受到了不公正的对待，是否承担了不该承担的税负。此外，在宏观税负国际比较时，除了国际比较本身需要合理的参照标准之外，判断税负轻重水平的合理性还须看税收收入的用途，即政府征税之后做了什么或没做什么，以及做得怎么样。例如，一个公共服务水平较高的国家的宏观税负可能远比一个公共服务水平较低的国家要高许多，若因此而得出低公共服务水平国家的税负较轻的结论，就可能会误导民众，即低公共服务水平国家的税负还可进一步增加。因此，有专家认为只有在公共服务水平可比较的前提下，宏观税负水平的比较才是合理的。

　　无论如何，一个稳定而合理的宏观税负水平，将有利于合理确定政府与民众之间稳定的财政利益关系。这是保持社会经济稳定发展的重要基石。

11.1

税制概论

11.1.1 税收制度的组成与发展

这里主要从税收体系层面来探讨一国税收制度的内容组成或结构类型问题。

11.1.1.1 税收制度的组成结构

税收制度的组成结构简称税制结构，即一国税制中税种的组合状况，主要反映各个税种在整体税收收入体系中的地位和作用。按税制结构中的税种是单一还是多样来分类，税制可分为单一税制和复合税制。

回顾税收理论的发展历史，关于税收制度的组成主要有两种不同的理论主张：

（1）单一税制论。一个国家的税制应是由一个税类或少数几个税种构成的税收体系。例如，单一的消费税、单一的土地税[①]、单一的财产税，以及单一的所得税等。由于单一税制缺乏足够的弹性，难以满足筹集财政收入或调节经济运行的功能，因此，近现代以来，并没有哪一个国家真正实行过单一税制。

（2）复合税制论。一个国家的税制应是由多个税类的多个税种构成的税收体系。复合税制论认为，虽然在复合税制里各税种存在互相配合、相辅相成的关系，但总存在一个或两个主体税种。所谓主体税种，就是指复合税制中的某一个或两个税种起到了筹集财政收入和调节经济运行的主导作用。通常，主体税种只能是那些课征范围广泛、税源充裕、课征便利的税种。在复合税制的条件下，各税类税种相互配合，相辅相成，共同发挥作用，但主体税种往往具有优先或突出的作用。从世界各国目前的税收实践来看，各国普遍采用的是复合税收体系或复合税制。

比较而言，复合税制的主要优点在于：① 复合税制的覆盖面较大，税源充足，

---

① 中国古代就长期实行以土地税（包括依附于土地的户税与丁税）为主，以商税（包括关税与市税）为辅的税收制度。这一税制初步形成于西周及春秋战国时期，秦汉时期已渐趋完备。

对政府财政收入较有保证；② 复合税制兼顾了税收的各项原则，促进了社会的公平和经济的发展；③ 复合税制的税种较多，互补性大，弹性较大，较适合政府经济调节政策的需要。当然，复合税制也有自身的缺点，如税种较多且税负分布不均、征收成本较高、管理难度较大等。

虽然世界各国都实行了复合税制，复合税制仍可进一步划分为以下几种具体的类型：① 单一主体税种的复合税制。即以某一类税为主体，辅之以其他类税的税制类型。② 两种并列主体税种的复合税制。即以两种税收为主，其他税为辅的复合税制类型。一般是以流转税类与所得税类并列作为主体税种的税收制度。③ 多种税种并重的复合税制。即由三类或三类以上的税种作为主体税种的复合税制。一般是以所得税类、流转税类或财产税类为主体税种。

11.1.1.2 税收制度的发展

税收制度的发展主要指构成税制的各个税种的演变及其主体税种交替的历史过程。在人类社会的早期，社会财富主要表现为土地、房屋、车马等十分简单的形式（这些资产都有很强的个人归属），税收的选择就必然是与人身和属于人的财物有密切关系的人头税、房屋税、田亩税等，这些税种也就自然地成了当时税制的主体——有人也将此概括为古老的直接税阶段。随着自然经济的逐渐解体和商品经济的日益发展与发达，商品税类以其税源充裕、课征方便等优越性而崭露头角。从历史发展来看，商品税类虽然起始于封建社会时期，但真正充分发展却出现在资本主义时期。在资本主义条件下，商品税类和商品经济一起以空前的速度和规模发展，并形成了以商品税类为主体的税制发展阶段——这也可称为近代的商品税阶段。进入现代社会以后，由于规模化大生产、分工协作、国际贸易的发展，商品税类的缺陷日益暴露，如在国内干扰了市场运行并造成了分配不公，在国际上则引致了关税保护和阻碍了商品及劳动要素在国际自由流动。因此，发达的市场经济国家转而以所得税和财产税逐步取代了商品税的主导地位——现代直接税逐渐成了许多发达国家税制的主体税种。

任何一个税制都是适应特定的政治经济条件而设立的。与发达国家相比，发展中国家的税制结构明显具有以间接税为主的特点，一般比重都在 60%~90%。这主要是与发展中国家的经济发展水平较低、商品税征收管理较为便利等因素有关。实证研究表明：一国的经济发展水平与税制结构的选择具有高度的相关关系。可以说，目前世界各国税制的总体结构可划分为以下三种主要类型：

（1）以流转税为主的税制结构。目前世界上绝大多数发展中国家都以流转税为第一大税类，如马来西亚、刚果。

（2）以所得税为主的税制结构。以所得税为第一大税种的国家大多数是经济发达国家，如美国、英国。

（3）以流转税与所得税并重的"双主体"税制结构。如波兰、巴西等国家。

11.1.2 中国的税制改革：简要的历史回顾

中华人民共和国的税制是以 1950 年 1 月公布施行的《全国税政实施要则》为标志而确立的。此要则规定，除农业税外，全国统一开征 14 种工商税，以确保国家财政的需要。此后，随着政治经济条件的不断变化，我国的税收制度也几经变革，几经修正，发生了很大的变化。

11.1.2.1 改革开放前的中国税制演变

在此阶段，中国税制改革事实上可划分为两个阶段：第一个阶段是从 1949 年到 1957 年，即国民经济恢复和社会主义改造时期，这是新中国税制建立和巩固的时期；第二个阶段是从 1958 年到 1978 年党的十一届三中全会召开以前，这是中国税制曲折发展的时期。

1. 中国税制建立和巩固的时期（1949—1957 年）

1949—1957 年，中国开始建立并实施新税制。新中国成立后，中共中央、政务院对建立新税制高度重视，并确定由中共中央政治局委员、政务院副总理陈云负责此项工作。根据当时的政治、经济状况，1950 年 1 月底，中央人民政府政务院发布《全国税政实施要则》。规定全国共设 14 个税种，即货物税、工商业税（包括营业税和所得税两个部分）、盐税、关税、薪级报酬所得税、存款利息所得税、印花税、遗产税、交易税、屠宰税、房产税、地产税、特种消费行为税和使用牌照税。此外，还有各地自行征收的一些税种，如农业税、牧业税等。后来在具体执行中，对一些税种又做了一些调整。例如，将房产税和地产税合并为城市房地产税，将特种消费行为税并入文化娱乐税（新增）和营业税，增加契税和船舶吨税，试行商品流通税，农业税由全国人民代表大会常务委员会正式立法。这 8 年间，新中国这套以多种税、多次征为特征的复合税制的建立和实施，对于促进国民经济的恢复和发展，保障革命战争的胜利，以及配合国家对于农业、手工业和资本主义工商业的社会主义改造，建立、巩固和发展社会主义经济制度，发挥了重要的作用。

2. 中国税制曲折发展的时期（1958—1978 年）

1958 年，中华人民共和国进行了第二次大规模的税制改革，其主要内容是简化工商税制，试行工商统一税，甚至一度在城市国营企业试行"税利合一"。至此，中国的工商税制共设 9 个税种，即工商统一税、工商所得税、盐税、屠宰税、利息所得税（1959 年停征）、城市房地产税、车船使用牌照税、文化娱乐税（1966 年停征）和牲畜交易税（无全国性统一法规）。其他税种还有：农业税、牧业税、契税、关税、船舶吨税。

1966 年开始的"文化大革命"，不仅造成了国家经济上的巨大损失和许多个人悲剧，也对财政税收制度产生了冲击。在"左"的错误思想引导下，财税制度被视为"管、卡、压"的工具,"税收无用论"一时到处流行,在"简化"税制的口号下,税制受到了很大的破坏和摧残。1973 年实现工商税制改革,内容主要有两项:① 合并税种。将工商统一税及其附加、对企业征收的城市房产税、车船使用牌照税和屠宰税及盐税合并为工商税。② 简化税目和税率。税目由原来的 108 个减为 44 个,税率由原来的 141 个减为 82 个。

总的来看,从新中国成立以后生产资料私有制的社会主义改造基本完成到 1978 年的 20 多年间,由于"左"的指导思想的作用和苏联经济理论及财税制度的某些影响,中国的税制建设和税制改革,不只是在税种和征收办法上走的是一条片面简化的路子,同时还大量撤并税务机构、大批下放税务人员,导致税种越来越少,税制越来越简单,从而大大地缩小了税收在经济领域中的活动范围,淡化了税收对社会政治、经济生活的影响,严重地妨碍了税收职能作用的发挥。

11.1.2.2 改革开放后的中国税制演变

改革开放以来,中国的税制改革伴随着中国经济从计划经济到有计划商品经济再到市场经济的发展过程不断深化,开始进入全面深化改革的历史新时期。

1. 1979—1993 年的工商税制改革

改革开放后,被弄得支离破碎的原有税制与新形势的发展要求差异很大,税制的重建就成了必然。始于 1979 年的税制改革内容如下:商品税方面,陆续开征了产品税、增值税、营业税、消费税和一些地方工商税,取代了原有的工商税。所得税方面,陆续开征国营企业所得税、集体企业所得税、城乡个体工商户所得税、私营企业所得税、个人收入调节税,健全了所得税体系。财产税和资源税方面,开征或恢复了城市房产税、车船使用税、土地使用税、资源税和盐税。涉外税收方面,陆续开征了中外合资企业所得税、外国企业所得税和个人所得税。此外,为了实现特定的政治经济目的,还开征了建筑税(后改为固定资产投资方向调节税)、国营企业工资调节税、奖金税、筵席税和城市维护建设税等。在此期间,我国建成了包括 30 多个税种的较为完整的税收体系。

2. 1994 年的工商税制改革

党的十四大明确提出了建立社会主义市场经济体制的改革目标,十四届三中全会又做出了《中共中央关于建立社会主义市场经济体制若干问题的决定》,经济体制改革的继续深化使得原有税制又显落后。主要问题体现在:税负不均,不利于不同所有制、不同地区、不同企业和不同产品之间的公平竞争;国家和企业的分配关系和分配形式很不规范,国家除征税外,还向企业征收能源交通重点建设基金和预算调节基金、各种管理费等;税收调控力度和范围不到位,地方税体系不健全,不利于完善中央和地方财政的分配体制;内外资企业两套税制,矛盾突出;税收征管制度不科学,征管手段落后,税收流失现象严重。

总体上,1994 年我国税制改革的主要内容是全面改革工商税收制度,以适应建立社会主义市场经济体制的要求。主要内容涉及四个方面:① 全面改革流转税制，实行以比较规范的增值税为主体，消费税、营业税并行，内外统一的流转税制。② 改革企业所得税制，将过去对国营企业、集体企业和私营企业分别征收的多种所得税合并为统一的企业所得税。③ 改革个人所得税制，将过去对外国人征收的个人所得税、对中国人征收的个人收入调节税和个体工商业户所得税合并为统一的个人所得税。④ 对资源税、特别目的税、财产税、行为税等类税收做了大幅度的调整，如扩大资源税的征收范围，开征土地增值税，取消盐税、奖金税、集市交易税等若干税种，并将屠宰税、筵席税的管理权下放到省级地方政府，新设了遗产税和证券交易税。可以说，1994 年的税制改革是新中国成立以来规模最大、范围最广泛、内容最深刻的一次税制改革，从而使我国初步建立了适应社会主义市场经济体制需要的税收制度。

3. 2000 年至今，中国税制的全面深化改革时期

随着社会主义市场经济不断完善，结合国内、国际客观形势的变化，我国的税制改革进入了全面深化改革的阶段。主要的标志性事件有：

（1）取消农业税。2000 年开始，中央按照"减轻、规范、稳定"原则在农村开展税费改革试点。2006 年 3 月，第十届全国人大四次会议通过决议，宣布在全国范围内彻底取消农业税。"皇粮国税"寿终正寝，工业反哺农业启动。这一事件标志着已实行了长达 2 600 年的古老税种从此退出中国历史舞台。

（2）统一内外资企业所得税。2008 年 1 月 1 日起，我国开始施行内外资企业统一的企业所得税，1994 年制定的企业所得税税率"双轨制"就此终结，内外合一的"两税合并"（新税率为 25%），意味着新中国成立以来我国的企业所得税税率首次实现一"税"同"企"，标志着中国经济进一步与国际规则接轨，有利于市场经济条件下的公平竞争。

（3）增值税转型。2004 年 7 月 1 日起，延续多年的生产型增值税开始在东北地区进行改革试点（即转向消费型增值税）。2009 年 1 月 1 日起，我国开始在全国所有地区、所有行业全面开展增值税转型改革。

（4）"营改增"改革，即营业税全面改征增值税改革。2011 年，经国务院批准，财政部、国家税务总局联合下发《营业税改征增值税试点方案》。从 2012 年 1 月 1 日起，在上海市交通运输业和部分现代服务业开展营业税改征增值税试点。自此，货物劳务税收制度的改革拉开序幕。自 2012 年 8 月 1 日起至年底，国务院将营改增试点扩大至 10 省市。2013 年 8 月 1 日，"营改增"范围推广到全国试行。2014 年 1 月 1 日起，将铁路运输和邮政业纳入营业税改征增值税试点，至此交通运输业全部纳入营改增范围。自 2014 年 6 月 1 日起，电信业纳入营业税改征增值税试点范围。2016 年 3 月 23 日，《财政部　税务总局关于全面推开营业税改征增值税试点的通知》发布，营业税改征增值税试点在全国范围内全面推开，建筑业、房地产业、金融业、生活服务业等营业税纳税人，全部纳入"营改增"试点范围，由缴纳营业税改为缴纳增值税。这是 1994 年分税制以来最深刻的一次财税改革，标志着中国税制改革迈出了实质性的一大步。自此，营业税完成了历史使命，增值税以全

新的面貌登上了中国税制的舞台。

（5）个人所得税改革。2018 年 8 月 31 日，十三届全国人大常委会第五次会议表决通过了《全国人民代表大会常务委员会关于修改〈中华人民共和国个人所得税法〉的决定》，《决定》自 2019 年 1 月 1 日起施行。主要内容包括：一是将个人经常发生的主要所得项目纳入综合征税范围。将工资、薪金，劳务报酬，稿酬和特许权使用费 4 项所得纳入综合所得范围。二是完善个人所得税的税率、应纳税所得额的计算，设立子女教育、继续教育、大病医疗、住房贷款利息或者住房租金、赡养老人等专项附加扣除，等等。其中，免征额从 3 500 元提高至每月 5 000 元等部分减税政策，从 2018 年 10 月 1 日起先行实施。2022 年 3 月，国务院设立 3 岁以下婴幼儿照护个人所得税专项附加扣除，2023 年 8 月，国务院提高了婴幼儿照护、子女教育、赡养老人的个人所得税专项附加扣除标准。

（6）环境保护税法出台。2016 年 12 月 25 日，第十二届全国人民代表大会常务委员会第二十五次会议通过的《中华人民共和国环境保护税法》规定，在中华人民共和国领域和中华人民共和国管辖的其他海域，直接向环境排放应税污染物的企业事业单位和其他生产经营者为环境保护税的纳税人，应当依照本法规定缴纳环境保护税。

（7）税收立法进程加快。2013 年党的十八届三中全会通过的《中共中央关于全面深化改革若干重大问题的决定》提出要"落实税收法定原则"，我国税收立法的进程随之明显加快。自 2013 年至 2024 年 6 月，环境保护税、烟叶税、船舶吨税、车辆购置税、耕地占用税、资源税、城市维护建设税、契税、印花税、关税这 10 个税种相继完成了立法工作，连同前期已立法的个人所得税、企业所得税、车船税，共有 13 个税种制定了法律。将税收行政法规（暂行条例）以平移方式升格为法律是税收立法的基本模式。税收法定增强了税制的科学性、稳定性、权威性，促进构建科学的现代税收制度。

目前，中国税收制度征收的共有 18 种税（见表 11.2），按照其性质和作用大致可以分为 6 类：① 流转税类。包括增值税、消费税和关税。这些税种通常是在生产、流通或者服务领域中，按照纳税人取得的销售收入、营业收入或者进出口货物的价格（数量）征收的。此外，烟叶税作为农业税取消后新设的税种，虽然还保留了原农业税的某些痕迹，但已经具备工商税的一些特征，也视为流转税。② 所得税类。包括企业所得税、个人所得税。③ 资源税类。包括资源税、城镇土地使用税和耕地占用税。这些税种是对从事资源开发或者使用城镇土地者征收的，可以体现国有资源的有偿使用，并对纳税人取得的资源级差收入进行调节。④ 财产税类。包括房产税、契税、车船税。⑤ 行为和特定目的税类。包括印花税、车辆购置税、土地增值税、城市维护建设税、船舶吨税、环境保护税。这些税种是为了达到特定的目的，对特定对象进行调节而设置的、对特定的行为征收的。除了税收以外，国家规定由税务部门征收的非税财政收入项目有：教育费附加、矿区使用费和文化事业建设费等。

表 11.2 中国税收制度中的主要税种构成

类　别	税　种
流转税类	增值税、消费税、关税、烟叶税
所得税类	企业所得税、个人所得税
资源税类	资源税、城镇土地使用税、耕地占用税
财产税类	房产税、契税、车船税
行为和特定目的税类	印花税、车辆购置税、土地增值税、城市维护建设税、船舶吨税、环境保护税

值得指出的是，目前中国有权制定税法或者税收政策的国家机关主要有：全国人民代表大会及其常务委员会、国务院、财政部、国家税务总局、海关总署、国务院关税税则委员会等。① 税收法律由全国人民代表大会制定，如《中华人民共和国个人所得税法》；或者由全国人民代表大会常务委员会制定，如《中华人民共和国税收征收管理法》。② 有关税收的行政法规由全国人民代表大会授权国务院制定，如《中华人民共和国增值税暂行条例》；或者由国务院根据有关法律的规定制定，如《中华人民共和国税收征收管理法实施细则》。③ 有关税收的部门规章由财政部、国家税务总局、海关总署、国务院关税税则委员会等部门根据有关法律、行政法规的规定制定，如《中华人民共和国增值税暂行条例实施细则》《个人所得税自行申报纳税暂行办法》。此外，根据中国法律的规定，省、自治区、直辖市人民代表大会及其常务委员会、民族自治地方人民代表大会和省级人民政府，在不与国家的税收法律、法规相抵触的前提下，可以制定某些地方性的税收法规和规章。

截至 2024 年 6 月，我国现行 18 个税种中，个人所得税、企业所得税、车船税、环境保护税、烟叶税、船舶吨税、耕地占用税、车辆购置税、资源税、城市维护建设税、契税、印花税、关税这 13 个税种已通过全国人大立法，其他 5 个税种（包括增值税、消费税等主要税种）暂时仍然是依行政法规、规章及规范性文件来规定。

11.2

商品税类

商品税类是对商品流转额和非商品流转额（提供个人和企业消费的商品和劳务）课征的税种的统称，在我国也称流转税类。商品流转额是指在商品生产和经营过程中，由于销售或购进商品而发生的货币金额，即商品销售收入额或购进商品支付的金额。非商品流转额是指非商品生产经营的各种劳务而发生的货币金额，即提供劳务取得的营业服务收入额或取得劳务支付的货币金额。

古今中外，商品税在各国税收中占有十分重要的地位，并且曾经是或正是许多国家的主要税收来源。从税制发展来看，商品税的起源很早，曾是各国政府的主要收入来源。随着 20 世纪 50 年代增值税的兴起以及 80 年代世界税制改革潮流对所得税的反思，商品税仍是各国税制关注的焦点问题。

商品税或流转税一直是我国税制中的主体税种。目前，在我国税制体系中，商品税类主要包括增值税、消费税、关税等税种。

11.2.1　商品税类：对象和特点

商品税类的对象是商品和非商品（劳务）的流转额。由此可见，商品税类与商品和劳务的交易行为密切相关，是伴随商品经济发展而形成、发展和完善的。

同其他税类相比，商品税类具有以下几个重要特点：

1. 税收收入的稳定性

与所得税相比，商品税的税收收入较为稳定。这是因为商品税是对物税，课征普遍。事实上，商品税是只要有市场交易行为就要课税，而不受或较少受生产经营成本的影响；但所得税只有在市场交易行为发生以后有净收入才能课税，一旦亏损，就不用纳税。因此，从政府角度来看，商品税能及时保证财政收入的稳定。这也是为什么许多发展中国家包括中国的主体税种为商品税的主要原因。

2. 征税对象的灵活性

商品税的征税对象是商品和非商品的流转额，因此，在具体税制设计时，可以选择所有商品和服务进行征税，也可以选择部分商品和服务进行征税；可以选择商品流通的所有环节进行征税，也可以选择其中某一个或几个环节进行征税；可以选择商品或劳务流转总额进行征税，也可以选择征税对象的增值额进行征税等。这种灵活性，有利于国家或政府通过商品税对经济进行有效调节。

3. 税收征收的隐蔽性

商品税属于间接税，易于实现税负转嫁。由于税负转嫁的存在，商品税的纳税人经常与负税人分离。因此，其税负的承担者往往并不能直接感受到自己是税收的实际缴纳者，而纳税人只不过是整个税收活动的中介者而已。同时，负税人对于税负增减的感受程度，也相对弱于所得税的负税人。

4. 税收负担的累退性

商品税一般按比例税率征收，不同收入的人按同样的税率纳税。这样，随着个人收入的提高，相应的税负就会下降。因此，商品税具有累退性质。当社会对公平问题予以较多关注时，必须降低此类税收在税制结构中的地位，或者对高收入人群消费的商品或劳务课以重税，对低收入人群消费的商品或劳务以较低的税率征税或不征税。

5. 税收征管的相对简便性

商品税主要对从事生产经营的企业课征，相对于向个人征税而言，由于企业规模比较大，税源集中，征收管理比较方便。商品税的计算相对于所得税来说，较为简单方便。

11.2.2　商品税类的主要税种

在我国，现行的流转税主要由增值税、消费税和关税等组成，图 11.1 简单说明了商品税类中各税种之间的相互关系。这里主要说明构成商品税类的各税种的征税对象、纳税人、税率及计征方法等主要的税制要素。

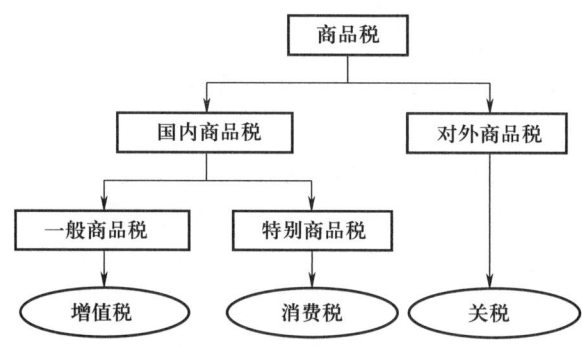

图 11.1　商品税类中各税种之间的相互关系

11.2.2.1　增值税（VAT）

增值税（Value Added Tax，VAT）是指以法定增值额为征税对象的税种。在我国，2022 年国内增值税 48 717.71 亿元，占当年税收收入总量（166 620.10 亿元）的比重为 29.2%，是名副其实的主体税种和最大税种。

增值税的征收始于 1954 年的法国。1962 年欧共体的财政金融委员会建议所有的成员国都采用增值税作为统一的销售税形式。20 世纪 70 年代初期，以拉美国家为主的许多发展中国家都实行了增值税。目前，全球已有 170 多个国家和地区开征了增值税。

概括起来，实行增值税的主要优点在于：① 避免了一种商品多次流转中的重复征税，有利于贯彻公平税负原则；② 由于不再重复征税，有利于社会分工的发展和生产经营结构的合理化；③ 有利于国家普遍、及时、稳定地取得财政收入；④ 便利出口退税商品实行"零税率"，鼓励外向型经济发展。

理论上的增值额，往往是指企业生产过程中新创造的价值。具体到一个生产企业，增值额是指这个企业的商品销售收入或劳务收入中扣除外购商品金额后的余额，即净产值。理论上有三种计征方法：① 加法。将纳税单位在纳税期内新创造的价值

（如工资、利润、利息和其他增值项目）逐项加总来计算增值额，然后按适用的增值税税率求出应纳增值税税额。② 减法。从企业纳税期间的销售收入额中减去法定扣除额（如原料、动力、配件等）的余额来作为增值额，以此来计算应纳增值税税额。③ 扣除法。不直接计算增值额，而是从按销售收入额计算的税额中，扣除法定外购商品中的已纳税额，以其余额作为增值税应纳税额。我国主要采取此种方法来计征增值税的应征税额。

按照对外购进的固定资产价款处理不同，各国增值税又可划分为三种类型：① 生产型增值税，即不准抵扣任何固定资产价款，计税依据在宏观总体上相当于国内生产总值。② 收入型增值税，即只准抵扣当期的固定资产折旧部分，计税依据在宏观总体上相当于国民收入。③ 消费型增值税，即准许一次性全部抵扣购进的用于生产应税产品的固定资产价款，计税依据在宏观上相当于只包括全部消费品价值（资本品已免税）。从财政收入角度讲，生产型增值税的收入最多，收入型次之，消费型最少。当然，如果从宏观经济的税收负担和激励投资角度讲，则次序相反。实践中，我国1994年实施的新税制中采取了生产型增值税，2009年1月1日起我国在全国所有地区、所有行业推行了增值税转型改革，即由生产型增值税改为消费型增值税。目前，世界上实行增值税的大多数国家都采取了消费型增值税。

2017年11月19日，国务院公布了第691号令，决定废止《中华人民共和国营业税暂行条例》，同时对《中华人民共和国增值税暂行条例》进行修改。根据修改后的《中华人民共和国增值税暂行条例》和《中华人民共和国增值税暂行条例实施细则》，增值税的主要内容包括：

（1）增值税的征收范围，包括货物的生产、批发、零售和进口四个环节。2016年5月1日以后，营业税改征增值税试点行业扩大到销售服务、无形资产和不动产，增值税的征税范围覆盖第一产业、第二产业和第三产业。

（2）增值税的纳税人。在中华人民共和国境内销售货物或者加工、修理修配劳务，销售服务、无形资产、不动产以及进口货物的单位和个人，为应当依法缴纳增值税的纳税人。

（3）增值税税率。2018年5月1日起，一般纳税人适用的税率有16%、10%、6%及零税率，分别适用于不同的货物、劳务和服务。出口商品实行零税率（即出口报关后可退还已缴纳的全部税款）。小规模纳税人实行3%的征收率，没有进项税抵扣。2019年两会政府工作报告中明确：将制造业等行业原有16%增值税税率降为13%，将交通运输、建筑、房地产等行业现行10%税率降为9%，保持6%一档税率不变。

（4）计税依据。增值税实行价外税，即将不含税价格作为计税依据。在零售以前各环节销售商品时，增值税专用发票上要求分别填写税额和纯价格（即不含税价格）。

（5）按购进扣税法来计算应纳税额。因当期销项税额小于当期进项税额不足抵扣时，其不足部分可以结转下期继续抵扣。应纳税额计算公式：

$$应纳增值税额 = 当期销项税额 - 当期进项税额$$

$$销项税额 = 销售额 \times 适用税率$$

准予从销项税额中抵扣的进项税额，通常限于下列增值税扣税凭证上注明的增值税额：① 从销售方取得的增值税专用发票上注明的增值税额。② 从海关取得的海关进口增值税专用缴款书上注明的增值税额。③ 购进农产品，除取得增值税专用发票或者海关进口增值税专用缴款书外，按照农产品收购发票或者销售发票上注明的农产品买价和扣除率计算的进项税额。进项税额计算公式：进项税额 = 买价 × 扣除率。④ 自境外单位或个人购进劳务、服务、无形资产或者境内的不动产，从税务机关或者代扣代缴义务人取得的代扣代缴税款的完税凭证上注明的增值税额。除此之外，不动产进项税额的抵扣、建筑业进项税额抵扣还有具体规定。

（6）下列项目的进项税额不得从销项税额中抵扣：用于简易计税方法计税项目、免征增值税项目、集体福利或者个人消费的购进货物、劳务、服务、无形资产和不动产；非正常损失的购进货物，以及相关的劳务和交通运输服务；非正常损失的在产品、产成品所耗用的购进货物（不包括固定资产）、劳务和交通运输服务；国务院规定的其他项目。

（7）增值税纳税义务发生时间。销售货物或者应税劳务，为收讫销售款项或者取得索取销售款凭据的当天；先开具发票的，为开具发票的当天。进口货物，为报关进口的当天。增值税由税务机关征收，进口货物的增值税由海关代征。纳税人销售货物或者应税劳务，应当向购买方开具增值税专用发票，并在增值税专用发票上分别注明销售额和销项税额。

自 2012 年起，在部分地区和行业开展深化增值税制度改革试点，逐步扩大试点地区和行业范围，到 2016 年 5 月 1 日，征收营业税的行业全部改为征收增值税。这意味着营业税结束了历史使命，增值税全面取代了营业税，在财政收入中占有更为重要的比重。当前，38 个 OECD 成员国已经有 37 个开征增值税，唯独美国仍未开征。据 OECD 统计，2020 年成员国（美国除外）的增值税收入占 GDP 的比重为 6.7%，占全部税收收入的比重为 20.2%。增值税的快速推广是国际税收领域中最为重要的发展成果，它被誉为 20 世纪最大的"财政发明"。

11.2.2.2　消费税

消费税是指以消费品的流转额或消费收入作为课税对象的一种税。在对商品普遍征收增值税的基础上，再选择少数消费品征收一道消费税，主要是为了调节消费结构、引导消费方向、保证财政收入。税收实践中，对烟、酒、汽油等消费品实行高税率或单独设置税种课以较重的税收，是国际上普遍的做法。

我国的消费税属于中央税。2022 年我国的国内消费税收入为 16 698.81 亿元，占全部税收收入的比重约为 10.02%。消费税的纳税人是在我国境内生产、委托加工和进口消费税条例规定的消费品的单位和个人。消费税征税对象包括烟、酒、高档化妆品、贵重首饰及珠宝玉石、鞭炮及焰火、成品油、摩托车、小汽车、高尔夫球及球具、高档手表、游艇、木制一次性筷子、实木地板、电池、涂料 15 类。税率是差别税率，从量定额计征或从价比例计征。

消费税的主要特点：① 消费税以特定的消费品为课税对象，有目的地、有重点地选择一些消费品征收消费税，可以体现国家的消费政策，调节和引导消费。② 消费税实行较高的税率，可以保证国家财政收入有较高的税收收入。③ 消费税寓禁于征，限制了一些特殊消费品的生产，有利于资源的合理配置。④ 消费税是价内税，征收环节单一。⑤ 消费税税收负担的转嫁性，即易于最终转嫁到消费者身上。

专栏 11.2　我国税制改革与税收治理展望

在数字经济新时代和全球治理新变局下，需要更重视发挥税制改革和税收治理在经济社会发展中的激励引导作用。

1. 提高直接税比重，优化税制结构

首先，我国当前的税制结构，商品税约占到了税收总收入的 60%，所得税则占比不到 30%，而财产税基本缺失，逐步提高我国直接税比重，是进一步平衡和优化我国税制结构的内在要求。其次，提高直接税比重也是进一步发挥税收在收入再分配上的调节作用从而实现共享发展的必然要求。最后，与间接税相比，直接税尤其是所得税具有逆周期调节的"内在稳定器"功能。提高所得税比重可以较好地增强宏观调控政策及其效果的稳定性。进一步提高直接税比重，未来可以在如下几个方面推进所得税改革：个人所得税由现有的分类综合所得税向综合所得税制转型；积极推进房产税立法，并将房产税构建为地方税的主体税种，以此实现健全地方税体系和健全直接税体系的双重目的；实现社保费改税。

2. 深化绿色税制改革

目前我国已经形成了主要包括环境保护税、资源税、消费税、城市维护建设税等多税种的绿色税收体系。但目前我国生态环境形势仍较为严峻，我国仍需进一步健全绿色税收制度，以约束企业的高能耗高排放行为，鼓励并引导形成绿色低碳的发展模式，以实现经济高质量发展。由此，我国绿色税制改革方向建议如下：①逐步提高资源环境税负水平；②增强资源环境税体系环保功能；③扩大环境税税目和税种。

3. 健全地方税体系

一方面，我国尚未建立明确完整的地方税体系，随着全面"营改增"的实现，我国地方税体系特别是主体税种处于缺失状态，1994 年时所确立的地方税税种已经只剩下零星的小税种，地方政府没有固定可靠的地方税收入来源；另一方面，由于地方税主体税种的缺失，使得地方没有可直接支配的稳定财权，地方的财权与事权不匹配。因此，我国应构建地方税主体税种，健全地方税体系，促进地方税源建设。

4. 数字经济发展与税收治理变革

目前，我国已拥有世界上最大的电子商务市场和最广阔的数字经济消费市场，约占全球电商交易总额的 40%。数字经济在国民经济中的重要性得到进一步凸显。然而，与数字经济的蓬勃发展形成鲜明对比的是，我国在数字经济的税收征管方面则显得相对滞后。

随着数字经济时代的到来，我国税收治理将面临全新的课题，亟须应对以下挑战：一是与传统经济相比，数字经济拓宽了销售范围，使得与交易相关的课税对象难以确定；二是数字经济下的交易通常是资金流与货劳流的结合体，支付方式也不仅仅局限于货币支付和刷卡支付等较为传统的支付方式，这也使得数字经济的信息较难被税务机关监控；三是数字经济中的业务通常是多种业务的混合，而不同业务间很难进行明确的区分，由此可能导致在现行税制下其各项业务的税率难以得到准确确定。数字经济的发展不仅带来国内税收治理的变革，在新型对外开放格局下也同时对国际税收治理产生新的挑战。

资料来源：刘晔，黄实. "十四五"时期我国税制改革与税收治理展望——基于十九届五中全会公报和"十四五"规划建议稿的分析 [J]. 财政监督，2021（2）：5-10.

11.2.2.3 关税

关税（Tariff）是指进出口商品在经过一国关境时，由政府设置的海关向进出口关境的商品所征收的税收。关税是一国的国家主权的重要方面，是一个独立性、政策性较强的税种。通常，关税和非关税措施是衡量一个国家市场开放度的主要标志，也是世界各国普遍征收的一个税种。

关税有很多种类。按征税商品流向划分，关税可分为进口关税（Import Duties）、出口关税（Export Duties）和过境关税（Transit Duties）；按差别待遇和特定情况划分，关税可分为最惠国税率（Most-Favored-Nation Treatment）、普通税率（Common Tariff）和特惠关税（Preferential Duty）；按课征目的划分，关税又分为财政关税（Revenue Tariff）和保护关税（Protective Tariff）。[①] 当然，财政关税和保护关税的界限往往很难划分，两者的作用常相互渗透。

关税曾是各国财政收入的重要来源，但现在关税筹集财政资金的作用越来越小。2022 年我国的关税收入为 2 860.29 亿元，占税收总量的比重仅为 1.72%。从全球贸易自由化的角度讲，各国的关税水平应逐渐降低甚至完全取消，实行最终的全球贸易自由化——这也是世界贸易组织的努力目标。

11.3 所得税类

所得税类是以纳税人的所得额或收益额为课税对象的税类，属于直接税。所得

---

① 通常，财政关税主要在于取得财政收入；保护关税则为了保护国内产业，所以又称为"关税壁垒"。

税产生于 1799 年的英国 ①，之后世界各国也相继开征，如美国于 1861 年的南北战争时期、日本于 1887 年、德国于 1925 年都分别开征了所得税。由于所得税是以所得为负税能力的标准，比较符合公平、普遍的原则，所以，许多经济学家视其为"良税"，主张积极推广。19 世纪以后大多数西方国家相继开征所得税，于是，所得税由临时税种发展成为经常税种，由次要税种发展成为主要税种。

11.3.1 企业所得税

在企业所得税制度中，企业、公司或商业实体被视为一种"法人"（Legal Person）。和自然人一样，企业可以签订合同、拥有财产、负债、起诉及被起诉，因此，对企业或公司征收所得税是合适的。另外，企业或公司从社会得到一些特殊的优惠待遇，如股东责任的有限性，征税也是对企业或公司享受这些特殊利益的一种收费。

对中外政府来说，企业所得税或公司所得税（The Corporation Income Tax）都是一种重要的税收收入来源。在中国，1994—2007 年的企业所得税理论上由狭义的企业所得税（即内资企业所得税）和外资企业所得税（即外国投资企业和外国企业所得税）两部分构成。2008 年实行"两税合并"政策后，新型的、统一的企业所得税开始生效，并实现了所得税制度的国际接轨。2022 年我国的企业所得税为43 695.38 亿元，占当年全国税收总额的 26.22%。

根据我国企业所得税法，中华人民共和国境内的企业，应当就其生产、经营所得和其他所得，依法缴纳企业所得税。纳税人的所得额包括：① 销售货物收入；② 提供劳务收入；③ 转让财产收入；④ 股息、红利等权益性投资收益；⑤ 利息收入；⑥ 租金收入；⑦ 特许权使用费收入；⑧ 接受捐赠收入；⑨ 其他收入。

企业所得税的纳税义务人（简称纳税人）是指实行独立经济核算的企业或者组织，包括国有企业、集体企业、私营企业、联营企业、股份制企业、"三资"企业等。

纳税人应纳税额，按应纳税所得额计算（纳税人每一纳税年度的收入总额减去准予扣除项目后的余额为应纳税所得额），目前我国的企业所得税税率为 25%。

计算应纳税所得额时准予扣除的项目，是指与纳税人取得收入有关的成本、费用和损失。例如，纳税人在生产、经营期间，向金融机构借款的利息支出，按照实际发生数扣除；纳税人支付给职工的工资，按照计税工资扣除；纳税人的职工工会经费、职工福利费、职工教育经费，分别按照计税工资总额的 2%、14%、8% 计算扣除；纳税人用于公益、救济性的捐赠，在年度利润总额 12% 以内的部分，准予扣除。

---

① 1798 年英国积极组织反法联盟，进行对拿破仑一世的战争，财政大臣皮特为筹措战费，进行一系列财政、税制改革，创设"三级税"，实为所得税的雏形。但因税法不健全，漏税甚多，遂于 1799 年废除，采用新的所得税法，从而奠定了英国现代所得税制度的基础。

在计算应纳税所得额时，下列项目不得扣除：① 向投资者支付的股息、红利等权益性投资收益款项；② 企业所得税税款；③ 税收滞纳金；④ 罚金、罚款和被没收财物的损失；⑤ 非公益性捐赠及超过国家规定允许扣除的公益性捐赠支出；⑥ 赞助支出；⑦ 未经核定的准备金支出；⑧ 与取得收入无关的其他支出。

企业所得税的缴纳，按年计算（但分月或分季预缴），月份或者季度终了后 15 日内预缴，年度终了后 5 个月内（或实际经营终止之日起 60 日内）汇算清缴，多退少补。

11.3.2　个人所得税

对于个人所得税来说，个人收入所得是税基，但如何来明确地定义个人收入所得？事实上，无论是理论上还是法律上的"所得"，都是一个颇有争议的概念。在财政实践中，个人所得税中的"所得"往往是综合所得，即指个人在一定期间内（通常为一年）的劳动、营业、投资或把财产、权利供他人使用而获得的连续性收入中，扣除为取得这些收入所需费用后的余额。这样概括的"所得"包括两层含义：① 指纯所得而不是总所得，即纳税人在一定期间增加的资产（总所得）减去消耗后所得的余额（纯所得）。② 指有连续来源的所得，如工资、利润、利息、租金收入等项，而不是指偶然所得，如继承财产、接受捐赠等收入。当然，这些收入也是所得，也应纳税，但它们不是正常的、连续的收入，不应征所得税而应征其他相关的税。不过，有的国家对偶然所得（如获得诺贝尔奖奖金）也征所得税。

2022 年，我国的个人所得税收入为 14 922.85 亿元，占当年全部税收收入的 8.96%。与西方发达国家不同，我国的个人所得税在税收总量中所占比重较低。在 OECD 国家中，个人所得税的比重约在 35%，美国则占 46%，与之相比较，我国的个人所得税发展尚处于"幼年"阶段。

个人所得税的纳税人有两种类型：① 居民纳税义务人。在中国境内有住所或无住所而一个纳税年度内在中国境内居住累计满 183 天的个人，是居民纳税义务人，应当承担无限纳税义务，即就其在中国境内和境外取得的所得，依法缴纳个人所得税。② 非居民纳税义务人。在中国境内无住所又不居住或者无住所而一个纳税年度内在中国境内居住累计不满 183 天的个人，是非居民纳税义务人，承担有限纳税义务，仅就其从中国境内取得的所得，依法缴纳个人所得税。

在我国，应缴纳个人所得税的个人所得包括：① 工资、薪金所得；② 劳务报酬所得；③ 稿酬所得；④ 特许权使用费所得；⑤ 经营所得；⑥ 利息、股息、红利所得；⑦ 财产租赁所得；⑧ 财产转让所得；⑨ 偶然所得。居民个人取得前款第①项至第④项所得（以下称综合所得），按纳税年度合并计算个人所得税；非居民个人取得前款第①项至第④项所得，按月或者按次分项计算个人所得税。纳税人取得前款第⑤项至第⑨项所得，依照个人所得税法规定分别计算个人所得税。

我国个人所得税实行分类综合所得税制，根据不同的征税项目，分别规定了三种不同的税率：

（1）综合所得，适用七级超额累进税率。该税率按综合所得额划分级距，最高一级为45%，最低一级为3%（见表11.3）。

表11.3　　　　　　　　个人所得税税率表一（综合所得适用）

级数	全年应纳税所得额	税率（%）
1	不超过36 000 元的	3
2	超过36 000 元至144 000 元的部分	10
3	超过144 000 元至300 000 元的部分	20
4	超过300 000 元至420 000 元的部分	25
5	超过420 000 元至660 000 元的部分	30
6	超过660 000 元至960 000 元的部分	35
7	超过960 000 元的部分	45

（2）经营所得适用五级超额累进税率。按全年应纳税所得额划分级距，最低一级为5%，最高一级为35%，共五级（见表11.4）。应纳税所得额以每一纳税年度的收入总额减除成本、费用以及损失后的余额予以确认。

表11.4　　　　　　　　个人所得税税率表二（经营所得适用）

级数	全年应纳税所得额	税率（%）
1	不超过30 000 元的	5
2	超过30 000 元至90 000 元的部分	10
3	超过90 000 元至300 000 元的部分	20
4	超过300 000 元至500 000 元的部分	30
5	超过500 000 元的部分	35

（3）比例税率。利息、股息、红利所得，财产租赁所得，财产转让所得和偶然所得，适用比例税率，税率为20%。

2018年8月31日，十三届全国人大常委会第五次会议表决通过了《中华人民共和国个人所得税法》修正案，将个税免征额提高到5 000元，适用超额累进税率为3%至45%，自2018年10月1日实施。值得注意的是，在新税法下，外籍个人的个人所得税税前扣除标准（即免征额）从原来的差别化待遇调整为"一视同仁"。而在上一版税法下，外籍个人薪金所得收入的免征额为4 800元，而中国公民为3 500元。

征收管理方面，我国个人所得税的征收方式实行源泉扣缴与自行申报并用法，注重源泉扣缴。此外，个人所得税的征收方式可分为按月计征和按年计征。个体工商户的生产、经营所得，对企业事业单位的承包经营、承租经营所得，特定行业的工资、薪金所得，从中国境外取得的所得，实行按年计征应纳税额，其他所得应纳税额实行按月计征。2018 年 12 月，国务院出台《个人所得税专项附加扣除暂行办法》，明确了子女教育、继续教育、大病医疗、住房贷款利息或者住房租金、赡养老人 6 项专项附加扣除。2022 年 3 月，国务院设立 3 岁以下婴幼儿照护个人所得税专项附加扣除。个人所得税专项附加扣除遵循公平合理、利于民生、简便易行的原则，并根据教育、医疗、住房、养老、婴幼儿照护等民生支出变化情况，适时调整专项附加扣除范围和标准。

11.3.3　社会保障税

社会保障税亦称社会保险税，指以企业的工资支付额为课征对象，税款主要用于各种社会保障开支的一种目的税。此税 1935 年起始于美国，现已成为西方国家的主要税种之一。值得指出的是，美国是世界上最早采用税收形式筹集社会保障基金的国家，但美国的社会保障税不是一个单一的税种，而是由工薪税、铁路员工保障税、失业保障税和个体业主税四个税种组成的社会保障税体系，其中工薪税是主要税种。目前，我国主要实行社会保障缴费形式，但费改税的讨论一直以来都是社会热点话题。

在我国，社会保险费率是指单位和个人缴纳的社会保险费占缴费工资的比例。我国城镇职工法定社会保险为 5 项，即职工基本养老保险、职工基本医疗保险、失业保险、工伤保险、生育保险[1]，其中前 3 项由企业和职工共同缴费，后两项只由企业缴费。基本养老保险费率，单位一般为 16% 左右，职工个人为 8%。按照《中华人民共和国社会保险法》《社会保险费征缴暂行条例》等相关法规，我国社会保险缴费以上一年社会平均工资的 60% 至 300% 为缴纳基数。根据清华大学教授白重恩的测算，中国五项社会保险法定缴费之和相当于工资水平的 40%，有的地区甚至达到50%；我国的社保缴费率在全球 181 个国家中排名第一，约为"金砖四国"其他三国平均水平的 2 倍，是北欧五国的 3 倍，是 G7 国家的 2.8 倍，是东亚邻国的 4.6 倍。[2]

从各国实行的社会保障税来看，在税率方面，一般实行比例税率，雇主和雇员适用相同的税率，各负担全部税额的 50%。个别国家雇主和雇员分别适用不同的税率。计税依据一般是雇主实际支付给雇员的工资、薪金额，没有扣除额和免征额，

---

① 2019 年 3 月 6 日，《国务院办公厅关于全面推进生育保险和职工基本医疗保险合并实施的意见》印发，2019 年年底前生育保险和职工基本医疗保险合并实施。

② 资料来源：新华网。

但一般规定有课税上限，对超过限额部分的工薪额不征税。雇主应纳的税额由雇主自行申报纳税，雇员应纳的税额，由雇主在支付雇员工薪时预先扣除，定期报缴。社会保障税作为一种特殊形式的所得税，其税收收入专门用于社会保障方面的支出，与一般税相比，具有三个主要特点：

（1）累退性。社会保障税采用比例税率，一般没有扣除额和免征额，同时规定有课税上限，也不考虑纳税家庭人口的多寡和其他特殊情况，因此具有累退性。

（2）有偿性。社会保障税一般由政府成立的专门基金会管理，指定用途，专款专用，因而带有有偿性质。

（3）灵活性。社会保障税的支出同一定时期的经济形势紧密相关。当经济繁荣时，失业率下降，社会保障支出特别是失业救济支出减少，有利于抑制社会总需求；反之，当经济衰退时，失业率上升，社会保障支出特别是失业救济支出增加，有利于刺激社会总需求，所以说社会保障税及社会保障制度具有内在灵活性特点，它与所得税相配合，可以起到对经济的自动稳定作用。

11.4 　其他税类

11.4.1　财产税类

财产税类是以法人和自然人拥有和归其支配的财产为对象所征收的一类税收。财产税类税种的课税对象是财产的收益或财产所有人的收入，主要包括房产税、财产税、遗产税和赠与税等税种。理论上，实行财产课税的主要理由有三个方面：① 法人或个人拥有的各种财产需要政府的保护和服务，因此，征收财产税是对政府提供保护和服务的一种补偿。② 作为地方政府税收收入的稳定、重要且最后的来源，财产税在财政收支平衡与赤字之间起到有效的调节作用。例如，美国、加拿大、英国、新西兰等国地方政府核定的物业税总额和税率，往往是根据每年地方财政盈缺而定，充裕则少征，不足则多征。③ 财产税在调节社会贫富差距和抑制社会财富分配不均方面具有重要作用。此外，财产税的征收客观上也能提高财产使用效率。

目前我国财产课税有房产税、契税、车船税等。遗产税和赠与税在体现鼓励勤劳致富、反对不劳而富方面有独特的作用，是世界各国通用的税种，但我国尚未开征遗产税和赠与税。

概括起来，财产税的主要特点是：① 土地、房产等不动产的位置固定，标志明显，作为课税对象具有收入上的稳定性，税收不易逃漏。② 征收财产税可以防止财产过于集中于社会少数人，调节财富的分配，体现社会分配的公正性。③ 纳税人的财产分布地不尽一致，当地政府易于了解，便于地方因地制宜地进行征收管理。

财产税主要有三种类型：① 一般性财产税。对纳税人的全部财产进行课征。② 特别财产税。对特别选定的某类财产分别征收，如土地税①、房产税、不动产税等。③ 财产转移税。对财产所有权变更征税，具体包括资本利得税、遗产税、赠与税等。例如，我国现行的房产税，就是在城市、县城、建制镇和工矿区征收，并由产权所有人缴纳的一种财产税。产权属于全民所有的，由经营管理的单位缴纳。产权所有人、经营单位、承典人、房产代管人或者使用人统称为纳税义务人。房产税依照房产原值一次减除 10% 至 30% 后的余额计算缴纳。具体减除幅度，由省、自治区、直辖市人民政府规定。没有房产原值作为依据的，由房产所在地税务机关参考同类房产核定。房产税的税率，依照房产残值计算缴纳的，税率为 1.2%；依照房产租金收入计算缴纳的，税率为 12%。2022 年，我国的房产税收入为 3 590.35 亿元，占当年全部税收收入的 2.15%。

按照我国现有税法，下列房产可以依法免缴房产税：国家机关、人民团体、军队自用的房产；由国家财政部门拨付事业经费的单位自用的房产；宗教寺庙、公园、名胜古迹自用的房产；个人所有非营业用的房产；经财政部批准免税的其他房产。

契税，是指以所有权发生转移变动的不动产为征税对象，向产权承受人征收的一种财产税。在中华人民共和国境内转移土地、房屋权属，承受的单位和个人为契税的纳税人。转移土地、房屋权属，是指下列行为：① 土地使用权出让；② 土地使用权转让，包括出售、赠与、互换（不包括土地承包经营权和土地经营权的转移）；③ 房屋买卖、赠与、互换。契税税率为 3% 至 5%。契税的具体适用税率，由省、自治区、直辖市人民政府提出，报同级人民代表大会常务委员会决定，并报全国人民代表大会常务委员会和国务院备案。省、自治区、直辖市可以依照规定的程序对不同主体、不同地区、不同类型的住房的权属转移确定差别税率。2022 年，我国的契税收入为 5 793.80 亿元，占当年全部税收收入的 3.48%。

此外，我国 2006 年颁布 2007 年实施的车船税②也是一种财产税。它是对我国境内车辆、船舶的所有人实行定额征收的一种税。依辆计税的年税额在 60 元至 5 400 元不等，依吨计税的年吨税额 3 元至 120 元不等。2011 年颁布的《中华人民共和国车船税法》对于统一税制、公平税负、拓宽税基、提高税法的法律级次、增

---

① 许多国家的土地等自然资源为私人所有，故其往往只开征财产税而无资源税。也就是说，土地私有制下，土地收益税、土地财产税和土地增值税都属财产税类。

② 从历史上看，车船税最早始于我国西汉时期，先后曾称为算商车、梁头税、船税、车捐、使用牌照税、车船使用牌照税、车船使用税等。

加地方财政收入、加强地方税收征管都具有重要的意义。为进一步规范车船税管理，促进税务机关同其他部门协作，提高车船税管理水平，国家税务总局制定了《车船税管理规程（试行）》，自 2016 年 1 月 1 日起施行。2022 年，我国的车船税收入为 1 071.96 亿元，占当年全部税收收入的 0.64%。

11.4.2　资源税类

资源税类是指以自然资源为课税对象的一类税收，具体包括资源税、城镇土地使用税、耕地占用税。值得指出的是，人类财富通常有两种：自然赋予的天然资源和人们经过劳动加工后的社会财产。但这两类财富的界限往往较为模糊，如土地有时既是自然资源又是社会财产。因此，财产税类和资源税类往往具有很大的类同性。

目前我国开征的资源税是以部分自然资源为课税对象，对在我国境内开采应税矿产品和生产盐的单位和个人征收的一种税。政务院 1950 年发布的《全国税政实施要则》中，明确将盐税列为一个税种，盐税带有明显的对资源征税的性质。1984 年，国务院发布《中华人民共和国资源税条例（草案）》，对原油、天然气、煤炭等先行开征资源税。1993 年，国务院重新发布《中华人民共和国资源税暂行条例》，在原资源税征收范围上，又将盐、矿产品列入征税范围。从 1994 年 1 月 1 日起，资源税开始实行从量定额征收的办法。对开采应税矿产品和生产盐的单位，开始实行"普遍征收、级差调节"的新资源税制，征收范围扩大到所有矿种的所有矿山，不管企业是否赢利普遍征收。

为促进资源节约集约利用和环境保护，推动转变经济发展方式，规范资源税费制度，我国从 2014 年 12 月 1 日起在全国范围内实施煤炭资源税从价计征改革。和此前从量计征政策相比，煤炭资源税的计征将按照销售收入乘以规定比例税率计征，税率幅度为 2%~10%，具体适用税率由省级政府根据本地区具体情况确定。在煤炭资源税从价计征实行的同时，在全国范围内统一将煤炭、原油、天然气、矿产资源补偿费费率降为零，停止征收煤炭、原油、天然气价格调节基金等。自 2015 年 5 月 1 日起，实施稀土、钨、钼资源税清费立税、从价计征改革。自 2016 年 7 月 1 日起，我国全面推进资源税改革，率先在河北开展水资源税改革试点工作，采取水资源费改税方式，将地表水和地下水纳入征税范围。2017 年 12 月，水资源税试点扩大到北京、天津等 9 个省（自治区、直辖市）。从改革动向来看，我国今后将加快推进其他品目资源税从价计征改革，如结合相关资源特点、资源税费性质，逐步将水流等自然资源纳入资源税征收范围。扩大征收范围、改革计征方式、提高税负水平、统筹税费关系等是我国资源税改革的总体方向。2019 年 8 月 26 日，十三届全国人大常委会第十二次会议表决通过中国首部资源税法。《中华人民共和国资源税法》共 17 条，应税资源的具体范围由该法所附《税目税率表》确定，从 2020 年 9 月 1 日施行。

资源税的作用主要体现在：① 调节资源级差收入，使自然资源条件优越的级差收入归国家所有，排除因资源优劣造成企业利润分配上的不合理状况，有利于企业在同一水平上竞争；② 加强资源管理，有利于促进企业合理开发、利用；③ 与其他税种配合，有利于发挥税收杠杆的整体功能。

根据《中华人民共和国资源税法》，在中华人民共和国领域和中华人民共和国管辖的其他海域开发应税资源的单位和个人，为资源税的纳税人，应缴纳资源税。自 2016 年 7 月 1 日起，在河北省利用取水工程或者设施直接从江河、湖泊（含水库）和地下取用地表水、地下水的单位和个人，为水资源纳税人。纳税人应按规定申领水许可证。资源税的应纳税额，目前按照从价和从量两种征收方式来计算。2022 年，我国的资源税收入为 3 388.61 亿元，占当年全部税收收入的 2.03%。

我国资源税的主要特点：① 征税范围较窄。自然资源是生产资料或生活资料的天然来源，包括的范围很广，如矿产资源、土地资源、水资源、动植物资源等。目前我国的资源税征税范围较窄，仅选择了部分级差收入差异较大，资源较为普遍，易于征收管理的矿产品、盐和水列为征税范围。随着我国经济的快速发展，对自然资源的合理利用和有效保护将越来越重要，因此，资源税的征税范围应逐步扩大。② 实行差别税率或税额征收。我国现行资源税实行从量和从价两种征收方式，同时，资源税按照"资源条件好、收入多的多征；资源条件差、收入少的少征"的原则，根据矿产资源等级分别确定不同的税额或税率（如煤炭资源税的具体税率由省级政府确定），以有效地调节资源级差收入。③ 实行源泉课征。不论采掘或生产单位是否属于独立核算，资源税均规定在采掘或生产地源泉控制征收，这样既照顾了采掘地的利益，又避免了税款的流失。这与其他税种由独立核算的单位统一缴纳不同。

11.4.3　特定行为税类

特定行为税主要是对特定的经济行为征收的一类税收。这类税主要有城市维护建设税、印花税、船舶吨税、车辆购置税、土地增值税、环境保护税。特定行为税的特点主要有：① 不以收入多寡而论，政策目的鲜明，是其不同于一般税种的一大特征。② 灵活性较大。在税种设置、税率设计、减税免税等方面，根据贯彻国家政策的需要适时调整，不是固定不变的，如燃油特别税现已被并入消费税。

为补充城市维护和建设资金的不足，调动地方政府城市维护和建设的积极性，国务院于 1985 年正式颁布《中华人民共和国城市维护建设税暂行条例》。城市维护建设税是对从事工商经营，缴纳增值税、消费税的单位和个人征收的一种税，所征税款应用于城市公用事业和公共设施的维护和建设。城市维护建设税属于一种附加税，其本身没有特定的课税对象，随增值税、消费税同时征收。采用地区差别比例税率，依据城镇规模设计不同的比例税率，根据纳税人所在城镇的规模及资金需要设计税率。2022 年，我国的城市维护建设税收入为 5 075.25 亿元，占当年全部税收收入的 3.05%。

印花税是对在经济活动和经济交往中书立、领受具有法律效力的凭证的行为征收的一种税。根据《中华人民共和国印花税法》，在中华人民共和国境内书立应税凭证、进行证券交易的单位和个人，为印花税纳税人。印花税税目包括合同（指书面合同）、产权转移书据、营业账簿及证券交易四大税目（17 个明细税目），税率采用比例税率，比率税率最高为千分之一、最低为万分之零点五。印花税从 1912 年北洋军阀政府开征印花一直到现在，以其采取在账簿凭证上粘贴印花税票的办法（简称"贴花"）作为完税标志而得名。印花税初创于荷兰，是世界各国普遍征收、历史悠久的一个税种。2022 年，我国的印花税收入为 4 390.15 亿元，占当年全部税收收入的 2.63%。

船舶吨税是海关对自中华人民共和国境外港口进入境内港口的船舶所征收的一种税。其征收税款主要用于港口建设维护及海上干线公用航标的建设维护。2012 年 1 月 1 日，《中华人民共和国船舶吨税暂行条例》开始实施。2017 年 12 月 27 日，第十二届全国人民代表大会常务委员会第三十一次会议通过了《中华人民共和国船舶吨税法》，并于 2018 年 7 月 1 日起施行。船舶吨税以船舶的净吨位为计税依据，实行从量定额征收。对不同的船舶分别适用普通税率或优惠税率。依执照期限划分的普通税率为 2.1~31.8 元 / 净吨，优惠税率为 1.5~22.8 元 / 净吨。2022 年，我国的船舶吨税收入为 53.02 亿元，占当年全部税收收入的 0.03%。

车辆购置税是以在中国境内购置规定车辆为征税对象，在特定的环节向车辆购置者征收的一种税。根据《中华人民共和国车辆购置税法》，在中华人民共和国境内购置汽车、有轨电车、汽车挂车、排气量超过 150 毫升的摩托车的单位和个人，为车辆购置税的纳税人。车辆购置税实行一次性征收。购置已征车辆购置税的车辆，不再征收车辆购置税。车辆购置税的税率为 10%。车辆购置税是在原交通运输部门收取的车辆购置附加费的基础上，通过费改税改革而来，不仅有利于合理筹集建设资金、规范政府行为、调节收入差距，还有利于打击走私和维护国家权益。2022 年，我国的车辆购置税收入为 2 398.36 亿元，占当年全部税收收入的 1.44%。

为了规范土地、房地产市场交易秩序，合理调节土地增值收益，维护国家权益，1993 年 11 月 26 日，国务院通过并发布《中华人民共和国土地增值税暂行条例》。土地增值税是对有偿转让国有土地使用权及地上建筑物和其他附着物产权，取得增值收入的单位和个人征收的一种税。纳税人转让房地产所取得的收入减除条例规定扣除项目金额后的余额，为增值额。计算增值额的扣除项目包括：① 取得土地使用权所支付的金额；② 开发土地的成本、费用；③ 新建房及配套设施的成本、费用，或者旧房及建筑物的评估价格；④ 与转让房地产有关的税金；⑤ 财政部规定的其他扣除项目。土地增值税实行四级超率累进税率，最低一级为30%，最高一级为60%（见表11.5）。2022年，我国的土地增值税收入为6 349.11亿元，占当年全部税收收入的3.81%。

表 11.5　　　　　　　　　　　　　土地增值税税率表

级数	增值额与扣除项目金额的比例	税率（%）
1	增值额未超过扣除项目金额 50% 的部分	30
2	增值额超过扣除项目金额 50%、未超过扣除项目金额 100% 的部分	40
3	增值额超过扣除项目金额 100%、未超过扣除项目金额 200% 的部分	50
4	增值额超过扣除项目金额 200% 的部分	60

环境保护税，有时也被称为生态税、绿色税。英国现代经济学家、福利经济学家的创始人庇古在其1920年出版的著作《福利经济学》中，最早开始系统地研究环境与税收的理论问题。我国从1979年就确立了排污费制度，但由于存在法律层级较低、执行刚性不足、行政干预较多、强制性和规范性较为缺乏等问题，无法充分发挥调节作用。加之近年来雾霾治理的紧迫、水污染防治的难题等环境保护问题加剧，倒逼环境保护税开征步伐加快。2016年12月25日，十二届全国人大常委会第二十五次会议通过了《中华人民共和国环境保护税法》，于2018年1月1日起施行。环境保护税的征税对象为大气污染物、水污染物、固体废物和噪声，待条件成熟后，将把有关污染物如挥发性有机物等也列入，扩大征税范围。纳税人为直接向环境排放应税污染物的企业事业单位和其他生产经营者，环境保护税对机动车和船舶暂免征税。应税污染物的适用税率有两种：全国统一定额税和浮动定额税。固体废物和噪声污染实行的是全国统一的定额税制，对于大气和水污染物实行各省浮动定额税制，既有上限也有下限，税额上限为下限的10倍。各省可以在此幅度范围内自行选择定额税的金额。2022年，我国的环境保护税收入为211.22亿元，占当年全部税收收入的0.13%。

本 章 小 结

1. 税收制度简称税制，是一国政府根据税收政策、通过法律程序确定的征税依据和法律规范，通常包括税收体系和税制要素两方面的内容。这里，税收体系是指税种、税类的构成及其相互关系，即一国设立哪些税种和税类，这些税种和税类各自所处地位如何，其核心是主体税种的选择和各税种的合理搭配问题；税制要素则指构成每一种税的纳税义务人、征税对象、税率、纳税环节、纳税期限、减税免税、违章处理等基本要素。广义的税收制度，还包括税收管理体制和税收征收管理制度。国内外的实践表明，税收制度在一国或地区的经济建设和社会发展中的地位与作用至关重要。

2. 回顾税收理论的发展历史，关于税收体制的组成主要有两种不同的理论主张：单一税制论和复合税制论。在复合税制的条件下，各税类税种相互配合，相辅相成，共同发挥作用，但主体税种往往具有优先或突出的作用。在世界各国的税收实践中，普遍采用的是复合税收体系或复合税制。

3. 任何一个税制都是适应特定的政治经济条件而建立的。可以说，一国的经济发展水平与税制结构的选择具有高度的相关性。目前世界各国税制的总体结构可划分为以下三种主要类型：以流转税为主的税制结构（发展中国家为主）、以所得税为主的税制结构（大多数是经济发达国家）、以流转税与所得税并重的税制结构。

4. 我国的税收制度也几经变革，几经修正，发生了很大的变化，特别是 1994 年我国税制的重大改革举措，成了市场经济体制整体改革的重要配套部分。改革开放前的中国税制，事实上可划分为两个阶段：第一个阶段是从 1949 年到 1957 年，即国民经济恢复和社会主义改造时期，这是新中国税制建立和巩固的时期；第二个阶段是从 1958 年到 1978 年党的十一届三中全会召开以前，这是中国税制曲折发展的时期。改革开放以来，中国的税制改革伴随着中国经济从计划经济到有计划商品经济再到市场经济的发展过程不断深化，开始进入全面深化改革的历史新时期。

5. 商品税或流转税一直是我国税制中的主体税种。我国税制中的商品税类主要包括增值税、消费税、关税等税种。

6. 我国现行的所得税主要包括企业所得税、个人所得税。所得税是一种有效的再分配手段，其促进社会公平分配的功能受到各国政府的重视。2008 年 1 月 1 日起我国开始施行内外资企业统一的企业所得税，1994 年制定的企业所得税率"双轨制"就此终结，内外合一的"两税合并"，标志着中国经济进一步与国际规则接轨，有利于市场经济条件下的公平竞争。

7. 财产税类是以法人和自然人拥有和归其支配的财产为对象所征收的一类税收。理论上，实行财产课税的主要理由有三个方面：① 法人或个人拥有的各种财产需要政府的保护和服务，因此，征收财产税是对政府提供保护和服务的一种补偿。② 作为地方政府税收收入的稳定、重要且最后的来源，财产税在财政收支平衡与赤字之间起到有效的调节作用。③ 财产税在调节社会贫富差距和抑制社会财富分配不均方面具有重要作用。

8. 税制改革是通过税制设计和税制结构的边际改变来增进社会福利的过程。税制改革可能有很多形式，既有税率、纳税档次、起征点或免征额的升降和税基的变化，又有新税种的出台和旧税种的废弃，还有税种搭配组合的变化。

重 要 概 念

税收制度　税制结构　单一税制　复合税制　商品税类　所得税类　财产税类　资源税类　特定行为税类　增值税　消费税　关税　企业所得税　个人所得税

思 考 题

1. 什么是税收制度？税收制度的主要类型及主要特点是什么？

2. 简述新中国成立以来我国税制改革的主要历程及其内容。

3. 简述商品税类、所得税类、财产税类、资源税类以及特定行为税类的主要特征。

4. 在过去五年中，你所在省份的地方政府的主要税种是什么？税收增长速度有多快？与全国其他地区相比较，你所在省份的地方政府税收收入增长速度是快还是慢呢？请解释税收增长现象背后的主要原因。

5. 在 2022 年 10 月 16 日召开的中国共产党第二十次全国代表大会中，关于中国未来税制改革的主要内容是什么？试做简要评价。

6. 试述排污费改税的原因和意义。

参考答案

进一步阅读文献

1. Richard J A, Paul J, Lambert P J. Redistributive Effect and Unequal Income Tax Treatment [J]. The Economic Journal, 1994, 104（3）: 262-270.

2. 黄天华. 中国税收制度史 [M]. 上海：华东师范大学出版社，2007.

3. 刘晔，黄实. "十四五"时期我国税制改革与税收治理展望——基于十九届五中全会公报和"十四五"规划建议稿的分析 [J]. 财政监督，2021（2）：5-10.

4. 陈少英. 环境排污费改税的立法选择——基于税收本质观的重新思考 [J]. 华东理工大学学报（社会科学版），2016，31（1）：108-116.

5. 高培勇. "费改税"的实质在于规范政府收入机制 [J]. 会计之友，1999（9）：18-19.

参 考 文 献

1. 杨志勇，张馨. 公共经济学［M］. 北京：清华大学出版社，2005.

2. 朱柏铭. 公共经济学：理论与应用［M］. 北京：高等教育出版社，2007.

3. 高培勇，张国府，张迪恩. 中国财税改革30年：回顾与展望［M］. 北京：中国财政经济出版社，2009.

4. 中国国际税收研究会. 2014年世界税收发展研究报告［M］. 北京：中国税务出版社，2014.

5. 刘克崮，贾康. 中国财税改革三十年亲历与回顾［M］. 北京：经济科学出版社，2008.

即 测 即 评

学完第11章啦，来做个小测检验一下学习效果吧！

12

公 共 债 务

本章学习目标

- 掌握公债的概念、特征及其主要种类
- 理解公债规模如何衡量以及公债负担的主要内容
- 了解我国政府债券管理及其规模变化

　　随着政府职能范围的扩大，税收等财政收入来源往往难以满足日益增长的财政支出需要。于是，通过公共债务（简称"公债"）方式筹资来弥补财政收支的缺口，就成为各国政府的经常性选择。恩格斯对此曾指出，"随着文明时代的向前进展，甚至捐税也不够了；国家就发行票据、借债，即发行公债。"[①] 显然，财政收支的不平衡或赤字的出现，是公债产生的直接动因，而社会闲置资金的出现也为公债的产生创造了现实性条件。当然，对政府财政筹资来说，征税还是举债往往是一个需要综合考察的复杂问题（如公债所引致的受益分布问题、代际公平问题、效率损失问题、宏观经济调控问题、政治道德问题等）。例如，2003 年伊拉克战争打响后，时任美国总统布什宣布要花 750 亿美元，美国就曾围绕增税还是举债来融资展开了激烈争论。

　　在现实世界中，公债活动纷繁复杂。从公债口径的界定到公债规模的控制，从公债发行的管理到公债市场的波动，从公债风险的防范到公债危机的爆发，公债活动的影响不仅遍及一个国家或地区经济社会生活的方方面面，而且还会通过连锁反应波及世界其他国家或地区。结合实践，本章将对公债的概念、特征、种类、规模和负担等理论问题进行探讨，并对我国政府债券政策与管理（也是公债的最主要形式）的实践活动进行重点分析。

---

① 马克思恩格斯文集［M］. 第 4 卷. 北京：人民出版社，2009：190-191.

公债的概念、特征与种类

12.1.1 公债的概念界定

对于什么是公债，不仅中外学者之间存在不同的界定，我国学者之间也有分歧。西方财政学者往往将政府或公共机构举借的债务称为公债，而国内学者往往将国家举借的债务称为国债或公债。[①] 概括起来，国内关于公债概念的主要看法和观点有：① 公债是国家或政府以其信用为基础，在向国内外筹集资金的过程中所形成的债权债务关系，也就是说国家或政府以债务人的身份，采取信用的方式，通过借款或发行债券等方式取得资金的行为。[②] ② 政府举借的债务称为国债或公债。通常中央债称为国债，地方债称为公债。[③] ③ 公债是指国家举借的债，包括内债和外债。[④] ④ 公债即公共债务，是政府向团体、公司、个人或别的政府所借的债务，它反映着以国家为主体的一种分配关系。[⑤] 当然，也有从公共部门角度界定公债，即公债是指公共部门举借的债。[⑥] 由上可见，国内学者对公债概念的界定并不统一。

科学合理地界定公债概念，明确并考虑如下几点是必要的：① 公债概念是私债概念的对应，而无论公债还是私债，主要是从债务主体的角度来界定的。因此，公债中的"公"理解为公共或公共部门较为妥当。当然，政府是公共部门的核心。② 作为债务主体，对国家和政府加以区分是必要的。通常，国家是一个高度抽象的集合体概念，代表国家的只能是中央政府或联邦政府；而政府是一个由特定人员和机构组成的政治经济实体，可以是一个由中央政府和地方政府组成的多级体系。③ 同私债一样，公债也是债，即需要借债还钱。这是信用的本质特征。④ 公债的形式是多样的，即不管是发行债券还是协议借款，也不管债务是显性还是隐性的，只要存在一定的债权债务关系，公债就自然而然地产生了。

为使讨论建立在统一的逻辑基础之上，便于公债问题讨论的深入，本章主要从公共的角度对公债的概念做出如下界定：公债是公共债务（Public Debts）或公共部

---

① 张馨. 比较财政学教程［M］. 2 版. 北京：中国人民大学出版社，2004：259.

② 杨志勇，张馨. 公共经济学［M］. 北京：清华大学出版社，2005：325.

③ 陈共. 财政学［M］. 4 版. 北京：中国人民大学出版社，2004：308.

④ 冯健身. 公共债务［M］. 北京：中国财政经济出版社，2000：1.

⑤ 蒋洪. 财政学［M］. 北京：高等教育出版社，2001：217.

⑥ 朱柏铭. 公共经济学［M］. 杭州：浙江大学出版社，2002：295.

门债务（Debts of Public Sectors）的简称，是指一国的公共部门（主要是政府部门）以公共信用方式举借的各类债务。由于公共部门主要包括政府部门[①] 和公共企业两大组成部分，且政府部门又有中央政府和地方政府之分，因此，公债的概念有大、中、小三个不同口径（见图 12.1）。

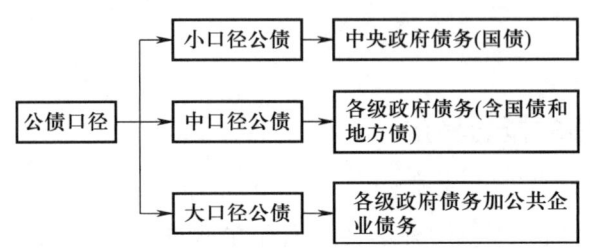

图 12.1 公债概念的层次递进示意图

（1）考虑到部分国家不允许地方政府以任何形式举债，因此，小口径的公债是指一国中央政府对内和对外举借的各类债务，也称国债。

（2）从中口径的公债概念来看，公债是指一国政府部门（包括中央政府和各级地方政府）对内和对外举借的各类债务。因为政府部门是整个公共部门中最为核心和基础的那一部分，所以我们通常所说的公债往往指的就是政府债务（Government Debts）。

（3）从大口径的公债概念来看，公债是指整个公共部门（包括政府部门和公共企业）对内和对外举借的各种债务。不过，这并不意味着公共企业债务和政府部门债务之间不存在区别。在实践中，为了厘清不同行为主体的权、责、利边界，我们需要严格区分政府部门债务和公共企业债务之间的界限。例如，在 2014 年修订的《预算法》实施之前，我国地方政府为了绕开举债约束，曾采取了多种迂回举债的方式，通过地方融资平台公司举债就是其中最重要的一种（详见专栏 12.1）。因此，为了全面掌握地方政府的举债情况及其风险状况，我国曾对地方政府性债务进行了多次清查工作，并将其严格区分为政府负有偿还责任的债务、政府负有担保责任的债务和政府负有救济责任的债务三类，积极稳妥地推进债务风险化解工作。与此同时，按照"开前门，堵后门，筑围墙"的改革思路，对企业举债行为也进行了严格规范，明确要求企业依法合规开展市场化融资，切实做到"谁借谁还、风险自担"，严禁企业以各种名义要求或接受地方政府及其所属部门为其市场化融资行为提供担保或承担偿债责任。

结合我国实际，本书采用中口径公债概念，并就其特征、功能、规模和负担等理论问题进行探讨。

[①] 需要说明的是，这里的政府部门是指以管理社会公共事务、提供公共产品和服务、维护和实现社会公共利益为目的，拥有法定的或授予的公共权力的所有组织实体。在我国，不仅包括各级各类国家机关和政党组织，还包括政府出资举办的事业单位等公立非营利组织。

专栏12.1 地方政府融资平台的基本运营方式

融资平台大多以城市建设投资公司、城建开发公司或城建资产经营公司等形式存在，地方政府赋予其相应的道路、公用事业收费权。必要时，还会提供财政补贴、担保或者项目回购作为附加的还款承诺，以完成筹资的目的，进而将资金用于市政建设和公用事业等项目。在实际运行过程中，融资平台名为独立法人，但无论从资产关系、财务管理、经营决策还是人事安排上，都与地方政府纠缠不清，甚至会出现融资平台与政府部门"一套人马，两块牌子"的情况（其基本运营模式详见图12.2）。也就是说，它实质上是一种准财政机构，是由地方政府及其部门和机构等通过财政拨款或注入土地、股权等资产设立，承担政府投资项目的融资功能，并拥有独立法人资格的经济实体。

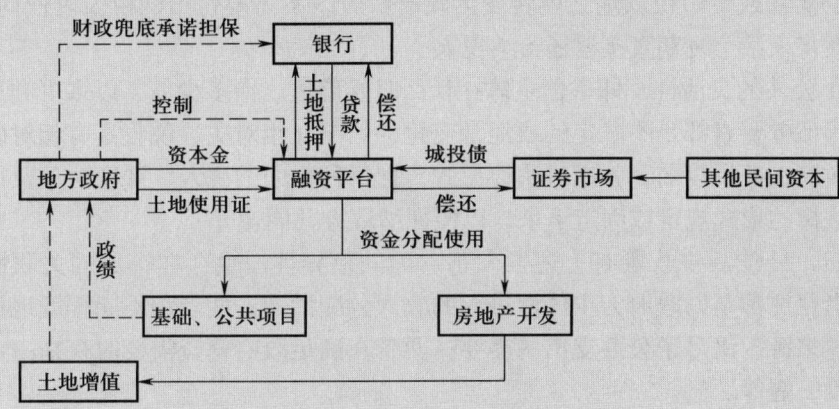

图12.2 地方政府融资平台的基本运营方式

融资平台公司作为我国特殊历史时期的产物，它规避了1994年修订的《预算法》关于地方政府不得举债的禁令，成为地方政府建设基础设施和促进经济发展的重要融资渠道，但这种方式存在着大量的不规范、不科学之处。对此，《国务院关于加强地方政府性债务管理的意见》（国发〔2014〕43号）中就明确指出，剥离融资平台公司政府融资职能，融资平台公司不得新增政府债务。据此，长期以来担任地方政府融资责任的融资平台公司将逐步转型，回归普通企业。

资料来源：孙鹏云. 政府会计改革与地方政府债务报告优化研究［M］. 北京：经济科学出版社，2016:85.

12.1.2 公债的"三性"特征

公债的形式特征，是指公债所特有的外在表现。理论上，公债的形式特征是在与税收、私债等收入分配形式的比较中得以显现的，是其区别于其他收入分配形式的重要表现。

相较于税收，公债具有鲜明的自愿性、有偿性和灵活性特征。我们将公债的自愿性、有偿性和灵活性，概括为公债的"三性"特征。具体地理解为：

（1）公债的自愿性，即举债主体（即政府等公共部门）在对内、对外举债筹资时，举债对象（即潜在的债权人）借或不借、借多借少等都是在自愿原则上的自主选择。对举债主体来说，这意味着公债的市场发行或资金筹措必然存在一定的风险。与此相对应，税收具有强制性，即在国家税法规定的范围内，任何单位和个人都必须依法纳税，否则就要受到法律的制裁。显然，公债依据的是公共信用，而税收依据的是政治权力或公共权力。

（2）公债的有偿性，即举债主体在公债到期时具有还本付息的责任与义务。偿还性是信用活动的本质特征。与此相对应，税收具有无偿性，即政府征税以后纳税人缴纳的实物或货币税款随之就转变为政府所有，不需要付给纳税人以任何报酬，也不再在将来某个时期直接返还给纳税人。

（3）公债的灵活性，即举债主体在什么时候借债、借多少债、以多少利息为代价借债等债务要素都是不确定的或经常变化的。与此相对应，税收具有相对的固定性，即政府在征税以前，就通过法律形式，把每种税的纳税人、课税对象及征收比例等以法律的形式规定或固定下来，以便征纳双方共同遵守。

当然，公债与税收既有上述三大基本面的差异性，也存在一定的关联性。例如，两者往往都是以政府为主体而进行的收入分配活动；两者都不同程度地构成财政收入的来源，满足了公共支出的需要；两者在满足政府筹资需要时存在一定的相互替代性，等等。

公债的"三性"特征相互影响，相辅相成（见图 12.3）。其中：公债的自愿性是前提，有偿性是核心，灵活性是补充。事实上，当公债的发行具有强制性时，公债就已经具有税收的特性或已经是"暗税"或隐性的税收。而正因为公债是自愿性的，所以，公债就必须是有偿性的。由于公债的有偿性是公共信用的本质体现，保障了公债在自愿情况下的吸引力，因此，有偿性就是公债"三性"的核心。但也由此决定了举债主体（如政府）必然承受一定的偿债负担或偿债风险。当公债满足自愿性和有偿性特征时，公债的灵活性就是自然的和必然的，即举债主体就需要根据社会闲置资金的充裕状况、自身偿债能力的大小、宏观经济运行的景气等因素来灵活运用公债机制。

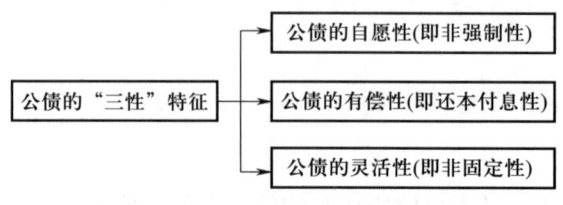

图 12.3 公债的"三性"特征分析

12.1.3 公债的种类

公债种类繁多，可从不同的角度或标准划分出不同的类型。对公债进行分类，是为了更深入地研究公债问题。

12.1.3.1 按举借形式的不同，公债可划分为政府债券、政府借款协议和其他法定偿债义务

如前所述，公债的本质在于公共信用所形成的债权债务关系，而不在于其具体形式。基于此，目前有些人利用国债或公债的发行规模来探讨中国的国债或公债规模就是不完全的和不准确的。显然，债券（Bonds）发行只是公债的一种重要形式或载体。所谓公债券，即有固定债务面额的书面或电子化债务凭证。随着现代化交易系统的出现，凭证式的有形公债券已逐步被记账式的无形债券所代替。此外，政府对内或对外通过借款协议（Loans）方式所承担的各种债务，也是公债的重要内容。除上述两项公债种类之外，另一种公债形式——法定偿债义务（Legal Obligation）也很重要，但却易于被忽视或低估。例如，尽管我国政府既没有通过债券也没有通过协议形式，但仍对国有银行坏账、国有粮食企业挂账、社会保障"空账"等负有法律意义上的隐性负债。此外，如果各级政府对企业私债进行了担保，那么，在企业债务人无法偿债时（不管主观恶意还是客观困难），也会使得政府财政（担保人）背负法律上的连带偿债责任，即政府财政会面临或有公债风险。财政实践中，这类以一定概率形式存在的法定偿债义务或负担也值得关注和警惕。

与此同时，世界银行在分析财政风险矩阵（The Fiscal Risk Matrix）时，就政府债务做出两个维度的划分，与上述内容有较高关联度。一是基于确定性标准，即债务是否可预见，分为直接债务和或有债务。其中：直接债务是指不依附任何事件，在任何条件下都必然发生的、可预先确定的债务；或有债务是只有在一定条件被触发才有可能产生的债务，具有不确定性。二是基于法律规制标准，即是否具有法律效力，分为显性债务和隐性债务。显性债务是指地方政府负有法律责任，按照约定需还本付息的债务，主要通过法律或合同形式确认；隐性债务是指源于公众预期、政治压力和政府道义责任等因素造成的地方政府需要承担的负债，也就是地方政府承担的非法律和非合同义务的债务。

综合上述两种分类标准，我们可以进一步把政府债务分为直接显性债务、或有显性债务、直接隐性债务和或有隐性债务四类。直接显性债务是指由特定法律或合同约定的，在任何情况下都确定地会产生的债务，比如政府债券或其他形式的借款。或有显性负债是指由特定法律或合同约定的，由可能发生的某一具体事件而触发的债务，比如政府担保的债务。直接隐性债务是指法律或合同并未规定，是基

于公众预期、政治压力或政府道义责任而确立的，在任何条件下都存在的债务，如政府在弥补社会保险基金收支缺口上的义务。或有隐性债务是指法律或合同并未规定，是基于公众预期、政治压力或政府道义责任而确立的，在特定条件下可能发生的债务，如政府在某种特殊情况下对非公共部门的紧急财务援助等。

12.1.3.2　按举借主体的不同，公债可划分为中央政府公债和地方政府公债

通常，中央政府公债（Central Government Bonds）又称国债（National Bonds），是中央政府以债务人身份对内和对外举借的债务（不仅仅指债券的发行）。根据"谁受益谁负担"的市场经济原则，中央政府公债的发行收入往往由中央政府支配，相应的公债本息也由中央政府来负责偿还。

与之相对应，地方政府公债（Local Government Bonds）是指地方政府以债务人身份对内和对外举借的债务。在西方，许多国家的市政债券都属于地方政府公债的范畴。通常，地方政府公债的规模大小、期限长短、具体用途、发行方式等由地方政府来决定，因此，地方政府也承担相应的公债偿还责任。在特定的情况下，当地方政府出现财政破产或陷入债务危机时，为防止该地方政府信誉的崩溃以及债务危机的扩散，相应的地方政府偿债负担会转移至该国中央政府身上。

12.1.3.3　按借债地域的不同，公债可划分为国内公债（即内债）与国外公债（即外债）

国内公债或内债（Domestic Bonds）是指政府在国内举借并以本币为货币单位的债务。通常，内债的债务人是本国的各级政府部门，债权人是国内的企业、居民、金融机构、事业单位等非政府部门。由于内债的负担人和受益人都限于国内，因此，内债意味着本国资源支配在国内的结构性变化，国内可支配资源的总量并未增加。

国外公债或外债（Foreign Bonds）是指政府在国外举借并以外币为货币单位的债务。与内债相比，外债的债务人是基本相同的，但债权人却完全不同，即外债的债权人是外国的政府、企业、居民、金融机构等。[①]与内债的结构性影响不同，外债对一国或地区的资源影响是总量性的或增量性的，即在举借时意味着一国或地区可利用资源总量的增加，但在偿债时意味着一国或地区可利用资源总量的减少。此外，由于外债往往是以外币（如美元、日元、欧元等）为货币单位，且在偿还时也须以外币为单位来偿还。由于外债通常是外币债务（Foreign Currency Debt），因此，一国或地区的外债负担不仅受到利率的影响，更受到相关汇率变动的深刻影响，即面临利率与汇率双重风险。

---

① 应指出的是，一般意义上的外债与这里的政府外债不同。一般意义或广义上的外债是指本国居民（包括本国政府和企业）对外国居民所承担的以外币为单位的外债，包括政府外债和非政府外债。而这里的政府外债仅指本国政府对外承担的以外币为单位的外债。

12.1.3.4 按借债期限的不同，公债可划分为短期公债、中期公债与长期公债

不同期限的公债满足举债主体不同的筹资需要。短期公债（Short-Term Bonds）主要指偿债期限在1年以内（含1年）的公债。例如，美国短期公债中26周的公债（即半年期公债）占半数以上。在13世纪中期，威尼斯、佛罗伦萨和热那亚三个城邦国就发行了很多短期政府公债，并靠简单的到期再借把短期债务进行展期。实践中，短期公债的主要功能是弥补短期内财政收支的不平衡，调剂财政国库短期内的收支缺口。基于此，短期公债往往又称为国库券（Treasury Bills）。应指出，国库券起源于1877年的英国，专门指弥补国库短期收支差额的政府债券。西方国家的国库券品种较多，一般可分为3个月、6个月、9个月、1年期四种，其面额起点各国不一。国库券采用不记名形式，无须经过背书就可以转让流通。由于国库券期限短、风险小、流动性强，因此国库券利率比较低。此外，在金融市场上，由于短期公债的流动性较强，因此，其市场交易往往较为活跃，并成为中央银行开展公开市场操作（Open Market Operation）[①]的重要对象。还应指出，西方国家的短期公债利率往往是银行利率或企业债券利率的重要定位基准。

中期公债（Middle-Term Bonds）通常是指偿债期限在1年以上、10年以下（含10年）的公债。对政府来说，中期公债满足了政府在较长时期内支配和使用债务收入的需要。对投资者来说，中期公债也是一种较为优良的投资品种。不难发现，这种结果既是当时债市走势良好预期以及充足认购资金追捧的合理结果，也是基于中期公债（如5年期公债）是商业银行等机构投资者优化投资配置期限结构的重要筹码。

长期公债（Long-Term Bonds）通常指借债期限在10年以上的公债。对政府来说，长期公债满足了政府在长期内的财政支出资金融通需要（如建设周期在10年以上的重大公共工程投资），同时，长期公债也有利于政府避免或者延缓还债高峰的出现。值得指出的是，在极少情况下出现的永久性公债或无期限公债（即不规定固定的偿债期限、每年支付一定利息且政府在某一时期有权按票面价值赎回的公债），可视为一种特殊的长期公债。

12.1.3.5 按债权债务关系建立是否自愿为标准，公债可划分为强制公债、准强制公债和自由公债

强制公债是指政府通过强迫的方式让人们认购的公债。一般以行政命令强制分摊的方式发行。强制公债常用于战争爆发等较特殊的时期，一般情况下很少采用。在某种程度上，强制公债相当于一种隐性税收（Hidden Tax）。自由公债是指人们自愿认购的公债。理论上，公债应该是完全建立在自愿基础上，因此，现代各国的公债一般都是自由公债。准强制公债（Quasi-Forced Public Debts）又称爱国公债，

---

　① 在市场经济条件下，公开市场操作是一国中央银行调控货币流通量以稳定本币币值和宏观经济的三大货币工具中最常用的政策手段之一。

介于强制公债与自由公债之间，是指利用人民的爱国心或者社会舆论以及道义的软强制力而发行的公债。例如，我国历史上清朝政府曾于宣统三年（即1911年）以"爱国公债"之名发行国内公债，发行额定为3 000万元，并强制规定王公世爵、京外大员、各衙门官吏等所有就任公家职务且年收入薪俸在1 500元以上者均有购买公债的义务。由于晚清政权即将覆亡，"爱国公债"的发行结果，除大部分由清廷以内帑认购以及王公世爵、在京文武官员劝募共得款数约1 016万元外，普通商民几乎没有什么认购。①

专栏 12.2　中国公债的历史溯源

　　中国公债问题早于2 300多年前在春秋战国时期的历史上就"粉墨登场"，而非像某些学者所说的始于近代或现代。据《东周列国志》记载，我国古代周朝最后一个天子周赧王姬延（公元前314—前256在位）"欲发兵攻秦，而不能给车马之费"，"于是访国中有钱富民，借贷以为军资，与之立券，约以班师之日，将所得卤获，出息偿还"。但战败而归后，由于借富人之债太多无力偿还，债主逼急，于是避居高台之上，周人称为"逃债台"。于是，才有后来"债台高筑"的成语。《史记》中也有相关记载："虽居天子之位号，为诸侯之所役逼，与家人无异。名负责（即债）于民，无以得归，乃上台避之，故周人名其台曰逃责台。"由此可见，两千多年前周赧王的举债是我国公债史甚至债务史的发端或滥觞。有学者认为中国的公债起源于清光绪二十年（即1894年）户部效法西方国家的"息借商款"，显然是值得商榷的。②上述史实至少说明三点：① 公债这个财政或金融工具的使用，中国可以追溯至两千多年前，早先于外国；② 从结果来看，周赧王发行的是"战争债券"；③ 利用公债这个筹资工具"以充国用"，会引致一定的债务风险。

资料来源：张雷宝. 公债经济学：理论·政策·实践（修订版）[M]. 杭州：浙江大学出版社，2018：2.

12.2

公债负担理论

　　如果没有任何公债，就不会有丝毫的公债负担。反过来，只要存在一定规模的公债，就势必产生相应的公债负担。理论上，公债规模越小，公债负担就越小；公

---

① 刘晓泉. 清末"爱国公债"发行探析 [J]. 青海社会科学，2009（11）：115−118.

② 冯健身. 公共债务 [M]. 北京：中国财政经济出版社，2000：7.

债规模越大，公债负担就越大。事实上，许多发展中国家的沉重公债负担已经成为解释投资与经济增长崩溃的重要变量。显然，对特定的经济主体来说，公债负担应有个合理的限度。

12.2.1　公债负担的三种情形

对公债负担问题的分析，有助于我们更深入地研究公债的实际影响。理论上，公债负担问题可从以下三个方面分析：① 公债终究是要偿还的，所以会产生政府（即债务人）负担；② 政府债务的最终偿还往往是靠税收收入，所以会产生纳税人的负担问题；③ 某些情况下，公债也会产生代际负担问题。公债代际负担存在与否以及程度如何，既取决于政府偿债时的税负归宿，还取决于公债资金的使用及投资效率水平。

12.2.1.1　公债引致的债务人负担问题

对公债来说，债务人负担通常就是指举债者（即政府）的直接负担。也就是说，公债的偿还会造成政府财政负担（即债务人负担）。理论上，政府筹集的债务收入虽可用于弥补财政赤字，产生短期内的"财政平衡幻觉"，但当债务到期偿付时，就会产生政府偿债负担问题。如果政府举债的规模过大，超过了政府的偿债能力，就可能产生债务风险甚至债务危机。

值得指出的是，当公债引致的债务人负担超过一定限度时，政府就会倾向于通过提高税收来偿还公债的本金和利息，即实现公债负担的税收化。当然，高额负债的政府可能会通过多印钞票的隐性方式来实现公债负担的税收化（即通货膨胀税）。从此意义上讲，政府的债务往往就是公共的债务，即政府总会想方设法地将债务负担转嫁出去，如政府通过提高税收途径来转嫁债务负担，或通过扩大货币发行量并制造通货膨胀来将债务贬值[①]，使得政府的债务负担就间接地转化成了一种公共负担。

12.2.1.2　公债引致的纳税人负担问题

公债引致的纳税人负担，即在应债主体与纳税主体相分离的情况下，纳税人往往是公债负担的最终承载主体。

---

① 美国经济学家弗里德曼认为，通货膨胀不仅使得政府债务贬值，而且使政府从货币发行中得到了一笔额外收入，由此给社会造成的负担就相当于税收。因此，有人就将之称为通货膨胀税（Inflation Tax）或弗里德曼税。

由于这里涉及如何看待当期债务与未来税收之间的关系问题[①]，不同经济学家有着截然不同的观点和结论。

1. 马克思关于公债负担及相关问题的观点

① 公债是未来的财政负担，"借债使政府可以应付额外的开支，而纳税人又不会立即有所感觉，但借债最终还是要求提高税收"[②]；② 举债会导致税收的增加，"由于债务的不断增加而引起的增税，又使政府在遇到新的额外开支时，总是要借新债……过重的课税并不是一件偶然的事情，倒不如说是一个原则"[③]；③ 公债促进了资本原始积累，"公债成了原始积累的最强有力的手段之一。它像挥动魔杖一样，使不生产的货币具有了生殖力，这样就使它转化为资本……国债还使股份公司、各种有价证券的交易、证券投机，总之，使交易所投机和现代的银行统治兴盛起来"[④]。

2. 李嘉图等价定理

1817 年，李嘉图在其著名的代表作《政治经济学及赋税原理》第 17 章《农产品以外的其他商品税》中表述了如下公债思想：政府为筹措战争或其他经费，采用征税还是发行公债的影响都是等价的。这就是著名的"税收与公债的李嘉图等价定理"思想的最初文献来源。后来，根据巴罗（Barro，1974）等学者的进一步研究，得出了李嘉图等价定理的核心思想，即赤字只是延期的税收，理性个人应当能够识破这种跨时面纱，并认识到税收的贴现值仅取决于实际政府支出，而不取决于征税的时间。既然征税的时间不影响个人一生的预算约束，就不能改变他的消费决策。但这一假说的成立有赖于以下几个方面的假设：第一，消费者是理性的，具有无限的计划期限；第二，资本市场是完全的，当人们打算在不同的时间里转让收入以使其一生的福利最大化时，他们可以按照政府借贷的相同利率贷出或借入；第三，将来的收入和税收份额具有确定性，是可知的；第四，税收是一次性总付税；第五，发行和偿还公债的交易成本为零。

3. 对李嘉图等价定理的质疑

如果李嘉图等价定理成立，即发行公债和增加税收一样，都会带来个人消费支出的减少，那么，政府预算赤字所增加的需求，就会被居民消费的减少所抵消，凯恩斯主义的反经济周期的相机抉择调节政策就会失效或失灵。在凯恩斯学派看来，经济之所以出现危机就是因为有效需求不足，而公债是解决有效需求不足的重要举措，政府可以通过举债来弥补财政赤字，保证政府用于增加社会消费和投资的资金需求。

---

① 公债负担与税收负担的很大不同在于：税收负担往往发生于现在或当前，而公债负担往往发生于将来或明天。因此，有学者提出，政府支出项目受益于当前的项目宜采取税收筹资方式，而政府支出项目受益于将来的项目则应采取公债筹资方式。

② 马克思恩格斯文集 [M]. 第 5 卷. 北京：人民出版社，2009：866.

③ 马克思恩格斯全集 [M]. 第 23 卷. 北京：人民出版社，1972：824–825.

④ 马克思恩格斯文集 [M]. 第 5 卷. 北京：人民出版社，2009：865.

12.2.1.3 公债引致的代际负担问题

通常，公债负担有短期与长期之分。短期负担意味着当代人负担，而长期负担则意味着下代人负担。由此，公债会引发代际负担及其转移问题。事实上，对于公债的代际负担问题，理论界存在两种观点：当代负担论和下代负担论。当代负担论认为，当代人购买政府发行的公债，实际收入减少或消费能力下降，同时其又向政府纳税以偿还政府债务的本金和利息（相当于政府用当代人的钱来还当代人的债），从而给当代人造成债务负担。下代负担论认为，当代人购买公债是一种资产投向的选择（即不买公债也会去储蓄或买股票等），不存在负担问题，但由于政府的偿债资金来源于下代人的税收，并减少了其可支配收入，即下代人在未享受公债收益时却承担了用于偿债的税收负担，从而产生下代人的公债负担问题。事实上，代际负担问题可从拉丁美洲外债中得到部分说明。例如，由于拉丁美洲外债已从1974 年的 93 亿美元增至 2022 年的 19 893 亿美元，占 GDP 的 36.9%，出口总额的137.2%，因此，几乎每一个拉丁美洲人一出生就欠债 3 334.4 美元。[1]

这里，通过一个简单的新古典迭代模型（Overlapping Generations Model），以居民终身消费的变化量，来证明公债确实会造成代际负担的转移。假设一个社会的人口由数量相同的三类人组成，即老年人、中年人和青年人，每代人的持续时间都是 20 年，20 年内每个人的收入水平固定为 15 000 元，且每个人都将自己的全部收入消费掉（即没有储蓄或遗产）。为了简化问题，假设上述情形永远持续下去。如表 12.1 所示，2005—2025 年三代人的收入水平均为 15 000 元，现假定政府举借公债 15 000 元并用于公共消费，并决定于 2025 年偿还。由于理性的老年人不愿意借款（因其在 20 年后政府还债时已不在人世了），政府举债时，只有青年人和中年人愿意借款给政府。为简化问题，假设青年人和中年人共同并对半承担这笔公债，即分别借款 7 500 元给政府，于是，其在 2005—2025 年的消费水平自然都减少 7 500 元。随后，政府将这笔公债用于当期的公共消费支出项目（假设公共消费项目的价值等于投资额），并向同时期所有的居民提供等量的公共消费额，于是同时期的三代人都增加了 5 000 元的实际消费量。到了 2025 年，原来的老年人已归入尘土而退出理论分析的视野，原来的青年人已变为中年人，原来的中年人则变成新的老年人，与此同时，新一代青年人也已出现。假设公债的偿还需要税收化，即政府将通过向每代人征收 5 000 元来偿还 15 000 元的公债[2]，并用这笔税款来清偿债权人（已变成中年人的当年青年人和已变成老年人的当年中年人）。

---

① 邵鸿烈. 财政学［M］. 杭州：浙江人民出版社，2003：188. 以及世界银行开放数据。

② 为简化问题，这里假设该笔公债无须支付利息（即零利率公债），即只偿付公债本金，而不会为将来的消费进行贴现。但须指出，即使该笔公债的利率为正值，也不会影响分析结论的成立。

表 12.1　　　　　　　　　　　迭代模型和公债代际负担

项目	2005—2025 年		
	青年人	中年人	老年人
（1）收入水平	15 000 元	15 000 元	15 000 元
（2）政府举债	−7 500 元	−7 500 元	
（3）政府提供公共消费	+5 000 元	+5 000 元	+5 000 元
		2025 年	
	青年人	中年人	老年人
（4）公债税收化	−5 000 元	−5 000 元	−5 000 元

从公债负担的角度，依据表 12.1 可得出如下几点结论：① 2005—2025 年的老年人（即上代人），其终生消费水平比没有公债发行的情形高出 5 000 元；② 2005—2025 年的青年人和中年人，终生消费水平未发生任何变化；③ 2025 年的青年人（即下代人）的终生消费水平，较之没有公债发行的情形下降了 5 000 元。也就是说，即使是内债，公债也会产生代际的负担问题，而代际负担的程度取决于未来税率、利率、人口等假设条件。

事实上，公债代际负担的存在与否以及程度如何，既取决于政府偿债时的税负归宿，还取决于公债资金的使用及投资效率水平。如果政府的公债资金完全用于当代人的消费性支出，若公债累积到下代人并要其纳税偿还时，就会产生纯粹的下代人负担问题，这就是公债负担的代际转移。若政府将公债资金用于投资性项目（如功在当代、利在千秋的大型防洪工程建设等），那么，下代人在承受偿债负担时，也会有所受益，其负担程度就会有所减轻。一般地，下代人负担问题多多少少地存在，是一种客观的经济现象，其负担程度必然与公债资金的投资性质及其效率水平息息相关。

此外应指出，即使公债代际负担问题是客观存在的，其也未必是不合理的或错误的。美国经济学家理查德·A. 马斯格雷夫和皮吉·B. 马斯格雷夫就认为，把公债负担转嫁到下一代是"公平合理的"。因为下一代所获得的物质财富是现在这一代的遗产，其理应承受一些公债偿还而产生的较高税负。保罗·D. 萨缪尔森更认为："在大量的债务中，存在着实际的负担……可是也存在着大量的有关债务负担的神话……一代人把负担加给下一代的主要方式是耗费掉国家现有的资本品的总量，而不对资本品添增通常的投资，但公债由于具有生产性之特征，会直接增加国家的物质财富。这种公债实际上代表着一种负数的负担。因为，它能够在目前导致出更大数额的资本形成和消费。"[①] 因此，现代经济中的新兴公债哲学认为，公债代际负担即使存在也是应该的，甚至对下代人是有益的（如公债促使更大数量资本形成和消费增加并为下一代人增加了可继承的遗产）。

12.2.2 内债负担与外债负担的差异比较

内债负担与外债负担的主要区别在于：

（1）由于内债的负担者是本国居民，受益者也是本国居民，其实质是国民财富在本国居民之间的相互清算（即特定年度的债权人与纳税人之间的清算），整体上是"左手欠右手"，即自己人欠自己人的债，不算是真正的债务负担（勒纳，1948）；外债的负担者是本国居民（表面是本国政府），受益者则为外国人（含外国政府、企业和居民），往往意味着债务国资源不得不以外债利息的方式流向债权国，因而通常会形成真正的债务负担。[②]

（2）内债负担可以通过政府有意和无意的通货膨胀政策手段来贬值或减轻，但外债负担却不受此影响。

（3）与内债负担不同的是，外债负担的特殊性还在于其真实负担大小受到了汇率变动的直接影响。例如，在外债到期并须还本付息时，如果本国货币相对于债权国货币或偿债外币的汇率下跌，这种汇率变动就会直接增大本国的外债负担（包括外债货币负担和真实负担）；反之，当本国货币相对于债权国货币或偿债外币的汇率上升，这种汇率变动就会直接减轻本国的外债负担（包括外债货币负担和真实负担）。也就是说，为了不增加本国外债负担，债务国不宜采取降低本国汇率或汇价的外汇政策。[③]

12.2.3 公债负担限度的理论解释

公债对政府和社会都会产生一种负担，而任何负担都存在一个限度或适度性问题。因此，理论上必然存在一个最优或最适度的公债规模。通俗地说，公债适度规模主要是指既能保证政府按期还本付息，又能促进社会经济又好又快发展的公债规

---

① 保罗·萨缪尔森，威廉·诺德豪斯. 经济学 [M]. 12 版. 北京：商务印书馆，1991：588-598.

② 在勒纳看来，外债本身不一定会导致外债负担。这主要取决于两种情况：第一，外债资金如果用于消费性支出，本国居民肯定会承受外债负担；第二，外债资金若用于资本性支出，外债负担则取决于外债项目的投资收益，即一旦外债项目投资收益低于外债成本，外债负担就会产生。

③ 事实上，许多发展中国家往往因此会陷入两难的选择困境。因为提高本国汇率或汇价，可以降低本国外债负担水平，但不利于出口贸易；降低本国汇率或汇价，虽有利于刺激本国出口贸易，但却会直接增大本国外债负担水平。

模。严格地说，公债适度规模是指边际债务负担（成本）与边际债务收益相一致时所决定的公债规模。

公债规模的适度性主要是由举债成本与举债收益两方面因素来共同决定的。我们用图 12.4 表示。假设 TC 代表公债成本，即政府举借公债所支付的各种直接和间接成本；TB 代表公债收益，即政府举借公债所产生的各种直接和间接收益（包括直接经济效益和间接社会效益）。显然，TB 与 TC 之间的差额代表一定公债规模下的公债净收益额。

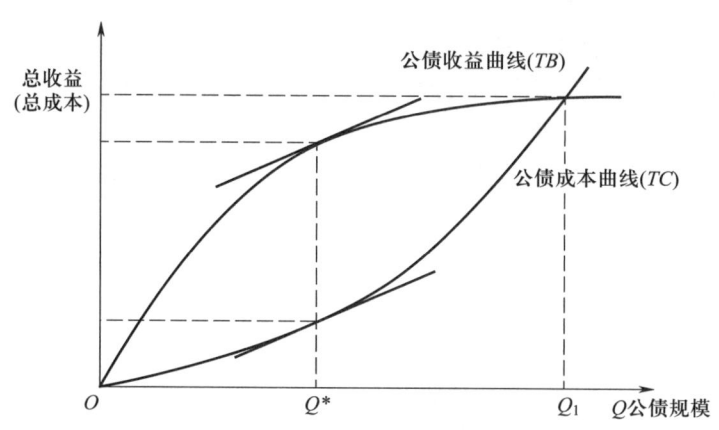

图 12.4　公债适度规模的图示分析

应指出的是：① 公债成本具有边际递增的特性。这是因为：随着公债规模不断扩大，公债利率不断上升，举债费用不断增加，债务管理日趋复杂，这意味着公债所导致的边际成本不断增加。② 公债收益具有边际递减的特性。通常，公债边际收益受到社会经济发展水平、政府债务管理能力、债务管理体制、创新潜力等因素综合决定，并随着债务规模不断增加而有所递减。

根据图 12.4 的分析，我们可得出如下几点结论：① 当公债规模小于 Q_1 时，政府举债的总收益大于总成本（即 $TB > TC$），政府举债的净效益为正（即 $TB - TC > 0$）；② 当公债规模大于 Q_1 时，政府举债的总成本大于总收益（即 $TC > TB$），政府举债的净效益为负（即 $TB - TC < 0$）；③ 当公债规模等于 Q^* 时，政府举债的边际收益等于边际成本，净效益达到最大化。上述分析说明，当公债规模小于特定规模临界值（如图 12.4 中的 Q_1）时，政府公债规模处于适度状态，理论上公债的最适度规模为图 12.4 中的 Q^* 点。

12.2.4　公债负担规模的影响因素及其衡量指标

由于公债负担的大小往往直接取决于公债的规模，因此，衡量公债规模就成为分析公债负担限度问题的重要前提。

从根本上说，公债规模主要受制于经济发展水平、社会闲置资源存量、国家资产总量、国际收支情况、政府宏观调控能力、债务资金的使用效益以及公众牺牲程度等诸多因素。根据历史经济数据以及有关研究资料，经济发达国家的负债总额占国家有形资产总量的比率为 50%~70%；经济发展处于中等水平的国家负债总额占国家有形资产总量的比率为 30%~50%；经济发展处于较低水平的国家负债总额占其有形资产总量的比率约为 30% 或略低。[①] 具体就国内债务融资途径而言，公债发行规模的数量界限主要取决于一国经济总量、财政收入水平、未来公债偿付能力、可供公债吸收的居民储蓄余额等经济变量因素。

目前普遍采用的衡量一个国家的公债规模是否适度的指标主要有三个：

（1）公债依存度。公债依存度（Debt Dependence Degree）指政府当年公债收入额占当年财政支出的比重或比率，反映了政府财政支出对公债收入的依赖程度。公债依存度是判断公债规模是否合理、适度的重要指标，具体又可分为中央财政债务依存度和地方财政债务依存度。

（2）公债负担率（简称负债率）。公债负担率（Debt-to-GDP Ratio）指公债余额占当年 GDP 的比重或比率，反映了一国经济总量对未偿付公债的总体负担能力。公债负担率是国际上通行的衡量公债规模适度性的重要指标。目前，世界上许多国家的政府都把 60% 的公债负担率作为控制本国债务规模适度性的重要指标。

（3）公债偿债率。公债偿债率（Debt-Service Ratio）指当年还本付息额占当年财政收入的比重或比率，反映了政府财政的债务清偿能力。从国际经验来看，公债偿债率为 7%~15% 属于较为安全水平（不考虑偿债基金）。[②] 应指出，由于借新还旧的债务清偿机制，公债偿债率和公债依存度之间往往存在互为因果、相互促进的关系，并易于使政府财政陷入财政困境。

衡量地方政府债务规模的指标，我国主要采用的是债务率，即地方政府承担直接偿还责任的债务总额与其综合财力的比例，反映了地方政府当年度的偿债压力。国际上通用的标准是在 100%~120%。我国将地方政府债务率低于 120% 的区域标记为绿色，120% ≤债务率< 200% 的区域标记为黄色，200% ≤债务率< 300% 的区域标记为橙色，债务率≥ 300% 的区域标记为红色，不同颜色所代表的地方政府债务风险依次由低到高。

值得指出的是，一国或地区的公债负担限度以及公债风险通常用财政赤字率和债务负担率两大指标来衡量，其衡量标准即常用的"国际警戒线"，即 1993 年正式生效并标志欧盟诞生的《马斯特里赫特条约》（简称《马约》）中规定的两大财政标准：① 欧盟成员国财政不应有"过度赤字"，赤字占当年 GDP 的比重（即财政赤字率）不应超过 3%；② 一国政府债务总额占 GDP 的比重（债务负担率）

---

① 高培勇，宋永明. 公共债务管理［M］. 北京：经济科学出版社，2004：91.

② 高培勇，宋永明. 公共债务管理［M］. 北京：经济科学出版社，2004：87.

不应超过 60%。然而，从财政理论和实践来看，就上述"国际警戒线"的产生背景而言，《马约》关于财政赤字率和债务负担率的标准只是欧共体成员加入欧洲经济货币联盟的入围标准。尽管这一标准是对财政风险的某种度量，但就其本身而言，并不直接具备所谓"国际警戒线"的属性。鉴于各国国情的个体差异较大，具有普适性的公债风险"国际警戒线"的存在性及其具体水平值得进一步深入探讨。

总之，公债负担问题作为公债理论的重要内容之一，直接影响一国公债政策的有效运用以及与国民经济的可持续增长有着密切关系。在运用公债政策时理应特别注意，以避免因公债负担过重而造成巨大的债务风险及债务危机。

12.3 我国政府债券管理及其规模变化

12.3.1 国债管理及其规模变化

12.3.1.1 国债发行的历史沿革

（1）人民胜利折实公债。为弥补财政赤字，平衡财政收支，中央人民政府于 1950 年发行了"人民胜利折实公债"。此项国债计划发行 2 亿分，实际发行 1 亿分。这一期国债的发行，弥补了财政资金的不足，也阻止了通货膨胀，稳定了市场物价，开辟了党领导下的人民政府的融资渠道，树立了人民政府的公信力。

（2）国家经济建设公债。1954—1958 年，国家连续五年发行"国家经济建设公债"。每次均超额完成发行任务，共筹措到 62.17 亿元，除 1954 年发行的是 8 年期之外，1955—1958 年发行的均为 10 年期。此轮国债的发行为我国第一个五年规划筹集了大量资金，推动了新中国的经济建设。

（3）国债暂停发行。1969 年 5 月 1 日，由于受某些因素影响，我国暂停发行国债，直至 1980 年，这期间形成了不向国内外借债的财政政策。

（4）国债恢复发行。1981 年起，我国开始每年发行国债。经过四十多年的探索，目前已形成以记账式国债和储蓄国债为主体的国债发行格局，通过完善国债制度，强化国债监管，提升国债服务水平，建立了有中国特色的国债市场，并在筹集财政资金、促进经济发展、满足投资需求等方面发挥了至关重要的作用。期间除发行普通国债外，我国还发行了国家建设债券、基本建设债券、特种国债和保值公债等一些特别国债。比如，为应对新冠疫情带来的不利影响，高效做好"六稳""六保"工作，助力复工复产，发行了抗疫特别国债。

1994 年后，我国开始发行凭证式国债，并逐步取代了国库券，实现了投资人由各类投资者向个人投资者的转变，购买方式由现金交易到手机购买的转变，经销方式由承销机构承购包销方式改为代销方式的转变。2004 年开始引入电子记账凭证式国债，2006 年后称为储蓄国债（电子式），2017 年凭证式国债正式更名为储蓄国债（凭证式）。据官方统计，2018 年发行国债 3.5 万亿元，2019 年发行国债 4 万亿元，2020 年发行国债 7 万亿元，2022 年发行国债 9.7 万亿元，呈逐年上升趋势。

12.3.1.2　我国国债余额管理 ①

国债余额管理是指每年全国人民代表大会为当年年末国债余额规定一个限额，当年中央政府可在该限额内安排国债品种结构、期限结构和发债节奏。

国债规模的控制通常有两种方式：一是通过控制国债发行额的方式管理国债筹资规模，即国债发行额管理；二是通过控制国债余额的方式管理国债筹资规模，即国债余额管理。自 1981 年恢复发行国债至 2005 年，我国一直采用控制国债年度发行额的方式管理国债规模，这与当时我国国民经济的发展状况、筹资规模和市场发育程度相适应。但随着我国国民经济持续快速发展、国债筹资规模不断扩大和国债市场发展完善，国债发行额管理的弊端逐渐显现，包括不能有效控制和全面反映国债规模及其变化情况，不利于降低国债筹资成本和国债市场发展，不利于财政政策和货币政策有效配合等。经全国人大常委会批准，我国从 2006 年开始采用国债余额方式管理国债规模。实行国债余额管理，进一步提高了我国财政管理的透明度，有利于防范财政风险，将国债余额控制在合理范围内。

12.3.2　地方政府债券管理及其规模变化

所谓地方政府债券，是指地方政府以一级政府的名义向社会发行的、以本级政府信用为保证的有价证券。

12.3.2.1　我国地方政府债券的历史沿革（新中国成立—2014 年）

早在中华人民共和国成立初期，国家曾允许地方政府发行"地方经济建设折实公债"等债券。1958 年，中央出台《关于发行地方公债的决定》，允许各省、市、自治区于 1959 年起在确有必要的时候，发行地方公债；同年 6 月 5 日，《中华人民共和国地方经济建设公债条例》正式公布，对地方政府发行公债进行规范。该条例颁布后，部分地区开始发行"地方经济建设公债"。后来，因各种原因，地方政府

---

① 中华人民共和国财政部国库司. 财政国库手册［M］. 北京：中国财政经济出版社，2020：331.

债券很快就被取消，但《中华人民共和国地方经济建设公债条例》没有明令作废或宣布无效。

1985 年，为了控制地方政府投资规模，国家出台《国务院关于暂不发行地方政府债券的通知》，暂停地方政府发行债券。之后，1995—2014 年实施的《预算法》更是在法律层面明确规定，地方各级预算不列赤字，"除法律和国务院规定的以外，地方政府不得发行地方政府债券"。也就是说，地方政府只可以在国务院的特许下进行合法举债。

从 2009 年起，在国务院的特许下，我国地方政府债券的发行和管理工作进入试点阶段，并采取了三种不同的发债模式。

1. 代发代还模式（2009—2014 年）

2009 年，经国务院特别批准，开始由财政部每年代理地方政府发行 2 000 亿元地方政府债券。与国债转贷方式不同的是，地方政府债券的融资金额纳入财政预算管理，加强了对地方财政预算的约束。

不过，财政部代理发行的地方政府债券采取记账式国债发行渠道，并且由中央财政统一代办偿还，与国债基本相同，不能体现各地方政府的偿债能力和财政状况差异。

2. 试点地区自行发债模式（2011—2013 年）

2011 年，经过国务院批准，财政部发布《2011 年地方政府债务自行发债试点办法》，批准上海市、浙江省、广东省和深圳市试点自行发债，实行年度发行额管理制度。2013 年，增加江苏省和山东省为试点地区。

此次地方政府自行发债的试点中，地方政府不仅可以自己组建承销团，还可以自行确定定价机制和管理招标现场，从而使得发行行为更加市场化。不过，试点省（市）政府债券仍由财政部代办还本付息，所以也被称为"自发代还"模式，以区别于自主发债模式下的"自发自还"。

3. 试点地区自主发债模式（2014 年）

2014 年，财政部印发《2014 年地方政府债券自发自还试点办法》，继续推进地方政府债券改革：第一，在还本付息上，改为发债地区自行还本付息，地方政府债券首次真正以地方政府信用资质为基础，由地方政府自主发行和偿还；第二，在前期六个试点地区的基础上，增加北京市、青岛市（计划单列市）、江西省和宁夏回族自治区；第三，将债券期限由 2013 年的 3 年、5 年和 7 年延长至 5 年、7 年和 10 年；第四，首次要求地方政府进行信用评级，并公开披露发债主体的经济、财政状况以及债务数据。

2009—2014 年地方政府债券发行的变革情况如表 12.2 所示。

表 12.2　　　　　　　2009—2014 年地方政府债券发行的变革情况

单位：亿元

年份	年度发行额	代发代还	自行发债 （自发代还）	自主发债 （自发自还）
2009	2 000	2 000	0	0
2010	2 000	2 000	0	0
2011	2 000	1 771	229	0
2012	2 500	2 211	289	0
2013	3 500	2 848	652	0
2014	4 000	2 908	0	1 092

资料来源：郑春荣.中国地方政府债务的规范发展研究[M].上海：格致出版社，上海人民出版社，2016：48.

12.3.2.2　新《预算法》的实施与地方政府债券的正式发行（2015 年至今）

2014 年修订的新《预算法》规定，经国务院批准的省、自治区、直辖市的预算中必需的建设投资的部分资金，可以在国务院确定的限额内，通过发行地方政府债券举借债务的方式筹措。2014 年 10 月，国务院发布《关于加强地方政府性债务管理的意见》，对发债主体、债券种类、发债规模、债券审批、发债用途和债券偿还等一系列工作提出了指导原则和具体要求，标志着我国地方政府债券的发行和管理工作进入一个全新的阶段。

1. 地方政府债券的限制性规定

新《预算法》在允许地方政府举借债务的同时，还从五个方面做出了限制性规定：

第一，限制主体，经国务院批准的省级政府可以举债。[①]

第二，限制用途，举借债务只能用于公益性资本支出，不得用于经常性支出。

第三，限制规模，举借债务的规模，由国务院报全国人大或者全国人大常委会批准，省级政府在国务院下达的限额内举借的债务，列入本级预算调整方案，报本级人大常委会批准。

第四，限制方式，举借债务只能采取发行地方政府债券的方式，不得采取其他方式筹措，除法律另有规定外，不得为任何单位和个人的债务以任何方式提供担保。

第五，控制风险，举借债务应当有偿还计划和稳定的偿还资金来源，国务院建立地方政府债务风险评估和预警机制、应急处置机制以及责任追究制度。

---

① 在实际操作中，还包括含经省级政府批准自办债券发行的计划单列市政府。

2. 一般债券和专项债券

2015年，财政部发布《地方政府一般债券发行管理暂行办法》和《地方政府专项债券发行管理暂行办法》，对一般债券和专项债券给出了明确的定义。

一般债券是指省、自治区、直辖市政府（含经省级政府批准自办债券发行的计划单列市政府）为没有收益的公益性项目发行的、约定一定期限内主要以一般公共预算收入还本付息的政府债券。

专项债券是指省、自治区、直辖市政府（含经省级政府批准自办债券发行的计划单列市政府）为有一定收益的公益性项目发行的、约定一定期限内以公益性项目对应的政府性基金或专项收入还本付息的政府债券。

从上述定义可知，一般债券和专项债券的区别主要有两方面：一是募集资金的用途；二是偿债资金的来源（见表12.3）。

表 12.3   一般债券和专项债券的区别

项目	一般债券	专项债券
募集资金用途	没有收益的公益性项目	有一定收益的公益性项目
偿还资金来源	一般公共预算收入	公益性项目对应的政府性基金或专项收入

12.3.2.3 地方政府债务的限额管理

从2015年1月1日起，地方政府债务的范围包括地方政府债券和经清理甄别认定的2014年年末非政府债券形式存量政府债务，对这两部分政府债务，国家实行严格的限额管理。其中，非政府债券形式存量政府债务要通过三年左右的过渡期，由省级财政部门在限额内安排发行地方政府债券置换。

1. 确定地方政府债务总限额

对地方政府债务余额实行限额管理。年度地方政府债务限额等于上年地方政府债务限额加上当年新增债务限额（或减去当年调减债务限额），具体分为一般债务限额和专项债务限额。

地方政府债务总限额由国务院根据国家宏观经济形势等因素确定，并报全国人民代表大会批准。年度预算执行中，如出现下列特殊情况需要调整地方政府债务新增限额，由国务院提请全国人大常委会审批：当经济下行压力大、需要实施积极或扩张性财政政策时，适当扩大当年新增债务限额；当经济形势好转、需要实施稳健的财政政策或适度从紧的财政政策时，适当削减当年新增债务限额或在上年债务限额基础上合理调减限额。

2015—2022年全国地方政府债务限额情况如表12.4所示。

表 12.4   2015—2022 年全国地方政府债务限额情况

单位：亿元

年份	总额	其中	
		一般债务	专项债务
2015	160 074.29	99 272.40	60 801.89
2016	171 874.30	107 189.22	64 685.08
2017	188 174.30	115 489.22	72 685.08
2018	209 974.30	123 789.22	86 185.08
2019	240 774.30	133 089.22	107 685.08
2020	288 074.30	142 889.22	145 185.08
2021	332 774.30	151 089.22	181 685.08
2022	376 474.30	158 289.22	218 185.08

资料来源：财政部网站。

2. 逐级下达分地区地方政府债务限额

各省、自治区、直辖市政府债务限额，由财政部在全国人大或其常委会批准的总限额内，根据债务风险、财力状况等因素并统筹考虑国家宏观调控政策、各地区建设投资需求等提出方案，报国务院批准后下达各省级财政部门。

省级财政部门依照财政部下达的限额，提出本地区政府债务安排建议，编制预算调整方案，经省级政府报本级人大常委会批准；根据债务风险、财力状况等因素并统筹本地区建设投资需求提出省本级及所属各市县当年政府债务限额，报省级政府批准后下达各市县级政府。市县级政府确需举借债务的，依照经批准的限额提出本地区当年政府债务举借和使用计划，列入预算调整方案，报本级人大常委会批准，报省级政府备案并由省级政府代为举借。

2015 年和 2022 年全国地方政府债务限额分配表如表 12.5 所示。

表 12.5   2015 年和 2022 年全国地方政府债务限额分配表

单位：亿元

地区	2015 年			2022 年		
	总额	其中		总额	其中	
		一般债务	专项债务		一般债务	专项债务
全国	160 074.29	99 272.40	60 801.89	376 474.30	158 289.22	218 185.08
北京	6 689.40	1 495.30	5 194.10	12 202.40	3 294.30	8 908.10

续表

地区	2015 年			2022 年		
	总额	其中		总额	其中	
		一般债务	专项债务		一般债务	专项债务
天津	2 591.50	798.20	1 793.30	8 890.13	2 005.83	6 884.30
河北	5 888.00	4 493.60	1 394.40	17 159.10	7 453.84	9 705.26
山西	2 122.80	1 588.00	534.80	6 506.04	3 162.05	3 343.99
内蒙古	5 675.50	4 667.90	1 007.60	9 979.20	7 127.09	2 852.11
辽宁	9 138.70	6 426.80	2 711.90	11 718.49	7 443.33	4 275.16
吉林	3 018.70	2 050.00	968.69	7 549.07	3 895.18	3 653.89
黑龙江	3 165.00	2 477.20	687.80	7 410.61	4 864.43	2 546.18
上海	6 018.50	3 267.90	2 750.60	11 303.10	4 867.50	6 435.60
江苏	10 954.30	6 528.20	4 426.10	22 594.14	8 451.98	14 142.16
浙江	9 188.30	4 994.50	4 193.90	20 717.35	7 684.27	13 033.08
安徽	5 424.10	3 417.60	2 006.50	14 370.99	4 743.08	9 627.91
福建	5 051.30	2 173.40	2 877.90	12 857.20	4 109.68	8 747.52
江西	3 905.20	2 723.40	1 181.80	11 794.44	4 574.55	7 219.89
山东	9 533.80	6 190.80	3 343.00	24 415.60	8 024.75	16 390.85
河南	5 954.50	4 425.20	1 529.30	16 433.99	6 741.53	9 692.46
湖北	4 697.50	3 138.30	1 559.20	14 525.29	5 807.19	8 718.10
湖南	6 780.30	4 113.90	2 666.40	15 591.91	7 407.02	8 184.89
广东	9 141.60	5 862.30	3 279.30	26 258.07	8 062.52	18 195.55
广西	4 464.80	2 545.60	1 919.20	10 084.25	4 900.45	5 183.80
海南	1 491.30	1 046.00	445.30	3 703.40	1 825.51	1 877.89
重庆	3 412.40	2 118.60	1 293.80	10 281.40	3 325.60	6 955.80
四川	7 808.00	4 702.90	3 105.10	18 507.00	7 640.90	10 866.10
贵州	9 135.50	5 384.70	3 750.80	12 962.35	6 895.27	6 067.08
云南	6 628.10	4 559.80	2 068.30	13 165.05	6 644.66	6 520.39
西藏	114.30	111.30	3.00	645.30	447.30	198.00
陕西	5 064.80	2 742.20	2 322.60	10 590.15	5 193.84	5 396.31
甘肃	1 709.50	1 062.30	647.20	6 390.79	2 569.26	3 821.53

续表

地区	2015 年			2022 年		
	总额	其中		总额	其中	
		一般债务	专项债务		一般债务	专项债务
青海	1 330.90	1 161.10	169.80	3 260.70	2 461.90	798.80
宁夏	1 138.90	885.40	253.50	2 236.90	1 674.40	562.50
新疆	2 836.70	2 120.00	716.70	9 599.89	4 990.01	4 609.88

资料来源：财政部网站。

3. 严格按照限额举借地方政府债务

省级财政部门在批准的地方政府债务限额内，统筹考虑地方政府负有偿还责任的中央转贷外债情况，合理安排地方政府债券的品种、结构、期限和时点，做好政府债券的发行兑付工作。中央和省级财政部门每半年向本级人大有关专门委员会书面报告地方政府债券发行和兑付等情况。

对 2015 年地方政府债务限额下达前举借的在建项目后续贷款中需要纳入政府债务的，由各地在 2015 年地方政府债务限额内调整结构解决。此后，需要纳入政府债务的在建项目后续融资需求在确定每年新增地方政府债务限额时统筹考虑，依法通过发行地方政府债券举借。地方政府新发生或有债务，要严格限定在依法担保的外债转贷范围内，并根据担保合同依法承担相关责任。

4. 地方政府债务分类纳入预算管理

地方政府要将其所有政府债务纳入限额，并分类纳入预算管理。其中，一般债务纳入一般公共预算管理，主要以一般公共预算收入偿还，当赤字不能减少时，可采取借新还旧的办法。专项债务纳入政府性基金预算管理，通过对应的政府性基金或专项收入偿还；政府性基金或专项收入暂时难以实现，如收储土地未能按计划出让的，可先通过借新还旧周转，收入实现后即予归还。

2015 年和 2022 年地方政府债务分地区余额表如表 12.6 所示。

表 12.6　　　　2015 年和 2022 年地方政府债务分地区余额表

单位：亿元

地区	2015 年			2022 年		
	债务余额	其中		债务余额	其中	
		一般债务	专项债务		一般债务	专项债务
全国	148 224	92 845	55 338	350 652.91	143 961.67	206 691.24
北京	5 729	1 325	4 405	10 565.33	2 349.14	8 216.19
天津	2 254	640	1 614	8 645.55	1 994.77	6 650.78
河北	5 330	4 080	1 250	15 748.67	6 408.94	9 339.73

续表

地区	2015 年			2022 年		
	债务余额	其中		债务余额	其中	
		一般债务	专项债务		一般债务	专项债务
山西	2 027	1 508	519	6 285.79	2 984.24	3 301.55
内蒙古	5 455	4 535	920	9 339.67	6 584.73	2 754.94
辽宁	8 593	6 140	2 452	10 975.19	6 964.08	4 011.11
吉林	2 752	1 908	844	7 167.63	3 655.59	3 512.04
黑龙江	3 065	2 399	667	7 290.93	4 766.18	2 524.75
上海	4 881	2 723	2 158	8 538.62	3 541.32	4 997.30
江苏	10 556	6 249	4 307	20 694.05	7 390.99	13 303.06
浙江	7 931	4 423	3 507	20 168.83	7 446.89	12 721.94
安徽	5 089	3 251	1 838	13 304.11	4 217.23	9 086.88
福建	4 593	1 944	2 648	11 903.12	3 564.33	8 338.79
江西	3 738	2 657	1 081	10 859.50	4 043.97	6 815.53
山东	9 059	5 922	3 138	23 588.02	7 556.22	16 031.80
河南	5 456	4 025	1 431	15 130.50	5 775.10	9 355.40
湖北	4 570	3 018	1 552	13 900.11	5 359.19	8 540.92
湖南	6 152	3 803	2 349	15 407.66	7 222.79	8 184.87
广东	8 188	5 257	2 931	25 071.12	7 304.26	17 766.86
广西	4 042	2 279	1 763	9 722.09	4 670.81	5 051.28
海南	1 398	980	418	3 486.63	1 695.22	1 791.41
重庆	3 379	2 094	1 286	10 071.11	3 180.90	6 890.21
四川	7 465	4 526	2 939	17 705.39	7 177.33	10 528.06
贵州	8 755	5 142	3 612	12 472.85	6 591.43	5 881.42
云南	6 229	4 243	1 986	12 128.38	5 769.82	6 358.56
西藏	78	78	0	567.93	391.36	176.57
陕西	4 949	2 790	2 119	9 786.85	4 620.30	5 166.55
甘肃	1 588	1 062	525	6 086.94	2 413.56	3 673.38
青海	1 235	1 084	151	3 042.50	2 321.78	720.72
宁夏	1 055	812	243	1 996.80	1 490.30	506.50
新疆	2 633	1 948	685	9 001.04	4 508.90	4 492.14

资料来源：财政部网站。

本 章 小 结

1. 公债概念是私债概念的对应。将公债中的"公"理解为公共或公共部门较为妥当，但具体如何理解公债主体却存在一定的差异。公债的形式是多样的，但同私债一样，公债也是债，即需要借债还钱。这是信用的本质特征。与税收相比较，公债具有自愿性、有偿性和灵活性特征。

2. 公债种类繁多，可从不同的角度或标准划分出不同的类型。对公债进行分类，是为了更深入地研究公债问题。例如，按举借形式的不同，公债可划分为政府债券、政府借款协议和其他法定偿债义务；按举借主体的不同，公债可划分为中央政府公债（即国债）和地方政府公债；按借债地域的不同，公债可划分为国内公债（即内债）与国外公债（即外债）；按借债期限的不同，公债可划分为短期公债、中期公债与长期公债，等等。

3. 公债负担问题的分析，有助于我们更深入地研究公债的实际影响。理论上，公债负担问题可从以下三个方面分析：① 公债终究是要偿还的，所以会产生政府（即债务人）负担；② 政府债务的最终偿还往往是靠税收收入，所以会产生纳税人的负担问题；③ 某些情况下，公债也会产生代际负担问题。公债代际负担存在与否以及程度如何，既取决于政府偿债时的税负归宿，还取决于公债资金的使用及投资效率水平。

重 要 概 念

公债　政府借款协议　政府债券　公债"三性"　中央政府公债　地方政府公债　国内公债（即内债）　国外公债（即外债）　短期公债　中期公债　长期公债　李嘉图等价定理　公债负债率　公债偿债率　公债依存度　公债适度规模　公债代际负担　地方政府一般债券　地方政府专项债券

思 考 题

1. 如何理解公债的概念及其"三性"特征？

2. 如何全面分析公债的负担和规模限度问题？结合中国国情，探讨新中国成立以来我国公债规模的变化趋势。

3. 与内债相比较，外债的特殊性表现在哪些方面？

4. 2014 年修订的《预算法》对地方政府举借债务做了哪些限制性规定？结合所在省份的实际，谈谈你对化解地方债务风险的想法。

参考答案

进一步阅读文献

1. J M Buchanan.Public Principles of Public Debt: A Defense and Restatement［J］. Journal of Finance，1958.

2. 张德勇. 中国县乡债务：问题与对策［J］. 财贸经济，2006（7）：15-20.

3. 樊丽明，黄春蕾，李齐云. 中国地方政府债务管理研究［M］. 北京：经济科学出版社，2006.

4. 冯静，汪德华. 新中国政府债务 70 年［M］. 北京：中国财政经济出版社，2020.

5. 朱军. 中国地方政府债务前沿问题：地方政府债务金融化的视角［M］. 上海：上海远东出版社，2023.

6. 毛捷，马光荣. 政府债务规模与财政可持续性：一个研究综述［J］. 财政科学，2022（11）：10-41.

7. 韩瑞雪，毛捷. 公共债务的分类统计与风险分析——基于多种口径［J］. 工信财经科技，2021（4）：62-78.

8. 徐军伟，毛捷，管星华. 地方政府隐性债务再认识——基于融资平台公司的精准界定和金融势能的视角［J］. 管理世界，2020（09）：37-59.

9. 郭玉清，毛捷. 新中国 70 年地方政府债务治理：回顾与展望［J］. 财贸经济，2019（9）：51-64.

参 考 文 献

1. 马克思恩格斯全集［M］. 第 21 卷. 北京：人民出版社，2003.

2. 马克思. 资本论［M］. 第 1 卷. 北京：人民出版社，2004.

3. 杨志勇，张馨. 公共经济学［M］. 北京：清华大学出版社，2005.

4. 邓子基，张馨，王开国. 公债经济学：公债历史、现状与理论分析［M］. 北京：中国财政经济出版社，1990.

5. 高培勇，宋永明. 公共债务管理［M］. 北京：经济科学出版社，2004.

6. 刘华. 公债的经济效应研究［M］. 北京：中国社会科学出版社，2004.

7. 李新. 中国国债市场机制及效率研究［M］. 北京：中国人民大学出版社，2002.

8. 张雷宝. 公债经济学：理论·政策·实践（修订版）［M］. 杭州：浙江大学出版社，2018.

9. 孙鹏云. 政府会计改革与地方政府债务报告优化研究［M］. 北京：经济科学出版社，2016.

10. 毛捷. 地方公债经济学［M］. 北京：清华大学出版社，2021.

11. 刘晓泉. 清末"爱国公债"发行探析［J］. 青海社会科学，2009（11）：115−118.

12. 保罗·萨缪尔森，威廉·诺德豪斯. 经济学［M］. 12 版. 北京：商务印书馆，1991.

13. 中华人民共和国财政部国库司. 财政国库手册［M］. 北京：中国财政经济出版社，2020.

即 测 即 评

学完第 12 章啦，来做个小测检验一下学习效果吧！

政 府 预 算

本章学习目标

- 理解政府预算的含义与起源
- 掌握政府预算的原则与模式
- 掌握政府预算管理的要素、体系与周期
- 理解我国政府预算的主要程序及内容

当你获得 2 500 元奖学金的时候，如何用这笔钱？你会做一个计划，比如 1 000 元用于生活费用，200 元用于购买学习用品，500 元用于旅游，800 元用于储蓄，这就是你的个人预算。一个企业每年的销售收入和其他收入如何使用，多少用于购建固定资产，多少用于补充流动资金，多少用于新产品的开发研制，多少用于企业员工的工资津贴和奖金，也要有一个计划，这就是企业的财务预算。一个国家的政府也是如此，每年通过何种形式、何种渠道，取得多少收入，这些收入如何使用，也要做一个财务计划，这就是政府预算。

仅从字面上理解，预算就是计划，是对未来财务收支活动的预先安排。最简单的预算是一个报告或报告的汇编，涉及一个组织（家庭、企业、政府）的财务收支活动，包括收入来源、支出用途、财务目标等信息。因此，预算是人们对一个组织的财务活动进行组织和控制的工具。政府预算是反映公共部门全部经济活动的预算。从这个意义上讲，政府预算的范围是非常广泛的，它不仅包括政府收支预算，还包括国有企事业单位和机构的财务预算。

13.1

政府预算概述

13.1.1 政府预算的含义

政府预算（Government Budget）是经过法定程序核准的具有法律效力的政府财政收支计划，是规范政府收支行为的工具，是提升国家治理能力、建立现代治理体系的重要依据。

13.1.1.1 政府预算是一国政府施政的财政收支计划

从政府财政的角度看，预算是按一定标准分门别类的政府财政收支计划，反映了一定预算周期内政府及公共经济部门的全部经济活动的结果和政府财政收支的全部内容。预算收支计划不仅反映政府财政资金的来源与规模，而且还反映了财政资金的用途、去向以及这些支出安排的科学性、合理性，它对政府支出实施了有效的监督与控制。

13.1.1.2 政府预算是规范政府收支行为的工具

在现代社会，政府公共权力的实质意义与价值来源于资源的支撑，唯有对公共资源的获取、分配和使用进行控制，才有可能真正约束与引导公共权力和公共政策的运作。从社会的角度看，预算反映政府活动的范围和负责任程度，以预算为中心的治理模式是法治社会的标志，由法定程序审核通过的预算是国民意志与政府意志的统一，也是规范政府收支行为的工具，是民主政府治国理政的依据。

13.1.1.3 政府预算是由一系列预算组成的预算体系

20世纪90年代以来，我国政府预算体系不断拓展和完善，在一般公共预算基础上，先后建立了政府性基金预算、国有资本经营预算和社会保险基金预算，初步形成了由一般公共预算、政府性基金预算、国有资本经营预算和社会保险基金预算组成的政府预算体系。《预算法》进一步明确规定，政府的全部收入和支出都应当纳入预算，预算由上述四本预算组成，各本预算既应当保持完整、独立，同时政府性基金预算、国有资本经营预算、社会保险基金预算应当与一般公共预算相衔接。

13.1.2 政府预算的起源

13.1.2.1 西方政府预算制度的起源

预算（Budget）一词，英文原来的意思是皮包。英国早期议会开会审议政府预算时，财政大臣就用一个"Budget"把政府预算报告及相关材料带到会场宣读，并回答议员的问题。后来人们就用"Budget"来表示"预算"，意思是政府的全部财政收支都在这个"Budget"里。虽然在中国古代和古罗马时期已有对财政收支的粗略估计和对政府收支的记账，即政府预算的萌芽形式，但现代意义上的政府预算产生于自然经济向市场经济过渡的17世纪末的英国。当时，英国在向资本主义社会转化过程中，封建君主在课税上的随心所欲和财政支出上的挥霍浪费，严重损害了新兴资产阶级的利益，并从根本上对市场和资本的扩张构成了致命的威胁。为改变这种状况，新兴的资产阶级就利用手中的经济实力与没落的封建君主争夺政治权利。资产阶级理论家提出著名的"参与原则"，即未经人民代表参与讨论通过的税收和支出案，人民有权不予承认并拒绝缴纳。根据"参与原则"，资产阶级联合劳动者，迫使封建贵族妥协。1689年，英国国王威廉与其妻玛丽二世被迫在"权利法案"上签字，确立了君主立宪政体，设立了以资产阶级为主的下议院，并确认了参与原则的地位：一是未经议会同意不得征税；二是政府设立预算，并只有经议会同意后才能执行。议会掌握了政府的财政收支后，进而又要求控制君主的支出。1789年"总基金法案"通过后，英国把政府的全部财政收支统一在一个文件中，从此有了正式的预算报告。自1802年起，英国开始公布详细的政府收支报告，1822年财政大臣将该报告提请议会审议，从而确立了按年度编制和批准政府预算的制度。此后，议会还取得了对预算执行进行审核的权利，英国的政府预算制度方臻完备。

英国正式建立政府预算制度后，这种制度迅速推广到其势力范围所影响的国家和地区，美国成为西方政府预算制度变迁的主要推动者，美国早期的宪法中没有关于预算制度的规定，直到1800年，才规定财政部要向国会报告其财政收支，但当时的报告仅仅是汇总性质。美国首任财政部部长汉密尔顿强有力的行政领导对美国联邦预算制度的形成贡献了巨大的力量，美国国会于1921年通过了《预算与会计法》，规定总统每年要向国会递交预算草案，至此标志着现代政府预算制度在美国诞生。法国大革命时期的《人权宣言》对预算做出了相关规定，到1817年规定立法机关有权分配政府经费，从而完全确立了预算制度。

从预算制度产生过程不难看出，预算是议会约束政府收支活动的工具，或者说，现代预算就是议会为规范政府收支行为把政府财政权力关进制度的笼子而产生的。

13.1.2.2 我国政府预算制度的起源和发展

根据学界的一般观点，中国现代政府预算思想萌芽于清朝末年，是伴随着西方预算思想潮流的广泛传播而进入中国的。当时中国内忧外患，急需变革救国，郑观应、梁启超等国内知识分子开始对政府预算问题进行一系列开拓性的探索与尝试，比如在其著作中介绍并建议学习西方建立中国的预算制度。1898年光绪帝明令改革财政、编制预决算，但因"戊戌变法"失败而未能实施。1911年清政府颁布中国历史上第一份全国政府预算案。中华民国成立后，国民政府于1932年颁布《预算法》，确立了一整套预算、主计及审计制度，标志着近代中国预算制度已经基本成型。1949年，中华人民共和国公布了第一个政府预算文件《1950年财政收支预算》，同年12月，颁布实施《关于1949年财政决算及1950年财政预算编制的批示》，规定了政府预算编制的具体要求和方法。1951年，《预算决算暂行条例》颁布，至此我国预算制度正式建立。1995年，《中华人民共和国预算法》和《中华人民共和国预算法实施条例》正式施行，在我国政府现代预算制度建设历程上具有里程碑意义，标志着我国预算制度改革进入法制化轨道，也标志着我国向着加快建立全面规范、公开透明的预算制度迈出了坚实的一步。2020年，《中华人民共和国预算法实施条例》修订，为建立全面规范透明、标准科学、约束有力的现代预算制度，以及全面实施预算绩效管理奠定了坚实基础。

专栏13.1 预算法介绍

预算法是国家预算管理的基本法律，素有"经济宪法"之称，是财税领域的"龙头法"，是引领新一轮财税体制开启大幕的法律基石。历经十年，四易审议，前后征求30余万条意见，跨越三届人大任期的预算法修正在2014年终于尘埃落定。修正后的《中华人民共和国预算法》（简称"新《预算法》"）于2015年1月1日开始实施，并于2018年进行二次修正。

新《预算法》总结了旧《预算法》自1995年实施以来的经验和不足，转变立法理念，旨在规范政府收支行为，强化预算约束，加强对预算的管理和监督，建立健全全面规范、公开透明的预算制度，保障经济社会的健康发展。新《预算法》共11章、101条，在立法宗旨和调整范围、预决算原则方面取得了重大突破，在全口径预决算、地方政府债务、转移支付、预算公开方面进行了诸多创新，在预决算编制、审查和批准、执行和调整、监督和法律责任方面也有许多完善。

在新《预算法》颁布之后，《中华人民共和国预算法实施条例》（简称《预算法实施条例》）于2020年8月修订完成。由此，在1995年《预算法》及其实施条例实施的第25年，新《预算法》及其实施条例终于得以修订完成。《预算法实施条例》对新《预算法》进行了细化和补充，对"预算支出标准""绩效评价"等关键术语进行了界定，对预算编制、预算公开、转移支付管理和政府债务管理等方面的要求更加细化和全面。

13.1.3 政府预算的原则

预算原则，即政府预算编制的原则，它是指政府编制预算时必须接受的约束。预算原则也是评价政府预算编制质量高低的基本标准，具有规律性。

13.1.3.1 西方预算原则

1. 带有立法控制性的预算原则

较具代表性的学者有：意大利财政学家尼琪（F. Nitt）、德国财政学者诺马克（F. Neumark）、德国经济学家瓦格纳（Adolf Wagner），这些学者提出的预算原则注重强调对预算整体的规范，主张约束预算行为。对这些原则加以归纳和总结，主要包括：

（1）完整性：要求包括政府全年的全部预算收支项目，完整地反映政府全部的财政收支活动。

（2）统一性：要求预算的收支活动按照统一的程序来编制。

（3）年度性：要求包括政府预算的编制、执行、决算等这一完整的工作流程按周期进行，该周期通常为一年。

（4）可靠性：要求在编制预算时，科学地估计各项预算收支数字，并明确区分各项收支的性质。

（5）公开性：要求预算是公开的法律文件，其内容必须明确，以便公众了解、审查和监督政府如何支配公共资金。

（6）分类性：即要求各项财政收支必须依据其性质明确地分门别类，在预算中清楚列示。

2. 带有行政主动性的预算原则

最具代表性的是原美国联邦政府预算局[①]局长史密斯（H. D. Smith），他强调预算制度在执行过程中应保证其灵活性、自主性。他于 1945 年提出关于加强政府行政部门预算权限的八条预算原则。

（1）预算必须利于行政部门的计划：美国联邦预算必须反映总统的计划，在国会通过后，就成为施政的纲领。

（2）预算必须加强行政部门的责任：国会只能行使批准预算的权力，而经核准后的资金如何使用则是总统的责任。

（3）预算必须加强行政部门的主动性：国会只能对资金使用的大致方向和目标做原则性的规定，至于如何达到目标则是总统和其他部门的责任。

（4）预算收支在时间上要保证灵活性：国会通过的预算收支法案必须赋予总统

---

① 1970 年改组为管理和预算办公室（OMB）。

在一定范围内进行调整的权力。

（5）预算应该以行政部门的报告为依据：当总统向国会提出预算草案及执行情况报告时，应当提供国内外的情况作为国会立法的依据。

（6）预算的"工具"必须充分：须有预算编制和执行的专职机构和众多成员，总统有权规定季度和月度的拨款额、建立准备金并在必要时使用。

（7）预算程序必须多样化：在财政上对政府的不同活动采取不同的管理方式，对财政收支数字也应采用不同的预算形式。

（8）预算必须"上下结合"：总统必须利用其他各种机构和成员的力量。

13.1.3.2　我国预算原则

1. 公开性

信息充分是有效监督的前提和基础，对政府收支行为实施监督，预算信息必须公开。《中华人民共和国政府信息公开条例》规定，包括政府预算在内的政府信息，公开为常态，不公开为例外。2015年1月1日起实行的新《预算法》在第14条、92条对预算公开进行了明确规定。

> **专栏 13.2　预算公开**
>
> 公开透明是现代财政制度的基本特征，是建设阳光政府、责任政府的需要。多年来，我国各级政府部门在推进预决算公开方面做了大量工作，取得了显著成效。为巩固和扩大这一改革成果并使之规范化、制度化，新《预算法》对预算公开做出了明确规定。
>
> 第14条规定，经本级人民代表大会或者本级人民代表大会常务委员会批准的预算、预算调整、决算、预算执行情况的报告及报表，应当在批准后20日内由本级政府财政部门向社会公开，并对本级政府财政转移支付安排、执行的情况以及举借债务的情况等重要事项做出说明。经本级政府财政部门批复的部门预算、决算及报表，应当在批复后20日内由各部门向社会公开，并对部门预算、决算中机关运行经费的安排、使用情况等重要事项做出说明。各级政府、各部门、各单位应当将政府采购的情况及时向社会公开。
>
> 第92条规定，未依照预算法规定对有关预算事项进行公开和说明的，将责令改正，对负有直接责任的主管人员和其他直接责任人员追究行政责任。
>
> 由此可见，将预算公开实践成果总结入法，形成刚性的法律约束，确保人民群众知情权、参与权和监督权，提升财政管理水平，可以从源头上预防和治理腐败。

2. 完整性

信息完全是有效监督的另一个前提。对政府行为实施监督，预算信息必须完整。《预算法》第4条规定，预算由预算收入和预算支出组成。政府的全部收入和

支出都应当纳入预算。第5条规定，预算包括一般公共预算、政府性基金预算、国有资本经营预算、社会保险基金预算。一般公共预算、政府性基金预算、国有资本经营预算、社会保险基金预算应当保持完整、独立。

3. 统一性

在分级预算管理体制中，虽然各级政府都设有财政部门，也有相应的预算，但各级政府预算是一个完整的体系，是由各单位预算、部门预算和各级政府总预算逐级汇编而成。各级政府总预算共同构成统一的政府预算，形成一个统一的预算体系。它要求政府预算设立统一的预算科目，每个科目都要严格按照统一的口径和方法进行计算和填列，按照统一的程序编报和汇总，以便上下一致，便于统计汇总和分析。

4. 可靠性

政府预算必须真实、可靠，要求政府预算中每一收支项目的数字指标必须根据充分、确凿的资料进行科学的计算，不得假定、估算，更不能任意编造。性质不同的预算收支项目，应严格区分，分类列出，不能混淆。预算中的预测指标，应有准确的依据和科学的预测分析方法，尽量准确地反映可能出现的结果。

5. 法律性

立法机关对政府收支行为的约束与规范，体现在人民代表大会对预算的审批上。政府预算的审批过程就是立法过程，经过立法机关审查并批准的政府预算，具备法律效力，必须严格执行。任何单位和个人，都无权随意对预算进行修改和调整。

在实际工作中，人民代表大会对预算审查与监督的力度，取决于政府预算信息的对称度——政府上报的预算草案的细化程度。《预算法》第46条、第48条分别对政府报送人民代表大会审批的预算草案的细化程度和重点审查内容做了明确的规定。

6. 绩效性

绩效性是指在预算过程中要更加注重提高使用公共资金的效益。"绩效"的"绩"即是否按期实现了预先设定的目标，主要任务是否完成，侧重反映量的成果。"效"即效率、效益，指完成任务的效率、资金使用的效益、预算支出的节约等，侧重反映质的成果。"绩效"则包含了产品与服务的数量及品质、机构所做的贡献与质量，内含了节约、效益和效率。

预算绩效管理是指在预算管理中融入绩效理念，将绩效目标设定、跟踪、评价及结果纳入预算编制、执行和监督全过程，以优化资源配置，提高预算的社会和经济效益为目的的活动。

专栏 13.3 我国全面推行预算绩效管理

党的十六届三中全会通过的《中共中央关于完善社会主义市场经济体制若干问题的决定》，明确提出了"建立预算绩效评价体系"。尽管绩效预算与预算绩效有所区别，但发达国家对于绩效预算的实践推动了我国开展绩效预算的尝试，并选择预算绩效考评作为切入点。从 2003 年起，财政部开始制定部分行业的绩效考评管理办法。2005 年，为了规范绩效考评工作，财政部制定了《中央部门预算支出绩效考评管理办法（试行）》，各地财政部门也分别制定了符合本地特点的绩效考评管理办法。一些走在预算管理制度改革前面的地方政府，如广东、河北、北京等，也纷纷开展了对预算支出项目资金使用情况的绩效考评工作。在制度建设上，财政部继 2011 年出台《关于推进预算绩效管理的指导意见》《财政支出绩效评价管理暂行办法》后，2012 年印发了《预算绩效管理工作规划（2012—2015 年）》，确定了今后一段时期预算管理的总体目标、基本任务和重点工作等。2013 年制定了《预算绩效评价共性指标体系框架》，加强对绩效评价工作的规范和指导。

党的十八大之后，2018 年 9 月，《中共中央 国务院关于全面实施预算绩效管理的意见》印发，明确要求加快建成全方位、全过程、全覆盖的预算绩效管理体系，提高财政资源配置效率和使用效益，增强政府公信力和执行力。"全方位"是指评价对象全方位。中央和地方各级政府全面实施预算绩效管理，形成政府预算、部门和单位预算、政策和项目预算全方位绩效管理格局。"全过程"，是把绩效理念、绩效管理、绩效方法融入全过程。"全覆盖"是指各级政府需将一般公共预算、政府性基金预算、国有资本经营预算、社会保险基金预算全部纳入绩效管理。同时，积极开展涉及财政资金的政府投资基金、主权财富基金、政府和社会资本合作（PPP）、政府采购、政府购买服务、政府债务项目绩效管理。

13.1.4　政府预算的形式

最初的政府预算形式十分简单，只是一个收支一览表。随着社会经济的发展、财政活动的复杂化和预算方法的改进，政府预算的形式也在不断丰富和完善。根据不同的划分标准，政府预算可以划分为不同的形式。

13.1.4.1　单式预算与复式预算

按照预算编制形式的不同，政府预算可分为单式预算和复式预算。

（1）单式预算（Single Budget）。单式预算也称单一预算，是指在一个预算年度内，政府全部预算收支汇总编入一个统一的预算表格内的预算形式。在政府预算产生后的相当长时期内，单式预算是世界各国普遍采用的预算形式，我国在 1992 年以前也一直采用单式预算形式。

（2）复式预算（Multiple Budget）。复式预算指在预算年度内将全部预算收支按经济性质归类，分别汇编成两个或两个以上的预算，以特定的收入来源保证特定的支出项目，并使两者具有相对稳定的对应关系的预算形式。

新中国成立后，我国政府预算一直采用单式预算。1992年，党的十四大确定我国经济体制改革的目标是建立社会主义市场经济体制，财政改革目标是建立与社会主义市场经济体制相适应的公共财政框架体系。与此相适应，从1992年起，我国的政府预算就按复式预算编制，即把全部预算收支按其性质分别编制经常性预算和建设性预算。我国《预算法》明确规定，我国的政府预算由一般公共预算、政府性基金预算、国有资本经营预算和社会保险基金预算组成。

13.1.4.2 基数预算与零基预算

按预算的编制方法分类，政府预算可分为基数预算和零基预算。

（1）基数预算（Budget Base）。基数预算是指预算年度财政收支计划指标的安排，是在上年度的实际数或前几年的平均数的基础上，再考虑预算年度经济社会发展的变动因素加以调整后确定的预算。基数预算又称为增量预算。因为基数预算与以前年度财政收支执行情况及新的预算年度经济社会发展需求关系密切，它比较注重过去，重视历史因素，因而原有的一些不合理、不必要的预算支出项目得以继续保留，并使其固定化。同时又要考虑新增加的因素，这就很容易导致支出项目不合理，支出规模不断膨胀，而且会造成不同部门、单位之间利益不平衡，资金使用效率低下。

（2）零基预算（Zero-Base Budget）。零基预算是指预算年度财政收支计划指标的安排，不考虑以前年度的执行情况，而根据预算年度影响预算收支的客观因素重新核定的预算。零基预算不考虑历史因素，不受现行财政收支执行情况的约束，预算一开始就建立在科学、合理的基础之上，使政府可以根据需求确定优先安排的项目。预算指标有科学的依据，有利于合理利用财政资金，既满足需求又减少不必要的浪费，有利于提高财政资金的经济效率，但容易遭到既得利益集团的反对。同时，指标体系的建立和分析等技术问题，实施起来有一定的难度，也会增加预算工作量、延长预算周期。因此，不可能对全部预算都采用零基预算，一般会选择比较稳定的、实施范围比较大的项目采用零基预算法。

我国预算编制基本上都是采用基数预算编制法。从2000年以后，部分省（直辖市、自治区）在编制省级部门预算时，对行政经费支出采用零基预算编制法，收到了不错的效果。

13.1.4.3 投入预算与绩效预算

按预算支出所产生的效益分类，政府预算可分为投入预算和绩效预算。

（1）投入预算。投入预算是只反映支出的用途和金额，而不反映和评价支出所产生的效果的一种预算形式。投入预算主要用于不能直接产生经济效益，或不便于用货币计量与测算其产出效益的预算项目，如一般公共服务支出预算等。投入预算是按支出需求安排预算，以合理和节约使用预算资金为标准。

（2）绩效预算（Performance Budget）。绩效预算也叫产出预算，是根据成本—效益等分析方法，对预算支出项目的成本和效益进行比较分析，以决定支出项目的必要性及支出规模的一种预算形式。具体做法就是政府首先制定有关的产业计划和工程计划，再依据政府职能和施政计划制定执行计划的实施方案，并在成本—效益分析的基础上，按照效益最大化的标准确定实施方案所需的支出费用，以此编制预算。

绩效预算按预算测算成本，按成本分析效益，按效益决定预算项目。绩效预算与只注重投入而忽视产出的传统预算方式不同，它重视对预算支出项目效益的考核，是以项目产出效益作为预算支出标准的预算形式。这种方法对于科学安排预算支出项目，监督和控制预算支出规模，提高预算支出效益有积极的作用。但绩效预算的实施需要一套严格的工作程序、科学的效益考核指标体系和大量的基础工作，对预算编制和项目管理人员的素质要求也较高。

13.1.4.4 年度预算和中长期预算

按预算作用的时间长短分类，可分为年度预算和中长期预算。

（1）年度预算。年度预算指执行期为一年的预算收支计划，预算的时间跨度称为预算年度或财政年度。在编制年度预算时，一般是当年开始编制第二年的预算，这样便于根据当年经济社会发展水平、预算实际执行情况、下年度政府政策变化等因素，较准确地预测预算收支指标，合理配置资源。同时也便于立法机关审议、批准和监督预算执行。

（2）中长期预算。中长期预算也称中长期财政计划，中长期预算是指预算收支计划的安排时间在二年期以上的预算。这种预算对年度预算具有指导功能。从预算收支的特点来看，有些支出项目如大型公共设施建设、重大科技攻关项目等需要连续跨年度拨款才能完成，在经济运行周期内，预算收入的增长具有一定的稳定性，因此在各年度之间的预算安排需要保持连续性和稳定性，而这仅通过编制年度预算很难达到。利用编制跨年度的滚动预算，并与年度预算相衔接，使预算收支安排既满足当年执行的需要，又便于立法机关审查、批准和监督。与年度预算相比较，中长期财政计划将财政资金安排和控制预算平衡的时间跨度由一个财政年度扩展到多个财政年度，并且将年度预算置于中长期财政计划的视野之中，根据国家战略目标，确定公共支出的重点和优先顺序，进而实现有限预算资源的有效配置。

专栏 13.4　中期财政规划

中期财政规划是为弥补年度预算不足而编制的，是政府预算改革的重要内容之一。2013 年 11 月，党的十八届三中全会通过的《中共中央关于全面深化改革若干重大问题的决定》明确提出建立跨年度预算平衡机制。2014 年 8 月 31 日，第十二届全国人大常委会第十次会议通过了修订的《中华人民共和国预算法》，第 12 条明确规定："各级政府应当建立跨年度预算平衡机制。"在此基础上，2014 年 9 月 26 日《国务院关于深化预算管理制度改革的决定》将"实行中期财政规划管理"作为改进预算管理和控制、建立跨年度预算平衡机制的首要措施。其后，2015 年 1 月 3 日发布的《国务院关于实行中期财政规划管理的意见》明确提出："实行中期财政规划管理，由财政部门会同各部门研究编制三年滚动财政规划，对未来三年重大财政收支情况进行分析预测，对规划期内一些重大改革、重要政策和重大项目，研究政策目标、运行机制和评价办法，通过逐年更新滚动管理，强化财政规划对年度预算的约束性。"由此，我国对财政收支计划实行中期滚动管理的全国性实践正式启动。

根据《国务院关于实行中期财政规划管理的意见》的要求，中期财政规划是中期预算的过渡形态，是在对总体财政收支情况进行科学预判的基础上，重点研究确定财政收支政策，做到主要财政政策相对稳定，同时根据经济社会发展情况适时研究调整，使中期财政规划渐进过渡到真正的中期预算。中期财政规划涵盖一般公共预算、政府性基金预算、国有资本经营预算和社会保险基金预算，主要包括四部分内容，分别是预测现行政策下财政收支、分析现行财政收支政策问题、制定财政收支政策改革方案和测算改革后财政收支情况。

从各国的实践来看，中期财政规划的实施对加强和改善宏观调控、统筹使用财政资源、提高财政年度预算水平、强化政策实施效果具有重要意义。第一，有利于各项规划与财政预算安排之间的相互衔接，实现中长期发展目标；第二，有利于发挥财政稳定器和"逆周期"调节器作用，建立跨年度预算平衡机制，实现经济可持续发展；第三，有利于提高公共资源配置效率，提高预算工作的前瞻性、计划性和整体性；第四，有利于提升预算的法律约束力，为年度预算建立具有约束性的支出限额。

13.1.4.5 平衡预算和差额预算

按预算收支平衡状况分类，可分为平衡预算和差额预算。

（1）平衡预算。平衡预算是指在预算编制、执行过程中政府的财政收支基本保持平衡。这里的平衡预算通常是指政府的支出来源于正常的税收收入，而不是通过借债来满足支出需要。政府预算收支平衡，伴随着财政赤字和公债发行的减少，可以加强政府的财政管理、防范财政风险等，但从根本上讲，还需要考虑预算平衡是否有利于宏观经济的稳定与增长、是否有利于各项社会事业的发展。因此，随着经济社会发展、预算管理理念及管理模式的变化，平衡预算由简单的基于税收与支出比较的年度平衡发展到加入债务因素的平衡预算，直至发展到基于一个周期的预算平衡。

（2）差额预算。差额预算是指在预算编制、执行过程中，为了实现一定的政策目标，使预算支出大于收入而有赤字，或者收入大于支出而有结余。赤字预算是差额预算的典型形式，一般以政府债务来弥补。

13.2
政府预算管理

13.2.1 政府预算管理要素

预算管理是指政府依据法律法规对预算过程中的预算决策、资金筹集、分配、使用及绩效等进行的组织、协调和监督等活动，是财政管理的核心组成部分，也是政府对经济实施宏观调控的重要手段。预算管理里的手段包括计划、组织、协调、控制、评价、监督等，预算管理的目标是使预算过程规范、预算资金有序高效运行。

预算管理的基本要素主要包括预算管理主体、客体、范围、目标、手段等，各要素构成一个有机管理系统。

1. 预算管理主体

预算管理是一个复杂的管理系统，管理主体是多层次的，主要包括财政预算法律法规的立法主体、财政预算政策的决策主体、政府预算的执行主体等。不同主体的地位和责任不同。我国预算立法主体可以分为全国人民代表大会和地方各级人民代表大会及其常务委员会，它们负责制定具有重要地位、用以明确基本法律责任和义务、具有全局性和长期性的财政预算法律，以及审查批准年度预算和决算、预算调整等。在预算案的决策过程中，立法机关、党政机关、行政部门、事业单位、审计机构、公务人员、政府退休金及养老金领取者、政府服务供应商、政府债券购买者、普通公民、新闻媒体等各利益集团都会以某种方式参与到预算过程中。国务院和地方各级人民政府负责组织预算执行；财政部和地方各级财政部门，是财政预算的具体执行主体，负责制定财政预算规章制度，全面、具体地实施财政预算收支计划，对财政预算活动进行日常管理；政府部门负责执行财政批复的本部门预算、部门所属预算单位负责执行主管部门批复的本单位预算。

2. 预算管理客体

预算管理的对象涉及国民经济与社会发展的各个方面，涵盖政府宏观调控与微观主体活动的全过程：从预算本身讲，既包括预算法律制度的制定、预算政策的制定、预算收支体系的构建、预算收支形式和结构的选择以及预算管理体制的确定，又包括预算机构设置、人员配备、预算信息的传导、预算收入的具体征纳、预算支出的资金拨付和具体运用、预算资金使用的结果和绩效等，它贯穿于预算活动的全过程。

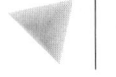

3. 预算管理范围

从管理过程来看，我国《预算法》第二条规定："预算、决算的编制、审查、批准、监督，以及预算的执行和调整，依照本法规定执行。"从管理范围来看，我国《预算法》第四条规定："预算由预算收入和预算支出组成。政府的全部收入和支出都应当纳入预算。"

4. 预算管理目标

预算管理的目标是预算管理活动的基本方向，也是检验和考核管理成效的标准。一是通过对预算分配活动的决策、计划、组织、协调和监督，优化财政资源配置，促进国民经济健康发展和社会各项事业全面进步。在市场经济体制下，公共财政通常担负着资源配置、收入分配和稳定经济的职能。与财政职能相对应，预算管理要围绕实现这三大目标进行。二是通过预算管理活动，使财政资金运行在规范、透明、严格、高效的轨道之上，这也是政府通过预算承担公共受托责任使然。

5. 预算管理手段

预算管理手段是指预算管理主体为了实现管理目标所选择的各种方法和工具。它一般分为法律手段、经济手段和行政手段三大类。在互联网、大数据的时代背景下，预算管理还应充分利用好新的技术手段。其中，法律手段是现代预算制度下预算管理的核心工具。

专栏 13.5　预算管理一体化系统

预算管理一体化系统建设是全面深化预算管理制度改革的重要支撑。2019年起，财政部大力推进预算管理一体化系统建设，不断夯实财政信息化的"基石"。目前，中央本级、全国37个省、自治区、直辖市和计划单列市、新疆生产建设兵团已经全面完成预算管理一体化系统上线，实现了全国预算管理一体化"制度＋标准"的统一，应用系统实行中央、省级两级集中部署和全国数据的 T+1 汇总，实现了财政信息化的跨越性发展。

预算管理一体化以统一预算管理规则为核心，以预算管理一体化系统为主要载体，将统一的管理规则嵌入信息系统，提高项目储备、预算编审、预算调整和调剂、资金支付、会计核算、决算和报告等工作的标准化、自动化水平，实现对预算管理全流程的动态反映和有效控制，保证各级预算管理规范高效。

基于技术手段推动预算管理实现跨越式发展。一是先进的现代预算管理理念。预算管理一体化不仅仅是单纯的信息化，把线下业务搬到线上处理，而是通过现代信息技术将预算管理规则嵌入信息系统之中，规则包含了财政管理制度，这样就可以实现制度和技术的有机统一，将会大幅提高预算管理效率，节约不必要的人工成本，对预算决策形成有力支撑，这也是现代预算制度的内在要求。二是中央财政部门出台的技术标准和业务规范，为各地开展预算管理一体化工作提供了有效的指引。中央财政提供的这些技术标准和规范从顶层设计的高度看，具有较强的通用性，可以说打造出了一把"标尺"，让地方能够顺利地推动并实施此项工作。标准的统一可以做到上下左右各类系统的顺畅衔接，减少了不少现实阻力。三是高效运转的组织保障。很多地方成立了工作专班，抽调了全省的技术、业务等多方骨干力量，实现了全省大协同，为预算管理一体化系统上线提供过了有力的组织保障。

实施预算管理一体化，全面提高各级预算管理规范化、标准化和自动化水平。预算管理一体化要求实现了"政府预算、部门预算、预算全过程、项目全生命周期、数据管理"五个一体化，覆盖中央和地方各级政府，这将会形成一种预算管理的网络体系，在这个网络中流动的是财政资金，反映在系统中就是各种数据流，涵盖预算管理的主要环节，实现各级预算数据的集中统一管理和上下贯通。通过构建"制度＋技术"的管理机制，必将会大幅提升预算管理科学化、精细化、现代化水平，从而可以让预算编制更加科学、预算执行更加有力、预算监督更加有效。

13.2.2 政府预算管理体系

政府预算管理体系，包括政府预算管理的组织体系、内容体系和范围体系。我国政府预算管理从组织体系来考察，由各级政府预算和机构预算组成；从内容体系来考察，由一般公共预算、政府性基金预算、国有资本经营预算、社会保险基金预算组成；从范围体系来考察，由收入预算和支出预算组成。

13.2.2.1 政府预算管理的组织体系

从组织体系考察，我国政府预算由各级政府预算和机构预算组成。

1. 各级政府预算

我国实行一级政府一级预算。目前，我国从中央到地方有五级政府，分别设立中央，省、自治区、直辖市，设区的市、自治州，县、自治县、不设区的市、市辖区，乡、民族乡、镇五级预算。

全国预算由中央预算和地方预算组成。地方预算由各省、自治区、直辖市总预算组成。地方各级总预算由本级预算和汇总的下一级总预算组成。

（1）中央预算。中央预算是经过法定程序批准的中央政府的财政收支计划。中央一般公共预算由财政部代表中央政府（国务院）汇编，经全国人民代表大会审查批准。

（2）地方预算。地方预算是经过法定程序批准的地方各级政府的财政收支计划的统称。我国省级及以下的四级预算，都称为地方预算。地方各级一般公共预算由地方本级财政机关代表同级政府汇编，根据其涵盖的范围、级次，又分为本

级预算和总预算。

各级政府的本级一般公共预算由同级各部门预算组成，部门预算由本部门及其所属各单位预算组成。

各级地方总预算由本级政府一般公共预算及所属的下级财政总预算汇总而成，是反映本地行政区域范围内政府财政收支的计划。如省一般总预算由省本级预算及所属市、县总预算汇总而成，县总预算由县本级预算及所属乡、镇总预算汇总而成。

2. 机构预算

机构预算是行使公共财力的机构所编制的预算，包括部门预算和单位预算。

（1）部门预算。部门是指与财政直接发生预算缴拨款关系的国家行政机关、军队、政党组织、社会团体及事业单位和国有（控股）企业。部门预算是以部门为依托，由主管单位汇编的、反映本部门全部收支的年度计划。部门预算的基本单元是单位预算。

（2）单位预算。单位预算是指各部门下属的机关、团体和企事业单位的年度财务收支计划。它以资金收支形式反映预算单位的各项活动，不仅反映预算单位与财政之间资金的领、拨、缴、销关系，而且反映行政事业单位活动的规模和方向，是对单位一定时期内财务收支规模、结构、资金来源和去向所做的预计。

根据财政经费领拨关系，我国将预算单位分为一级预算单位、二级预算单位和基层预算单位。一级预算单位，又称主管预算单位，是指与同级政府直接发生资金缴拨款关系，而且还有所属下级单位的单位；二级预算单位是指与主管预算单位发生资金缴拨款关系，而且还有所属下级单位的单位；基层预算单位（三级预算单位）是与二级预算单位或主管预算单位发生资金缴拨款关系，但没有所属下级单位的单位。

部门预算居承上启下的地位。单位预算是汇编部门预算的基础，部门预算是编制政府本级预算的基础，各级部门预算汇总后编制该级财政总预算。因此，部门预算对整个政府预算体系具有重要的作用。

13.2.2.2　政府预算管理的内容体系

从内容体系考察，我国政府预算包括一般公共预算、政府性基金预算、国有资本经营预算、社会保险基金预算。四本预算各自保持完整和独立，政府性基金预算、国有资本经营预算、社会保险基金预算与一般公共预算相衔接。

（1）一般公共预算。收入以税收为主体，支出安排主要用于保障和改善民生、推动经济社会发展、维护国家安全、维持国家机构正常运转等方面。中央一般公共预算收入包括中央本级收入和地方向中央的上解收入。中央一般公共预算支出包括中央本级支出、中央对地方的税收返还和转移支付。

地方各级一般公共预算收入包括地方本级收入、上级政府对本级政府的税收返还和转移支付、下级政府的上解收入。地方各级一般公共预算支出包括地方本级支出、对上级政府的上解支出、对下级政府的税收返还和转移支付。

（2）政府性基金预算。这是对依照法律、行政法规的规定在一定期限内向特定对象征收、收取或者以其他方式筹集的资金，专项用于特定公共事业发展的收支预算。政府性基金预算，根据基金项目收入情况和实际支出需要，按基金项目编制，以收定支。

（3）国有资本经营预算。这是对国有资本收益做出支出安排的收支预算。国有资本经营预算，按照收支平衡的原则编制，不列赤字。国有资本经营预算支出与一般公共预算支出统筹使用。国有资本经营预算支出范围除调入一般公共预算和补充社保基金外，限定用于解决国有企业历史遗留问题及相关改革成本支出、对国有企业的资本金注入及国有企业政策性补贴等方面。

（4）社会保险基金预算。这是对社会保险缴款、一般公共预算安排和其他方式筹集的资金，专项用于社会保险的收支预算。社会保险基金预算按照统筹层次和社会保险项目分别编制，做到收支平衡。

13.2.2.3　政府预算管理的范围体系

从管理范围角度考察，我国预算由收入预算和支出预算组成。政府的全部收入和支出都应当纳入预算。各级预算遵循统筹兼顾、勤俭节约、量力而行、讲求绩效和收支平衡的原则。《预算法》还要求各级政府都要建立跨年度预算平衡机制。

13.2.3　政府预算管理周期

理论上，预算周期由预算收入和支出过程中反复发生且互有重叠的事件所构成。不同政府的具体活动不尽相同，但大致可以将预算周期分为四个阶段：行政准备阶段、立法审议阶段、预算实施阶段和审计评估阶段。各年度的预算周期实际上是联系在一起的，因为预算审计评估的结果可以为将来的预算提供重要数据。这四个阶段是周而复始的，任何时候特定单位或机构都承担着不同的政府职能，预算总是要在不同财政年度的各个阶段进行准备、批准、实施、评估。

以美国为例，政府机构的财政年度实行是跨年制，即从某年的 10 月 1 日到次年的 9 月 30 日。假设现在是 2019 年的 3 月，此时政府机构正处于 2019 财政年度的实施阶段，同时也是 2020 财政年度的立法审议阶段，还是 2021 财政年度的行政准备阶段，以及 2018 及之前财政年度的预算审计阶段。如图 13.1 所示，预算周期不仅是连续的，而且是交叉重叠的。

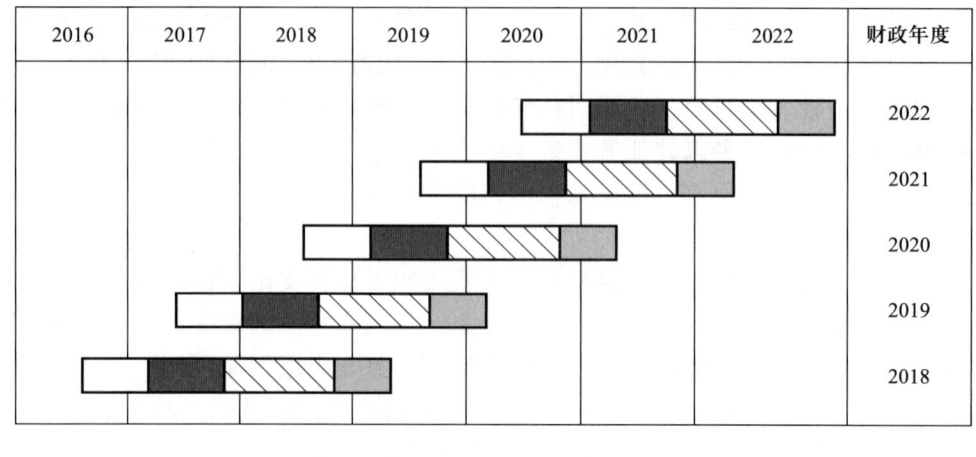

2016	2017	2018	2019	2020	2021	2022	财政年度
							2022
							2021
							2020
							2019
							2018

□ 行政准备阶段　　■ 立法审议阶段　　▨ 预算实施阶段　　▨ 审计评估阶段

图 13.1　预算周期的阶段组成

根据上述预算周期的四个阶段划分，各个阶段包括了一些可识别的具体内容。

1. 行政准备阶段

在准备阶段之初，行政首脑会要求政府所有部门和单位准备自己的预算申请，具体要求包括：①提交预算的时间表；②进行预算申请的要求；③明确可用资金范围；④发布全局性优先发展指导意见。具体来看，首先，编制预算申请要求的一个重要内容，是对经济形势及其可能会对政府收支造成的影响进行预测。经济状况不佳或者收益增长受限时，通常要求对现有计划的发展速度加以限制并减少新项目的发展，有时甚至还要对政府支出进行削减。其次，政府机构的预算申请，要以政府机构下一年的服务计划以及政府机构对未来年度社会经济条件的预测为基础。这些预测应当是对未来经济条件的最佳估计，而不应当成为根据当前状况对将来的简单延伸或推测。再次，政府机构不仅要对其计划提供的服务成本进行预测，还要对这些预算申请的合理性加以说明。这种估算和合理性说明反映了政府机构对大量项目的选择性。行政部门的预算文件将被转交给立法机关审议。对于向立法机关提交预算的日期，法律通常也会进行规定。最后，预算文件或者行政预算，会将所有政府机构的预算申请合并成整个政府的预算申请或计划。一般而言，行政首脑总要对政府机构的预算申请进行削减。

2. 立法审议阶段

在一个立法与行政部门存在明确分工的政府中，需要将预算文件提交给立法机关进行辩论和审议。按照最终需要通过的预算法案的数量，立法机关通常会将预算分成很多部分，并将各个部分分别提交给相应的立法部门的小组委员会。在立法部门小组委员会的审议过程中，政府机构为自己的预算申请进行辩护时，要经常强调其初始预算申请和行政预算所体现结果之间的差异。当预算计划被批准之后，它就是立法过程的结果。这些计划向政府机构提供了在预算年度中必须以特定方式来花费的资金。

政府机构最初的预算申请反映了机构的计划，拨款就将这些计划（或者其中的某些部分）转化成法律。预算拨款法案要变成法律，通常必须要由行政首长来签署，从而可以向实施机构划拨其提供服务所需的财政资金，但并不是所有的行政首长都有相同的选择。有些行政首长可能会将提案的一部分签署成法律而否决其余部分，而另一些行政首长只能将提案全部批准或全部否决，然后将法案发回立法机构。因此，不同类型的国家或者制度拥有较为差异化的立法审议程序。

3. 预算实施阶段

政府机构会执行已获批准的预算，即通过支出拨款促进公共服务的提供。已获批准的预算，成为对支出及提供服务活动进行监控的一个重要机制。尽管在预算执行活动中还存在其他重要的管理问题，但支出活动必须按照有关的拨款法律来进行。法律通常会禁止政府机构的支出超过预算拨款的数额。支出小于拨款而出现盈余，可能是政府机构运行有效的标志，但也可能意味着有些公共服务根本没有按照规定来提供，或者该机构预算申请得太多了。因此，在一个财政年度，财政官员必须不断地监察实际支出和已被批准的计划支出之间的关系。没有将所拨款项用完并不一定是出色的表现。多数政府都通过事前审计制度来确定支出是否合理，这种审计要根据拨款来进行，将支出控制在现有资源的范围内。正常情况下，资金被保留在一个单一的财政账户中，而非分发至不同机构的账户中。

支出是拨款的直接结果，政府机构通过支出来提供其在最初的预算计划中所设想的服务。然而，由于支出所购买的经济资源既可以用于现在，也可以用于将来，因此支出和当前所提供的政府服务的成本通常是不相等的。当前的一些支出，也会在以后提供服务。政府的成本，等于当期所使用或消耗的资源的数量（一些资源是当前购买的，另一些则可能是以前购买的）。如果单纯关注支出，那么对政府成本的认识将是不准确的。

4. 审计评估阶段

一般来说，预算收支计划实施完毕之后，审计部门都会对政府机构的收支活动进行审计。政府通常由经过选举产生的审计人员或独立机构对地方政府机构进行审计。开展地方政府审计的，有时是独立的会计公司，有时是政府机构，但有些地方政府很少进行独立审计。

根据审计目标的不同，可以将政府审计分为两类：财务审计和绩效审计。具体地，财务审计包括财务报表审计和相关财务审计。财务报表审计的内容包括：①被审计单位的财务报表所呈现的财务状况、运营结果、现金流动和财务状况变动等财务信息是否符合一般会计准则；②被审计单位所从事的可能对财务报表造成实质性影响的交易和事件是否遵守了法律规章。而相关财务审计要确定的内容包括：①是否公允地提供了财务报表以及会计要素、账目、资金等相关内容；②财务信息的提供是否依据了既有的会计标准；③被审计单位是否坚持了特定的财务要求。

类似地，绩效审计也包括两类审计：经济与效率审计、项目审计。其中，经济与效率审计是要确定：①政府是否经济、有效地取得了经济资源（如人员、财产和场所），并加以了保护和使用；②导致无效率和不经济的原因；③在经济和效率方面，被审计机构是否遵守了相关的法律和规章。项目审计则用以检验：①立法机关或其他授权单位所规定的目标和福利的实现情况；②组织、项目、活动或功能的有效性；③被审计单位是否遵守了适用于该项目的法律和规章。

13.3 我国政府预算程序

政府预算程序，是指立法机构规范政府收支行为，加强对预算的管理和监督，建立全面规范、公开透明的预算制度的全过程。我国政府预算的程序一般包括预算的编制、审批、执行、调整和决算。以中央政府部门预算为例，我国政府预算程序主要包括以下内容。

13.3.1 预算编制

在做好准备工作的基础上，按照"两上两下"的程序编制预算。如图 13.2 所示，具体程序包括：

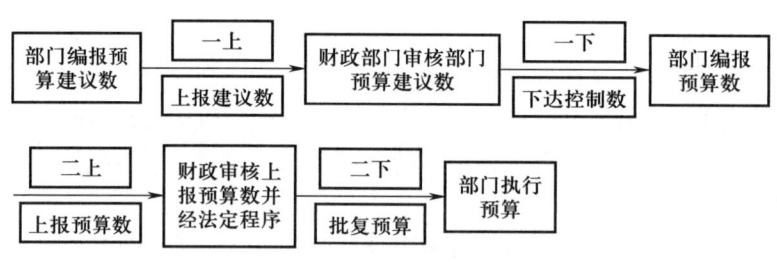

图 13.2　部门预算编制流程

（1）"一上"是由各部门按照国务院的指示和财政部下达的具体要求，根据国家社会经济发展情况并结合本部门的实际，提出本部门的收支安排建议数，上报财政部门和有预算分配权的部门。

（2）"一下"是财政部门和有预算分配权的部门审核预算建议数后，汇总成按功能划分的收支预算草案报国务院批准，财政部门和有预算分配权的部门根据国务院的批准数下达给各个部门预算控制数。这个过程基本确定了部门的收支规模和财政拨款数额。

（3）"二上"是部门根据预算控制数编制本部门预算草案报送财政部。

（4）"二下"是财政部汇总部门预算草案报国务院，国务院批准后由财政部代表国务院向全国人民代表大会提交中央预算草案。全国人民代表大会审议批准后由财政部根据批准的中央预算在规定时间内（20天）批复部门预算，部门也要在规定时间内（15天）批复所属单位预算。

13.3.2 预算审批

政府预算的审查批准，是政府预算必须履行的法定手续。

13.3.2.1 政府预算审批程序

在实际工作中，政府预算的审查批准通常需要经过两个阶段。

1. 财政部对政府预算草案的审核

中央政府预算草案由财政部负责编制，全国预算草案需由财政部汇编。财政部在编制中央预算草案和汇总地方总预算草案之前，必须对各主管部门上报的部门预算以及省、自治区、直辖市上报的总预算进行审查。审查的内容包括：预算收支的安排是否贯彻了党和国家的各项方针、政策以及国务院关于编制预算草案的指示精神；预算收支的安排是否贯彻了国民经济和社会发展的方针政策，预算安排收支政策是否切实可行；预算收支的安排是否符合现行预算管理体制的要求；重点支出和重大投资项目的预算安排是否适当；对下级政府的转移性支出预算是否规范、适当；预算安排举借的债务是否合法、合理，是否有偿还计划和稳定的偿还资金来源；预算编制的内容是否符合要求，资料是否齐全，核算口径是否正确，相关联表格的有关数字是否一致，有无技术性和数字上的差错等。

财政部将中央预算草案和地方各预算草案汇编成全国预算草案，并附编制政府预算草案的文字说明书，上报国务院审查，经国务院核准后，提交全国人民代表大会审查批准。

2. 各级人民代表大会对政府预算的审查和批准

各级人民代表大会审查批准预算的过程分为两个阶段：一是初审阶段，二是审查和批准阶段。

（1）初审。这是指在召开人民代表大会之前，由全国人民代表大会财经委员会或地方人民代表大会常务委员会有关的专门委员会对预算草案的主要内容进行初步审查，并在本级人民代表大会开会期间向大会报告审查结果。

（2）审查和批准。全国人民代表大会对预算草案的审查批准过程是：首先由国务院向全国人民代表大会做关于中央和地方预算草案的报告（一般是报告上年度中央和地方预算执行情况和本年度中央和地方预算草案），提请人民代表大会审议。在此期间，全国人民代表大会财经委员会要向大会做关于中央预算草案审查结果的报告，提请大会讨论审查。经讨论审查并通过报告以后，大会做出批准中央预算的决议。如果做出修改预算的决议，国务院应据此对原中央预算草案进行修改和调整。经过全国人民代表大会审查批准的中央预算，即为当年的中央预算。

地方各级预算草案由本级人民代表大会审查批准的过程是：由地方各级政府在本级人民代表大会举行会议期间，向大会做关于本级总预算草案的报告，经讨论审查，批准本级预算。

13.3.2.2 预算的批复

各级预算经本级人民代表大会批准后，财政部门应及时办理批复预算手续，以保证各级预算的执行。按《预算法》要求，各级财政部门应自本级人民代表大会批准预算之日起 20 日内向各部门批复预算，各部门应在本级财政部门批复部门预算之日起 15 日内，向所属单位批复预算。

各级政府预算按上述程序经本级人民代表大会审核批准后，即具有法律效力，应当在批准后 20 日内由本级政府财政部门向社会公开，并对本级政府财政转移支付安排、执行的情况以及举借债务的情况等重要事项做出说明。

13.3.2.3 预算的备案制度

《预算法》明确规定，地方各级政府应当及时将本级人民代表大会批准的本级预算及下一级政府报送备案的预算汇总后，报上一级政府备案，并将下一级政府上报备案的预算汇总，报本级人民代表大会常务委员会备案。国务院将省、自治区、直辖市报送备案的预算汇总后，报全国人民代表大会常务委员会备案。

当上级政府对下一级政府报送备案的预算，认为有同法律、行政法规相抵触或者有其他不适当之处，需要撤销批准预算的决议时，应当提请本级人民代表大会常务委员会审议决定。这些规定加强了上一级政府和本级人民代表大会常务委员会对下级预算的监督。

13.3.3 预算执行

预算执行是政府预算实施的重要环节，是一项经常的、细致的、复杂的工作。各级预算由本级政府组织执行，具体工作由本级政府财政部门负责。各部门、各单位是本部门、本单位的预算执行主体，负责本部门、本单位的预算执行，并对执行结果负责。

（1）预算收入的执行。由财政部门统一负责组织，并按各项收入的性质和征收方法，分别由财政、税务、海关等部门负责征收和管理。预算收入征收部门和单位，必须依照法律、行政法规的规定，及时、足额征收应征的预算收入。不得违反法律、行政法规规定，多征、提前征收或者减征、免征、缓征应征的预算收入，不得截留、占用或者挪用预算收入。各级政府不得向预算收入征收部门和单位下达收入指标。政府的全部收入应当上缴国家金库（简称国库），任何部门、单位和个人不得截留、占用、挪用或者拖欠。现行预算收入的缴库方式分为就地缴库、集中缴库和自收汇缴。

（2）预算支出的执行。由各支出机关具体负责执行，财政部门居于主导地位。各级政府财政部门必须依照法律、法规的规定，及时、足额地拨付预算支出资金。各级政府、各部门、各单位应当对预算支出情况开展绩效评价。各级预算的收入和支出实行收付实现制。

（3）国库业务。中央国库业务由中国人民银行经理。县级以上各级预算必须设立国库，具备条件的乡（民族乡、镇）也应当设立国库。各级国库库款的支配权属于本级政府财政部门。各级政府应当加强对本级国库的管理和监督，按照国务院的规定完善国库现金管理，合理调节国库资金余额。

国家实行国库集中收缴和集中支付制度，对政府全部收入和支出实行国库集中收付管理。

13.3.4 预算调整

《预算法》规定，在预算执行中，各级政府一般不制定新的增加财政收入或者支出的政策和措施，也不制定减少财政收入的政策和措施。

在预算执行中，各级政府对于必须进行的预算调整，应当编制预算调整方案。预算调整方案应当说明预算调整的理由、项目和数额。中央预算的调整方案应当提请全国人民代表大会常务委员会审查和批准。县级以上地方各级预算的调整方案应当提请本级人民代表大会常务委员会审查和批准；乡（民族乡、镇）预算的调整方案应当提请本级人民代表大会审查和批准。未经批准，不得调整预算。

经人大批准的各级预算，在执行中出现需要增加或减少预算总支出、调入预算稳定调节基金、调减预算安排的重点支出数额、增加举借债务数额等情况之一的，应当进行预算调整，调整的主要方法有：

（1）设置预备费。各级一般公共预算，按照本级一般公共预算支出额的1%～3%设置预备费，用于当年预算执行中的自然灾害等事前难以预见的开支。在预算执行中，如果发生自然灾害等突发事件处理增加的支出及其他难以预见的开支，可以动用预备费；预备费不足支出的，各级政府可以先安排支出，属于预算调整的，列入预算调整方案。

（2）设置预算周转金。各级一般公共预算按照国务院的规定可以设置预算周转金，用于本级政府调剂预算年度内季节性收支差额。各级预算周转金由本级政府财政部门管理，不得挪作他用。

（3）设置预算稳定调节基金。各级一般公共预算按照国务院的规定可以设置预算稳定调节基金，用于弥补以后年度预算资金的不足。各级一般公共预算年度执行中有超收收入的，只能用于冲减赤字或者补充预算稳定调节基金。各级一般公共预算的结余资金，应当补充预算稳定调节基金。

（4）增列赤字。省、自治区、直辖市一般公共预算年度执行中出现短收，通过调入预算稳定调节基金、减少支出等方式仍不能实现收支平衡的，省、自治区、直辖市政府报本级人民代表大会或者其常务委员会批准，可以增列赤字，报国务院财政部门备案，并应当在下一年度预算中予以弥补。

13.3.5 政府决算

政府决算（Government Final Accounting）是政府预算执行结果的报告文件。政府决算由财政部编制并需经过全国人民代表大会常务委员会审议通过。

（1）决算编制的准备工作。财政部拟定和下达编制政府决算的编报方法、决算表格，组织年终收支清理工作。

（2）决算的编报程序。决算草案的编制是从执行预算的基层单位开始，自下而上，逐级编制、审核和汇总而成。国务院财政部门编制中央决算草案，经国务院审计部门审计后，报国务院审定，由国务院提请全国人民代表大会常务委员会审查和批准。县级以上地方各级政府财政部门编制本级决算草案，经本级政府审计部门审计后，报本级政府审定，由本级政府提请本级人民代表大会常务委员会审查和批准。乡（民族乡、镇）政府编制本级决算草案，提请本级人民代表大会审查和批准。

（3）决算的审查。《预算法》规定，县级以上各级人民代表大会常务委员会和乡（民族乡、镇）人民代表大会对本级决算草案，重点审查下列内容：① 预算收入情况；② 支出政策实施情况和重点支出、重大投资项目资金的使用及绩效情况；③ 结转资金的使用情况；④ 资金结余情况；⑤ 本级预算调整及执行情况；⑥ 财政转移支付安排执行情况；⑦ 经批准举借债务的规模、结构、使用、偿还等情况；⑧ 本级预算周转金规模和使用情况；⑨ 本级预备费使用情况；⑩ 超收收入安排情况，预算稳定调节基金的规模和使用情况；⑪ 本级人民代表大会批准的预算决议落实情况；⑫ 其他与决算有关的重要情况。

县级以上各级人民代表大会常务委员会应当结合本级政府提出的上一年度预算执行和其他财政收支的审计工作报告，对本级决算草案进行审查。

（4）决算的批准。各级决算经批准后，财政部门应当在 20 日内向本级各部门批复决算。县级以上各级政府应当将下一级政府报送备案的决算汇总后，报本级人民代表大会常务委员会备案。

本 章 小 结

1. 政府预算是经过法定程序核准的具有法律效力的政府财政收支计划，是规范政府收支行为的工具，是提升国家治理能力、建立现代治理体系的重要依据。政府预算应坚持公开性、完整性、统一性、可靠性、法律性、绩效性的原则。

2. 随着社会经济发展和财政活动的复杂化，政府预算形式不断改进和完善。按编制形式，政府预算可分为单式预算和复式预算；按编制方法，政府预算可分为基数预算和零基预算；按预算支出能否产生经济效益，政府预算可分为投入预算和绩效预算；按预算收支是否实现平衡，政府预算可分为平衡预算和差额预算。

3. 政府预算管理的基本要素主要包括预算管理主体、客体、范围、目标、手段等，各要素构成的一个有机管理系统。

4. 政府预算管理体系，包括政府预算管理的组织体系、内容体系和范围体系。我国政府预算管理从组织体系来考察，由各级政府预算和机构预算组成；从内容体系来考察，由一般公共预算、政府性基金预算、国有资本经营预算、社会保险基金预算组成。从范围体系来考察，由收入预算和支出预算组成。

5. 政府预算周期可分为行政准备、立法审议、预算实施和审计评估四个阶段。这些阶段不仅是现实连续的，还是交叉重叠的。

6. 我国政府预算的程序一般包括预算的编制、审批、执行、调整和决算。

重 要 概 念

政府预算　预算年度　单式预算　复式预算　基数预算　零基预算　绩效预算　部门预算　预算调整　预算稳定调节基金　政府决算

思 考 题

1. 什么是政府预算？政府预算的含义是什么？
2. 政府预算的原则有哪些？
3. 政府预算的模式有哪些？
4. 简述政府预算管理要素及其内容。
5. 简述政府预算管理体系的具体构成。

6. 政府预算管理周期包括哪些阶段？

7. 我国政府预算程序有哪些环节？

参考答案

进一步阅读文献

1. 高培勇. 世界主要国家财税体制：比较与借鉴［M］. 北京：中国财政经济出版社，2010.

2. 贾康. 中国财税改革 30 年：简要回顾与评述［J］. 财政研究，2008（10）：1-21.

3. 马蔡琛. 变革世界中的政府预算管理：一种利益相关方视角的考察［M］. 北京：中国社会科学出版社，2010.

4. 世界银行. 超越年度预算：中期支出框架的全球经验［M］. 财政部综合司，译. 北京：中国财政经济出版社，2013.

5. 王雍君. 公共预算管理［M］. 北京：经济科学出版社，2002.

6. 谢旭人. 中国财政管理［M］. 北京：中国财政经济出版社，2011.

7. 马蔡琛. 政府预算［M］. 2 版. 大连：东北财经大学出版社，2018.

参 考 文 献

1. 马海涛，安秀梅. 公共财政概论［M］. 北京：中国财政经济出版社，2003.

2. 陈工. 政府预算与管理［M］. 北京：清华大学出版社，2004.

3. 王金秀，陈志勇. 国家预算与预算管理［M］. 2 版. 北京：中国人民大学出版社，2007.

4. 辜胜阻. 新预算法将引领国家治理现代化［OL］. 新华网，2014-9-1.

5. 王雍君. 新预算法仍有十大致命软肋［OL］. 天和网，2014-9-1.

6. 楼继伟. 认真贯彻新预算法 依法加强预算管理［N］. 人民日报，2014-9-1.

7. 李俊生，姚东旻. 中期预算框架研究中术语体系的构建、发展及其在中国应用中的流变［J］. 财政研究，2016（1）：9-25.

8. 杨志勇. 我国中期财政规划改革：基本方向与主要问题［J］. 中国财政，2014（11）：15-17.

9. 高培勇. 1994 年的财税改革：20 年进程评估与未来 10 年展望［M］. 北京：中国财政经济出版社，2014.

10. 约翰·L. 米克塞尔. 公共财政管理：分析与应用［M］. 苟燕楠，马蔡琛，译. 9 版. 北京：中国人民大学出版社，2020.

11. 财政部. 预算管理一体化为财政信息化跨越发展助力［OL］. 财政部网站，2023-3-29.

即 测 即 评

学完第 13 章啦，来做个小测检验一下学习效果吧！

政府间财政关系

本章学习目标

- 掌握政府间职能配置的相关理论
- 理解税种划分的基本原则
- 理解转移支付存在的理由
- 掌握转移支付的形式
- 了解我国的财政体制

在全世界约 200 个国家中，有 8 个微型小国，它们分别是梵蒂冈、新加坡、安道尔、摩纳哥、列支敦士登、瑙鲁、圣马力诺、马耳他骑士团。这 8 个微型小国除了国土面积小、人口少之外，还有一个共同的特征：只设中央一级政府。除此之外，有 25 个国家设立中央和地方两级政府；67 个国家设立三级政府，如美国及欧盟主要成员国。

只设中央一级政府的微型小国，不需要费心安排政府间的财政关系，考虑如何将各项职能在政府层级间合理配置。但其他所有国家都面临着如何将财政收入如何在各级政府间划分、事权如何在各级政府间分工的难题。特别是我国，有五级政府，平均每个省（含自治区和直辖市）管辖大约 10 个地级市和 90 多个县级单位，每个县平均管辖 15 个乡镇。而且，我国地区间经济社会发展水平差异性很大。建立权责清晰、协调一致的政府间财政关系对于充分发挥财政的国家治理功能、促进各级政府履职尽责具有关键性作用。

政府间财政关系通常又被称作财政体制，收入划分和事权划分是政府间财政关系的重要内容，政府间财政关系还包括转移支付。本章将主要阐述政府间事权划分、收入划分和转移支付的基本理论，并介绍改革开放以来我国财政体制的沿革。需要指出的是，为了便于说明，大部分的讨论基于"中央"和"地方"两级政府，这是合理的，因为这一假定不会改变结论。

14.1

政府间职能分工与支出责任划分

在多级财政的组织结构下，安排政府间财政关系首先需要考虑政府间职能分工问题，继而决定如何在政府间划分财政收入和进行事权配置。此外，与单一层级不同，在多级政府情况下，劳动力、资本可以在辖区之间流动。因而，政府间职能分工问题还需要考虑资源流动对政府履行职责产生的影响。财政联邦主义（Fiscal Federalism）为考察政府间职能配置和交互影响提供了一个基本理论框架。根据这一理论，这一节主要分析财政三大职能在中央政府与地方政府之间的分工问题。

14.1.1 资源配置职能的分工

财政联邦主义主要是从效率角度来探究资源如何在政府间最优配置，这里的效率是指公共产品的供给效率，主要涉及偏好差异、外部效应和规模经济三个主要因素。居民偏好的区域差异决定了地方政府更适合供给本地受益的公共产品，而中央政府供给具有外部效应和规模经济的公共产品更具有效率优势。除了权衡这三个因素之外，现实中还需要综合考虑其他多种因素，由此形成了各国不同的政府间资源配置职能分工状况。

14.1.1.1 居民偏好的区域差异

按照公共产品的受益范围，可以将公共产品分为全国性公共产品和地方公共产品。在多级次的政府框架下，公共产品的受益范围在某种程度上决定了不同级次政府之间的分工。美国学者奥茨（Oates，1972）对该问题做了开创性的研究。他假定经济中存在甲和乙两个人口子集，每个子集内部人口的偏好相同，但甲和乙之间的偏好不同；社会生产公共产品供全体成员消费，某一种公共产品既可以由中央政府统一供给，也可以由两个人口子集的地方政府分别提供；公共产品的成本固定不变；收入分配在全社会已经达到最优。在这些假定条件下，奥茨证明，由于两个人口子集的偏好不同，中央政府统一提供产品时无法达到社会福利最大化，而地方政府根据自己的人口子集的偏好提供公共产品，能够实现社会福利最大化。图 14.1 表明了由中央政府统一提供公共产品带来福利损失的情形。

两个地方居民对公共产品的需求分别用需求曲线 D_1 和 D_2 表示。由图 14.1 可知，Q_1 为甲地居民的需求量，Q_2 为乙地居民的需求量。

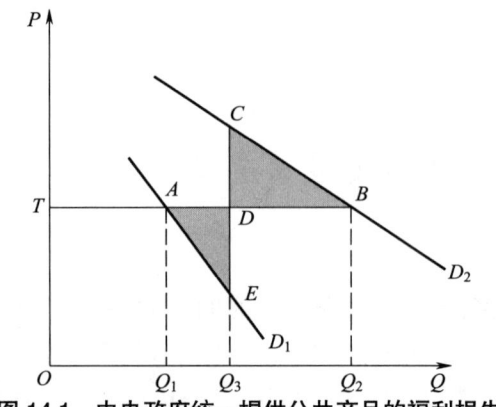

图 14.1 中央政府统一提供公共产品的福利损失

若由中央政府负责提供公共产品，则只可能存在一个统一的提供量 Q_3。这样，对于甲地居民来说，中央统一提供的公共产品数量超过了他们的需求量，由此给他们带来了 $\triangle ADE$ 面积的福利损失；而对乙地居民来说，由于统一提供的公共产品数量小于他们的需求量，福利损失为 $\triangle CBD$ 面积的福利损失。从图 14.1 可见，Q_1、Q_2 之间的距离越大，也就是说人口子集之间偏好的差异度越大，$\triangle ADE$ 和 $\triangle CBD$ 的面积也就越大，表明福利损失越大。如果分别由各自的地方政府提供当地居民需要数量的公共产品，分别是 Q_1 和 Q_2。此时，$\triangle ADE$ 和 $\triangle CBD$ 面积的福利损失就不会出现。这里是用公共产品的需求数量表示各地居民对公共产品的偏好，这个分析同样适用于对公共产品的种类偏好不同的情况。

那么，中央政府为什么不能直接统一提供适合地方居民需求的公共产品呢？原因就是，中央政府不了解各地的需求信息。而地方政府更接近当地居民，所以更有信息优势，能够根据当地居民的偏好提供适合的公共产品。

14.1.1.2 规模经济

公共产品的规模经济指的是随着消费人数的增多，公共产品的人均成本下降的情况。例如，使用公共图书馆的人越多，人均成本就越低。如果由各地方政府分别提供公共产品，可能达不到消费人数的最优规模而降低效率。因此，由于规模经济的原因，更为集中的公共产品的供给是比较合适的。然而，每种公共产品的最佳供给规模是不一致的，所以，规模经济的存在只是给资源配置指出了一个方向，但没有标明刻度。

14.1.1.3 外部性

地方公共产品的收益由地方居民享有，成本由地方居民承担，收益和成本的对称是有效提供的基本要求。一旦地方公共产品的成本或者收益外溢，就产生了外部性问题，造成资源配置的低效率，例如水污染的治理。某县级市整治了区域内的河流，但是受惠的不仅是该区域内的居民，而是河流经过的所有区域。考虑到此种正外部性的存在，河流治理一般采用由上级政府牵头、各下级政府配合的方式，分头治理、集中管理才能避免正外部性，产生有效率的治理水平。再例如，一些虽然只有利于某一阶层或某些人，但对全社会和国家的发展至关重要的公共产品应由中央政府提供，如对适龄儿童的义务教育、对特困地区和受灾地区的专项补助等。

专栏 14.1　财政联邦主义

在政治学中，联邦主义特指某种政治制度，在该制度下，宪法保证了一定范围内的自治权。由于公共产品是由不同级次的政府共同提供的，而且各级次政府或多或少拥有事实上的权力，因此，财政或多或少是联邦化的，关键是各级政府如何划分权限以及权限大小的问题。因此，在经济学文献中，"财政联邦主义"和"财政分权"（Fiscal Decentralization）在大致相同的意义上被使用。奥茨（1999）、布鲁斯和埃勒（Breuss，Eller，2004）的论文中并没有明确区分两者。

传统的财政分权理论也被称作财政联邦主义，其代表人物是蒂伯特（Tiebout）、奥茨和马斯格雷夫（Musgrave）。因其三人在这一领域的先驱性贡献，传统的财政分权理论也被称为 TOM 模型。传统的财政分权理论研究的主题是政府职能和财政工具如何在不同级次的政府间进行合理配置的问题（Oates，1999）。TOM 模型认为，收入再分配和宏观经济稳定是中央政府的职能，因此，只有资源配置职能是地方政府涉足的领域。

20 世纪 90 年代中期以后出现的一大批讨论财政分权问题的学术论文，显示出了与传统财政分权理论相当不同的视角和结论，被统称为"第二代财政分权理论"[①]。它具有如下三个主要特点：① 公共选择视角成为考察公共部门的理论基础；② 委托代理关系取代职能分割关系，成为考察政府制度设计合理与否的出发点；③ 经济增长成为新的与财政分权相关的政策目标。由于选取的视角不同，第二代财政分权理论又被称为"市场维护型财政联邦主义"。

14.1.2　收入再分配职能的分工

收入分配一般认为属于中央政府的职能，因为地方政府进行收入分配的效果会被居民流动所抵消。例如，对于一个实行对富人征收高额所得税、对穷人给予高福利的收入分配政策的地区，富人将离开对他们征收高额所得税的地区，而穷人将从

---

① 关于第二代财政分权理论的综述文章可见：刘晓路. 财政分权与经济增长：第二代财政分权理论［J］. 财贸经济，2007（3）.

其他福利水平较低的地区迁入，结果该地区税基减少，穷人的福利也会下降，地方政府的政策初衷无法实现。

但是，现实并非完全如此。一方面，流动是需要成本的，富人和穷人不能随心所欲地迁往对他们来说福利水平最高的地区。另一方面，实践中地方政府往往承担了一部分收入再分配职能。例如，许多国家把一些具有再分配功能的政策分派给地方政府，如基础教育、社会保障。美国自1996年实行分散化的福利政策后，各州在制定帮助穷人的福利政策方面拥有很大程度的自主权。由地方政府部分执行了收入再分配职能后，由于存在大量福利移民现象，美国各州出现了降低或者不再增加福利支出的趋势。在中国，地方政府进行收入分配的作用也相当大，但随着户籍制度改革和人口流动性的不断增强，外来人口与本地人口在教育、医疗保健、社会保障和住房等方面享受同等待遇的呼声越来越高，地方政府收入分配的职能正受到越来越大的挑战。

14.1.3　宏观经济稳定职能的分工

稳定经济职能被认为是中央政府与生俱来的职责，因为地方政府缺乏实施稳定宏观经济政策的条件和手段。我们可以通过构建一个地方性国民经济账户来说明这一点，如下式所示。

$$Y = C + I + G + (Ex - Im)$$

式中：Y 表示地方辖区的国民产出或者收入；

　　　C 表示地方消费；

　　　I 表示地方投资；

　　　G 表示地方的财政支出；

　　　Ex 表示地方的出口；

　　　Im 表示地方的进口。

首先，由于在一国境内，各地之间的经济是完全开放的，资本、商品和劳动力要素可以在各地之间自由流动，一个地区对本地经济的调控往往因对其他地方的经济产生外部效应而变得无效。比如，当某地区想采取扩大本地区需求、刺激经济的扩张性政策，增加地方消费、投资或者政府支出，但是由于扩张性政策的结果必将造成本地区对外地商品进口的大量增加，即上式中 Im 的增加，扩张性政策的效果因此被削弱。相反，当采用紧缩性政策以控制通货膨胀时，又会由于进口的大量减少而使政策失效。其次，地方政府也因缺少可用于调控经济的政策工具而难以承担此重任。调控经济往往需要财政政策和货币政策的相互配合才能起作用。但一方面，货币的发行和利率的调整都是由中央银行根据全国的经济形势来操作的，地方政府没有权力和能力来实行货币政策。不难想象，如果由各地政府自行发行货币，全国的货币流通必将产生混乱局面，从而使地方政府的货币政策完全失效。另一方面，就财政政策而言，宏观调控需要周期性的财政盈余和赤字，涉及相应的预算融资，即在赤字时借债而在盈余时偿债。这对地方政府来说困难重重，因为地方政府很难进入全国性的资本市场，从而难以使用这个市场为地方预算盈亏进行融资。

当然，这些并不意味着地方政府与调控宏观经济之间没有任何联系。研究表明，财政分权在反经济周期的政策上具有一些重要的作用。当宏观经济受到冲击，比如能源价格上涨时，一个国家的不同地区会受到完全不同的影响，分散化的地方政府可以根据本地情况进行处理，而中央政府则很难根据各地区的特殊情况实施差别性的政策。事实上，在中国，地方政府对发展地方经济的作用是非常强大的。特别是在我国实行市场化改革后，在调控经济的政策目标上，地方政府已不再与中央政府完全一致。地方政府出于自身相对独立的利益目标和责任约束，在相当大程度上以推动本地区经济增长为其首要目标。从我国近年来对宏观经济调控的具体实践来看，在某些情况下（如在中央要实行紧缩政策时期），地方政府已经成为中央政府实施调控政策的一股异己的力量（钟晓敏、叶宁、金戈，2007）。只有在宏观调控政策与地方快速发展本地经济的目标相适应时，地方政府才会积极配合中央政府。但不管怎样，地方政府在稳定宏观经济中的作用空间相当狭小，因此，稳定宏观经济的职能主要还是应该由中央政府来承担。

14.1.4 实践中的政府间事权和支出责任划分

在政策实践领域，针对各种类型公共产品，通过事权和支出责任的划分将财政职能在政府层级间的分工与协调加以具体落实。表 14.1 给出了政府间事权和支出责任划分的基本框架，遵从框架中的基本原则能够最大限度地避免事权划分不科学、政府间互相推诿责任的问题。表 14.1 中"服务责任"一栏表明了各级政府在各类事权中的责任；"服务提供"一栏表示的是由哪一级政府进行具体操作；"评价"一栏给出了事权划分的主要理由，例如"公路"由中级政府和地方政府修建，然而它有可能是三级政府的共同责任，因为一些有溢出效应的道路如果有利于全国统一市场的形成，那么联邦政府也应该承担一部分责任。

表 14.1　　　　　　　　　　　事权和支出责任划分的基本框架

支出类别	服务责任	服务提供	评价
国防	F	F	国家福利
外交	F	F	国家福利
国际贸易	F	F	国家福利
环境	F	S, L	国家福利
货币、银行	F	F	国家福利

续表

支出类别	服务责任	服务提供	评价
国家商业	F	F	国家福利
移民	F	F	国家福利
失业保险	F	F	国家福利
航空／铁路	F	F	国家福利
工业／农业	F，S，L	S，L	州际溢出效应
教育	F，S，L	S，L	实物转移支付
医疗卫生	F，S，L	S，L	实物转移支付
社会福利	F，S，L	S，L	实物转移支付
警察	S，L	S，L	地方主要福利
公路	F，S，L	S，L	一些有溢出效应的道路； 其他主要地方公路促进共同的市场
自然资源	F，S，L	S，L	

F＝中央政府；S＝中级政府（省、州）；L＝地方政府

资料来源：Anwar Shah. Perspectives on the Design of Inter-governmental Fiscal Relations ［J］. 世界银行论文集，第726期。转引自：黄佩华，迪帕克，等. 中国：国家发展与地方财政［M］. 吴素萍，王桂娟，等，译. 北京：中信出版社，2003.

各国财政管理实践表明，明晰事权和支出责任的目的在于建立政府间的责任体系，促进具体公共事务的执行，提高资源使用效率和工作运行效率，消除责任缺位、诿责卸责现象（Bardhan, Mookherjee, 2006；贾康和白景明，2002；侯一麟，2009；周坚卫和罗辉，2011）。为了达成这一目标，未来我国厘清政府间事权和支出责任需要在中央事权实体化、事权界定法制化和规范化，以及提升改革的组织和决策层次等方面继续推进改革，最终建立起公共事务决策和执行相统一、权利和责任相一致、事权和支出责任相适应的体制机制（楼继伟，2014、2018）。

长期以来，我国政府间财政关系存在中央与地方的职能错配、共同事权过多、事权和支出责任划分不规范三大问题。[①] 这些体制机制弊病具体表现为：一方面，一些本该由中央负责的事务中央没有负起责任，如国际界河维护、跨流域大江大河治理、跨地区污染防治、海域和海洋使用管理、食品药品安全以及跨区域司法管理等事关国家利益和要素自由流动的事务；另一方面，适宜地方管理的事务没有完全放下去，如学前教育、农村改水改厕、村容村貌建设等。

建立事权和支出责任相适应的制度是我国今后财政改革的一个重要内容。2013年，党的十八届三中全会通过的《中共中央关于全面深化改革若干重大问题的决

---

① 转引自《国务院关于推进中央与地方财政事权和支出责任划分改革的指导意见》（国发〔2016〕49号）。

定》明确指出，要适度加强中央事权和支出责任，国防、外交、国家安全、关系全国统一市场规则和管理等作为中央事权；部分社会保障、跨区域重大项目建设维护等作为中央和地方共同事权，逐步理顺事权关系；区域性公共服务作为地方事权。中央和地方按照事权划分相应承担和分担支出责任。中央可通过安排转移支付将部分事权支出责任委托地方承担。对于跨区域且对其他地区影响较大的公共服务，中央通过转移支付承担一部分地方事权支出责任。

2017 年，党的十九大报告对建立现代财政制度做出重要部署，要求"加快建立现代财政制度，建立权责清晰、财力协调、区域均衡的中央和地方财政关系"。2022 年，党的二十大报告从战略和全局的高度，明确了进一步深化财税体制改革的重点是"健全现代预算制度，优化税制结构，完善财政转移支付体系"。

专栏 14.2　共同财政事权划分改革

为落实党的十九大以来进一步提高各级政府提供基本公共服务的能力和水平的精神，2018 年 1 月，国务院发布《基本公共服务领域中央与地方共同财政事权和支出责任划分改革方案》（简称《基本公共服务改革方案》），这是我国首个细分基本公共服务领域中央与地方共同财政事权和支出责任的改革方案。

基本公共服务领域中央与地方共同财政事权的，主要实行中央与地方按比例分担，在一般性转移支付下设立共同财政事权分类分档转移支付，对共同财政事权基本公共服务事项予以优先保障。该方案将八大类 18 项基本公共服务纳入中央与地方共同财政事权范围：一是义务教育，包括公用经费保障、免费提供教科书、家庭经济困难学生生活补助、贫困地区学生营养膳食补助 4 项；二是学生资助，包括中等职业教育国家助学金、中等职业教育免学费补助、普通高中教育国家助学金、普通高中教育免学杂费补助 4 项；三是基本就业服务，包括基本公共就业服务 1 项；四是基本养老保险，包括城乡居民基本养老保险补助 1 项；五是基本医疗保障，包括城乡居民基本医疗保险补助、医疗救助 2 项；六是基本卫生计生，包括基本公共卫生服务、计划生育扶助保障 2 项；七是基本生活救助，包括困难群众救助、受灾人员救助、残疾人服务 3 项；八是基本住房保障，包括城乡保障性安居工程 1 项。根据地区经济社会发展总体格局、各项基本公共服务的不同属性以及财力实际状况，基本公共服务领域中央与地方共同财政事权的支出责任主要实行中央与地方按比例分担。提高了中央财政对社会养老保险的支出责任，在基础养老金标准部分中央与地方按比例分担。除此之外，中央对第一档和第二档承担全部支出责任。其他事项上，中央政府和地方政府按 5∶5 的比例来确定支出责任。

在《基本公共服务改革方案》基础上，国务院办公厅随后又陆续颁布了《科技领域中央与地方财政事权和支出责任划分改革方案》《应急救援领域中央与地方财政事权和支出责任划分改革方案》等 8 个基本公共服务领域的财政事权和支出责任划分方案。

党的二十大在总结新时代十年成就时指出,"我们深入贯彻以人民为中心的发展思想,在幼有所育、学有所教、劳有所得、病有所医、老有所养、住有所居、弱有所扶上持续用力,人民生活全方位改善……建成世界上规模最大的教育体系、社会保障体系、医疗卫生体系"。三个"最大"体现了我们党坚持以人民为中心的发展思想,体现了为中国人民谋幸福、为中华民族谋复兴的使命担当,体现了人民至上的根本价值追求。深化公共服务领域的中央和地方事权与支出责任划分是切实保障人民利益的重要途径。

14.2

政府间税收收入划分

因为现代政府的主要收入来源是税收,因此,政府间的收入划分最主要的就是税收的划分问题。本节主要介绍税收划分的三种方式以及税种划分的基本原则。

14.2.1 税收划分的三种方式

税收划分有三种方式:分税种、分税率、分税额。将全部税种在中央和地方之间进行合理的划分,根据归属结果,分为:中央税、地方税和共享税,这就是分税种。分税率是指不同级别的政府对同一税基课以不同的税率,分别征收。分税额指的是将税收收入按照一定比例在各级政府之间进行划分,它也常常被称为"收入分享"。在各国政府间税收划分实践中,这三种方式往往存在着一些交叉,通常是以某种方式为主、其他方式同时运用的模式。

在这三种方式中,最基本的是分税种问题。税种在中央和地方政府之间的划分一般基于税种本身的属性,适合由中央征收的,就划为中央税;适合由地方征收的,就划为地方税;当然,还有中央和地方共享税。

14.2.2 税种划分的原则

马斯格雷夫(1983)提出,税种的划分应该遵循以下原则:① 可能影响宏观经济稳定的税收应由中央负责,下级政府征收的税应不与经济周期相关,否则地方政府的税收政策可能破坏中央稳定宏观经济的努力。② 累进性很强的再分配税种如个人所得税应归中央征收，此类税如果由地方征收会造成高收入和低收入集团的非正常流动，不仅扭曲人口的地理分布，也干扰社会公正目标的实现。③ 其他累进性个人税种应由那些能最有效地课征全部税源的政府征收。④ 税基在各地分布严重不均的税种应由中央征收，如资源税。⑤ 税基具有高度流动性的税种应由中央征收，否则会引起税基在地区间流动，破坏经济效率。⑥税基具有非流动性的生产要素税收最好划归地方，因为这不会引起资源在地区间的流动。⑦ 各级政府都适合向公共服务的受益人收取使用费，并以此作为财政收入的一个补充来源。

另外，税收的划分还要考虑各级政府税收收入规模的大小。地方收入规模过小，或者极端的情况下完全由中央调配收入，地方财政可能因为支出与收入处于无关状态而产生软预算约束的问题。一般来说，"财力和事权相匹配"是恰当的原则。也就是说，地方政府的事权越大，相应的财力也应该越多；反之亦然。当然，各地情况不同，各个地方政府的事权不可能完全和财力相匹配，转移支付能够弥补财力缺口，这个问题将在下一节讨论。

表 14.2 给出了一个被广泛引用的税种划分基本准则的框架。

表 14.2　　　　　　　　　　税种划分的基本准则

税收种类	决定权		征收管理	评述
	税基	税率		
关税	F	F	F	国际贸易税
公司所得税	F	F	F	流动性因素、稳定的工具
资源税、资源租金（利润、收入）税	F	F	F	税基配置极不均衡
版税、规费、使用费、采掘税、财产税等	S、L	S、L	S、L	受益税、州和地方政府服务收费
自然资源保护税	S、L	S、L	S、L	保护地方环境
个人所得税	F	F、S、L	F	再分配、流动性因素
财富税（对资本、财富、财富转移、继承和赠与的征税）	F	F、S	F、S	再分配
工薪税	F、S	F、S	F、S	社会保障性受益收费
增值税	F	F	F	潜在的稳定工具，在中央主管下可以按照疆域进行税收调整
单环节销售税				
A 选择	S	S、L	S、L	较高的遵从成本
B 选择	F	S	F	和谐的、较低的遵从成本

续表

税收种类	决定权		征收管理	评述
	税基	税率		
不良行为税收				
烟酒消费税	F	F	F	健康责任
赌博税	S、L	S、L	S、L	州和地方政府责任
彩票税	S、L	S、L	S、L	州和地方政府责任
赛马税	S、L	S、L	S、L	州和地方政府责任
公害品税收：二氧化碳	F	F	F	反污染
BTU[①]税收	F、S、L	F、S、L	F、S、L	污染可能会影响全国、省和地方
机动车燃油	F、S、L	F、S、L	F、S、L	联邦、州和地方公路收费

F＝中央政府；S＝中级政府（省、州）；L＝地方政府

资料来源：Anwar Shah.The Reform of Inter-government Fiscal Relation in Developing & Emerging Market Economics. Policy and Research Series No.23, The World Bank, 1994. 转引自：刘海英. 地方政府间财政关系研究［M］. 北京：中国财政经济出版社，2006.

　　分税种所选取的依据不同，分税的结果也就不同。因为对具体税种来说，根据不同的原则可能有不同的划分方法。就各国实践来看，除了关税是中央税、财产税是地方税的共同点之外，其他税种的划分是很不一样的。当然，这并不表示各国的划分都是合理的。由于适合成为地方税的税种并不多，所以在实践当中，出现了分税率、分税额等形式，使地方政府能够获得足够的税收收入和事权相匹配。截至2023 年年底，我国共有 18 个税种，税收划分状况如表 14.3 所示。

表 14.3　　　　　　　　　2023 年中国中央与地方政府税种分税情况

税种	类型	共享方式
增值税	共享税	进口货物增值税归中央；国内增值税中央 50%，地方 50%
消费税	中央税	
企业所得税	共享税	铁路、邮政、国有银行、石油等企业所得税归中央；其余企业所得税中央 60%，地方 40%

---

① 英制热量单位，1BTU＝1 055 焦耳。

续表

税种	类型	共享方式
个人所得税	共享税	中央60%，地方40%
资源税	共享税	海洋石油资源税归中央，非海洋石油归地方；水资源税10%归中央
城市维护建设税	共享税	铁道系统、各银行总行和各保险总公司集中缴纳的城建税归中央
房产税	地方税	
印花税	共享税	证券交易印花税归中央，其余印花税归地方
城镇土地使用税	地方税	
土地增值税	地方税	
车船税	地方税	
船舶吨税	中央税	
车辆购置税	中央税	
关税	中央税	
耕地占用税	地方税	
契税	地方税	
烟叶税	地方税	
环境保护税	地方税	

14.3

政府间转移支付

在上一节中已经提到转移支付，转移支付是地方政府非常重要的收入来源。政府间财政转移支付是指政府间财力和资金的无偿转移，一般来说，指的是上级政府向下级政府的无偿转移，又称为财政拨款。转移支付存在的理由、转移支付的类型及经济效应是本节的主要内容。

14.3.1 转移支付存在的理由

弥补资金缺口的转移支付使财政体制能够顺畅运行；均等化转移支付有助于实现基本公共服务均等化；转移支付还能够矫正外部性、体现中央政府的意图……转移支付的存在有很多理由，具体讨论如下。

14.3.1.1 弥补资金缺口

在一个多级政府体制里，如果每一个政府层级的支出都有足够的独立的收入来源，就认为这个体制处于纵向财政平衡状态。反之，则认为纵向财政不平衡（Vertical Fiscal Imbalance）。下级政府支出与收入差距称为纵向财政缺口（Vertical Fiscal Gap，VFG）。在财政体制的设计中，财力和事权相匹配只是一般的原则，因为各地情况不同，不可能完全做到这一点。

第一，一个有效率的、公平的收支体系往往是某些政府擅长于征收而另一些政府更需要支出。一般来说，中央政府在获取财政收入方面更有利，一般是收大于支；而地方政府一般难以用自己的收入来弥补支出，往往存在资金缺口，需要中央政府给予财力上的支持。自蒂伯特（1956）、奥茨（1972）、马斯格雷夫（1959）之后，如何在各级政府间配置事权和财力一直是财政联邦理论的经典问题。根据马斯格雷夫（1983）提出的税种划分原则，大部分的税种适合中央政府征收，而大量的资源配置职能落在地方政府头上。因此，各级政府间财力和事权不匹配被当作分权财政体制的固有现象。

第二，中央政府想要增强控制力。"收入集权、支出分权"是世界各国的普遍现象，程度不同而已。这种格局使中央政府掌握了更多的资源，从而强化了控制能力。Daniel Bergvall 等人（2006）的研究显示，几乎所有联邦体制国家都存在下级政府支出大于自有收入的情况。而 Laurent Bouton 等人（2008）的研究也表明，在 OECD 国家，平均政府支出的 30% 以上被分权给下级政府，而只有不到 20% 收入由下级政府筹集。可以说，不对称财政分权是所有实行财政联邦体制国家的共同现象。

第三，在大多数国家里，不论从法律上规定还是从实践上来看，地方政府比中央政府更为保守，中央政府可以借贷，而地方政府一般不能举债或举债难度较大。因此，地方政府经常发生支大于收的情况，此时，中央政府通过转移支付的方式向地方政府提供财力支持，弥补资金缺口。

14.3.1.2 均等化公共服务水平

社会保障、公共卫生、基础教育、公共安全、环境保护等被视为基本公共服务。任何人无论生活在一个国家的什么地方，都应该享受到基本的公共服务。有些公共服务是由地方政府提供的，因此，地方政府的财力决定了当地公共服务的供给水平。财力越充裕的地区，公共服务的供给水平越高；财力越匮乏的地区，公共服务的供给水平越低。在人口完全自由流动的情况下，公共服务均等化可以通过居民在地区间的自由迁徙来实现。但是，现实中人口不可能完全自由流动，所以，公共服务均等化就成了中央政府转移支付的重要理由。

凡是公共服务地区差异比较明显的国家，均等化目标都是转移支付制度设计的重要内容。在中国，以均等化为目标的转移支付被称为均衡性转移支付，主要用于弥补财力缺口，均衡地方差距，实现地区间提供基本公共服务能力的均等化。

14.3.1.3 矫正外部性

不仅是私人产品，公共产品也会产生外部性。当地方公共产品的辖区收益外溢到其他地区时，产生正外部性，比如对水域污染的控制、病虫害的防治等。由于正外部性的存在，社会收益大于辖区收益，导致资源配置低效率。地方公共产品的效率提供量应该满足以下条件：

$$MB_a + MB_b = MC$$

式中：MB_a 是本地居民获得的收益，称为辖区收益；

MB_b 是辖区外收益；

MC 是地方公共产品的边际成本。

由于地方政府只考虑辖区内收益和成本，没有考虑辖区外收益，地方政府就按照 $MB_a = MC$ 来提供公共产品，低于效率提供量。在这种情况下，按 $MB_b/(MB_a + MB_b)$ 的比率提供一笔配套拨款就可以使该项目的规模达到最佳规模。辖区外收益越大，上级政府拨款的配套比例就越大；反之就越小。

14.3.1.4 补偿中央委托地方事务的资金 [①]

在政府间事权划分清楚的前提下，一些本来由中央承担的事务，出于各种原因可能会委托给地方去完成。严格来说，中央和地方共担事务不属于此类范围。因为既然已经划清了共担事务的范围，必然形成了各自的支出责任。中央委托地方事务通常指那些具有地域性的但是又影响面比较大的事务，如戍边、重大疫情防范、拦截毒品等。此类事务如果以地域为准由地方提供，可能造成两种后果：第一，地方积极性不高，导致事务不能积极履行；第二，故意引起中央注意，以寻求更多的转移支付。因此，此类事务应该在转移支付制度设计中固定下来，以有利于提高效率，避免上下博弈造成的损耗。

我国专项转移支付中的部分项目体现了补偿中央委托地方事务资金的安排。资金接受者按规定用途使用资金，是一种有条件转移支付。在德国，联邦与州一

---

① 刘尚希，李敏. 论政府间转移支付的分类［J］. 财贸经济，2006（3）；财政部《财政制度国际比较》课题组. 德国财政制度［M］. 北京：中国财政经济出版社，1999.

起完成一些特定任务，德国称之为共同任务。这些任务支出较大，涉及范围较广，主要有三项：高等学校包括医学院附属医院的扩建和新建；地区经济结构的调整和改善；农业结构改善和海岸保护。完成共同任务所需的支出，原则上由联邦和州按比例共同负担。在一般情况下，联邦政府分担共同任务所需要财政支出的一半，但具体的拨款则根据所涉领域的不同而不同。例如，在改善农业结构方面，联邦和州分别负担 60% 和 40%；在海岸保护方面，则分别负担 70% 和 30%。共同任务拨款是一种有条件的联邦对州的财政转移支付，通过这一形式，增强了联邦政府对州和地方政府干预的程度，对全国各地经济的协调发展起到积极的作用。共同任务拨款额的大小取决于联邦和州政府之间的协议，一般每年讨论一次，并在预算中做出安排。

14.3.2 转移支付的类型及经济效应

本节第一部分阐述了转移支付存在的理由，据此进行的分类就是按照转移支付功能的分类。不同理由存在的转移支付需要不同类型的转移支付相匹配。一般来说，转移支付可以分三类：一种是无条件拨款，一种是有条件拨款，还有一种是分类拨款。这三种类型的转移支付在政策实践中经常提到，因此，接下来将介绍三种转移支付的类型及其经济效应。

14.3.2.1 无条件拨款

无条件拨款不规定拨款的使用范围和要求，拨款接受者可按自己的意愿使用拨款，拨款的取得有时候取决于拨款接受者的行为。图 14.2 表示了无条件拨款的经济效应。横轴表示某地方居民消费的地方政府提供的公共产品 G，纵轴表示居民消费的其他产品 F。在转移支付之前，地方政府的预算线是 AB，与无差异曲线相切

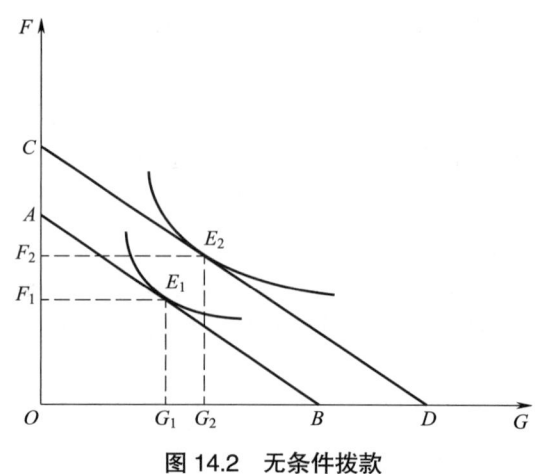

图 14.2 无条件拨款

于 E_1，对应的公共产品的提供数量是 G_1，对应的私人消费量是 F_1。地方政府取得无条件拨款之后，地方政府的预算线移到了 CD，新的均衡点在 E_2，对应的公共产品的提供数量是 G_2，对应的私人消费量是 F_2。无条件拨款相当于增加了地方政府的收入。

14.3.2.2 有条件拨款

有条件拨款也称专项拨款（Categorical Grants），拨款提供者在某种程度上指定了补助的用途，拨款接受者必须按规定的方式使用拨款资金。有条件拨款可分为非配套拨款（Non-Matching Grants）和配套拨款（Matching Grants）。

1. 非配套拨款

非配套拨款是指拨款者提供一笔数额固定的资金，规定必须用于指定的项目。图 14.3 描述的是一个用于购买 AH 单位公共产品 G 的非配套拨款的情况。地方政府接受非配套拨款之后，可以购买比从前多 AH 数量的公共产品，因此，新的预算约束线在原预算线的基础上平行移动 AH 的距离，但由于拨款规定了使用用途，因此，新的预算约束线是折弯的预算线 AHD。此时，E_3 点是效用最大化的点。公共产品 G 的消费量从 G_1 增加到 G_3，但是，两者的差额小于补助额 AH。这说明地方政府在按规定把非配套拨款全部用于 G 的支出时，减少了自身用于 G 的支出。这种情况下，非配套拨款和无条件拨款带来的效果并无差别。但是，当地方政府想要消费的 G 的量小于补助的量时，非配套拨款和无条件拨款的效果是不同的，具体参考图 14.4。

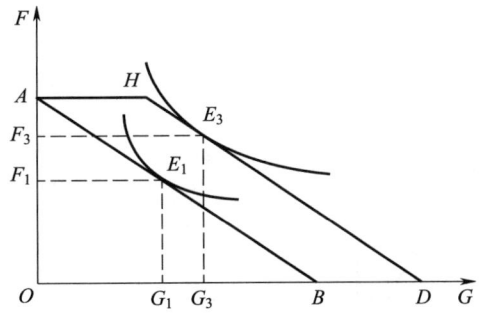

图 14.3 有条件非配套拨款 1

图 14.4 中，在有条件非配套拨款制度下，地方政府选择 H 点，对应的公共产品 G 的消费量为 G_3。在无条件拨款制度下，地方政府选择 E_2 点，比 H 点的效用水平更高。无条件拨款给地方政府更大的选择权，带来的福利水平的提高也大于或至少等于有条件拨款，因此，地方政府倾向于获得无条件拨款。然而，中央政府之所以选择较低的福利水平，多是为实现某种政策目标来考虑的，福利水平的下降是中央政府为实现某种政策目标的代价。

363

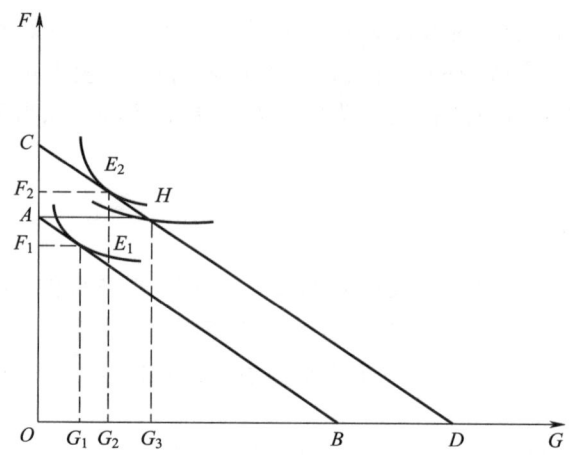

图 14.4　有条件非配套拨款 2

2. 配套拨款

配套拨款是指接受拨款的地方政府必须自己筹集到一定比例的款项，才有资格接受上一级政府的拨款。有条件的配套拨款又可分封顶的配套拨款和不封顶的配套拨款。前者规定接受拨款的地方政府可以得到拨款的最高数额，后者不规定拨款接受者可以得到拨款的最高限额，只要有自有资金，就一直可以按自有资金投入的某个百分比从拨款者那里获取配套资金。两种拨款引起的经济效应在有些情况下是一致的，在有些情况下不一致，下面以图 14.5 来说明。

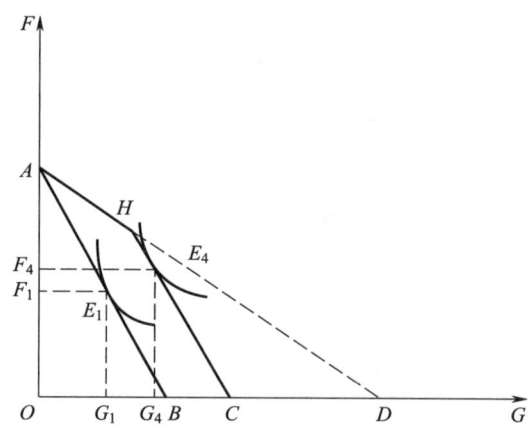

图 14.5　有条件配套拨款

图 14.5 中，在转移支付之前，某地方居民的最佳选择在 E_1 点。假定现在实行配套封顶拨款，新的预算线为折线 AHC。在 AH 段，拨款政府按 BD/OD 的比例提供拨款；但在 AH 段以下的 HC 段，政府将不再提供拨款。均衡点 E_4 对应的公共产品 G 的消费量为 G_4，该数额大于没有得到拨款之前的 G_1。AD 描述的是配套不封

顶拨款时的预算线。均衡点如果在 HD 段上出现，对应的公共产品 G 的消费量大于 G_4，原因是不封顶拨款刺激了公共产品 G 的消费。然而，如果地方政府得到配套拨款后，均衡点出现在 AH 段，无论是封顶拨款还是不封顶拨款，公共产品 G 的消费量都是一样的。因此，选择采用何种拨款方式，不仅取决于拨款方式本身可能产生的经济效应，还取决于接受拨款者的特点。

14.3.2.3 分类拨款

分类拨款介于有条件拨款和无条件拨款之间。和无条件拨款相比较，它是有条件的，拨款者规定这种拨款的使用方向。它和有条件拨款的不同之处在于下级政府对它有更多的自主权。例如，上级政府向下级政府拨出一笔款项作为公共卫生经费，下级政府可以用它来进行免费疫苗注射，也可以进行科学研究。只要保证资金在公共卫生这个大范围内使用即可，下级政府拥有资金使用的自主权。以上对无条件拨款和有条件拨款经济效应的分析同样适用于分类拨款。

专栏 14.3 我国中央对地方转移支付制度简介及改革取向

目前，中央对地方的转移支付分为一般性转移支付和专项转移支付。一般性转移支付即无条件拨款，包括均衡性转移支付、重点生态功能区转移支付、老少边穷地区转移支付、产粮大县奖励资金、共同财政事权转移支付和税收返还及固定补助等。均衡性转移支付以客观因素为基础，以均等化为基本目标，通过公式计算拨款数额。2022 年，均衡性转移支付占全部转移支付的比重为 21.8%。为了明确中央与地方的支出责任分担方式和具体比例，共同财政事权转移支付于 2019 年设立，暂列一般性转移支付之下。之前一般性转移支付和专项转移支付安排的基本公共服务领域共同财政事权事项，统一纳入共同财政事权转移支付，它完整反映了中央承担的基本公共服务领域的支出责任。2019 年，共同财政事权转移支付占转移支付的比重为 42.9%，2022 年占 37.5%。

专项转移支付即有条件拨款，拨款提供者指定了拨款的用途，拨款接受者必须按规定的方式使用拨款资金。专项转移支付在转移支付中占据很大比重，再加上管理上存在的一些问题，负面反应不少。因此，转移支付改革不断降低专项转移支付的比重。2011 年之后，一般性转移支付的比重首次超过了专项转移支付，并逐步拉开了差距。2011 年，专项转移支付占全部转移支付的比重为 41.51%；2018 年的比重为 32.9%；2019 年，由于专项转移支付中的有些项目并入了公共财政事权转移支付，专项转移支付所占比重急剧降低，2022 年这一比重低至 7.8%。

税收返还是 1994 年分税制改革之时为确保地方既得利益而做出的妥协。中央对地方的税收返还是按照来源地规则设计的。在此规则下，各辖区获得的税收返还数额取决于向中央贡献了多少税收，不取决于各辖区的人口、人均收入、地理特征以及其他影响财政能力的因素。2019 年，税收返还并入了一般性转移支付。

由于独特的制度设计原因，近些年税收返还一直维持在一个比较稳定的水平。

表14.4是2022年中央对地方转移支付主要项目决算表。在一般性转移支付中，共同财政事权转移支付占比最大，我们筛选了一些共同财政事权转移支付的具体项目，可以看到，基本养老金转移支付是最大的项目。均衡性转移支付占一般性转移支付的比重为26.2%，位居第二。为支持地方落实好留抵退税和其他新增减税降费政策，确保县区在落实大规模退税减税政策的前提下"保基本民生、保工资、保运转"所需基本财力，中央财政安排"支持基层落实减税降费和重点民生等专项转移支付"，2022年决算数为8 533.49亿元。

表14.4   2022年中央对地方转移支付主要项目决算表

单位：亿元

项目	决算数
一、一般性转移支付	80 811.3
均衡性转移支付	21 179
重点生态功能区转移支付	992.04
县级基本财力保障机制奖补资金	3 779
资源枯竭城市转移支付	232.9
老少边穷地区转移支付	3 288.2
产粮大县奖励资金	506.14
生猪（牛羊）调出大县奖励资金	37
共同财政事权转移支付	36 354.12
城乡义务教育补助经费	1 881.7
学生资助补助经费	688.16
支持地方高校改革发展资金	393.87
就业补助资金	617.58
基本养老金转移支付	9 277.63
困难群众救助补助资金	1 616.83
节能减排补助资金	688.73
林业草原生态保护恢复资金	476.23
林业改革发展资金	551.52
农业保险保费补贴	411.58

续表

项目	决算数
农业生产发展资金	2 300.17
目标价格补贴	685.09
水利发展资金	603.21
税收返还及固定补助	11 836.9
体制结算补助	2 606
二、专项转移支付	7 597.03
三、支持基层落实减税降费和重点民生等专项转移支付	8 533.49
中央对地方转移支付	96 941.82

资料来源：财政部网站。

　　未来的转移支付改革目标是项目设置更加规范、分配方法更加科学、管理手段更加有效、法律制度更加健全，更好发挥财政在国家治理中的基础和重要支柱作用，为推动高质量发展和扎实推进中国式现代化提供坚实的制度保障。

　　（1）推动完善转移支付法律制度。推动修改预算法，将共同财政事权转移支付单独作为一类管理，将实践证明行之有效的管理措施上升为法律，为深化转移支付改革提供法律支撑。适时研究制定财政转移支付条例等配套法规，对转移支付的功能定位、分类体系、设立程序、分配管理、退出机制等做出全面系统的规定。针对转移支付管理面临的突出问题，加强制度建设，强化监督，进一步规范转移支付预算编制、执行和资金使用、管理等行为。

　　（2）建立健全转移支付分类管理机制。根据各类转移支付的功能和特点，分类施策，精准发力，不断完善管理措施，提高科学性。一般性转移支付结合财力状况稳步增加，并向中西部财力薄弱地区倾斜，完善分配方法，促进地区间财力分布更加均衡。共同财政事权转移支付根据中央财政支出责任足额安排，探索实行差异化的补助政策，推进地区间基本公共服务水平更加均衡。专项转移支付根据党中央、国务院重大决策部署合理安排，资金定向精准使用，强化对地方的引导激励，并逐步退出市场机制能够有效调节的领域。

　　（3）改进转移支付预算编制。按照财政事权和支出责任划分，调整优化转移支付项目设置，更好地体现财政事权改革成果。加强财政资金统筹，清理规范支持同一战略、同一领域、同一行业的转移支付，减少交叉重复。完善转移支付定期评估机制，不断提高评估质效，促进转移支付项目有进有出、动态优化。保持合理适度的转移支付规模，加大支出结构调整力度，加强对重点领域的资金保障，提高对国家重大战略的支撑能力。细化转移支付预算编制，提高年初预算落实到地区的比例。

（4）加强转移支付分配使用和绩效管理。优化转移支付分配办法，完善支出成本差异、财政困难程度评价方法等工具，探索建立区域间均衡度评估机制及指标体系，合理确定支出标准和支出责任分担比例。加快转移支付资金下达进度，严格落实预算法规定，除据实结算等特殊项目外，一般性转移支付在全国人大批准预算后30日内下达、专项转移支付在90日内下达。优化直达资金管理，合理确定直达资金范围和规模，提高直达资金使用效率。改进转移支付绩效管理，稳步推进事前绩效评估，健全转移支付绩效指标体系，提高转移支付绩效目标质量，加大绩效评价结果运用力度，结合政策实施效果和形势变化，适时调整支出政策，确保将资金用在刀刃上。加快推进预算管理一体化系统应用，健全从源头到末端的转移支付管理体系，强化资金全过程、全链条、全方位监管。依法落实转移支付公开要求，提高透明度。

（5）进一步推进省以下转移支付制度改革。督促指导省级政府落实主体责任，清晰界定省以下财政事权和支出责任，理顺省以下政府间收入划分，完善省以下转移支付制度。推动省级结合财力可能加大对市县一般性转移支付力度，促进省内财力均衡。根据基本公共服务保障标准、支出责任分担比例、常住人口规模等，结合政策需要和财力可能等，足额安排共同财政事权转移支付，确保共同财政事权履行到位。规范专项转移支付管理，根据政策目标合理安排省以下专项转移支付项目。

资料来源：《国务院关于财政转移支付情况的报告》（2023年8月28日在第十四届全国人民代表大会常务委员会第五次会议上）。

14.4 我国财政体制的沿革

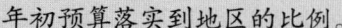

本章前三节对政府间财政关系的主要内容做了理论阐述，这一节将以我国财政体制为例，描述现实中的财政体制。改革开放以来，我国财政收入占 GDP 比例的轨迹总体来说呈现先下降后增长的趋势，两段不同的时期分别对应着分级包干财政体制和分税制财政体制。

14.4.1 分级包干财政体制

分级包干的财政体制是在计划经济体制向市场经济体制转轨过程中出现的。中国的经济体制改革初始目标不是否定计划经济体制，而是要完善计划体制，提高计划体制下的经济绩效，所以改革开始的时候并没有以市场经济为取向。对计划经济体制进行调整的主要内容就是财政分权，调整"条条"分配和"块块"分配的关系。分权的一个重要目标是发挥地方和企业两个积极性，而分级包干体制确实做到了这一点。它打破了旧体制统得过死的局面，通过适当分散财权，使地方具有了相对独立的利益，使地方有了发展本地经济的内在动力和能力。

分级包干财政体制是党的十一届三中全会以来我国开始实行经济体制改革到 1994 年实行分税制财政体制之前所实施的财政体制的总称。1980 年、1985 年、1988 年进行了三次重大的改革与调整。它们共同的特点是，在划分收支的基础上，分级包干，自求平衡，所以俗称分级包干制，或称"分灶吃饭"体制。

14.4.1.1 1980 年的调整

1980 年 2 月，国务院颁发了《关于实行"划分收支、分级包干"财政体制的暂行规定》，决定除京、津、沪三个直辖市外，其余地方均实行形式各异的"分灶吃饭"办法。其要旨是，对收入进行分类分成，划分固定收入、固定比例分成收入和调剂收入三类，财政支出主要按照企业和事业单位的隶属关系进行划分，地方财政在划分的收支范围内多收可多支，少收则少支，自求平衡。视各地情况的不同，当时实行了四种"分灶吃饭"的办法。

（1）对四川等 15 个省实行典型的"划分收支、分级包干"办法。按照收支划分的范围，以 1979 年收支预计数作为基数，地方收大于支的，多余部分按比例上交；支大于收的，不足部分由中央从工商税中确定某一比例进行调节。在一定五年的有效期内，地方靠自身努力求得财政平衡。

（2）对新疆等五个民族自治区和几个视同民族自治区待遇的省，实行特殊的民族自治地方预算体制，除保留原有的特殊照顾外，也参照上述第一种办法划分收支范围，确定中央的补助数额，并由一年一定改为五年不变，中央补助额每年递增 10%，地方收入增长部分全部留归地方。

（3）对广东、福建两省实行"划分收支、定额上交或定额补助"的特殊优惠办法。

（4）对江苏继续试行从 1977 年起试行的固定比例包干办法，即根据该省历史上地方预算支出占收入的比例，确定一个上交与留用的比例，一定四年不变。但从 1981 年起，江苏也开始实行四川等省的办法。

1983 年在总结前三年实践经验的基础上，又对"划分收支、分级包干"体制做了如下调整：

（1）除广东、福建两省外，其他省、自治区、直辖市一律实行收入按固定比例总额分成的包干办法。

（2）将中央财政向地方财政的借款改为调减地方的支出包干基数。

（3）将卷烟、酒两种产品的工商税上划中央，以限制其盲目发展。

（4）中央投资兴建的大中型企业收入，归中央；中央与地方共同投资的，按投资比例分成。

（5）县办工业企业的亏损由二八分担办法（中央财政负担80%，县财政负担20%），改为中央和县财政各负担一半。

14.4.1.2 1985年的调整

伴随着财政体制的变革，我国于1983年和1984年相继推行了第一步和第二步的利改税。这使分配关系发生了新的变化。于是，从1985年起开始实行"划分税种、核定收支、分级包干"的办法。该办法在以下两个方面对原先的"分灶吃饭"体制做了改进：一是基本上以第二步利改税后的税种设置作为划分收入的依据，收入分为中央税、地方税和共享税三类；二是重新核定基数，地方财政支出基数按照1983年的既得财力确定，地方财政收入的包干基数以1983年的决算收入数为依据。凡地方固定收入大于地方支出的，定额上解中央；地方固定收入小于地方支出的，从中央、地方共享收入中确定一个分成比例，留给地方；地方固定收入和中央、地方共享收入全部留给地方还不足以抵拨支出的，由中央定额补助。收入的分成比例或上解、补助数额确定后，一定五年不变。地方多收可多支，少收则少支，自求平衡。

为适应利改税的需要，在1985—1987年，暂时实行"总额分成"的过渡办法，除了中央财政固定收入不参与分成外，把地方财政固定收入和中央、地方财政共享收入加在一起，同地方财政支出挂钩，确定一个比例，实行总额分成。

对广东、福建以及民族自治区地区仍实行原体制。

14.4.1.3 1988年的调整

从1988年起，配合国有企业实行的承包经营责任制，财政体制又一次进行了比较大的改革，全方位地推行财政承包制。全国39个省、自治区、直辖市和计划单列市，除广州、西安两市的预算关系仍与广东、陕西两省联系外，对其余的37个地区分别实行了六种不同形式的财政承包制。

（1）收入递增包干。以1987年的决算收入和地方应得预算支出作为基数，参照各地区几年的收入增长情况，确定各地区的收入递增率（环比）和地方留成、上解比例；在递增率以内的收入，按确定的留成、上解比例，实行中央与地方分成，超过递增率的收入，全部留给地方，收入达不到递增率而影响上解中央的部分，由地方的自有财力补足。实行这种办法的有北京市等10个省、市。

（2）总额分成。根据各地区前两年的预算收支情况核定收支基数，以地方支出占总收入的比重，确定地方留成、上解中央比例。实行这种办法的有天津市等3个省、市。

（3）总额分成加增长分成。以上年实际收入作为基数，基数以内部分按总额分成比例分成；实际收入比上一年增长部分，除按总额分成比例分成外，另加增长分成比例。实行这种包干办法的地方有大连市等3个计划单列市。

（4）上解额递增包干。以1987年上解中央的收入为基数，每年按照一定比例递增上解。实行此种包干办法的有广东、湖南两省。

（5）定额上解。按原来核定的收支基数的收入大于支出的部分，确定固定的上解数额。上海、山东等3个地方实行这种办法。

（6）定额补助。按原来核定的收支基数的支大于收的部分，实行固定数额补助。实行这种包干办法的有吉林省等16个省、自治区。

上述各种办法，除总额分成外，其余各种办法都有一个共同特点，即地方可以从增收或超收中多留，这样就调动了地方特别是上解比例大的地区组织收入的积极性，保证财政收入稳步增长。

对上述各种类型的财政承包制，有一点需要补充说明，即各种类型的包干基数均不包括中央对地方的专项拨款。在每年预算执行中，这部分财政资金根据专款的用途和各地的实际情况另行分配。

14.4.2　分税制财政体制

随着经济体制改革的不断深入，市场经济因素不断增多，市场经济呼唤法制和规范性的内在要求，单纯放权让利的非规范性体制已经不适合市场经济的发展，财政体制又面临着巨大的变革。

分税制是中央与地方政府之间划分税收收入的各种制度的总称。由于税收的划分涉及财力在各级政府之间的分配，形成了各级政府履行职能的物质保证，因此，财政体制即以此为名。分税制财政体制是市场经济国家普遍实施的财政体制，我国从1994年税制改革之后开始实行。分税制财政体制提高了"两个比重"[①]，更重要的是，它明确按照构建市场经济体制的要求进行，初步构建了市场经济体制下政府间财政关系的基本框架。1994年财政体制改革的主要内容如下。

14.4.2.1　按照中央和地方政府的事权，划分各级财政的支出范围

中央财政主要负担国家安全、外交和中央机关运转所需经费，调整国民经济结构、协调地区发展、实施宏观调控必需的支出以及由中央直接管理的事业发展支

---

① 即中央财政收入占全国财政收入的比重和财政收入占 GDP 的比重。

出。具体包括：中央统管的基本建设投资，中央直属企业的技术改造和新产品试制经费，地质勘探费，由中央财政安排的支农支出，国防费、武警经费，外交和援外支出，中央级行政管理费，由中央负担的国内外债务还本付息支出，以及中央本级负担的公检法支出和文化、教育、卫生、科学等各项事业费支出。地方财政主要负担本地区政权机关运转以及本地区经济、事业发展所需的支出。具体包括地方统筹的基本建设投资，地方企业的技术改造和新产品试制经费，支农支出，城市维护和建设经费，地方文化、教育、卫生、科学等各项事业费和行政经费，公检法支出，部分武警经费，民兵事业费，价格补贴支出以及其他支出。

14.4.2.2 根据财权与事权相结合原则，合理划分中央与地方收入

按照税制改革后的税种设置，将维护国家权益、实施宏观调控所必需的税种划为中央税；将适宜地方征管的税种划为地方税，并充实地方税税种，增加地方税收入；将与经济发展直接相联系的主要税种划为中央与地方共享税。具体划分如下：

中央固定收入包括：关税，海关代征消费税和增值税，中央企业所得税，地方银行和外资银行及非银行金融企业所得税，铁道部门、各银行总行、各保险总公司等集中缴纳的收入（包括营业税、所得税、利润和城市维护建设税），中央企业上缴利润等。外贸企业出口退税，除 1993 年地方已经负担的 20% 部分列入地方上交中央基数外，以后发生的出口退税全部由中央财政负担。

地方固定收入包括：营业税（不包括铁道部门、各银行总行、各保险总公司等集中缴纳的营业税）、地方企业所得税（不含上述地方银行和外资银行及非银行金融企业所得税）、地方企业上缴利润、城镇土地使用税、个人所得税、固定资产投资方向调节税、城市维护建设税（不含铁道部门、各银行总行、各保险总公司等集中缴纳的部分）、房产税、车船使用税、印花税、屠宰税、农牧业税、农业特产税、耕地占用税、契税、遗产和赠予税、土地增值税、国有土地有偿使用收入等。

中央与地方共享税包括：增值税、资源税、证券交易税。增值税中央分享75%，地方分享 25%；资源税按不同的资源品种划分，大部分资源税作为地方收入，海洋石油资源税作为中央收入；证券交易印花税，中央地方各分享 50%。

在划分税种的同时，分设中央税务机构和地方税务机构，实行分别征税。中央税种和共享税种由国税局负责征收，其中共享收入按比例分给地方；地方税种由地税局征收。

14.4.2.3 中央财政对地方税收返还数额的确定

为了保持地方既得利益，中央财政对地方税收返还数额以 1993 年为基期年核定。1993 年中央从地方净上划的收入数额（即消费税和 75% 增值税之和减去中央下划地方收入），全额返还地方，保证地方既得财力，并以此作为中央财政对地方的税收返还基数。1994 年以后，税收返还额在 1993 年基数上逐年递增，递增率按全国增值税和消费税的平均增长率的 1：0.3 系数确定，即上述两税全国平均每增长

1%，中央财政对地方税收返还增加0.3%。如若1994年以后中央净上划收入达不到1993年基数，则相应扣减税收返还数额。

14.4.2.4　原体制中央补助、地方上解及有关结算事项的处理

为顺利推行分税制改革，1994年实行分税制以后，原体制的分配格局暂时不变，过渡一段时间再逐步规范化。原体制中央对地方的补助继续按规定补助。原体制地方上解按不同体制类型执行：对实行递增上解的地区，按原规定继续递增上解；对实行定额上解的地区，按规定的上解额，继续定额上解；实行总额分成和原分税制试点地区，暂按递增上解办法，即按1993年实际上解数，并核定一个递增率，每年递增上解。

原来中央拨给地方的各项专款，该下拨的继续下拨。地方1993年承担的20%部分出口退税以及其他年度结算的上解和补助项目相抵后，确定一个数额，作为一般上解或一般补助处理，以后年度按此定额结算。

随着时间的推移，财政体制在1994年的框架上不断做着调整和改革。在事权和支出责任的划分上，多年以来几乎未做变动。然而，诸如政府与市场边界不清、中央与地方职责交叉重叠等问题影响了市场、中央和地方各自职能的发挥。2016年，《国务院关于推进中央与地方财政事权和支出责任划分改革的指导意见》出台。未来的事权划分将在以下框架进行：根据财政联邦制的相关理论，划分中央和地方的事权，减少共同事权，建立事权划分的动态调整机制；事权与支出责任相匹配。2018年，国务院办公厅印发《基本公共服务领域中央与地方共同财政事权和支出责任划分改革方案》，将涉及人民群众基本生活和发展需要、现有管理体制和政策比较清晰、由中央与地方共同承担支出责任、以人员或家庭为补助对象或分配依据、需要优先和重点保障的主要基本公共服务事项，首先纳入中央与地方共同财政事权范围。

在收入划分上，企业所得税和个人所得税已经调整为中央与地方六四分成的共享税；出口退税从2004年开始由中央与地方共同负担，2015年1月1日起，调整为全部由中央负担；2016年5月1日起，全面推开"营改增"试点，增值税调整为中央与地方五五分成。转移支付方面也进行了较大改革：1995年开始实行的过渡期转移支付现在调整为均衡性转移支付，用客观因素作为财政转移支付的依据；2014年，《国务院关于改革和完善中央对地方转移支付制度的意见》发布；2019年，税收返还并入一般性转移支付，转移支付新增共同财政事权转移支付。

本 章 小 结

1. 财政联邦主义认为，资源配置职能是中央政府和地方政府的共同职能，收入再分配和宏观经济稳定是中央政府的职能。

2. 马斯格雷夫等对税种划分提出了一些原则。然而，对具体税种来说，根据不同的原则可能有不同的划分方法。就各国实践来看，除了关税是中央税、财产税是地方税的共同点之外，其他税种的划分是很不一样的。

3. 转移支付存在的主要理由有：弥补资金缺口、均等化基本公共服务、矫正外部性、补偿中央委托地方事务的资金。

4. 按照转移支付的形式来分类，转移支付有三种类型：一种是有条件拨款，一种是无条件拨款，还有一种是分类拨款。

5. 均衡性转移支付以客观因素为基础，以均等化为基本目标，通过公式计算拨款数额。

6. 分税制是中央与地方政府之间划分税收收入的各种制度的总称。我国从1994 年税制改革之后开始实行分税制财政体制。

重 要 概 念

地方公共产品　财政联邦主义　财政纵向不平衡　公共产品的溢出效应　转移支付　无条件拨款　均衡性转移支付　共同财政事权转移支付　分税制财政体制

思 考 题

1. 下列各项活动是中央政府还是地方政府的事权？说出你的理由。
　　A. 处理公共垃圾
　　B. 义务教育
　　C. 环境保护
　　D. 提供气象卫星

2. 2022 年，党的二十大报告从战略和全局的高度，明确了进一步深化财税体制改革的重点是"健全现代预算制度，优化税制结构，完善财政转移支付体系"。三个改革方向均关系地方财政体制和地方财政运行问题，更直指中央与地方事权和支出责任的划分问题。请分别谈谈：

（1）建立事权和支出责任相适应的制度的重要性。

（2）客观认识我国中央地方事权和支出责任不匹配的主要缺陷。

（3）如何建立事权和支出责任相适应的制度？

3. 根据税种划分的原则，评价我国中央税、地方税和共享税的划分。

4. 运用无差异曲线和预算约束线两种工具，说明下列几种情况：
　　A. 无条件拨款增加了公共产品的提供量，不改变地方税
　　B. 有条件非配套拨款和无条件拨款具有不同的经济效应

C. 封顶配套拨款与有条件非配套拨款具有相同的经济效应

    D. 封顶配套拨款不改变地方税

5. 1994 年初步确立分税制财政管理体制框架之后，2015 年实施的《预算法》重申"国家实行中央和地方分税制"，在《预算法实施条例》中对分税制给出了明确的定义。请思考：立足于全面建设社会主义现代化国家新征程使命任务，未来的分税制道路该如何走？

参考答案

进一步阅读文献

1. 贾康，白景明. 县乡财政解困与财政体制创新［J］. 经济研究，2002（2）.

2. 侯一麟. 政府职能、事权事责与财权财力：1978 年以来我国财政体制改革中财权事权划分的理论分析［J］. 公共行政评论，2009（2）.

3. 周坚卫，罗辉. 从"事与权"双视角界定政府间事权建立财力与事权相匹配的转移支付制度［J］. 财政研究，2011（4）.

4. 楼继伟. 推进各级政府事权规范化法律化［N］. 人民日报，2014-12-1.

5. 楼继伟. 深化事权与支出责任改革　推进国家治理体系和治理能力现代化［J］. 财政研究，2018（1）.

6. 王永钦，张晏，章元，陈钊，陆铭. 中国的大国发展道路——论分权式改革的得失［J］. 经济研究，2007（1）.

7. 杨之刚，等. 财政分权理论与基层公共财政改革［M］. 北京：经济科学出版社，2006.

8. 钟晓敏，金戈. 三十年公共财政之路：理论与实践［J］. 公共财政评论，2009（1）.

9. Pranab Bardhan, Dilip Mookerjee. Decentralization and Accountability in Infrastructure Delivery in Developing Countries［J］. The Economic Journal, 2006（116）：101-127.

10. Weingast, Barry R. Second Generation Fiscal Federalism：Political Aspects of Decentralization and Economic Development［J］. World Development, 2014（1）.

11. Blanchard O, Shleifer A. Federalism with and without Political Centralization：China Versus Russia［J］. IMF Staff Papers, 2000（48）.

12. Oates W E. An Essay on Fiscal Federalism［J］. Journal of Economics Literature, 1999（37）.

参 考 文 献

1. Oates W E. Fiscal Federalism [M]. New York: Harcourt Brace Jovanovich, 1972.

2. Oates W E. An Essay on Fiscal Federalism [J]. Journal of Economics Literature, 1999（37）.

3. Eller Breuss. The Optimal Decentralization of Government Activity: Normative Recommendation for The European Constitution [J]. Constitutional Political Economy, 2004（15）.

4. Richard W. Tresch. Public Sector Economics [M]. New York: Palgrave Macmillan, 2008.

5. 楼继伟. 推进各级政府事权规范化法律化 [N]. 人民日报，2014-12-1.

6. 钟晓敏，叶宁，金戈. 中国经济宏观调控中的地方政府行为选择 [J]. 财贸经济，2007（2）.

7. Tiebout C. A Pure Theory of Local Expenditure [J]. Journal of Political Economy, 1956, 64（5）.

8. Musgrave R A. The Theory of Public Finance [M]. New York: McGraw Hill, 1959.

9. Daniel Bergvall, Claire Charbit, Dirk-Jan Kraan, Olaf Merk. Intergovernmental Transfers and Decentralised Public Spending. OECD Working Paper no.3, 2006.

10. Laurent Bouton, Marjorie Gassner, Vincenzo Verardi. Redistributing Income under Fiscal Vertical Imbalance [J]. European Journal of Political Economy, 2008（24）.

即 测 即 评

学完第 14 章啦，来做个小测检验一下学习效果吧！

15

财 政 政 策

本章学习目标

- 掌握财政政策的主要政策工具及其作用机制
- 掌握财政政策与货币政策相互配合的基本原理
- 了解经济增长的源泉以及财政政策促进经济增长的机制

2008 年，国际金融危机的爆发对世界经济产生了巨大冲击，中国经济也难以幸免于难。对此，国务院迅速做出反应，果断提出了应对金融危机的"四万亿"投资计划，主要投资于以下七个重点领域：① 廉租住房、棚户区改造等保障性住房建设，投资约 4 000 亿元；② 农村水电路气房等民生工程和基础设施建设，投资约 3 700 亿元；③ 铁路、公路、机场、水利等重大基础设施建设和城市电网改造，投资约 15 000 亿元；④ 医疗卫生、教育、文化等社会事业发展，投资约 1 500 亿元；⑤ 节能减排和生态工程建设，投资约 2 100 亿元；⑥ 自主创新、结构调整和技术改造，投资约 3 700 亿元；⑦ 四川地震灾后恢复重建，投资约 10 000 亿元。

这"四万亿"投资计划，从宏观经济政策的角度来看，本质上是一项大规模的财政政策，目标是刺激总需求，进而保持国民经济稳定增长。

15.1

宏观经济波动与政策

从各个市场经济国家的发展历史看来，其宏观经济大都体现出一种波浪形增长的现象。也就是说，从长期来看，国民经济是逐渐增长的（表现为 GDP 的不断增长）；从短期来看，实际产出则围绕着潜在的产出水平上下波动，呈现出繁荣→衰退→萧条→复苏→繁荣的周期性现象，如图 15.1 所示。

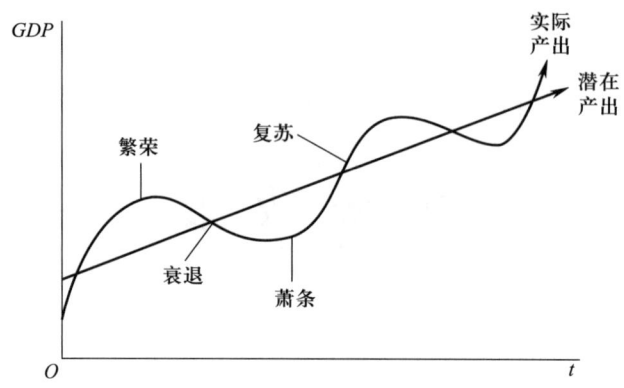

图 15.1　宏观经济波动

这里首先要说明什么是潜在产出。所谓潜在产出，是由一国生产能力决定的产出水平，也就是由一国在某个特定时期具备的技术和生产要素水平（劳动、资本、土地等）所决定的产出水平，有时也称作充分就业的产出水平。在某一个既定的时期，由于可获得的技术和生产要素都是不变的，因而潜在产出也是不变的。但是随着时间的变化，一国可获得的技术和生产要素都会变化，因而潜在产出也会随之变化。通常，这些变化都是稳定的，因而潜在产出随着时间稳定增长。

实际产出则是一国在一定时期所实现的产出水平。从变化趋势来看，实际产出往往围绕着潜在产出而上下波动。假定在初始阶段，实际产出大大高于潜在产出，我们称之为"繁荣"；在经过一个高点之后，实际产出开始掉头向下，逐渐低于潜在产出，这个过程称为"衰退"；当实际产出达到一个较深的底部时，称为"萧条"；在经过最低点之后，实际产出开始逐步上升，并超过潜在产出，这一过程称为"复苏"；然后进入下一个"繁荣"阶段。以此类推，这种周期性现象就是所谓的"经济周期"。

然而，宏观经济的上下波动是令人不满意的。当实际产出大于潜在产出时，经济过热，会导致通货膨胀加剧；当实际产出小于潜在产出时，则经济过冷，会导致失业率提高和通货紧缩。

宏观经济的上述特征要求政府采取一些宏观经济政策来稳定经济，熨平经济周期，避免经济大幅度上下波动，使实际的国民产出水平尽量接近潜在的国民产出水平。[①]

根据现代宏观经济学，我们知道，政府常用的宏观经济政策主要有财政政策和货币政策。财政政策（Fiscal Policy）是政府通过调节自身的预算收支规模和结构来

---

① 本章不区分国民产出和 GDP 的区别，两者是同义的。

进行宏观经济调控的各种政策工具；货币政策（Monetary Policy）则是政府通过调节货币供给和利率以调控宏观经济的各项政策工具。

本章围绕着财政政策的作用机制展开，首先探讨财政政策在短期需求管理中的作用以及货币政策与财政政策的配合机制，进而对中国的宏观经济政策演变做一简要回顾，最后考察财政政策促进长期经济增长中的机制。

15.2 财政政策与短期需求管理

15.2.1 总需求

一国的实际产出 Y 是总需求 AD 与总供给 AS 相等时实现的均衡产出，因而均衡时必然有 $Y=AD$。因此，要进行宏观调控，以达到实际产出 Y 接近或等于潜在产出 Y_P 的目标，基本的思路就是调节总需求 AD，通过总需求曲线的移动来实现上述目标。

如图 15.2 所示，潜在产出 Y_P 由长期总供给曲线 LAS 决定，实际产出 Y 由短期总供给曲线 AS 与总需求曲线 AD 的交点 E 决定，$Y<Y_P$。如果采取某些扩张性政策，推动总需求曲线 AD 向右移动，与短期总供给曲线 AS 和长期总供给曲线 LAS 交于 E' 点，则新的均衡产出将等于潜在产出 Y_P。

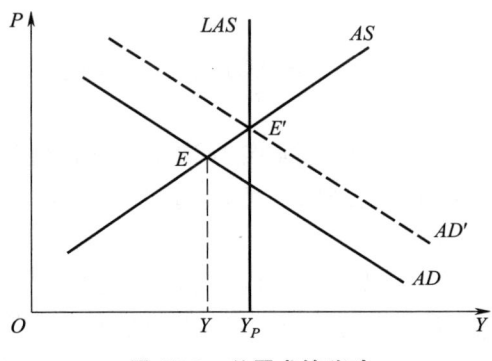

图 15.2　总需求的移动

同理，如果实际产出大于潜在产出，则应该采取紧缩性政策，使总需求曲线向左移动，直至 AD、AS、LAS 三条曲线交于同一点。

于是，问题就转化为政策如何调节总需求。根据国民收入恒等式：

$$AD \equiv C + I + G + NX \tag{15.1}$$

可知，总需求由消费需求 C、投资需求 I、政府购买 G 和净出口 NX 组成。为了简化，我们不考虑开放经济，忽略 NX。这样，一项旨在调节总需求的财政政策能否奏效，关键在于它能否调节消费需求、投资需求和政府购买。

15.2.2　可供选择的财政政策

以下以经济萧条为例，说明扩张性财政政策可以通过哪些工具来刺激总需求。

（1）政府购买 G 是政府直接控制的财政变量。

（2）要刺激消费需求 C，政府可以采取的手段主要有减税和增加政府转移支付。这是因为，根据宏观经济学，消费函数可以写作：

$$C = 自主消费 + MPC \cdot YD \tag{15.2}$$

式中：MPC 为边际消费倾向；YD 为可支配收入，等于国民收入 Y 减去税收 TA 加上政府转移支付 TR。其公式为：

$$YD = Y - TA + TR \tag{15.3}$$

由式 15.2 和式 15.3 可知，财政政策可以通过对消费者的减税和增加政府转移支付来实现刺激消费需求的目标。

（3）对于投资需求 I，政府主要可以通过货币政策手段如增加货币供给、降低利率来刺激私人投资。财政政策也可以有一定作为，比如采取针对投资的结构性减免税或投资补贴来对投资需求起到一定的刺激作用。

15.2.3　相机抉择与自动稳定器

实践中，财政政策的制定采取了两种方式：一种是相机抉择，另一种是自动稳定器。

所谓相机抉择，就是政府总是根据当前或预计未来的经济形势，采取相应的对策。如果政府观察到经济有衰退迹象，就采取扩张性政策；如果观察到经济过热，就采取一定的紧缩性政策。

所谓自动稳定器，则是由政府事先制定好政策规则，当经济形势发生变化时，这些政策规则就自动做出反应，起到自动稳定经济波动的作用。比如，政府的失业救济金制度和累进税制度，都是典型的自动稳定器。以失业救济金制度为例，当经济出现衰退时，失业人数增加，失业者就会根据失业救济金制度领取到救济金，救济金相当于是政府对消费者的一笔转移支付，可以起到刺激消费的作用，因而也起到了一定的自动稳定作用。

15.2.4 政策乘数

如果政府购买支出增加 ΔG，会使产出水平增加多少呢？根据宏观经济理论，产出水平的增加一般会超过 ΔG，这里存在一个乘数效应。假定利率和价格水平不变，下面我们具体分析几个重要的政策乘数。

15.2.4.1 政府购买乘数

考虑政府购买支出增加 ΔG，根据国民收入恒等式 $Y \equiv C + I + G$，则意味着产出 Y 立即增加了 ΔG，从而消费者的可支配收入也增加了 ΔG（假定政府征收定额税 TA）。如果消费者的边际消费倾向为 MPC（小于 1 的正数），则消费者的消费支出增加了 $MPC \times \Delta G$，这意味着国民收入 Y 增加了 $MPC \times \Delta G$，收入增加又导致第二轮消费增加 $MPC \times (MPC \times \Delta G)$，这一过程将无限进行下去。则增加政府购买对国民产出的总效应为：

$$政府购买的最初增加 = \Delta G$$
$$消费的第一轮变动 = MPC \times \Delta G$$
$$消费的第二轮变动 = MPC^2 \times \Delta G$$
$$消费的第三轮变动 = MPC^3 \times \Delta G$$
$$\cdots\cdots$$
$$\Delta Y = (1 + MPC + MPC^2 + MPC^3 + \cdots + MPC^n) \times \Delta G$$

这样，政府购买乘数为：

$$\Delta Y/\Delta G = 1 + MPC + MPC^2 + MPC^3 + \cdots + MPC^n = 1/(1 - MPC)$$

15.2.4.2 税收乘数

假定政府增税 ΔT，则消费者的可支配收入增加了 $-\Delta T$，导致消费者的消费支出增加了 $-MPC \times \Delta T$。根据国民收入恒等式 $Y \equiv C + I + G$，则意味着国民产出 Y 增加了 $-MPC \times \Delta T$，收入增加又导致第二轮消费增加 $-MPC \times (MPC \times \Delta T)$，这一过程将无限进行下去。这样，对国民产出的总效应就是：

$$消费的第一轮变动 = -MPC \times \Delta T$$
$$消费的第二轮变动 = -MPC^2 \times \Delta T$$
$$消费的第三轮变动 = -MPC^3 \times \Delta T$$
$$\cdots\cdots$$
$$\Delta Y = -(MPC + MPC^2 + MPC^3 + \cdots + MPC^n) \times \Delta T$$

这样，税收乘数为：

$$\Delta Y/\Delta T = -(MPC + MPC^2 + MPC^3 + \cdots + MPC^n) = -MPC/(1 - MPC)$$

15.2.4.3 平衡预算乘数

如果政府为了保持预算平衡，增加政府购买 ΔG，同时又增加了税收 $\Delta T = \Delta G$，那会对国民产出产生什么影响呢？

国民产出的最终变动取决于政府购买和税收的边际产出效应，即：

$$\Delta Y = \frac{\partial Y}{\partial G} \Delta G + \frac{\partial Y}{\partial T} \Delta T$$

政府购买乘数与税收乘数即为它的边际产出，并且假定 $\Delta T = \Delta G$，代入上式可得 $\Delta Y = \Delta G$。因此，在平衡预算的前提下，一笔政府购买的增加会带来同等数量的国民产出增加，即平衡预算乘数等于1。

专栏 15.1　凯恩斯与现代宏观经济学的诞生

凯恩斯（John Maynard Keynes，1883—1946）是现代宏观经济学的创始人，在 20 世纪 30 年代，凯恩斯发起了一场导致经济学研究范式和研究领域根本转变的革命（即著名的"凯恩斯革命"），其结果是现代宏观经济学的诞生。1998 年的美国经济学会年会上，在 150 名经济学家的投票中，凯恩斯被评为 20 世纪"最有影响力"的经济学家（弗里德曼排名第二）。

1883 年，凯恩斯出生于一个知识分子家庭，他的父亲约翰·内维尔·凯恩斯是马歇尔的学生，曾在剑桥大学任哲学和政治经济学讲师，母亲佛萝伦丝·阿达·布朗也是剑桥毕业生，是一位成功的作家，曾任剑桥市长。凯恩斯在学生时代专攻数学，后师承马歇尔，学习经济学。1908 年任剑桥大学皇家学院的经济学讲师。在 1911—1944 年担任《经济学杂志》主编（由马歇尔创办）。凯恩斯交友广泛，兴趣多样，既研究学术，也走过仕途，还做过财务主管，从事证券投资获利数十万英镑。他对戏剧、文学、音乐和芭蕾舞艺术均有兴趣，他的夫人莉迪娅·乐甫歌娃是一名俄国芭蕾舞演员。凯恩斯一生纵横学、政两界，他在战争时从政，在和平时做研究，而他一生最大的成就就是写了一本名叫《就业、利息和货币通论》（简称《通论》）的书。

1.《通论》的写作背景

第一次世界大战结束后，英国遭遇了长期的经济失调和严重的失业，凯恩斯认为这是经济紧缩导致的。因而他极力反对恢复战前的金本位制，认为此举会导致通货紧缩及国内外相对价格的失衡，从而使英国的出口品价格太高，不利于竞争，而这正是英国经济困境的根源所在。他主张政府采取通货管理政策，通过价格控制（通货膨胀而非通货紧缩）来调整经济。这时，凯恩斯已开始有点脱离传统经济学的路线。面对长期的失业现象，他主张增加公共工程支出，以此来增加就业机会，减少失业，这可以说是第一次冒出"凯恩斯革命"的火花。

1929—1933 年爆发了资本主义历史上最严重、最持久、最广泛的经济危机，经济萧条，失业严重，传统的经济理论已无法解释大萧条中出现的各种经济现象，更不能为摆脱危机提供有效的对策。就是在这种状态下，凯恩斯为了医治资本主义经济病症、寻求摆脱危机的措施，潜心于经济理论的研究，并于1936年发表了《通论》，此书问世从根本上动摇了传统经济理论，引起了经济理论上的一场革命。全世界都像发了疯一样阅读这本书，大家觉得，这本书提供了可以直接用以解决经济危机的药方，简单而又实用。《通论》的出版，标志着现代宏观经济学的诞生。

2.《通论》的主要观点

在《通论》中，凯恩斯否定了传统经济学的观点。他指出，以往传统经济学中所谓的均衡，是建立在供给本身创造需求这一错误理论基础上的充分就业均衡。他说，这只适合于特殊情况，而通常情况下则是小于充分就业的均衡，因而他自称他的就业理论才是一般理论，即通论，既可解释充分就业的情况，也可解释小于充分就业的情况。

凯恩斯认为，导致这种情况的根源在于有效需求不足，而一国的就业水平是由有效需求决定的。有效需求是指商品总供给价格与总需求价格达到均衡时的总需求，而总供给在短期内不会有大的变动，因而就业水平实际上取决于总需求或有效需求。凯恩斯还指出，之所以出现有效需求不足，是因为"消费倾向""对资本未来收益的预期"以及对货币的"灵活偏好"这三个基本心理因素的作用。

凯恩斯认为，资本主义不存在自动达到充分就业均衡的机制，因而主张政府干预经济，通过政府的宏观经济政策特别是财政政策来刺激消费和增加投资，以实现充分就业。凯恩斯指出，投资的变动会使收入和产出的变动产生一种乘数效应，因而他更主张政府投资，以促使国民收入成倍地增长。

15.2.5 财政政策与货币政策搭配

上面对政策乘数的分析有一个重要的前提条件，即假定利率不变。但实践中，由于扩张性财政政策的实施一般会导致利率上升，因而财政政策效应就会打折扣。这是因为，投资需求与利率成反比，利率水平提高将会导致私人投资下降，从而产生所谓的"挤出效应"。对此，我们可以利用 IS-LM 模型进行分析。[①]

如图 15.3 所示，*IS* 曲线表示所有产品市场达到均衡的点，*LM* 曲线表示所有货币市场实现均衡的点，两条曲线的交点为 *E*，表示两个市场同时实现均衡的点。假定一项扩张性财政政策导致 *IS* 曲线向右移动到 *IS'*，如果利率水平不变，则新的均

---

① 限于篇幅，本章不探讨 IS-LM 模型本身的推导过程，读者可以参考有关宏观经济学的教材。

衡点为 E'，产出为 Y'。问题是，产出增长会导致货币需求上升，给定货币供给不变，利率（作为货币的价格）就会上升，利率上升挤出了私人投资，产出水平就会下降。因此，实际的均衡点为 E''，实际的均衡产出从 Y' 下降到了 Y''。

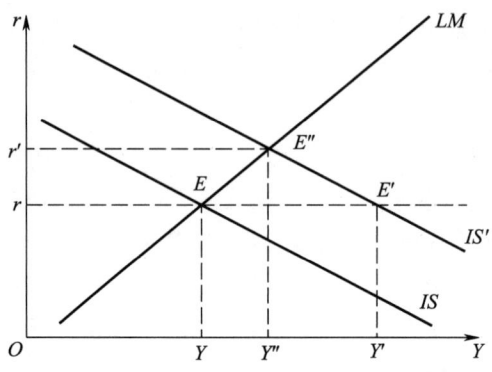

图 15.3　财政政策与挤出效应

为了消除财政政策的"挤出效应"，政府可以采取货币政策与财政政策配合的方式。回忆一下宏观经济学的知识，常用的货币政策工具有公开市场业务、调整银行存款准备金率和调整再贴现率，其主要目标是通过控制货币供给量来调整市场利率，进而影响私人投资和总需求。

如图 15.4 所示，政府通过增加货币供给（货币政策），使 LM 曲线向右移动到 LM'，与 IS' 曲线交于 E' 点，则均衡产出为 Y'，财政政策的"挤出效应"被消除了。这是因为，财政政策扩张导致了货币需求的增加，而货币政策扩张导致了货币供给增加，在两种力量的共同作用下，市场利率保持不变，这样私人投资不会受到财政政策扩张的影响，"挤出效应"也就被消除了。

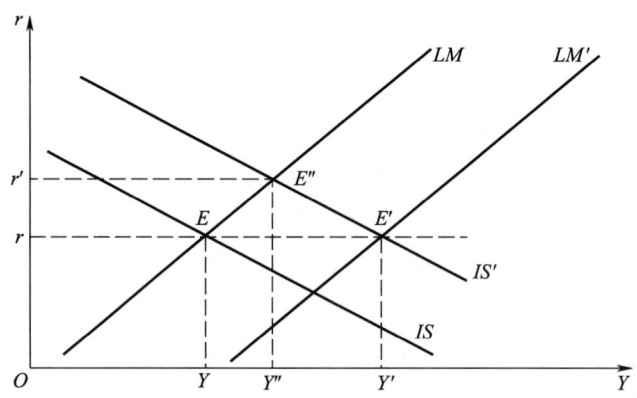

图 15.4　货币政策与财政政策的配合

15.3

中国宏观经济政策演变：1988—2023 年

改革开放以后，中国开始了从计划经济体制向市场经济体制的过渡，由于转型经济的一些特征，再加上市场经济本身的发展规律，宏观经济波动在所难免。为了尽量减小波动幅度，中央政府采取了灵活多变的宏观经济政策组合，取得了较好的效果。从 1988 年至今，伴随着经济形势的阶段性变化，我国宏观经济政策的演进大致经历了以下七个阶段。

15.3.1　第一阶段（1988—1992 年）

改革开放以后，中国国民经济开始进入快速增长期。从 1984 年后期开始，国民经济过热的迹象逐步显现，投资消费高速增长，物价水平大幅攀升。与此同时，财政赤字不断扩大，为弥补赤字，银行超量发行货币，又加剧了通货膨胀。在此背景下，1988 年 9 月，党的十三届三中全会提出"治理经济环境、整顿经济秩序、全面深化改革"的方针，开始实行紧缩财政、紧缩信贷的"双紧"政策。

紧缩性财政政策的手段主要包括：压缩固定资产投资规模；控制社会消费需求；紧缩中央财政开支；进行税利分流试点和税制改革，开征建筑税和特别消费税。

紧缩性货币政策的手段主要包括：实施"控制总量，调整结构"的货币政策，紧缩货币发行，采取信贷规模控制，将贷款控制权集中于中国人民银行总行，建立起全社会信贷监控制度，加强信贷结构调节，提高贷款利率，调高银行准备金率。

"双紧"的财政货币政策实施后，经济过快增长得到了控制，物价迅速回落到正常水平，但同时导致企业流动资金严重短缺，生产难以正常运转，国民经济增长率快速下滑。有鉴于此，货币政策从 1989 年 9 月开始调整，包括扩大基础货币投放量和银行信贷规模；下调利率，对国家重点项目建设实行优惠利率。

15.3.2　第二阶段（1993—1997 年）

1992 年邓小平南方视察之后，中国经济开始进入活跃期，到 1993 年上半年，经济运行的各项指标不断攀升，投资增长过猛，金融业陷入无序状态，银行信贷规模一再突破计划，物价水平迅速上升，经济形势再度严峻。在此背景下，中央从

1993 年下半年开始实施适度从紧的财政政策和适度从紧的货币政策。

适度从紧的财政政策的主要手段包括：进行大规模的税制改革，建立以增值税为主体的新流转税制度，扩大消费税的征收范围，调整营业税税目，改革企业所得税和个人所得税制度，理顺政府、企业和个人之间的分配关系，增加财政收入；实行分税制改革，调整中央与地方的财政分配关系，增加中央财政收入；实行财政支出总量从紧，严格控制投资规模。

适度从紧的货币政策的主要手段包括：严格控制货币供应增长速度；实行贷款规模限制；停止发放政府赤字融资信贷；提高银行存贷款利率；实行保值储蓄；从 1996 年开始，正式将货币供应量确定为货币政策中介目标，中央银行加大控制基础货币的投放量，间接控制狭义和广义货币数量，运用本外币进行对冲操作，减少行政干预方式。

在适度从紧的财政与货币政策下，国民经济逐渐回落到适度增长的区间，通货膨胀得到有效抑制，国民经济基本实现了"软着陆"。但是，从 1996 年开始，经济增长出现了下滑的趋势。

15.3.3　第三阶段（1998—2002 年）

1997 年 7 月，亚洲金融危机爆发，并迅速席卷东南亚诸国，中国的对外贸易受到严重冲击。与此同时，国内经济在"双紧"政策的作用下，出现国内需求不足的情况。在国内外经济形势的共同作用下，国民经济形成通货紧缩的局面。为了有效扩大内需，促进经济增长，从 1998 年 7 月开始，中央实施了积极财政政策，配合以稳健（偏松）的货币政策。

积极财政政策的主要内容包括：增发国债，加强基础设施投资；增加社会保障、科教等重点领域的支出；调整税收政策，支持出口、吸引外资和减轻企业负担。

稳健（偏松）货币政策的主要内容包括：以稳定币值为目标，保持广义货币供应量稳定增长；取消信贷规模限额控制；为了刺激投资需求，从 1998 年 3 月至 2002 年 2 月连续 5 次降低利率，1998 年 3 月和 1999 年 11 月两次调低银行准备金率。

积极财政政策和稳健（偏松）货币政策在扩大投资、鼓励出口、拉动经济增长等方面取得了显著的成效，成功地抵御了亚洲金融危机的冲击和影响，宏观经济运行状况有了根本改善，通货紧缩的趋势得到了有效遏制，社会总需求全面回升。

15.3.4　第四阶段（2003—2008 年）

在一系列扩大内需的政策作用下，经济运行再次出现过热，投资需求膨胀，贷款规模偏大，电力、煤炭和运输紧张状况加剧，通货膨胀压力加大，国民经济结构问题严重。在此背景下，货币政策于 2003 年开始从稳健（偏松）转向了稳健（偏紧），同时积极财政政策逐渐淡出，从 2005 年开始正式提出了稳健的财政政策。

稳健的财政政策的主要内容包括：增收节支，控制赤字，减少国债发行规模；有保有控，在总量控制下进行结构性调整，调整国债投资和财政支出结构，向农村、西部、东北、生态环保等方面倾斜；推进税制改革，调整税收结构，创造更加公平的投资环境。

稳健（偏紧）的货币政策的主要内容包括：控制货币供应量增长，提高银行存款准备金率，从 2003 年 9 月至 2007 年 12 月共调高银行准备金率 15 次；提高存、贷款利率，从 2004 年 10 月至 2007 年 12 月共调高银行存、贷款利率 11 次。

由于财政政策的紧缩力度不大，国民经济没有立即出现回落迹象，反而于 2007 年出现了严重的通货膨胀现象。有鉴于此，中国人民银行加大了货币政策的紧缩力度，一方面不断提高银行利率和准备金率，另一方面又一次实施了严厉的信贷规模控制，并于 2007 年年底正式提出了实施"从紧"的货币政策，2008 年 1 月至 6 月，中国人民银行又连续 6 次提高存款准备金率。

15.3.5　第五阶段（2008 年 11 月—2012 年）

2008 年，由美国次贷危机引发的金融危机波及全球，中国也难以幸免，外贸出口受到严重冲击；与此同时，在从紧货币政策的作用下，国内企业面临着严峻的资金压力，投资需求受到抑制。在国内外双重压力下，中国传统的靠"投资—出口"拉动的增长模式失灵，国民经济增速出现明显下滑。在此背景下，中央果断做出决策，决定从 2008 年 11 月起实施积极财政政策和适度宽松的货币政策，一方面应对金融危机的冲击，另一方面致力于调整经济结构，加快经济增长方式转型。宏观经济政策在保经济增长方面起到了积极作用，但也出现了流动性过剩和居民消费价格指数上升等问题。从 2010 年起，货币政策就开始逐步转向稳健了。

中央出台的积极财政政策包括：增加财政支出，出台"四万亿"投资计划（中央 1.18 万亿元），主要投向包括基础设施、农村、文教卫生、医改、自主创新、生态环保、廉租房等领域；增发国债（包括允许地方政府发行债务，由财政部代理）；取消 100 项行政事业收费，结构性减税，包括增值税转型，提高出口退税率，免征利息税等。从 2010 年起，中央维持了较大的财政赤字规模，基建投资也一直得到鼓励。同时，税收政策则保持了有增有减的局面，但总体而言宏观税负有所提高。

适度宽松的货币政策包括：2008 年至 2009 年间增加货币供应量，降低银行准备金率，降低银行存、贷款利率，取消信贷规模限制。2010 年至 2011 年，存款准备金率连续 10 次上调；与此同时，银行存、贷款利率连续 5 次上调。之后，存款准备金率又 5 次下调，而银行存、贷款利率也下调了 3 次。

15.3.6 第六阶段（2013—2018年）

2013年，中国从全面应对危机的政策轨道逐步退出，但由于结构性失衡等原因，经济增长动力明显不足，经济增长率由2010年的10.6%下滑至7.8%。2014年5月，中央做出经济发展进入新常态的判断，强调宏观经济政策要适应和引领新常态，加快结构调整和动力转换。在此背景下，中央坚持稳中求进工作总基调，实行积极的财政政策和稳健的货币政策，提升财政政策的力度和有效性，货币政策保持适度中性，推进供给侧结构性改革，促进经济持续健康发展。

这一阶段积极的财政政策包括：中央进一步调整和优化财政支出结构，提高资金使用效率，确保对重点领域和项目的支持力度，保障民生兜底的需要；地方政府举借债务合法化，积极防范和化解地方政府性债务风险；着力推进减税降费，包括全面推行"营改增"改革，完善科技创新企业的税收优惠和税收抵免政策等。

稳健的货币政策包括：为结构性改革营造适宜的货币金融环境，降低融资成本，保持流动性合理充裕和社会融资总量适度增长，扩大直接融资比重，优化信贷结构，完善汇率形成机制，增强金融运行效率和服务实体经济的能力。

15.3.7 第七阶段（2019—2023年）

2018年后，中美贸易摩擦、新冠疫情的爆发及蔓延导致国内经济下行压力更加突出。国际形势中不稳定不确定因素增多，世界经济形势复杂严峻，疫情防控过程中居民消费受到制约，投资增长后劲不足，中小微企业和个体工商户困难较多，稳就业压力较大。在此背景下，中央坚持稳中求进工作总基调，实行积极的财政政策和稳健的货币政策，2019年积极的财政政策强调要加力提效，稳健的货币政策要松紧适度，2020—2023年积极的财政政策进一步加大力度并强调可持续性，确保经济运行在合理区间，并凸显防范和化解风险的兜底特征，稳健的货币政策强调灵活适度。

积极的财政政策主要包括：延续、优化、完善并落实结构性减税降费政策，大力支持科技创新、实体经济和中小微企业发展；保持适度的支出强度，突出绩效导向；优化组合赤字、专项债、贴息等工具，在有效支持高质量发展中保障财政可持续和地方政府债务风险可控；加大中央对地方的转移支付力度，推动财力下沉，做好基层"三保"工作。

稳健的货币政策主要包括：为保持充足并且合理的货币供应量，从2019年1月到2023年11月共下调金融机构存款准备金率12次；深化利率市场化改革，降低实际利率水平；灵活运用多种货币政策工具，疏通货币政策传导渠道，有效缓解实体经济特别是民营和小微企业融资难融资贵问题，防范化解金融风险；完善汇率形成机制，保持人民币汇率在合理均衡水平上的基本稳定。

专栏 15.2 中央经济工作会议

　　1994 年以来，一年一度的中央经济工作会议是判断当前经济形势和定调第二年宏观经济政策最权威的风向标，同时也是每年级别最高的经济工作会议。

　　表 15.1 给出了 2004—2023 年历届中央经济工作会议所确定的会议主题和宏观经济政策组合。

表 15.1　　历届中央经济工作会议的主题和宏观经济政策

时间	会议主题	财政政策	货币政策
2023 年	坚持稳中求进工作总基调	积极	稳健
2022 年	坚持稳中求进工作总基调	积极	稳健
2021 年	坚持稳中求进工作总基调	积极	稳健
2020 年	坚持稳中求进工作总基调	积极	稳健
2019 年	坚持稳中求进工作总基调	积极	稳健
2018 年	坚持稳中求进工作总基调	积极	稳健
2017 年	坚持稳中求进工作总基调	积极	稳健
2016 年	坚持稳中求进工作总基调	积极	稳健
2015 年	坚持稳中求进工作总基调	积极	稳健
2014 年	坚持稳中求进工作总基调	积极	稳健
2013 年	坚持稳中求进工作总基调	积极	稳健
2012 年	继续稳中求进	积极	稳健
2011 年	经济工作稳中求进	积极	稳健
2010 年	稳经济、调结构、控通胀	积极	稳健
2009 年	保持经济平稳较快发展	积极	适当宽松
2008 年	保增长、扩内需、调结构	积极	适当宽松
2007 年	控总量、稳物价、调结构、促平衡	稳健	从紧
2006 年	经济继续又好又快发展	稳健	稳健
2005 年	继续搞好宏观调控	稳健	稳健
2004 年	巩固宏观调控成果	稳健	稳健

2023年中央经济工作会议于12月11—12日在北京举行。会议全面总结了2023年经济工作，深刻分析了当前经济形势，提出了2023年经济工作的总体要求和主要任务，定调了2023年宏观经济政策取向，对2023年经济社会发展重点工作做出了系统部署。

会议认为，我国改革开放全面深化，宏观调控力度加大，着力扩大内需、优化结构、提振信心、防范化解风险，经济回升向好，高质量发展扎实推进。现代化产业体系建设取得重要进展，科技创新实现新的突破，改革开放向纵深推进，安全发展基础巩固夯实，民生保障有力有效。同时，进一步推动经济回升向好需要克服一些困难和挑战，主要是有效需求不足、部分行业产能过剩、社会预期偏弱、风险隐患仍然较多，国内大循环存在堵点，外部环境的复杂性、严峻性、不确定性上升。

会议要求，2024年要坚持稳中求进、以进促稳、先立后破，多出有利于稳预期、稳增长、稳就业的政策，在转方式、调结构、提质量、增效益上积极进取，不断巩固稳中向好的基础。要强化宏观政策逆周期和跨周期调节，继续实施积极的财政政策和稳健的货币政策，加强政策工具创新和协调配合。积极的财政政策要适度加力、提质增效，稳健的货币政策要灵活适度、精准有效。

会议提出了2024年经济工作的重点任务：

（1）以科技创新引领现代化产业体系建设。要以科技创新推动产业创新，特别是以颠覆性技术和前沿技术催生新产业、新模式、新动能，发展新质生产力。

（2）着力扩大国内需求。要激发有潜能的消费，扩大有效益的投资，形成消费和投资相互促进的良性循环。

（3）深化重点领域改革。要谋划进一步全面深化改革重大举措，为推动高质量发展、加快中国式现代化建设持续注入强大动力。

（4）扩大高水平对外开放。要加快培育外贸新动能，巩固外贸外资基本盘，拓展中间品贸易、服务贸易、数字贸易、跨境电商出口。

（5）持续有效防范化解重点领域风险。要统筹化解房地产、地方债务、中小金融机构等风险，严厉打击非法金融活动，坚决守住不发生系统性风险的底线。

（6）坚持不懈抓好"三农"工作。要锚定建设农业强国目标，学习运用"千万工程"经验，有力有效推进乡村全面振兴，以确保国家粮食安全、确保不发生规模性返贫为底线，以提升乡村产业发展水平、提升乡村建设水平、提升乡村治理水平为重点，强化科技和改革双轮驱动，强化农民增收举措，集中力量抓好办成一批群众可感可及的实事，建设宜居宜业和美乡村。

（7）推动城乡融合、区域协调发展。要把推进新型城镇化和乡村振兴有机结合起来，促进各类要素双向流动，推动以县城为重要载体的新型城镇化建设，形成城乡融合发展新格局。

（8）深入推进生态文明建设和绿色低碳发展。建设魅力中国先行区，打造绿色低碳发展高地。

（9）切实保障和改善民生。要坚持尽力而为、量力而行，兜住、兜准、兜牢民生底线。

15.4 财政政策与长期经济增长

如果说财政政策的短期目标是稳定经济波动，那么它的长期目标就是促进经济增长。

15.4.1 经济增长的源泉

1971 年诺贝尔经济学奖得主库兹涅兹在他的名著《现代经济增长》（1966）一书中，对现代经济增长做了如下定义：[1]

一国的经济增长是指人均或每个劳动者平均产量的持续增长，绝大多数增长常伴随着人口增长和结构的巨大变化。

简言之，所谓经济增长就是人均产出的持续增长。通常经济学家用一国人均实际 GDP 的增长率来衡量经济增长。那么，究竟是什么因素决定了一国经济的长期增长呢？

为此，经济学家已经进行了 200 多年的研究，至今仍在继续，并取得了许多重要的研究成果。这里，我们可以通过一个生产函数来对上述问题做一些初步的讨论。一般而言，一国的总生产函数可写作：

$$Y = F(A, K, L, H, G)$$

式中：A 表示知识（技术进步）；

K 表示经济中的物质资本存量；

L 表示劳动力数量；

H 表示人力资本投资；

G 表示政府提供的公共基础设施服务。

由于我们关心的是人均 GDP，因而真正对经济增长起作用的变量是技术、物质和人力资本、基础设施，这些变量实际上就是所谓的经济增长的源泉。

---

[1] 西蒙·库兹涅兹. 现代经济增长 [M]. 戴睿，易诚，译 . 北京：北京经济学院出版社，1989：1.

15.4.2　可供选择的财政政策

那么，要促进长期经济增长（特别是人均 GDP 增长），政府应该采取何种政策呢？基本的思路就是通过各种财政政策（包括支出与税收）来促进上述变量快速积累。比如，可以通过公共科研投入，以及对私人部门的研发活动进行减免税和补贴来促进技术进步；可以通过公共教育投入和人力资本补贴促进人力资本积累；可以通过投资减免税和补贴促进物质资本积累；可以通过公共基础设施投入来向私人部门提供各种经济增长必需的公共基础设施服务。此外，政府还应致力于提供各项公共产品、矫正外部性，以提高资源配置的效率。

专栏 15.3　巴罗模型与动态最优公共支出规则

19 世纪中后期以来，西方主要工业国家的公共支出规模都史无前例地大幅扩张了，与此同时，这些国家的人均 GDP 也都出现了快速增长。基于上述观察，经济学家们普遍相信，公共支出与经济增长之间存在着某种内在的密切联系。为了找到公共支出促进产出增长的经验证据，人们进行了广泛的实证研究。在一项极具影响力的研究中，经济学家发现生产性公共资本每增长 1%，将带动 GDP 增长 0.39%（Aschauer，1989）。另外，在这些经验研究基础之上，经济学家试图通过构建理论模型来考察公共支出促进经济增长和社会福利的作用机制，分析公共支出政策变动对市场分散决策的影响，确定最优的公共支出规模与结构。

其中最重要的一项成果是美国经济学家巴罗（Barro）于 1990 年在其经典论文《一个简单内生增长模型中的公共支出》提出的一个内生经济增长模型。巴罗将全部公共支出划分为能够促进消费者效用的消费性公共支出和促进企业生产率的生产性公共支出，并重点考察了后者对经济增长的作用机制。假定政府提供的生产性公共服务作为一种生产外部性进入生产函数，假定代表性企业的生产函数具有柯布—道格拉斯形式，即 $y = Ak^{1-\alpha}g_t^{\alpha}$（其中，$k$ 为私人资本，g_t 为生产性公共支出，α 为生产性公共支出的产出弹性）。

巴罗证明，最优生产性公共支出的条件为生产性公共支出的边际产出等于 1。对于柯布—道格拉斯生产函数而言，上述条件等价于最优生产性公共支出占总产出的比例等于生产性公共支出的产出弹性。这就是巴罗的动态最优公共支出规则。

对于消费性公共支出，可以证明，其最优规则要求公共消费的边际效用等于私人消费的边际效用。

在巴罗模型中，生产性公共服务以流量的形式对经济产生影响。然而，现实世界中的大量公共基础设施（如道路、桥梁等）多以存量的形式影响经济增长。据此，一些经济学家对巴罗模型做出了修正，改用存量法，将生产性公共支出以存量的形式（即生产性公共资本）引入生产函数，构建了带有公共资本积累的内生经济增长模型。假定代表性企业的生产函数形式为 $y = Ak^{1-\alpha}k_g^{\alpha}$，可以证明，当经济处在最优稳态路径上时，最后一单位公共资本的边际产出应等于私人资本的边际产出。由于生产函数具有柯布—道格拉斯形式，上述条件意味着最优公共资本与私人资本的比例等于两种资本的产出弹性之比。

资料来源：金戈. 最优公共支出与经济增长：理论综述. 经济社会体制比较，2014（1）. 有改动。

本 章 小 结

1. 财政政策是政府通过调节自身的预算收支规模和结构来进行宏观经济调控的各种政策工具。

2. 财政政策的短期目标是通过调节社会总需求以稳定短期经济波动，实现充分就业和物价稳定。

3. 财政政策可以通过相机抉择和自动稳定器两种方式对宏观经济进行调控。

4. 政府购买或税收的变化对总需求的影响具有乘数效应。

5. 财政政策在调节总需求的时候往往会产生"挤出效应"，为了消除或减少"挤出效应"，需要采取货币政策与财政政策相互配合的方式。

6. 财政政策的长期目标是促进经济增长。

重 要 概 念

财政政策　货币政策　相机抉择　自动稳定器　乘数效应　经济增长　挤出效应

思 考 题

1. 当经济出现衰退时，应该采取什么样的财政政策和货币政策？

2. 根据 IS-LM 模型，在下列情况下，利率、消费、投资和国民收入会发生什么变化？

（1）政府增加政府购买。

（2）政府增加税收。

（3）政府同时增加等量的政府购买与税收。

（4）中央银行增加货币供给。

3. 假设消费函数为 $C = 300 + 0.8(Y-T)$，计划投资是 200，政府购买和税收都是 100。

（1）计算均衡的国民收入水平。

（2）计算政府购买乘数；如果政府购买支出增加 40，则国民收入增加多少？

（3）为了达到 2 800 的国民收入水平，政府购买仍是 100，税收应如何调整？

4. 为了促进长期经济增长，财政政策可以采取哪些措施？

5. 请联系实际，谈谈我国不同时期实行的财政政策和货币政策。

参考答案

进一步阅读文献

1. N. 格里高利·曼昆. 宏观经济学［M］. 卢远瞩，译 .10 版. 北京：中国人民大学出版社，2020.

2. 查尔斯·I. 琼斯. 经济增长导论［M］. 舒元，等，译 . 北京：北京大学出版社，2002.

3. 金戈. 最优公共支出规则与税收结构：基于经典文献的探索 // 高培勇，马珺. 中国财政经济理论前沿（7）［M］. 北京：社会科学文献出版社，2014.

参 考 文 献

1. Barro R J. Government Spending in A Simple Model of Endogenous Growth ［J］. Journal of Political Economy, 1990, 98（5）: S103−S126.

2. Barro R J. Xavier Sala−i−Martin. Public Finance in Models of Economic Growth ［J］. Review of Economic Studies, 1992, 59（4）: 645−662.

3. 凯恩斯. 就业、利息和货币通论［M］. 北京：商务印书馆，1997.

4. 西蒙·库兹涅兹. 现代经济增长［M］. 戴睿，易诚，译 . 北京：北京经济学院出版社，1989.

5. N. 格里高利·曼昆. 宏观经济学［M］. 卢远瞩，译 . 10 版. 北京：中国人民大学出版社，2020.

即 测 即 评

学完第 15 章啦，来做个小测检验一下学习效果吧！

名词解释

第一章

无政府经济（Laissez-Faire Economy）：主要用于描述一个没有政府参与的纯市场经济。在这个经济中，只有个人、家庭和企业，个人、家庭和企业分别为了效用或利益最大化参与市场交易过程。在这样的经济中，价格成为唯一引导资源有序流动的信号。

混合经济（Mixed Economy）：用于描述一个既有市场配置资源又有政府配置资源的经济。在这个经济中，市场是资源配置的主体，政府根据社会福利最大化目标，对市场误配的资源进行重新配置。混合经济的最大特征就是既强调市场资源配置的主导地位，又强调政府资源配置的补充地位。

公共部门（Public Sector）：与私人部门相对应，向公众无偿提供公共产品和劳务，并凭借公众赋予的行政权从公众那里无偿获取收入以弥补公共品提供成本。

政府缺陷（失灵）（Government Failure）：和市场失灵一样，政府因为信息结构、能力等原因导致政府的公共决策不仅不能实现资源的有效配置，反而造成资源的错误配置。

政府规模（Size of Government）：用于衡量政府介入市场的程度和广度，一般来说，规模越大表示政府介入市场的程度越深，介入范围越广。衡量政府规模的具体指标有很多，比如财政供养人口、财政支出规模等，但现有的指标都无法真实反映政府规模的大小。

机械论政府观（Mechanistic View of Government）：政府在经济社会中应当承担何种角色？机械论者认为，政府的角色就是确保个人最大限度地实现个人价值，为个人价值的实现提供便利。在机械论者看来，政府并不是社会的一个有机组成部分，而是公众为了更好实现各自价值目标共同创立的一个部门或组织，公众通过授权方式将自己的一部分私人权利委托给政府，而作为受托人的政府，其行为必须有利于公众利益的实现。在这样一个经济中，处于中心角色的是个人，而非政府。

有机论政府观（Organic View of Government）：在有机论者看来，和物理学中的机械一样，一个社会、一个国家实际上也是一个自然的统一体，每个个人、家庭和企业都是这个有机体的一个部分，而政府则是这个有机体的心脏。在这样的社会中，个人、家庭和企业只有作为这个有机体的一部分才有意义，所以在这个有机体中，社会实际上是凌驾于个体之上的，个人利益必须服从整体利益。

第二章

实证分析（Positive Analysis）：超脱一切价值判断，只描述与解释实证对象的各种现象，研究其内在规律或检验有关理论，并用理论构造模型，分析和预测人们在一定条件下的行为趋势或概率。

规范分析（Normative Analysis）：以一定的价值判断作为分析的起点，首先提出一种标准，再论证研究对象是否符合这一标准、其变化趋势是否接近或远离所设定的标准，以及如何才能达到我们所希望的结果。

因果关系（Causal Relationship）：某一给定行为或处理导致某一特定的可度量结果，这一度量与理想化随机对照组的结果度量一致，造成处理组和对照组之间结果差异的原因只能是处理本身。

埃奇沃斯盒状图（Edgeworth Box）：福利经济学的一个基本的理论模型，它考察的是一种只有两个消费者与两种商品或者两个生产者与两种投入品的非常简单的经济。

生产可能性曲线（Production Possibilities Frontier）：表明在给定一种物品的产量的前提下，能够生产出来的另一种产品的最大产量组合的曲线图。

效用可能性曲线（Utility Possibilities Frontier）：表明在给定一个人的效用情况下，另外一人所能获得的最高效用的曲线图。

边际替代率（Marginal Rate of Substitution，MRS）：一个人愿意以一种商品替换另一种商品的比率，即无差异曲线的斜率。

边际技术替代率（Marginal Rate of Technical Substitution，MRTS）：在产量保持不变的前提条件下，增加一单位某种生产要素可以代替的另外一种要素的数量，即等产量线的斜率。

边际转换率（Marginal Rate of Transformation，MRT）：为了增加某种产品产量而需要减少的另一种产品的产量的比率，即生产可能性边界的斜率。

社会福利函数（Social Welfare Function）：表示社会总体状况的一个函数，它的存在性本身就是一个需要讨论的问题。如果我们假定社会福利函数是存在的，其一般形式取决于每个人的效用水平，并且，社会中的每一个成员地位是相同的，在社会其他成员效用不变的情况下，任何一人效用增加，社会福利就会增加。

平均主义（Equalitarianism）：平均主义福利函数认为，只有平均分配时社会福利才能达到最大，任何偏离都会减少社会福利，偏离越大，减少越多。

罗尔斯主义（Rawlsianism）：罗尔斯主义认为，社会福利水平并不是每个成员效用的简单加总，在社会分配存在差距时，社会福利水平应当直接由一个社会中境况最坏的那个人的福利水平决定。

无知的面纱（Veil of Ignorance）：罗尔斯在《正义论》中所提出来的原则。假定每个人都摆脱自身种种偏见，任何人都不知道他在社会中的地位（阶级地位和社

会地位），在自然资产分配中的命运、能力、才智和力量等，也都不知道他们关于善的观念或特殊心理倾向。于是，当所有的人都在这样一种无知的面纱之后，他们所一致认同的社会契约才是公平的。

效用主义（Utilitarianism）：效用主义认为整个社会福利函数就是每个人的效用之和。

折中主义（Eclecticism）：折中主义认为富人增加一单位的效用对社会福利的贡献要小于穷人增加一单位的效用，但富人的效用增量只要大到一定程度，总可以等同于穷人增加一单位的效用，并且，贫富差距越大，富人增加效用对社会福利的贡献相对穷人来说就越小，并趋向 0。

帕累托效率（Pareto Efficiency）：如果存在一种资源配置的状态，任何调整都不能使其中至少一个人的状态变好，而其他人的状态至少不变坏，这种状态就是最好的。我们称这为帕累托最优或帕累托效率。

帕累托改进（Pareto Improvement）：如果在一种状态下，比如说状态 A，存在某种调整，比如说调整到状态 B，会使至少一个人的状态变得好一些，而其他人的状态都至少不变坏，我们就说从 A 到 B 的调整是帕累托改进。

卡尔多－希克斯改进（Kaldor-Hicks Improvement）：假设每个人的福利能够计量，也可以相互比较，如果在一种状态下，比如说状态 A，存在某种调整，比如说调整到状态 B，会使一些人的状态变得好一些，而另一些人的状态会坏下去，但好起来的人的福利改善之和大于坏下去的人的福利损失之和，在理论上可以完全补偿状态坏下去的人后还有剩余（是否补偿及如何补偿是另外一个需要讨论的问题），整个社会的福利之和就增加了，我们就说从 A 到 B 的调整是潜在的帕累托改进，或者称为卡尔多—希克斯改进。

福利经济学第一定理（First Fundamental Theorem of Welfare Economics）：在完全竞争的条件下，对任何初始资源配置，市场运行的结果必然导致有效率的结果。

福利经济学第二定理（Second Fundamental Theorem of Welfare Economics）：只要进行初始禀赋的适当的配置，再让人们在完全竞争市场中自由交易，社会可以得到任何有效率的分配结果。

第三章

公共决策（Public Decision）：涉及两个或两个以上人的决策问题都可以称为公共决策，其特点在于公共决策的结果对每个人都具有一定的强制力。

公共选择（Public Choice）理论：利用经济学的研究方法研究公共决策政治过程的理论。该理论的重要特征是假定参与公共决策的个人具有"经济人"特征，即追求自身利益最大化。政治活动也是交易活动。

投票规则（Voting Rules）：决定投票结果有效性的原则。如果要求所有参与人一致同意，投票结果才为有效，即所谓的一致同意原则；如果只需多数人同意即为有效，就被称为多数投票原则；如果只有一人说了算，则为独裁原则。

多数票原则（Majority Voting Rules）：在公共决策中，有多数人赞同就为有效。根据多数的大小，多数票原则又被分为简单多数票原则和复杂多数票原则，前者可能只需一半以上即为有效，后者可能要求更高，比如 5/6 等。

投票悖论（Voting Paradox）：在投票过程中，由于投票人的偏好结构问题导致投票结果不稳定，不同的投票顺序会产生不同的投票结果。

单峰偏好（Single-peaked Preferences）：一个选民如果偏离其最中意的点，无论偏离的方向如何，他的效用都是下降的。

多峰偏好（Multi-peaked Preferences）：选民具有多个最中意的点，偏好有多个峰值，偏离自己最偏好的点，其效用会先降后升。多峰偏好包括双峰偏好。

投票交易（Vote Trading）：为了让自己中意的项目在公共决策中获得通过，投票人之间会通过某种交易活动拉选票互相支持对方的项目，投票交易可能同时使对社会有利和不利的项目获得通过。

中间投票人定理（Median Voter Theorem）：在公共决策中，公共决策的投票结果往往与中间或中位投票人的偏好相一致。

阿罗不可能定理（Arrow's Impossibility Theorem）：如果将私人的偏好整合为社会统一的偏好，阿罗在一系列假定下认为这是不可能的。阿罗不可能定理意味着，社会福利函数往往是不存在的。

寻租（Rent-seeking）：在公共决策中，利益集团为了自身利益最大化，往往会通过各种手段使政治家制定的政策对自己有利，通过这些活动让利益集团获得超过市场平均利润的经济租金。

林达尔均衡（Lindahl Equilibrium）：用于描述公共决策中一致同意原则是否能产生符合帕累托最优的公共决策结果。假定所有参与人都能诚实说出自身对公共品的偏好支付，那么总会找到一组公共品成本分担，在这个成本分担机制下，所有公共决策的参与人就公共品的提供数量达成一致。

尼斯卡宁官僚模型（Niskanen's Model of Bureaucracy）：用于描述官僚行为决策的模型。在这个模型中，假定官僚都是追求部门利益最大化而不是社会福利最大化，在这种动机下，公共支出规模有超出社会最优规模的倾向。

第四章

公共产品（Public Goods）：公共产品是一种共同消费的商品，即每多一个人对这种商品的消费不会导致其他人对这种商品消费数量的减少。

私人产品（Private Goods）：私人产品是一种私人消费的商品，即这种商品可以在不同的人之间进行分配，并且所有人的消费数量之和就等于该商品的总量。

非竞争性（Non-Rivalry）：一定数量的公共产品一旦被提供出来，多一个人来消费它的额外资源成本为零。

非排他性（Non-Excludability）：该公共产品一旦被提供出来，在技术上就不可能排除其他人对它的消费，或者尽管在技术上可以实现排他，但排他的成本太高以至于排他没有意义。

萨缪尔森条件（Samuelson Condition）：公共产品帕累托有效率提供的条件，要求公共产品的提供数量刚好满足每个消费者的边际替代率之和等于生产的边际转换率。

搭便车（Free Riding）：一旦一定数量的公共产品被提供出来，其他人就可以不用付钱而消费同样数量的公共产品的行为。

公共提供（Public Provision）：公共部门通过税收等形式筹集资金购买某种商品并免费提供给社会公众消费的行为。

公共生产（Public Production）：由公共部门组织人力、物力、财力投入，产出某种商品的过程。

全球性公共产品（Global Public Goods）：覆盖范围为整个世界（包括不同国家、群体和世代）的公共产品。

地方性公共产品（Local Public Goods）：覆盖范围仅限于某个区域（只有该区域内的居民受益）的公共产品。

第五章

外部性（Externalities）：当某个经济行为人（个人、家庭或者企业）的经济活动直接影响了其他行为人的福利或生产，而这种影响没有通过市场价格反映出来，那么经济中就存在着外部性。

外部性内部化（Internalizing The Externality）：当个人或企业因为一些私人或公共的激励而把他们行为的所有成本和收益都考虑进去。

科斯定理（Coase Theorem）：在一个零交易费用的世界里，只要初始权利是明确界定的，那么无论初始权利如何界定，各方之间的谈判最终会形成一个帕累托有效的配置。

庇古税（Pigouvian Tax）：政府为了消除外部性而征收的一种税，税率等于生产位于效率产量时的外部边际损害。

排污费（Emission Fee）：为了将污染的负外部性内部化，政府对企业的排污量（而非产量）进行收费。

命令与控制规制（Command-and-Control Regulation）：命令与控制规制是政府通过直接对污染企业颁布排污标准来消除外部性的方法。

排污许可证（Discharge Permit）：政府对每家污染企业颁布的污染许可证，每张许可证都明确规定可以排放的数量，任何企业排放没有许可证允许的污染时都将受到重罚，总的污染数量由政府控制，通常许可证在企业之间可以转让。

共有资源（Common Property Resources）：没有明确的所有者，人人都可以免费使用的资源。其特征是在消费上具有竞争性，同时却不能实现排他性。

公地的悲剧（Tragedy of the Commons）：由于产权界定不清，共有资源常常被滥用，这种现象称作公地的悲剧。

第六章

公共支出（Public Expenditure）：政府为履行其职能而支出的一切费用的总和。也是政府将集中起来的货币资金，有计划地分配使用到各种用途上去的过程。

政府收支分类（Classification of Government Revenue and Expenditures）：对政府收入和支出进行类别和层次划分，以全面、准确、清晰地反映政府收支活动。

支出功能分类：按政府主要职能活动对支出所做的一种分类，根据政府管理和部门预算的要求，设置类、款、项三级科目。

支出经济分类：按支出的经济性质和具体用途所做的一种分类。在支出功能分类明确反映政府职能活动的基础上，支出经济分类明确反映政府的钱究竟是怎么花出去的。

购买性支出（Purchase Expenditure）：政府从个人和企业购买原材料和土地、劳动力、资本的生产性服务并由政府直接使用的支出，又称消耗性支出。

转移性支出（Transfer Expenditure）：政府在公民之间再分配购买力的支出，表现为资金无偿的、单方面的转移，主要有社会保障支出、财政补贴支出、捐赠支出和债务利息支出。

瓦格纳法则（Wagner's Law）：随着人均收入水平的提高，公共支出占 GDP 的比重将会提高，这就是公共支出的相对增长。这一思想是 19 世纪德国经济学家阿道夫·瓦格纳提出的，被后人归纳为瓦格纳法则。

阶梯增长说（Hypothesis of Stepwise Growth）：由英国经济学家皮考克和怀斯曼提出，认为受内在和外在因素影响，公共支出呈阶梯状增长。它是对瓦格纳法则的重要补充。

公民偏好论（Hypothesis of Citizen Preference）：基于政府支出的增长是公民偏好表达的一种方式的假定，进而以中位选民对公共部门物品和服务的偏好来解释政府支出增长的一种理论。

经济成长阶段说（Hypothesis of Development Stage）：由美国经济学家马斯格雷夫和罗斯托提出，认为国家经济发展的不同时期，公共支出的侧重点各有不同，从而导致公共支出不断增长。

第七章

公共教育支出（Public Education Expenditure）：国家财政一个时期内用于教育事业的经费支出。

人力资本投资（Investment in Human Capital）：劳动者受到教育、培训、迁移、保健等方面的投资而获得的知识和技能的积累，进而影响未来货币和物质收入的活动。

教育投资效益（Efficiency in Educational Expenditure）：衡量了教育投入产出关系，强调以更小的投入完成既定产出或者以同样的投入实现更大的产出。

基础设施（Infrastructure）：通常指永久性的成套的工程构筑、设备、设施和它们所提供的为所有企业生产和居民生活共同需要的服务。

BOT方式（BOT Mode）：基础设施项目融资的一种方式，即建设—经营—转让方式。基本运作过程是政府将拟建的基础设施项目通过招商方式转让给某一公司，由其组建项目公司负责基础设施融资、建设和经营，并在协议规定的特许期内，通过向设施使用者收费方式回收投资，并取得合理收益，特许期结束，基础设施产权无偿转让给政府。

PPP方式（PPP Mode）：公共部门与私人部门合作进行基础设施融资模式，指政府与企业签订长期合作协议，授权合作企业代替政府建设、运营或管理基础设施。

社会保障（Social Security）：政府通过立法，采取强制手段对国民收入进行分配和再分配活动，对社会成员在生、老、病、死、残、丧失劳动力或因自然灾害面临生活困难时给予物质上的帮助，以保证社会安定的一系列有组织的措施、制度和事业的总称。

社会保险（Social Insurance）：政府通过立法采取强制手段对国民收入进行分配和再分配，形成专门的社会保险基金，对劳动者在暂时或永久丧失劳动能力和失业时的基本生活需要（包括赡养家庭的基本生活需要）和基本医疗需求在物质上给予社会性资助和保障的形式和制度。

社会救助（Social Relief）：政府和社会对无劳动能力的人或因自然灾害等原因造成生活困难，为维持最低生活水平而向其提供的各种形式的援助。

现收现付式（Pay-As-You-Go）：现在退休者领取的养老金来自目前正在工作者的缴款，每代退休者的养老金都由现在正在工作的这一代人来支付。

完全基金式（Fully Funded）：个人在工作期间，将一定比例的薪金存入基金。随着时间的推移，该基金会积累利息，到退休时，本金和应计利息用来支付养老金。

道德风险（Moral Hazard）：个人的行为受到已经购买了保险这一事实的影响。

逆向选择（Adverse Selection）：是指这样一种情形，那些购买保险的人往往是那些比较有可能获得保险收益的人。

养老金替代率（Pension Replacement Rate）：劳动者退休时的养老金领取水平与退休前工资收入水平之间的比率。

抚养比（Dependency Ratio）：养老金领取人数与缴纳养老保险费的在职人员的比率。

第八章

成本—收益分析（Cost-Benefit Analysis）：根据评估对象产生的成本收益确定评估对象的可行性和优先性方法。

消费者剩余（Consumer Surplus）：消费者为某种商品或服务愿意支付的货币总

额与实际支付的货币总额之差。

影子价格（Shadow Price）：对产品或服务市场不存在或者非完全竞争市场下的价格进行矫正，进而估算出真正反映产品或服务的社会边际成本的价格。

社会贴现率（Social Discount Rate）：将公共支出项目未来成本收益折算成真实社会现值的贴现率。

净现值（Net Present Value）：将项目产生的所有收益以及承担的所有成本，全部折算成现值后的差值。

内部收益率（Internal Rate of Return）：项目净现值（NVP）为 0 的贴现率。

收益—成本比率（Benefit-Cost Ratio）：收益现值与成本现值的比率。

最低费用选择法（Minimum Cost Method）：不用货币单位来计量备选方案的社会收益，而只计算每个备选方案的有形成本，并以成本最低为择优的标准。适用于成本易于计算而社会收益很难衡量的公共支出项目分析。

公共劳务收费法（Public Service Fee Method）：把市场价格机制引申到一部分公共产品或劳务的提供和使用之中，通过制定合理的价格与收费标准，来达到对"公共劳务"有效地使用，提高公共支出效益。适用于那些成本易于衡量而收益难以计算，但所提供的商品或劳务可以部分或全部进行市场交易的公共支出项目分析。

第九章

公共收入（Fiscal Revenue）：政府凭借其公共权力从社会获取的收入，并由财政部门掌握和支配，也称为财政收入、政府收入。

税收（Tax）：税收是一种强制性的支付，是现代社会各国最主要的政府收入来源。税收具有强制性、固定性、无偿性等形式特征。

税收职能（Tax Function）：税收在社会经济发展中所起的作用。税收最基本的职能是获取政府财政收入。另外，还具有资源配置、收入分配职能和稳定经济职能。

纳税义务人（Taxpayer）：也称纳税人或纳税主体，是指税法规定的直接负有纳税义务的单位和个人，即税款的缴纳者。

负税人（Tax Bearer）：实际承担税负的人。

征税对象（Tax Object）：也称课税对象、征税客体，即对什么征税。征税对象规定着征税的范围，是一种税区别于另一种税的主要标志。

税目（Tax Items）：税目是对征税对象分类规定的具体的征税项目，反映具体的征税范围，是对课税对象的质的界定。

计税依据（Tax Basis）：也称税基，是据以计算应纳税额的征税对象数额，它解决对征税对象课税的计算问题，是对征税对象的量的规定。

平均税率（Average Tax Rate）：全部的应纳税额与计税依据的比例。

比例税率（Flat Tax Rate）：也称单一税率，对同一征税对象，税率不会因征税

对象数额的变化而变化，以固定的百分比形式征收相同比例的税额。

边际税率（Marginal Tax Rate）：当计税依据增加时，增加了的应纳税额与增加了的计税依据的比例。

累进税率（Progressive Tax Rate）：随着征税对象数量增大而随之提高的税率，即按征税对象数额的大小划分为若干等级，不同等级的课税数额分别适用不同税率，课税数额越大，适用税率越高。

全额累进税率（Full Amount Progressive Tax Rate）：把征税对象的数额划分为若干等级，对每个等级分别规定相应税率，当税基超过某个级距时，课税对象的全部数额都按提高后级距的相应税率征税。

超额累进税率（Excess Progressive Tax Rate）：把征税对象按数额的大小分成若干等级，每一等级规定一个税率，税率依次提高，但每一纳税人的征税对象则依所属等级同时适用几个税率分别计算，将计算结果相加后得出应纳税款。

定额税率（Quota Tax Rate）：根据征税对象计量单位直接规定固定征税数额，适用于从量征税。

税收级距（Tax Bracket）：适用某个既定边际税率下的收入范围。

累退税（Regressive Tax）：按累退税率征收的税，其平均税率会随税基增加而下降。

起征点（Tax Cutoff Point）：税法规定的对征税对象开始征税的数额起点。征税对象数额达到起征点的要全额征税，未达到起征点的不征税。

免征额（Tax Exemption）：税法规定的征税对象全部数额中免予征税的数额，未达到免征额的免予征税，超过免征额的只就超过部分数额征税。

附加（Addition to The Tax）：地方政府在正税之外附加征收的一部分税款。

政府性基金预算收入（Government Funds Budget Revenue）：依照法律、行政法规的规定在一定期限内向特定对象征收、收取或者以其他方式筹集的资金，专项用于特定公共事业发展的收支预算，具体包括三项收入内容：非税收入、债务收入、转移性收入。

国有资本经营预算收入（State-Owned Enterprise Funds Budget Revenue）：对国有资本收益做出支出安排的收支预算。国有资本经营预算收入具体反映各级政府及部门、机构履行出资人职责的企业（及一级企业）上缴的国有资本收益。

社会保险基金预算收入（Social Insurance Funds Budget Revenue）：对社会保险缴款、一般公共预算安排和其他方式筹集的资金，专项用于社会保险的收支预算。社会保险基金预算收入包含社会保险基金收入、转移性收入。

土地出让金（Land-Transferring Fees）：全称国有土地使用权出让金收入，是土地批租时一次性收取的费用，即土地有效年限的使用价格，所以也可称为"地价"。

第十章

受益原则（Benefit Principle）：人们分担政府提供的产品或服务的成本应该与

其所享受到的利益相一致。

支付能力原则（Ability-to-Pay Principle）：税收的分担应该与纳税人支付税收的能力相一致。

横向公平（Horizontal Equity）：也称水平公平，是指具有相同经济状况的人应该同等对待。

纵向公平（Vertical Equity）：也称垂直公平，是指在支付能力不同的人之间公平地分配税收负担。

税收转嫁（Tax Shifting）：税法上规定的纳税人通过经济交易中的价格变动，将自己所缴纳的税款部分或全部转移给他人负担的一个客观经济过程。

税收归宿（Tax Incidence）：税收负担的着落点，有法定归宿和经济归宿之分。法定归宿是指税法上规定谁缴纳税金。税负的经济归宿，也叫实际归宿，是指税收引起的实际收入分配的变化。

税收资本化（Capitalization of Tax）：未来支付的税收的全部现值合并到资产（土地）价格中的过程，它是一种特殊的税收转嫁形式。

税收超额负担（Excess Burden of Tax）：征税所产生的社会福利损失。

收入效应（Income Effect）：在相对价格不变的情况下，因个人收入发生变化而对商品需求产生的影响。

替代效应（Substitution Effect）：因两种商品相对价格的变化而使消费者增加一种商品的消费，减少另一种商品消费的影响。

补偿性需求曲线（Compensated Demand Curve）：一条在效用保持不变时表明需求量和价格之间关系的需求曲线。

总额税（Lump-Sum Tax）：与个人的行为没有关系的一笔固定税收。

避税（Tax Avoidance）：通过合法手段减轻税收负担的行为。

偷逃税（Tax Evasion）：通过非法手段减轻税收负担的行为。

拉姆齐法则（Ramsey Rule）：为了使税收的总体超额负担最小，税率的确定应该使征税后每个商品需求量按相同百分比下降。

税收征管成本（Tax Administration Cost）：税务部门在征收和管理税收过程中所发生的各种费用支出。

纳税成本（Tax Compliance Cost）：也称遵从成本，是指纳税人在交纳税收过程中所发生的各种费用支出。

最优税收（Optimal Taxation）：使得社会福利最大化的税收结构。

次优税收（The Second Best Taxation）：在总额税不可行即税收对经济的扭曲不可避免时，使得福利最大化（或扭曲最小化）的税收。

第十一章

税收制度（Tax System）：简称"税制"，是一国政府根据税收政策、通过法律程序确定的征税依据和法律规范，包括税收体系和税制要素两方面的内容。

税制结构（Structure of Tax System）：一国税制中税种的组合状况，主要反映各个税种在整体税收收入体系中的地位和作用。

单一税制（Single Tax System）：一个国家的税制由一个税类或少数几个税种构成的税收体系。例如，单一的消费税、单一的土地税、单一的财产税，以及单一的所得税等。

复合税制（Multi Tax System）：一个国家的税制由多个税类的多个税种构成的税收体系。在复合税制的条件下，各税类税种相互配合、相辅相成，但主体税种往往具有优先或突出的作用。

商品税类（Commodity Tax）：对商品流转额和非商品流转额（提供个人和企业消费的商品和劳务）课征的税种的统称，在我国也称流转课税。

所得税类（Income Tax）：又称收益税，是指国家对法人、自然人和其他经济组织在一定时期内的各种所得征收的一类税收。

财产税类（Taxes on Wealth）：以法人和自然人拥有和归其支配的财产为对象征收的一类税收。财产税类主要包括房产税、财产税、遗产税和赠与税等税种。

资源税类（Taxes on Resources）：对在一国境内开采资源的单位和个人，就其应税资源数量征收的一种税。

特定行为税类（Taxes for Special Acts）：对特定的经济行为征收的一类税收。这类税主要有城市维护建设税、印花税、船舶吨税、环境保护税。

增值税（Value Added Tax）：以法定增值额为课税对象的税种。在我国，增值税是名副其实的主体税种和最大税种。

消费税（Consumption Tax）：以消费品的流转额或消费收入作为课税对象的一种税。

关税（Tariffs）：进出口商品在进出一国关境时，由政府设置的海关向进出口关境的商品所征收的税收。

企业所得税（Business Income Tax）：国家对企业的生产经营所得和其他所得征收的一种税。

个人所得税（Individual Income Tax）：对在中国境内居住的个人境内外所得和虽不在中国居住但有来源于中国境内的个人所得征收的一种税。

第十二章

公债（Bonds/Public Debts）：公共债务（Public Debts）或公共部门债务（Debts of Public Sectors）的简称，具体指各公共部门（主要是政府部门）以公共信用方式举借的各类债务。

政府借款协议（Government Loan Agreement）：政府对内或对外通过借款协议（Loans）方式所承担的各种债务。

政府债券（Government Debts）：有固定债务面额的书面或电子化债务凭证。随着现代化交易系统的出现，凭证式的有形公债券已逐步被记账式的无形债券所代替。

公债"三性"（"Three Features" of Bonds）：公债的形式特征，指公债所特有的外在表现。与税收相比较，公债具有鲜明的自愿性、有偿性和灵活性特征，即公债的"三性"特征。

中央政府公债（Central Government Bonds）：又称国债（National Bonds），是中央政府以债务人身份对内和对外举借的债务（不仅仅指债券的发行）。

地方政府公债（Local Government Bonds）：地方政府以债务人身份对内和对外举借的债务。在西方，许多国家的市政债券都属于地方政府公债的范畴。

国内公债（即内债）（Domestic Bonds）：政府在国内举借并以本币为货币单位的债务。

国外公债（即外债）（Foreign Bonds）：政府在国外举借并以外币为货币单位的债务。

短期公债（Short-Term Bonds）：偿债期限在 1 年以内的公债。短期公债往往又称为国库券（Treasury Bills）。

中期公债（Middle-Term Bonds）：偿债期限在 1~10 年的公债。

长期公债（Long-Term Bonds）：借债期限在 10 年以上的公债。

李嘉图等价定理（Ricardian Equivalence Theorem）：政府为筹措战争或其他经费，采用征税还是发行公债的影响是等价的。

公债负债率（Debt-to-GDP Ratio）：公债余额占当年 GDP 的比重或比率，反映了一国经济总量对未偿付公债的总体负担能力。

公债偿债率（Debt-Service Ratio）：当年还本付息额占当年财政收入的比重或比率，反映了政府财政的债务清偿能力。

公债依存度（Debt Dependence Degree）：政府当年公债收入额占当年财政支出的比重或比率，反映了政府财政支出对公债收入的依赖程度。

公债适度规模（Proper Size of Debts）：边际债务负担（成本）与边际债务收益相一致时所决定的公债规模。

公债代际负担（Debt Burden between Generations）：公债是否会引发不同代际的负担转移问题。对于公债的代际负担问题，理论界存在两种观点：当代负担论和下代负担论。

地方政府一般债券（Local Government General Bonds）：省、自治区、直辖市政府（含经省级政府批准自办债券发行的计划单列市政府）为没有收益的公益性项目发行的、约定一定期限内主要以一般公共预算收入还本付息的政府债券。

地方政府专项债券（Special Debt of Local Governments）：省、自治区、直辖市政府（含经省级政府批准自办债券发行的计划单列市政府）为有一定收益的公益性项目发行的、约定一定期限内以公益性项目对应的政府性基金或专项收入还本付息的政府债券。

第十三章

政府预算（Government Budget）：经过法定程序核准的具有法律效力的政府年度财政收支计划。

预算年度（Budget Year）：政府预算收支起止的有效期限，通常为一年。

单式预算（Single Budget）：也称单一预算，是指在一个预算年度内，政府全部预算收支汇总编入一个统一的预算表格内的预算形式。

复式预算（Multiple Budget）：在预算年度内将全部预算收支按经济性质归类，分别汇编成两个或两个以上的预算，以特定的收入来源保证特定的支出项目，并使两者具有相对稳定的对应关系的预算形式。

基数预算（Budget Base）：也称增量预算，是指预算年度收支指标的核定，是在上年度的实际数或前几年度平均数的基础上，再考虑预算年度经济社会发展的变动因素加以调整后确定的预算编制方法。

零基预算（Zero-Base Budget）：预算年度收支指标的核定，不考虑以前年度的实际数，而是根据预算年度的实际需要，采用科学的方法，重新审核、确定的预算编制方法。

绩效预算（Performance Budget）：也叫产出预算，是根据成本—收益分析方法，对预算支出项目的成本和效益进行比较分析，以决定支出项目的必要性及支出规模的预算编制方法。

部门预算（Department Budget）：以部门为依托，由主管单位汇编、反映本部门全部收支的年度计划。

预算调整（Budget Adjustment）：通过改变预算收支规模或改变收入来源和支出用途，组织新的预算平衡的方法。

预算稳定调节基金（Budget Stabilization Funds）：各级财政通过超收安排的具有储备性质的基金，用于弥补短收年份预算执行的收支缺口，以及视预算平衡情况，在安排年初预算时调入并安排使用。基金的安排使用接受同级人大及其常委会的监督。预算稳定调节基金单设科目，安排或补充基金时在支出方反映，调入使用基金时在收入方反映。

政府决算（Government Final Accounting）：政府预算执行结果的报告文件。政府决算由财政部编制并需经过全国人民代表大会常务委员会审议通过。

第十四章

地方公共产品（Local Public Goods）：只有益于某一特定区域居民的公共产品。

财政联邦主义（Fiscal Federalism）：研究各级政府的作用以及它们相互作用方式、方法的领域。

纵向财政不平衡（Vertical Fiscal Imbalance）：在一个多级政府体制里，一级政府支出和收入不匹配的状况。

公共产品的溢出效应（Spillover Effect of Public Goods）：当地方公共产品的辖

区收益外溢到其他地区时的状况，又称为公共产品的正外部性。

转移支付（Transfer Payment）：政府间的一种财力和资金的无偿转移，一般来说，指的是上级政府向下级政府的无偿转移，又称为财政拨款。

无条件拨款（Unconditional Grant）：不规定使用范围和要求的财政拨款。

均衡性转移支付（Fiscal Equalization）：均衡性转移支付以客观因素为基础，以均等化为基本目标，通过公式计算拨款数额。

共同财政事权转移支付（Transfer of Common Fiscal Authority）：完整反映中央承担的基本公共服务领域支出责任的转移支付。

分税制财政体制（Tax-sharing Fiscal System）：在各级政府间明确划分事权及支出范围的基础上，划分各级政府间税收管理权限和税收收入，并辅之以财政转移支付的财政体制。

第十五章

财政政策（Fiscal Policy）：政府通过调节自身的预算收支规模和结构来进行宏观经济调控的各种政策工具。

货币政策（Monetary Policy）：政府通过调节货币供给和利率以调控宏观经济的各项政策工具。

相机抉择（Discretion）：政府总是根据当前或预计未来的经济形势，采取相应的对策。

自动稳定器（Automatic Stabilizers）：政府事先制定好政策规则，当经济形势发生变化时，这些政策规则就自动做出反应，起到自动稳定经济波动的作用。

乘数效应（Multiplier Effect）：政府购买支出（或税收等变量）的一个外生变化导致国民产出水平更大比例的变化，这一比例称作乘数。

经济增长（Economic Growth）：人均国民产出的持续增长。

挤出效应（Crowding-out Effect）：由于扩张性财政政策的实施一般会导致利率上升，进而导致私人投资下降，从而产生所谓的"挤出效应"。